진어화만

옮긴이 ● 대성(大晟)

선불교와 비이원적 베단타의 내적 동질성에 관심을 가지고 라마나 마하르쉬의 '아루나찰라 총서'와 마하라지 계열의 '마하라지 전서'를 집중 번역하면서, 성엄선사의 『마음의 노래』, 『지혜의 검』, 『선의 지혜』, 『대의단의 타파, 무방법의 방법』, 『부처 마음 얻기』, 『비추는 침묵』 등 '성엄선서' 시리즈와 『눈 속의 발자국』, 『바른 믿음의 불교』를 번역했다. 그 밖에도 중국 허운선사의 『참선요지』와 『방편개시』, 감산대사의 『감산자전』, 혜능대사의 『그대가 부처다: 영어와 함께 보는 육조단경, 금강경구결』 등을 옮겼다.

진어화만眞語華鬘 - 스승님 말씀의 꽃목걸이

지은이 | 스리 무루가나르
영역·주석자 | 스리 사두 옴, 마이클 제임스
옮긴이 | 대성(大晟)
펴낸이 | 이효정
펴낸곳 | 도서출판 탐구사

초판 발행일 2023년 4월 19일

등록 | 2007년 5월 25일(제208-90-12722호)
주소 | 04097 서울 마포구 광성로 28, 102동 703호(신수동, 마포벽산 e솔렌스힐)
전화 | 02-702-3557 Fax | 02-702-3558
e-mail | tamgusa@naver.com

＊잘못된 책은 바꾸어 드립니다.

ISBN 978-89-89942-59-7 03270

아루나찰라 총서 ❸

진어화만
眞語華鬘
스승님 말씀의 꽃목걸이

스리 무루가나르 지음
스리 사두 옴, 마이클 제임스 영역·주석
대성(大晟) 옮김

탐구사

Guru Vachaka Kovai – The Sayings of Sri Ramana

by Sri Muruganar
Translation and Commentary by Sri Sadhu Om & Michael James

First Edition 2005; Second Edition 2013

Published by ArunachalaRamana Book Trust,
11-B, Manakkula Vinayakar Street,
Sri Ramana Nagar, Tiruvannamalai,
Tamil Nadu 606 603, INDIA

Copyright © Michael James
Korean translation copyright © 2023 Tamgusa Publishing

This Korean edition is published by agreement with ArunachalaRamana Book Trust.

이 책의 한국어판 저작권은 ArunachalaRamana Book Trust와의 계약으로 탐구사에 있습니다.
저작권법에 의해 보호받는 저작물이므로 사전 허락 없이 전재하거나 복사하는 것은 허용되지 않습니다.

바가반 스리 라마나 마하르쉬

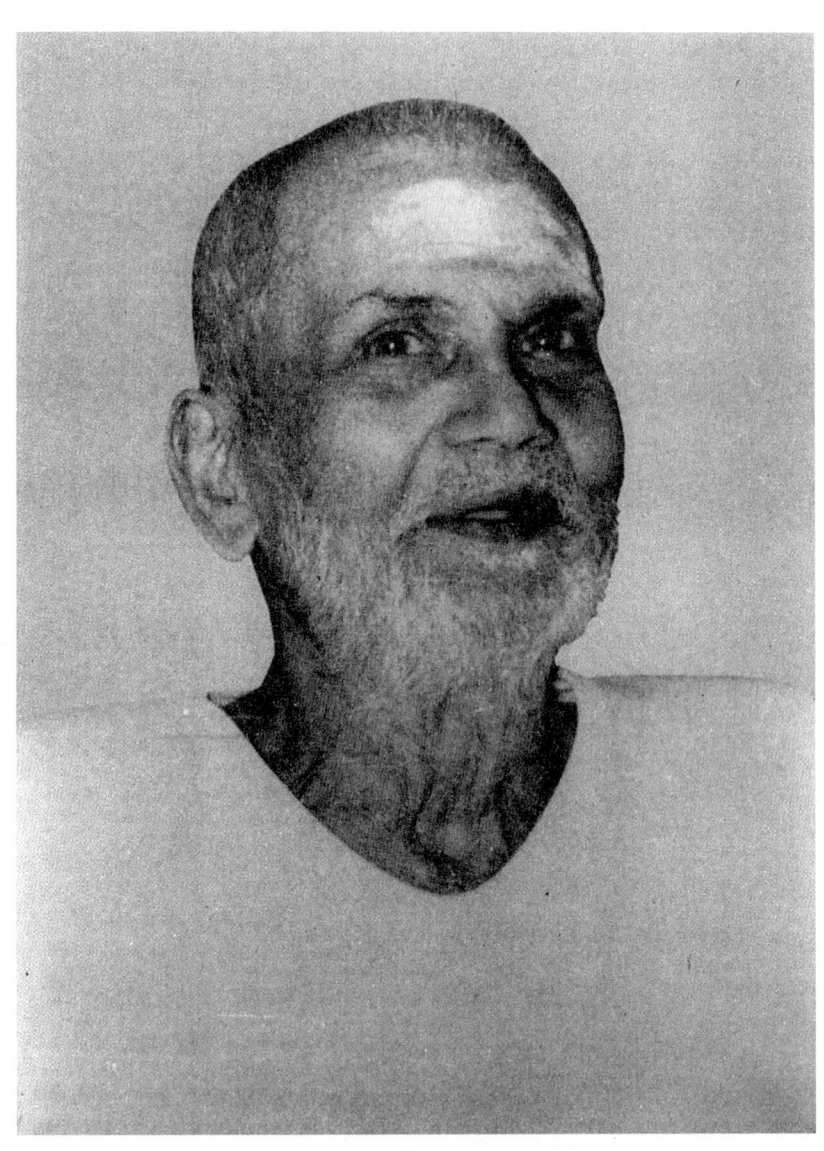

스리 무루가나르

차례

서문 · 17

서시 序詩

1. 스승님에 대한 경배 · 33
2. 이 저작의 이름과 기원 · 34
3. 이 저작의 이익 혹은 결실 · 34
4. 회중에의 제출 · 35
5. 헌정 · 36
6. 저자 · 36

제1부 : 진리의 분석

기원시 · 37
1. 세계의 진리성 혹은 실재성 · 39
2. 세계의 비실재성 · 47
3. 세계의 매혹 · 48
4. 세계의 건조함 · 49
5. 세간에서 자신의 역할을 수행하기 · 51
6. 가환론假幻論[환적인 겉모습의 교의] · 51
7. 불생론不生論[무無창조의 교의] · 57

8. 다양한 창조론의 목적 · 57
9. 신이 맡은 역할 · 58
10. 세 가지 으뜸 실체[신, 세계, 영혼] · 61
11. 은폐 · 63
12. 개인성 · 64
13. 비실재와의 연관 · 66
14. 빤디뜨 · 69
15. 시인 · 70
16. 학식의 허영 · 71
17. 베단타의 위대함 · 73
18. 발현업의 작용 · 74
19. 발현업의 힘 · 74
20. 에고와 진아의 본질 · 75
21. 원습原習의 힘 · 75
22. 에고 매듭 · 76
23. 에고의 힘 · 77
24. 에고의 유희 · 80
25. 진아에 대한 반역 · 83
26. 천당과 지옥 · 83
27. 지옥의 공포 · 85
28. 지옥의 정복 · 86
29. '나를 향하기'[자기주시]의 위대함 · 87
30. 신의 나라 · 90
31. 시바[지고자]의 상태 · 91
32. 하라[시바]와 하리[비슈누]의 무차별성 · 91
33. 시바와 샥띠 · 92

34. 시바 뿌자[시바를 숭배하기] · 92
35. 절(*Namaskaram*)의 진리 · 94
36. 우상 숭배 · 94
37. 비부띠[성스러운 재] · 95
38. 시바의 신성한 황소 · 96
39. 샥띠와 샨띠[힘과 평안] · 96
40. 마하뜨(*Mahat*)와 아누(*Anu*)[극대와 극미] · 97
41. 싯디에 대한 욕망 · 98
42. 불멸 · 101
43. 까야(*Kaya*)와 깔빠(*Kalpa*) · 102
44. 신체적 불멸의 성취 · 103
45. 무욕(*Vairagya*) · 104
46. 진지眞知와 무욕 · 106
47. 찌땀(*Chittam*)의 본질 · 106
48. 마음의 순수성 · 107
49. 죽음 · 108
50. 개아個我의 거주처 · 108
51. 심장 · 110
52. 스승 · 114
53. 스승의 은총 · 118
54. 몇 가지 보증 · 123
55. 스승의 우찌쉬땀(*Uchishtam*) · 127
56. 구루 뿌자[스승에 대한 예공] · 128
57. 스승의 위대함 · 133
58. 사두들과의 친교 · 135
59. 헌신자들의 위대함 · 136

60. 브라만의 지知 · 136

61. 모든 종교 안의 진리 · 137

62. 무한성의 소견 · 138

63. 개인성의 상실 · 140

64. 순수한 '나'(Suddhahankara) · 143

65. 진아가 빛을 발하기 · 144

66. 불행을 없애기 · 145

67. 이욕離欲 · 146

68. 속박과 자유 · 148

69. 자기탐구 · 149

70. 참된 따빠스 · 156

71. 참된 지知에 대한 탐색 · 159

72. 열반(Nirvana) · 165

73. 진아의 성취 · 166

74. '얻어야 할 결론적인 지知' 혹은 '잘 확립된 지知' · 167

75. 행복의 체험 · 170

76. 잠 · 171

77. 실재하는 물건 · 174

78. 행위자 지위의 상실 · 175

79. 무위無爲의 성취 · 179

80. 자기순복 · 180

81. 적들에 대한 태도 · 183

82. 삶의 단순성 · 184

83. 과도함의 죄 · 186

84. 겸손 · 186

85. 해야 할 가치가 있는 것 · 188

제2부 : 진리의 수행

1. 가르침의 위대함 · 190
2. 큰 말씀(Mahavakyas) · 191
3. 우파니샤드의 위대함 · 192
4. 우빠사나(Upasana) · 193
5. 침묵을 통한 우빠사나 · 196
6. 논변들의 미혹 · 196
7. 가늠들이 쓸모없음 · 197
8. 간접지間接知 · 198
9. 개아의 단일성 · 199
10. 지知와 무지 · 200
11. 미혹 · 204
12. 생시와 꿈 · 205
13. 서로 다른 상태들 · 209
14. 두 가지 업業 — 선업과 악업 · 211
15. 이원자와 3요소들 · 213
16. 감각쾌락의 향유 · 215
17. 마음, 곧 마야 · 218
18. 무지 · 220
19. 미성숙 · 223
20. 쁘라마다(Pramada) · 224
21. 윤회(Samsara) · 227
22. 장애들 · 228
23. 마야의 경이로움 · 229
24. 명성(puhazhchi)이라는 악 · 230

25. 오만이라는 악 · 231
26. 불행의 탄생 · 232
27. 영혼 · 232
28. 영혼의 무력함 · 234
29. 보이는 대상들의 진리 · 234
30. 대상적 주의 · 237
31. 대상적 주의의 단절 · 238
32. 사랑의 진리 · 240
33. 형상 · 242
34. 신의 다섯 가지 작용 · 245
35. 영혼과 신의 행위들 · 246
36. 영혼과 신의 창조 · 247
37. 부정否定 · 249
38. 원습이 없는 상태 · 251
39. 단식의 진리 · 252
40. 식사 조절 · 252
41. 청결(Achara) · 253
42. 동기 없음 · 254
43. 지식기관(Karanas)의 제어 · 255
44. 기관들의 정복 · 255
45. 자세(Asana) · 256
46. 요가의 힘 · 257
47. 호흡 제어 · 259
48. 행위의 비밀 · 261
49. 염송(Japa) · 262
50. 참된 사원 · 265

51. 성스러운 이름 · 266
52. 헌신 · 268
53. 헌신과 지_知는 다르지 않음 · 269
54. 헌신과 탐구 · 269
55. 일념 헌신 · 272
56. 명상과 탐구 · 273
57. 진아에 대한 명상 · 275
58. 허공에 대한 명상 · 275
59. 시간에 대한 명상 · 276
60. 수행 · 278
61. 유일한 수행 · 280
62. 탐구의 보조수단 · 280
63. 수행의 한계 · 282
64. 진아안주와 분별 · 283
65. 고요히 있기 · 284
66. 개인적인 '나' · 285
67. 근원으로 물러나기 · 288
68. 수행자의 처신 · 289
69. 고요함 · 292
70. 제자의 처신 · 293
71. 개아들에게 친절함 · 295
72. 조상들에 대한 의무 · 297
73. 남들에게 선행을 하기 · 297
74. 산 존재들에 대한 자비 · 298
75. 평등함의 상태 · 301
76. 양심 · 302

77. 거짓을 말하지 않기 · 303
78. 무집착 · 304
79. 포기의 위대함 · 305
80. 참된 포기 · 308
81. 마음의 단일성 · 309
82. 에고의 절멸 · 310
83. 실재에 대한 지知 · 315
84. 보기 · 316

제3부 : 진리의 체험

1. 직접지 · 320
2. 항상 직접적인 체험 · 321
3. 무상삼매無相三昧 · 326
4. 불변성 · 330
5. 홀로 있음 · 332
6. 무집착 · 333
7. 마음 제어 · 335
8. 죽은 마음 · 338
9. 전지全知 · 339
10. 네 번째를 초월하는 상태 · 344
11. 부절상不絕相 · 346
12. 매듭의 절단 · 347
13. 해야 할 일을 한 것 · 348
14. 불행의 부존재 · 351
15. 잠의 편재성 · 352
16. 의식하는 잠 · 354

17. 비이원적 지知 · 355
18. 신의 은총 · 357
19. 존재-의식-지복 · 360
20. 실재의 위대함 · 366
21. 모든 것이 브라만이다 · 369
22. 종교들 간의 조화 · 370
23. 아이 같은 상태 · 372
24. 진아와의 합일 · 372
25. 의식의 위대함 · 375
26. 무한자의 위대함 · 377
27. 지知-허공 · 378
28. 의식-공간 · 382
29. 가르침 · 383
30. 진아의 상태 · 384
31. 진아의 힘 · 388
32. 진아의 본질 · 389
33. 진아의 위대성 · 398
34. 진아의 지고성 · 400
35. 두려움 없음의 상태 · 404
36. 비이원성 · 405
37. 무신론 · 406
38. 유신론 · 407
39. 시작 없이 불순물에서 벗어나 있음 · 408
40. 실재와 부합하는 삶 · 409
41. 형상 없음 · 411
42. 본연 상태에 안주하는 자 · 415

43. 순수한 의식으로서 확고히 안주하는 자 · 417
44. 매듭을 절단한 자 · 418
45. 진인의 위대함 · 422
46. 위대한 자의 영광 · 424
47. 원습이 죽은 자 · 424
48. 해탈한 자 · 426
49. 진인 · 435
50. 진인들의 행위 · 438
51. 진아로서 안주하는 사람들의 성품 · 441
52. 침묵의 위대함 · 443
53. 순수한 침묵 · 448
54. 지고의 헌신 · 456
55. 진지의 성취 · 458
56. 브라만 · 459
57. 해탈의 본질 · 461
58. 지고의 진리 · 463
59. 완전한 실재 · 467
60. 생각의 초월 · 469
61. 체험을 들려줌 · 470
62. 평등성의 상태 · 473
찬사 · 475

영역자 소개 · 476
옮긴이의 말 · 477

옴
나모 바가바떼 스리 아루나찰라라마나야

서문[1)]

『진어화만眞語華鬘(*Guru Vachaka Kovai*)』은 '스리 라마나의 말씀'을 스리 무루가나르(Sri Muruganar)가 1,255연의 타밀어 시로 지어서 기록하고, 여기에 스리 라마나가 지은 42연이 추가된,[2)] 가장 심오하고 포괄적이며 신뢰할 만한 어록집이다.

제목인 *Guru Vachaka Kovai*는 '스승님 말씀의 연쇄'로 옮길 수 있고, 엄밀함은 덜하나 더 우아하게 '스승님 말씀의 꽃목걸이[華鬘]'로 옮길 수도 있다. 이 제목에서 *guru*(스승)는 스리 라마나를 뜻하는데, 이분은 단 하나의 영원한 스승이—우리가 보통 '신'이라고 부르는, 늘 존재하고 우리 각자의 내면에서 우리 자신의 본질적 **진아**, 곧 우리의 근본적인 자기의식적 존재인 "내가 있다(I am)"로서 빛나는, 비이원적인 절대적 **실재**가—인간으로 화현한 분이다. *vachaka*는 '말씀'을 뜻하고, *kovai*라는 단어는 '실을 꿰기', '줄로 연결하기', '줄 세우기' 혹은 '정돈하기'를 뜻하는 동사적 명사인데, 의미를 확장하면 하나의 '연쇄', '정리' 혹은 '구성'을 의미하

---

1) 이 서문은 마이클 제임스의 웹사이트에 있는 *Guru Vachaka Kovai*에 대한 주들과, 그가 *Mountain Path*(1983, January. 제20권 제1호)에 기고한 글 *Guru Vachaka Kovai: A History and Review*를 손질한 것이다.
2) *T*. 이 저작은 제1254연으로 끝나고, 바가반이 지은 것은 B28로 끝나지만, 나중에 추가된 것들을 포함하면 1,255개 연에 바가반이 지은 것 42개 연이다. 22~3쪽의 설명을 보라.

고, 나아가 장식 염주알들을 줄에 꿴 것이나, 일종의 연시戀詩를 의미하는 데도 사용된다.

스리 사두 옴(Sri Sadhu Om)이 『진어화만』(타밀어판)에 붙인 서문에서 「가르침 삼십송(Upadesa Undiyar)」, 「실재사십송(Ulladu Narpadu)」, 그리고 『진어화만』이 참된 '스리 라마나 3전범典範(Sri Ramana Prasthanatraya)', 곧 스리 바가반의 가르침에 대한 세 가지 근본 경전이라고 말한 것은 타당하다. 그리고 이 세 가지 위대한 저작 모두가 1차적으로는 신적 영감을 받은 시적·영적 천재 스리 무루가나르 덕분에 나오게 되었다.

다루까(Daruka) 숲속의 리쉬들이 뿌르와 미맘사(Purva Mimamsa)에서 제시된 까미야 까르마(kamya karma)의 길을 따르면서3) 해탈의 길에서 벗어나 있을 때, 주主 시바가 그들에게 가르침을 베풀었다. 스리 무루가나르는 스리 바가반께 그 가르침을 몇 연의 타밀어 시로 지어 달라고 진지하게 간청했다. 스리 바가반은 스리 무루가나르의 진지한 요청에 답하여 타밀어 작품인 「가르침 삼십송」을 지었고, 나중에 그것을 「우빠데사 사람(Upadesa Saram)」('가르침의 핵심')이라는 제목으로 텔루구어, 산스크리트어, 말라얄람어로도 번역했다.

또 스리 무루가나르는 스리 바가반께 "부디 실재의 본질과 그것을 성취하는 수단을 말씀해 주셔서 저희가 구원될 수 있게 해 주십시오"라고 간청하여 「실재사십송實在四十頌」을 이끌어냈다. 「실재사십송」은 스리 바가반이 앞서 지어 두었던 20수의 별시別詩(stray verses)들을 중심으로 형성되기 시작했지만, 스리 바가반은 3주 내에 40수 이상의 시를 새로 지었고, 앞서 지어진 시들은 세 수를 제외하고 모두 삭제되어 「보유補遺(anubandham)」에 덧붙여졌다. 뿐만 아니라 스리 바가반은 스리 무루가나

---

3) T. '미맘사 학파'(인도 6파철학의 하나)는 '후기 미맘사 학파'로도 불리는 베단타 학파와 구분하기 위해 '뿌르와 미맘사'로도 불린다(purva-이전의). 그들은 제사, 곧 의식행위(karma)를 중시했는데, 그 중에서도 특정한 목적을 위해서 하는 의식행위가 kamya karma이다.

르의 밀접한 협조와 도움을 받아 그 시들 모두를 주의 깊게 수정하고 적절한 순서로 정리하였다.

「가르침 삼십송」과 「실재사십송」이 전적으로 스리 바가반이 지은 시들로 구성되어 있는 반면, 『진어화만』—스리 바가반의 말씀들을 수집하여 타밀어 시들의 한 꽃목걸이로 엮어낸 말씀의 보배창고—은 주로 스리 무루가나르가 지은 시들로 이루어져 있다. 1,282 수의 시들 중 1,254수는 스리 무루가나르가 지었고, 28수만 스리 바가반이 지은 것이다.4) 그러나 스리 무루가나르가 지은 시들 하나하나가 스리 바가반이 실제로 하신 말씀들 중의 하나를 구현하고 있고, 그 모두를 스리 바가반께 보여드려서 당신이 그것을 승인하고 필요한 부분을 수정한 것이다. 스리 무루가나르가 새로 지은 시들을 당신께 제출했을 때, 어떤 경우에는 스리 바가반이 같은 관념을 당신이 더 아름다운 형태로 혹은 더 간결하게 표현할 수 있다고 느껴서 당신 자신의 새로운 시를 짓기도 했다. 그 시들도 『진어화만』에 포함되곤 했다.5) 그래서 『진어화만』의 각 시들은 스리 바가반의 입에서 떨어진 진주 하나 하나를 잘 가공하고 정교히 다듬어 박아 넣은 것이고, 이 저작 전체는 당신의 가르침에 대한 하나의 체계적이고 상세한 설시說示로서 당신의 공식 인가를 받은 것이다.

『진어화만』의 시들은 어떤 체계적 순서나 특정한 시점에 지어진 것이 아니다. 이 시들은 스리 무루가나르가 스리 바가반과 함께 지낸 27년 동안, 당신이 어떤 중요한 가르침을 베풀 때마다 이따금씩 지은 것이었다. 그 시들 대부분을 적절한 순서로 배열하고, 적합한 장 제목들을 붙인 것

---

4) 불행히도 약 1천 수의 시들은 뜻하지 않게 분실되었다.
　T. 유일한 원고본을 한 헌신자가 인쇄소로 가져가다가 버스에 두고 내리는 바람에 분실되었다. 그 시들은 1939년 『진어화만』의 초판을 낸 뒤 1950년까지 새로 지은 시들이었다. 스리 무루가나르는 기억을 토대로 일부를 되살려 보려 했으나 기억나는 것이 얼마 없었다.
5) 이렇게 스리 바가반이 『진어화만』을 위해 지은 시들 중 일부는 나중에—1939년 6월에—당신이 「실재사십송-보유補遺」에 추가했다. 『스리 라마나 회상』, 56쪽 참조.

은 스리 사두 나따나난다(Sri Sadhu Natanananda)였다. 이 저작이 3부로 구성되고 각 부가 많은 장들로 나뉜 현재의 형태는 그의 덕분이다.

『진어화만』은 1939년 6월에 처음 간행되었는데, 당시에는 876연으로 이루어져 있었고, 그 중 24연은 스리 바가반이 지은 것이었다. 아쉬람 문서고에 보존되어 있는 이 초판의 교정쇄들을 장정한 한 권의 책을 보면, 스리 바가반이 그 교정쇄들을 수정했을 뿐 아니라 교정 중에도 당신이 몇 수의 시를 적절한 곳에 더 추가했음을 알 수 있다.6) 그리고 G. V. 숩바라마이야는 그의 책 『스리 라마나 회상』(한국어판), 49-56쪽과 80쪽에서, 스리 바가반은 『진어화만』의 교정을 보면서, 모여 있던 헌신자들에게 그 시들의 의미를 설명해 주시곤 했다고 기록하고 있다.

그러나 『진어화만』의 시들이 매우 고상하고 심원한 고전 타밀어 문체로 표현되어 고대 상감 시대(Sangam period)7)의 시들과 비슷한 정교한 구문을 가지고 있기 때문에, 그 심오한 취지와 아름다움은 고전 타밀어와 스리 바가반의 가르침에 공히 해박한 소수의 타밀인들만이 이해하고 음미할 수 있었다.

『진어화만』의 내용을 일반 대중이 읽을 수 있게 하려고 시도한 최초의 사람은 스리 K. 락슈마나 사르마(Lakshmana Sarma)였다. 그는 스리 바가반의 지극한 헌신자였을 뿐 아니라, 스리 무루가나르를 열렬히 숭배하는 사람이기도 했다. 『진어화만』의 위대한 가치를 알고 있던 그는 이 저작이 1939년에 스리 라마나 빠다난다(Sri Ramana Padananda)에 의해 간행되기도 전에, 그 중의 약 300연을 산스크리트어로 번역했다. 락슈마나 사르마 자신은 고전 타밀어를 잘 몰랐기 때문에, 스리 바가반이나 스리 무루가나르에게 그 시들의 의미를 설명해 달라고 청한 다음, 그것을 산

---

6) 그와 같이 스리 바가반이 추가한, 당신의 필적으로 된 시들 중 하나를 영인影印한 것을 *Bhagavan Sri Ramana — A Pictorial Biography*, 59쪽에서 발견할 수 있다.
7) T. 타밀 역사에서 고전 타밀어 문학이 크게 번성했던 시기(기원전 3세기~기원후 3세기).

스크리트어 시로 엮어내곤 했다. 이 산스크리트어 시들은 원래의 타밀어 시에 대한 문자적 번역은 아니지만, 각 시들의 일반적 취지를 충실하게 전달하고 있다. 1939년 12월에 이 300연의 산스크리트어 시들이 다른 시들 약 50연과 함께 『진어화만절요節要(Guru Ramana Vachana Mala)』라는 제목으로 출간되었는데, 모두 스리 바가반의 가르침을 담고 있는 것이었다. 그런 다음 1940년 1월에 그 시들을 단순한 타밀어 산문으로 옮긴 번역본 하나가 간행되었다. 여기에는 『진어화만절요』와 『진어화만』의 상응하는 연들의 숫자가 포함된 색인이 들어 있었다. 나중에 아쉬람에서는 『진어화만절요』의 영역본 하나를 간행했다. 락슈마나 사르마는 그 저작에 있는 약 50연의 시들을 자신의 영문판 책인 『마하요가』 제2판(1942)에도 추가했는데, 『마하요가』는 스리 바가반의 가르침에 대한 하나의 표준적인 해설서로 잘 알려져 있다.[8]

그러나 『진어화만절요』에 번역된 구절들 외에는 『진어화만』의 내용이 스리 바가반의 대다수 헌신자들에게 알려지지 않고 있었다. 그러다가 1967년에 K. 스와미나탄 교수가, 스리 사두 옴이 건네준 타밀어 산문 번역의 도움을 받아 『진어화만』을 『스승님 말씀의 꽃목걸이(The Garland of Guru's Sayings)』라는 제목으로 영역하기 시작했다. 이 번역은 지난 15년간 「마운틴패스」에 연재되었다. 그 "말씀"들 중에서 가려뽑은 일부가 스와미나탄 교수의 영어 저서 『라마나 마하르쉬』의 제13장에 수록되었는데, 이 책은 이제 인도의 몇 가지 주요 언어들로 번역되었다.[9]

---

8) 사실 락슈마나 사르마가 「실재사십송」과 『진어화만』을 공부하여 알게 된 모든 것이 『마하요가』의 토대가 되었다. 이 책은 『스리 라마나 흐리다얌(Sri Ramana Hridayam)』「실재사십송」과 그 「보유補遺」에 대한 산스크리트어 번역본]과 『진어화만절요』에서 뽑은 시구들을 중심으로 구성되어 있다. 언젠가 누가 락슈마나 사르마에게 왜 「마하 요가」와 「실재사십송」에 대한 타밀어 주석을 "누구(WHO)"라는 가명으로 썼느냐고 묻자, 그는 이렇게 대답했다. "저는 스리 바가반과 스리 무루가나르에게서 배운 것만 이들 책에 썼고, 그래서 '그걸 누가 썼지?' 하고 생각했지요."
9) T. 지금은 『스승님 말씀의 꽃목걸이』 자체가 단행본으로 출간되고 있다.

이 번역들이 「마운틴패스」에 등장하기 시작한 뒤로, 스리 바가반의 헌신자들은 자연히 『진어화만』에 대해 더 관심을 갖기 시작했다. 1971년에 아쉬람에서는 원본 타밀어 시들의 제2판을 출간했다. 스리 무루가나르가 1939년에서 1950년 사이에 지은 『진어화만』의 시들(앞서 분실하고 남은 것)이 400수 이상이었고 그것은 초판에 포함되지 않았기 때문에,10) 전체 저작을 재편집하여 그 시들에 번호를 붙여야 했다. 그래서 스리 무루가나르는, 다년간 그의 미간행 시들을 보존하고 분류하는 일을 도왔고 『진어화만』의 내용을 철저히 알고 있던 스리 사두 옴에게 제2판의 편집 작업을 맡겼다. 1971년에 『진어화만』의 제2판이 간행되었을 때는 스리 무루가나르가 지은 1254연과, 스리 라마나가 지은 28연(**B1**부터 **B28**까지 번호가 붙어 있다)이 수록되었다.

그 뒤에 스리 사두 옴은 스리 무루가나르가 지은 또 하나의 연을 발견했는데(이제 **592a** 연으로 번호가 붙었다), 여기에는 그것이 『진어화만』에 포함되어야 한다는 것을 보여주는 메모가 있었다. 그래서 스리 사두 옴은 그것을 그의 타밀어 산문 번역본인 『진어화만—풀어옮김(*Guru Vachaka Kovai-Urai*)』의 **부록**에 덧붙였다. 그 책은 1980년에 처음 간행되고 1997년에 다시 출간되었다. 그는 같은 부록에, 스리 라마나가 지은 다른 독립된 시 11연도 포함시켰는데(이제 **114a, 224a, 492a, 603a, 603b, 1027a, 1127a, 1141a, 1147a, 1172a, 1173a**로 번호가 붙었다), 이것은 타밀어판 『스리 라마나 저작 전집(*Sri Ramana Nultirattu*)』에 포함되지 않은 것들이었다. 이어서 1984년에 스리 사두 옴은 스리 라마나가 지은 영적인 가르침을 포함한 독립된 시들로서 『스리 라마나 저작 전집』에 포함되지 않은 27연을 모두 하나의 선집으로 편집하여 『우빠데사 따

---

10) 이 400여 연의 시들은 앞서의 876연처럼 스리 바가반의 생전에 간행되지는 않았으나, 당신이 그것을 모두 보고, 수정하고, 승인한 것이었다.
　T. 이 시들은 뜻하지 않게 분실된 천 여 수 외에 나머지 시들이었다.

니빠깔(Upadesa Tanipakkal)』이라는 제목을 붙였는데, 이때 이 시들 중 세 수를 『진어화만』에 더 추가하기로 하였고, 이제 이 시들은 **227a, 420a, 603c**로 번호가 붙었다.

따라서 1998년에 출간된 『진어화만』의 제3판은 도합 1,297연을 수록하고 있다. 그 중에서 42연은 스리 라마나가 지었고, 1,255연은 스리 무루가나르가 지은 것이다. 스리 라마나가 지은 42연 중 일부는 특별히 『진어화만』에 넣기 위해 지은 것은 아니지만, 그 시들 중 다수는 그렇게 지어졌다. 왜냐하면 **스리 바가반**은 스리 무루가나르가 지은 시들을 읽으시고는, 이따금씩 같은 관념을 다른 형태로, 더 간결하고 명료하고 아름답게 표현하는 당신 자신의 시를 지었기 때문이다.

스리 사두 옴은 『진어화만』의 제2판을 편집하기 전부터도, 그 시들의 의미를 알고 싶어서 그를 찾아오는 사람들을 위해 그 중 많은 시들을 단순명료한 타밀어 산문으로 번역해 두었다. 『진어화만』이 대다수 타밀인들이 이해하기에 너무 어려운 타밀어 문체로 되어 있고, 스리 사두 옴이 이미 여러 연을 번역했을 뿐 아니라 더 많은 연들을 번역할 준비가 되어 있음을 안 뉴델리의 스리 라마나 껜드라(Sri Ramana Kendra-라마나스라맘의 지역 지부)에서 그의 타밀어 산문 번역본을 간행하기로 했다. 이것이 1980년에 『진어화만-풀어옮김』이라는 제목으로 나온 것인데, 이 책은 각 연의 의미를 단순한 산문으로 제시하고 그 시들 중 많은 연에 대해 간략한 설명적 주석들을 제공할 뿐 아니라, 스리 무루가나르 자신이 붙인 몇 가지 주석들도 포함하고 있다. 스리 사두 옴은 『진어화만』의 의미를 깊이 연구했고, 그 중 많은 시들, 특히 의문의 여지가 조금도 없는 시들에 대해서까지도 그 정확한 의미에 대해 스리 무루가나르와 상의했기 때문에, 그의 『풀어옮김』에서는 그 원본의 문학적 아름다움이나 거기에 포함된 가르침의 심오함을 감소시키지 않으면서 각 연의 올바른 취지를 충실하게 풀어내고 있음이 확실하다. K. 스와미나탄 교수는 『풀어옮김』에 붙인 그의 간행사에서 이렇게 쓰고 있다.

> "이 저작[『진어화만』]은 타밀시의 고도로 고전적인 문체로 지어졌고, 아주 드물게 쓰이는 단어들을 포함하고 있기 때문에, 거기에 숨겨진 미묘한 의미를 이해하기가 어렵다. 이 큰 어려움을 없애기 위해, 원본 저작을 편집한 스리 사두 옴은 이 저작의 내적인 의미를 깊이 연구하고 스리 무루가나르와 상의한 끝에, 지知를 추구하는 독자들의 이익을 위하여 이 명료한 산문 번역을 내놓았다. 스리 사두 옴은 뛰어난 타밀어 시인이다. 그는 젊은 나이에 **스리 라마나**를 찾아가서 당신을 자신의 **참스승**(Sadguru)으로 받아들였다. 그리고 오랫동안 스리 무루가나르와 친밀하게 교류했고, 늘 **스리 라마나**의 저작들에 몰입했다. 그래서 그의 『풀어옮김』에는 스리 무루가나르의 시의 핵심과 스리 라마나의 가르침의 풍부함이 그 순수함에서 어떤 감소도 없이 빛나는 것이 너무나 당연하다."

『진어화만』과 스리 사두 옴의 『풀어옮김』의 가치와 중요성은 스리 사두 나따나난다(Sri Sadhu Natananda)도 (『풀어옮김』에 붙인) 그의 서시에서 다음과 같이 적절히 찬양하고 있다.

> "주 라마나의 말씀에 대한 이 운문 기록과 그에 대한 이 산문체 버전의 경이로운 아름다움을 보는 이들은, **주님 자신**(스리 라마나)이 출가한 성취자인 무루가나르로서 이 시들을 지으셨고, 사두 옴으로서 그것을 설명하셨다고 말할 것이네."

락슈마나 사르마의 『진어화만절요』와 스와미나탄 교수의 『스승님 말씀의 꽃목걸이』에서 『진어화만』의 영역문을 읽은 사람들은 그것이 얼마나 심오한 저작인지 쉽게 알아볼 수 있을 것이다. 사실 그것은 **스리 바가반**

의 말씀에 대한 가장 포괄적이고 체계적이며 권위 있는 집성集成으로서, 당신의 가르침을 전 범위에 걸쳐 설하고 있다. 전체 저작은 3부로 나뉘며, 제1부는 진리의 분석(tattva araychi)을 이루는 85개 장으로 구성되고, 제2부는 진리의 수행修行(tattva anusandhana)을 다루는 84개 장으로, 제3부는 진리의 체험(tattva anubhava)을 다루는 62개 장으로 구성된다.

이 231개 장에 스리 바가반이 가르치는 이론과 실천, 그리고 체험이 명료하고 결정적인 방식으로 설해져 있다. 『대담(Talks)』이나 『나날(Day by Day)』과 같은 스리 바가반의 구두 가르침에 대한 다른 기록들도 그 나름의 매력과 가치를 가지고 있지만, 그런 기록들은 특정한 경우에 특정인을 대상으로 표현된 견해들을 전달한다. 어떤 주어진 영적인 문제에 대한 스리 바가반의 결정적이고 명료한 언명은 『진어화만』에서만 발견할 수 있다. 예를 들어, 『대담』의 대담 399와 대담 571에서 우리는 단 하나의 개아個我(jiva), 곧 개인적 영혼만 있다는 진리에 대한 스리 바가반의 암시적 언급들을 발견하지만, 이 중요한 영적 진리를 당신은 『진어화만』 제534연에서만 분명하게 말씀한다. 거기서 당신은 이렇게 말한다. "명민한 지성을 가진 대장부는 '개아(jiva)는 단 하나(eka)'라는 것을 받아들이고, ("저 단 하나의 개아인 나는 누구인가?"라고 탐구하여) 심장 속에 확고히 자리 잡으라. 경전에서 개아가 다수라고 말하는 것은 이런 지성이 개화하지 못한 사람들의 마음에 맞춰 주기 위해서일 뿐이라네."

서로 다른 많은 유형의 사람들이 스리 바가반을 찾아왔기 때문에, 당신이 그들의 다양한 질문에 대해 베푼 답변들은 당연히 결코 획일적이지 않았다. 당신이 베푼 가르침은 늘 특수한 필요와 당신이 가르친 사람들의 이해 능력에 맞추어진 것이었다. 그래서 우리는 바가반의 답변들에 상당한 차이가 있고, 때로는 서로 모순되는 것처럼 보이기도 한다는 것을 발견한다. 스리 바가반 자신이 대담 107에서 영적인 가르침은 "개인들의 기질에 따라, 그리고 그들 마음의 영적인 성숙도에 따라 다르다"고 하고, **대담 57**에서는 당신이 베푼 답변들은 그 질문을 한 의도에 따른 것이었다고 설명한다. 그래서 당신이 헌신자들과 나눈 대담들의 다양한 기록을 읽는 것으로는, 어떤 주제에 대한 **스리 바가반**의 확고한 최종적 견해를 우리가 발견하기 어려울 때가 많다. 『진어화만』이 더없이 가치 있는 이유는, 그것이 부담 없이 나누는 대화 이상이라는 바로 그 점 때문이다. 스리 무루가나르는 스리 바가반의 발아래 워낙 여러 해 동안 앉아 있었고, 오롯하고 정성 어린 헌신으로 당신의 가르침을 따랐고, 당신에게 완전히 순복했고, 그리하여 그의 별개적 개인성을 잃고 가치 있는 "**바가반의 그림자**"가 되었으며, 당신의 가르침을 올바르게 그리고 완전하게 이해할 수 있었고, 타밀어를 엄밀하고 힘 있게 다루었기 때문에, 철학과 영적인 공부의 전 범위에 대한 **바가반**의 정확한 견해와 소견을 기록할 수 있었다.

사실 스리 바가반의 모든 헌신자들 가운데서, 스리 무루가나르는 스승의 가르침을 기록하는 일에서 단 한 사람의 독보적이고 가장 완전한 자격을 갖춘 사람이었다. 첫째로, 그는 **스리 바가반**과 같은 타밀 시인이자, **스리 바가반**이 자연스러운 편안함과 생동감, 그리고 명료함으로 당신의 사상을 표현한 언어인 타밀어의 달인이었다. 둘째로, 그는 자기 나름의 선입관념이나 신념을 갖지 않은 채 자신의 마음을 하나의 백지(*tabula rasa*)로 만들어 두었고, 그래서 **스리 바가반**이 드러낸 **진리**를 자기 나름의 어떤 해석도 가함이 없이 받아들이고, 보존할 준비가 되어 있었다. 셋째로, 그는 **바가반**이 권한 것, 즉 거짓된 개인성의 느낌인 에고를 절멸하는 것 외에는 삶에서 어떤 목표나 야망도 가지고 있지 않았다. 넷째로, 그는 성품상 완벽하게 겸손하고 자기를 드러내지 않는 사람이었고, **스리 바가반**에게 완전히 복종했다. 그리고 무엇보다, 그는 **스리 바가반**의 은총으로 **진지**眞知(*Jnana*)를 성취한 사람이었고, 그래서 자신의 실제 체험을 통해 스리 바가반의 가르침을 올바른 견지에서 이해할 수 있었다.11) 마음이나 개인성이 존속하는 한, 우리는 늘 다소간 **마야**에 의해 미혹될 것이고, 그래서 어떤 진인의 가르침을 완전하게 이해하지 못한다. 자신을 완전히 내맡긴, 그리하여 자신의 개인성을 상실한 스리 무루가나르 같은 사람들만이, (그들을 통해) **스승**의 가르침이 조금도 왜곡되지 않고 명료하게 빛나는 순수하고 투명한 매개체 역할을 참으로 할 수 있다.

스리 바가반은 가끔 "내가 나 자신을 알듯이 나를 아는 사람만이 참으로 나를 안다"고 말하곤 했다. 다시 말해서, **스리 바가반**의 체험은 당신이 우리가 보는 그 몸의 이름과 형상이 아니라, 이름 없고 형상 없는 **사뜨-찌뜨-아난다**(*Sat-chit-ananda*)의 허공이라는 것이고, 그렇게 당신을 경험하는 사람들만이 참으로 당신을 안다고 할 수 있다. 스리 무루가나르는 스리 바가반이 당신 자신을 알듯이 그렇게 당신을 안 헌신자들 중 한 사람이었고, 『진어화만』을 지은 것도 바로 이런 입장, 이런 정체성에서였다. 이 사실은 『진어화만』의 서시序詩 제6연에서 드러나는데, 거기서 스리 무루가나르는 이렇게 말한다. "(나는) **라마나**께서 나를 포옹하셨던 그곳에 있기에[나를 당신과 하나로 만들어주신 진아의 상태에 있기에], 저 **주님**이신 당신과 일체를 이룬 삶 속에서 내가 알게 되었던 **위없는** 진리의 성품을 다시 조금 들려드리네." 『진어화만』이 「가르침 삼십송」, 「실재사십송」, 「진아지(*Atma Vidya Kirtanam*)」, 「진아 5연시(*Ekatma Panchakam*)」와 같은 **스리 바가반**의 독창적인 저작들과 나란히 참된 '**지**知 경전(*jnana-sastra*)', 곧 참된 **지**知의 길을 가르치는 경전의 지위를 갖는 것은 이 때문이다.

---

11) 스리 무루가나르가 진지眞知를 성취했다는 사실은 그의 기념비적 저작인 14,000연의 『스리 라마나 냐나 보담(*Sri Ramana Jnana Bodham*)』에서 분명히 드러난다. 그는 여기서 어떻게 스리 바가반이 그에게 은총을 하사하여 그를 **당신 자신**과 하나로 만들었는지를, 다양하면서도 분명하게 묘사한다.

스리 바가반의 가르침에 대해 영어로 된 다른 다양한 책들을 모두 읽은 사람들은 『진어화만』에서 표현된 많은 관념들이 이미 친숙한 것이라는 것을 발견하겠지만, 또한 다른 어디에서도 표현되지 않은 다른 많은 관념들을 이 저작에서 발견할 것이다. 특히 이 저작의 흥미로운 점 하나는, 스리 바가반이 많은 곳에서 우리의 고대 경전에 나오는 관념들 중 어떤 것들에 대해 '교정 쪽지'를 베풀고 있다는 것이다. 예컨대, 경전에서는 진아를 흔히 '몸을 아는 자(kshetrajna)'라고 지칭하지만, 『진어화만』 제97연에서 스리 바가반은, 몸은 마음의 경지에서만 존재할 뿐, 진아의 명료한 견지에서는 존재하지 않으며, 따라서 진아를 '몸을 가진 자(dehi)'라고 부르는 것은 잘못이라고 선언한다. 경전에서는 또한 진아를 '주시자(sakshi)'라고 묘사하지만, 스리 바가반은 제98연에서 몸을 '나'로 여길 때에만 타자성他者性이 보이거나 주시될 수 있고, 따라서 타자성이 없는 진아를 '주시자'라고 부르는 것은 옳지 않다고 말한다.

또 경전에서는 종종 신이 '전지全知하다(sarvajna)'고 말하지만, 스리 바가반은 『진어화만』 제930연에서 진아인 하느님은 하나도 아는 것이 없다고 말한다(왜냐하면 그만이 있기 때문에, 그에게는 알아야 할 다른 어떤 것도 없으므로). 그리고 어떤 경전에서는, 해탈자(Mukta)는 다수성의 세계를 보지만 동시에 그 다양성 속에서 단일성을 본다고 말한다. 그러나 제931연과 932연에서 스리 바가반은 그것은 사실이 아니라고 말한다. 왜냐하면 해탈자는 결코 어떤 다수성이나 다양성도 보지 않기 때문이다. 깨달음의 상태를 '부절상不絶相(akhandakara vritti)'[끊임이 없는 형상의 생각]으로 묘사하는 다른 경전들도 있으나, 스리 바가반은 제941연에서 상相(vritti)은 모두 단절된 것(khanda)이며, 따라서 '부절상不絶相'에 대한 이야기는 바다에 합일된 강을 '바다 형상의 강(samudrakara nadi)'이라고 말하는 것과 같다고 말한다.

그러나 스리 바가반이 경전들과 의견이 다르다거나 경전들을 비난한다고 생각해서는 안 된다. 경전에서 진인들이 말한 것은 그 말을 한 시대와 그 말을 듣는 사람들에게 적합한 것이었고, 현대에 출현한 스리 바가반은 『진어화만』과 같은 저작들에서 더 정확하고 세련된 진리들을 베푼 것이다. 실로 스리 바가반은 『진어화만』에서 당신 자신이 했던 말씀들에 대해서조차도 그런 '교정 쪽지'를 내고 있다. 예컨대 「나는 누구인가?」에서 스리 바가반은 "생시는 길고 꿈은 짧다는 것 외에는 이 두 가지 상태 간에 아무 차이가 없다"고 했지만, 『진어화만』 제560연에서는 이마저도 엄밀히 말해서는 맞지 않다고 말한다. 왜냐하면 시간은 하나의 심적인 개념에 불과하고, 따라서 '길다'와 '짧다'의 차이는 마야로 인해서만 참된 것으로 보이기 때문이다.

다른 많은 인기 있는 오해들과 그릇된 신념들도 『진어화만』에서 스리 바가반에 의해 제거된다. 예를 들어 좋은 의도를 가진 어떤 사람들은 자신들이 기도·염송(japa)·예배를 하면 신에게서 힘을 얻을 수 있고, 그리하여 그의 도구로서 세상에 선행을 할 수 있다고 믿지만, 스리 바가반은 제471연에서 '나는 신의 수중에 있는 도구가 되어야 한다'는 의도를 가지고 하는 따빠스조차도 완전한 자기순복(self-surrender)에는 하나의 오점이라고 말한다. 왜냐하면 신의 도구가 되겠다는 욕망은 에고가 자신의 개인성을 유지하려고 하는 또 하나의 은밀한 수단에 지나지 않기 때문이다. 스리 바가반이 『대담』에서 설명하듯이, "만약 그 순복이 완전하면 모든 개인성의 느낌이 상실되고"(대담 350), 만일 어떤 사람이 자신을 신의 중개인이나 도구로 생각한다면, "그 사람은 개인성을 가지고 있고, 완전한 순복이 없다는 것이 분명"(대담 594)하기 때문이다.

스리 바가반의 다른 모든 저작들도 그렇지만, 『진어화만』을 관통하는 주된 주제는 진아지의 중요성과 위대함, 그리고 자기탐구의 절대적 필요성이며, 그것만이 삶의 문제들을 해결해 줄 수 있다. '모든 종교 안의 진리'에 관한 장에서 **스리 바가반**은, "나는 누구인가?"의 탐구는 지구상의 모든 종교들을 관통하는 생명흐름(life-current)이며(제338연), 만일 각 종교에 지고의 **실재**가 사람 각자의 **심장** 속에 존재한다는 것을 드러내는 최소한 한 단어라도 없다면, 그 종교의 모든 논변은 시장통의 소음에 지나지 않는다고 말한다(제341연). 그리고 제885연에서는 '나'라는 느낌에 대한 탐구의 길을 제외하면, 다른 길들을 통한 아무리 많은 노력으로도 심장 속의 **진아**라는 보물을 얻고 즐길 수 없다고 말한다.

그러나 모든 연이 스리 바가반의 지혜라는 희유한 진주를 담고 있는 『진어화만』의 진가를, 이와 같은 간략한 서문에서 온전히 평가하기란 불가능하다. 결론적으로, 이것은 스리 바가반의 모든 헌신자들과 모든 **실재** 추구자들이 깊이, 그리고 되풀이해서 공부할 가치가 있는 저작이라고 말하는 것으로 충분할 것이다. 왜냐하면 이것은 세계의 다른 어느 경전에서도 결코 발견할 수 없는 희유하고 가치 있는 많은 영적 보물들을 담고 있기 때문이다.

본 번역에 대하여

내가 1976년에 처음 스리 사두 옴을 만났을 때, 당신은 많은 시간을 스리 라마나의 가르침에 대해 질문하러 꾸준히 찾아오는 방문객들을 맞는 데 할애하고 계셨다. 그러나 당신 혼자 계실 때는 그 기회를 이용해 『스리 라마나 냐나 보담(Sri Ramana Jnana Bodham)』[12]을 편집하거나, 아니면 『진어화만-풀어옮김』의 출간을 준비하면서 그 개정 작업에 몰두하

---

[12] T. 스리 사두 옴이 9권으로 편집한 이 책은 인도 정부의 후원으로 델리에서 간행되었는데, 1978년 제1권부터 1996년 제9권까지 18년에 걸쳐 간행되었다.

셨다. 그런 조용한 시간에 당신을 찾아뵐 때는 당신이 읽고 계신 시들에 대해 여쭈기도 했는데, 그러면 당신은 그 의미를 설명해 주시곤 했다. 나는 『진어화만』과 『스리 라마나 냐나 보담』의 시들에서 표현되는 심오한 관념들의 풍부함에 매료되었지만, 스리 사두 옴을 너무 자주 찾아뵙기가 주저되었다. 왜냐하면 당신이 그 텍스트들을 손봐야 하는 귀중한 시간에 방해가 되고 싶지 않았기 때문이다.

그래서 「마운틴패스」의 과월호에서 스와미나탄 교수의 번역들을 읽기 시작했다. 나는 그것을 읽으면서 많은 시들의 의미를 더 분명하게 이해하고 싶었고, 그래서 가끔 스리 사두 옴을 찾아뵙고 설명을 청했다. 당신은 나의 모든 질문에 인내심 있게 답변해 주셨고, 결국 1977년 5월 어느 날 당신은 내가 각 연들의 의미에 워낙 관심이 있으니 우리가 함께 새로운 번역을 시작해 볼 수 있지 않겠느냐고 말씀하셨다.

그날부터 나는 매일 당신을 찾아갔고, 당신은 하나하나 그 연들의 의미를 설명해 주셨다. 처음에는 당신이 설명하는 의미를 받아 적었는데, 며칠 뒤 당신이 석판에 그 의미를 쓰시기 시작한 뒤로는 내가 더 설명을 청하면 당신 자신의 번역을 더 분명하게 하기 위해 그것을 다시 쓰시곤 했다. 불행히도 그 초기에는 내가 타밀어를 조금 배우기 시작했을 때여서, 스리 라마나의 가르침에 대한 나의 이해가 아직은 매우 피상적이었다. 그래서 당신의 거친 영어 번역문들을 내가 다시 쓴 것이 그다지 만족스럽지 못한 결과를 산출했다. 그러나 우리는 몇 년에 걸쳐 (그동안 우리가 시작한 다른 번역들과 병행하여) 우리의 번역 작업을 계속했고, 시간이 가면서 타밀어와 스리 라마나의 가르침에 대한 내 이해도 향상되어, 뒷부분 시들에 대한 우리의 번역들은 초기의 것보다 더 정확하다.

스리 사두 옴과 나는 우리의 번역 초안을 개정할 생각이었으나, 불행히도 그렇게 할 시간을 결코 갖지 못했다. 그래서 나는 언젠가 그것을 철저히 개정하여 더 정확한 새로운 번역을 할 시간을 갖기를 바라고 있다. 그러나 그러는 사이에 기존의 우리 번역 초안을 읽은 많은 사람들은 그것이 매우 유용하며 충분히 명료하다고 느꼈고, 그래서 그것을 있는 그대로 출간해야 한다고 제안했다. 그래서 데이비드 가드먼이 나에게 우리의 번역을 자신의 웹사이트에 올려도 되겠는지 물어 왔을 때 그에 동의했지만, 그것은 하나의 거친 초안일 뿐이라는 것과, 내가 장차 그것을 철저히 개정하기를 희망한다는 것을 밝혀 달라고 했다.

나는 데이비드 가드먼이 선도하여 그것을 자신의 웹사이트에 올려준 것을 고맙게 생각한다. 왜냐하면 그렇게 함으로써 그것을 훨씬 더 많은 사람들이 접할 수 있게 되었고, 결국 그것이 책으로 출간되기에 이르렀기 때문이다. 그의 웹사이트에서 그것을 읽은 호주의 **스리 라마나 헌신자** 몇 사람이 출판비를 대겠다고 나섰고, 그래서 2005년에 띠루반나말라이의 스리 아루나찰라라마나 닐라얌(Sri Arunachalaramana Nilayam)에서 그것이 책으로 간행되었다.13)

마이클 제임스(Michael James)

---

13) 출간인의 말: 2005년의 이 번역본 출간 이후 그 번역에 중요한 향상이 이루어졌다. 초판은 약 2년 뒤 매진되었고, 그 이후로 사람들이 본서에 상당한 관심을 표했다. 그래서 몇 가지를 수정한 그 책이 재간행되고 있다. 바가반의 뜻으로 마이클 제임스가 개정 작업을 완료할 시간을 갖게만 되면, 앞으로 나올 판들에는 그 모든 수정이 포함될 것이다.

옴
나무 바가바떼 스리 아루나찰라-라마나야

진어화만
Guru Vachaka Kovai
(스승님 말씀의 꽃목걸이)

서시序詩

1. 스승님에 대한 경배

1. 은총에 대한 열망으로 (우리가) 더욱 절박할 때마다, 심장 안의 지知인 진아로 빛나면서 미혹의 열망인 '나'와 '내 것'이라는 비천한 마음의 본성을 소멸하는, 스승님의 지知(bodha)가 빛을 발한다네.

2. 몸-형상에 미혹되어 (괴로움 속에) 뒹굴고 있을 때, 오물인 몸-형상은 '나'가 아니라고 물리쳐 소멸하시고, 무無형상의 참된 지知로써 자애롭게 나를 접수하신 주님이신, 탁월한 은총과 침묵의 스승님(arul mauna Guru)의 두 발 아래 내 머리가 놓이기를!

3. 상충하는 많은 논쟁들을 모두 수습하여 판정하고 조화롭게 해석하여 제시하면서, 적절하고 솜씨 좋게 (그것들의) 참된 의미를 설하시는, 지知의 달인이신 스승님(bodha-samartha Guru)의 두 발 아래 내 머리가 놓이기를!

2. 이 저작의 이름과 기원

4. 이 명료한 '위없는 진리의 빛(Parmartha Deepam)'은 그 진리의 빛남을 보지 못한 (나의) 어리고 미성숙한 마음에 의해 켜진 것이 아니라, 나의 주님이신 스리 라마나의 성숙된 위없는 지知(arivu)에 의해서 켜진 것이라네.

5. (스스로) 빛나는 참된 의식으로서 심장 속에서 빛나는 진아의 참된 성품(swarupa)이신 주님께서 은총으로, 구도자들의 무지[진아에 대한 비非주의]를 없애주기 위해 설하신 많은 가르침 중에서 내 기억 속에 보존된 얼마간의 가르침을 다시 들려드리네.

6. (나는) 어디서든 라마나께서 나를 포옹하셨던 그곳에 있기에, 저 주님이신 당신과 일체를 이룬 삶 속에서 내가 알게 되었던 위없는 진리의 성품(Paramartha dharma)을 다시 조금 들려드리려 하네.

"라마나께서 나를 포옹하셨던 그곳"은 진아 안에 확고히 자리 잡고 있는 지고한 상태를 가리킨다.[1]

7. 일어나는 에고를 소멸하여 미혹(moham)이 없게 하여 나를 명료하게(명료한 이해를 얻게) 만드신, 나의 스승이자 신이신 라마나(Ramana Guru-Deva)께서 하사하신 은총의 시각을 통해 알게 된 모든 위없는 진리의 성품을, 하나의 꽃목걸이(kovai)로 엮어 보려 하네.

3. 이 저작의 이익 혹은 결실

8. 하나의 전체로서 존재하는 지고아至高我(Paramatma)는 (달리) 성취할 것이 전혀 아무것도 없다는 이해이므로, 다르마(Dharma)·아르타

---

[1] T. 본문 주석들 중 이처럼 앞에 **사두 옴**이나 **스리 무루가나르** 표시가 없는 것과, 이 두 분의 주석 앞이나 뒤에 들여쓰기 없이 나오는 독립 문단은 마이클 제임스의 주석이다.

(Artha)・까마(Kama)를 향한 마음의 움직임이 지멸止滅되었다는 느낌이 이 '위없는 진리의 빛'이 주는 이익이라네.

사두 옴: 경전들은 인간 삶의 올바른 목표로 다음 네 가지를 처방해 왔다.

    다르마(Dharma): 올바른 사회적 의무의 실천.

    아르타(Artha): 올바른 수단을 통한 부富의 획득.

    까마(Kama): 올바른 한계 내에서의 욕망의 충족.

    목샤(Moksha): 해탈, 곧 진아로서 안주하는 본연적 상태.

  이 저작은 우리에게 첫 세 가지 세속적 목표가 헛되며 찰나적이라는 것을 보여주고, 그리하여 그것을 성취하려는 우리의 헤매는 마음이 기울이는 노력을 제거한다. 하지만 우리는 여전히 "해탈을 얻기 위해서도 최소한 마음의 노력이 필요하지 않은가?"라고 생각할지 모른다. 그러나 이 빛은 다시 우리에게 늘 성취되어 있는 진아를 '성취'하려고 애쓰는 것이 의미 없음을 보여주며, 대신 모든 마음의 활동을 지멸止滅할 것을 권장하고, 그럼으로써 우리를 영원하고, 부동이고, 늘 성취되어 있는 **진아의 상태** 안에 고정한다. 그러니 여기서 이 위없는 진리의 빛을 통해 여기서 주어지는 것 외에, 어떤 **지고한 목표**가 있겠는가? 제1204연을 참조하라.

9.   행복의 바탕으로서 빛나는 우리 자신의 참된 성품인 **진아**가 이 세상과 여타 세상들의 모든 즐거움의 원천이므로, **다양한 다른 길들** [행위・요가 등]에 대한 생각에 의해 흔들리지 않고, 진아에 확고히 자리 잡는 것이 이 저작의 열매라네.

4. 회중에의 제출

고대에는 저자가 자신의 저작을 학식 있는 사람들의 회중會衆에 제출하는 것이 전통이었다. 그래서 저자는 그 회중이 자신의 저작에서 발견되는 어떤 오류든 바로잡아 줄 것을 요청하는 '제출'의 시 한 수를 지어야 했다.

10. 이 달콤한 '스승님 말씀의 꽃목걸이'는 잘 살펴보면, 아둔한 바보인 내가 지성적 마음으로 노래한 것이 아니네. 무념으로 나에게 그것을 노래하게 하신 분은 신이신 **벤까따반**(Venkatavan)[스리 라마나]이시라네.

11. 내가 왜 지성(*bodha*)[행위자 의식]으로 짓지 않은 저작에 대해 '회중에의 제출(*avaiyadakkam*)'을 말해야 하는가? 이 저작에 대한 책임은, 위대한 사람들도 **신비한 침묵삼매**를 통해 **심장** 속에서만 깨달을 수 있는 저 **지고한 주님**[스리 라마나]께 속한다네.

5. 헌정

12. (내가) 무지를 소멸하고 성공[깨달음(*Jnana*)]을 이루도록 나를 (낳아주어) 도와주신 분, 그 어떤 속임도 알지 못하신 **어머니의 복된 심장**에게, 이것이 하나의 헌정이 되기를.

6. 저자

13. 스승님의 말씀들 중 일부를 하나의 꽃목걸이로 엮어 위없는 보물로서 (세상 사람들에게) 내놓은 사람은, 만물의 본질(또는 의미)이 저 주님[스리 라마나]의 번영하는 두 발에 지나지 않음을 **은총의 눈**을 통해서 보는 **깐나 무루간**(Kanna Murugan)[스리 무루가나르]이라네.[2]

---

2) *T.* 이 연은 스리 무루가나르를 우러르던 어느 헌신자가 지은 시를, 바가반이 초판(1939)의 교정을 보면서 대폭 수정하여 넣은 것이라고 한다.

제1부

진리의 분석

기원시

14. 바다가 에워싸고 있는 어머니 지구가 닦은 올바르고 위대한 따빠스(*tapas*)로 인해, 탁월하게 위대하고 순수한 **브라만** 자체가 **라마나 사드구루**(Ramana Sadguru)라는 빛나는 형상과 이름을 취했으니, **존재-의식**(*Sat-Bodha*)인 저 지극히 순수한 두 발이 우리의 심장 속에 있기를.

"**어머니 지구가 닦은 따빠스**"는 지구상의 많은 성숙된 구도자들의 진리에 대한 강렬한 열망을 시적으로 지칭한 것이다. 이 열망은 자연히 스리 라마나와 같은 **참스승**(Sadguru)의 형상으로 **지고자**(the Supreme)를 출현시킨다.

15. 모든 존재들의 **심장**으로서 빛나는, 단 하나의 음절인 순수한 **스와루빠**(*Swarupa*)[진아]¹)야말로, 무지한 사람들의 미혹迷惑을 제거하는 "**지**知 **스승님 말씀의 꽃목걸이**(또는 집성)"에 대한 탁월하고 은혜로운, 훌륭한 축복이라네.

사두 옴: 여기서 스리 바가반 라마나의 이 별시別詩 한 수를 언급할 가치가 있다: "단 하나의 음절이 **심장** 안에서 진아로서 영원히 빛나는데, 누가 그것을 글로 적을 수 있는가?" 이 두 경우에서 언급되는 단 하나의 음절은 글로

---

1) *T. Swarupa*는 '참된 형상' 또는 '참된 성품'을 뜻하며, 진아와 같은 의미로 사용된다.

적을 수 없고, 생각과 말 또는 표현을 넘어서 있는 '나(Aham)', 곧 진아이다.

16. 지知(Jnana)로 충만한 지고의 실재는 우리 자신의 참된 체험인 진아의 침묵인 성품을 통해서 빛난다네. '나'라고 하는 거짓된 1인칭 이면의 참된 성품으로서 번영하고 빛나는, 저 순수한 지고의 실재(tanmaya)라는 두 발이 (우리의) 머리 위에 있기를.

17. 내면과의 접촉을 즐기는 사람들에게, 혐오라고는 없이 갈수록 더해지는 즐거움이 일어나게 하는, 달콤하고 명료하며 지극히 순수한 지복이라는 열매이자 (우리를) 심장으로 이끄는, 점화가 필요 없는 아름다운 등불인, '잠 없는 잠'[뚜리야]이라는 실재이신 스승의 은총이야말로, (우리의 참된) 자산이라네.

사두 옴: 여기서는 은총이 스승 라마나의 참된 형상인 뚜리야(Turiya)와 같은 것임을 보여주는데, 이 뚜리야는 영원히 '나-나', 곧 스스로 빛나는 심장으로서 빛나며, 따라서 점화가 필요 없는 등불로 불린다.

다음 연은 두 가지 번역이 가능하다.

18-1. 부주의[진아에 대한 망각]로 인한 불행을 소멸하고 나를 점유하신 스승님(스리 라마나)은 지知와 하나인 아름다움을 가지셨지만, (당신의) 참된 형상(swarupa)은 집착과 무집착 둘 다를 넘어서 있고, 당신의 두 발은 진리에 대한 모든 계명誡命의 완벽한 모범이라네.

18-2. (나의) 집착을 지멸止滅하고 마음을 점유하신 분(스리 라마나)은 지知와 포기의 아름다움을 지닌 참된 성품인人(swarupan)이시니, 부주의로 인한 불행이 없는 스승님의 두 발은 진리의 모든 속성의 표지標識라네.[2]

---

2) T. '두 가지 번역'이라지만, 영어판의 18-2는 18-1의 "지知와 하나인 아름다움"을 "지知와 포기의 아름다움"으로 대체한 정도여서, 여기서는 그 두 번역을 통합해 18-1로 하였다. 이 한국어판의 18-2는 옮긴이가 타밀 원문에 더 가깝게 새로 번역한 것이다.

1. 세계의 진리성 혹은 실재성

19. 원인(실재) 자체가 그것의 결과(세계)로 나타나고, 원인인 의식[브라만]은 우리의 손바닥 위의 아말라까(amalaka) 열매만큼이나 또렷하게 참되므로, 그 결과, 즉 경전에서 이름과 형상들에 지나지 않는다고 묘사되는 이 방대한 우주도 참되다고 할 수 있으리.

사두 옴: 브라만에 다섯 가지 측면, 곧 **사뜨-찌뜨-아난다-나마-루빠**(*Sat-Chit-Ananda-Nama-Rupa*)[존재·자각·지복·이름과 형상]가 있다. 처음 세 가지 측면은 실재하면서 영원히 스스로 빛나는 반면, 이름과 형상은 실재하지 않는 측면이다. 그것들은 **사뜨-찌뜨-아난다**의 비춤에 의지하여 단지 존재하는 것처럼 보일 뿐이기 때문이다.

그러나 만약 우리가 실재하는 그 원인인 **사뜨-찌뜨-아난다**를 보게 되면, 외관상의 이름과 형상들은 도외시하면서, 이 우주도 실재한다고 말할 수 있을 것이다.

20. 세 가지와 일곱 가지 세계[3]도 제1원인(브라만)의 관점에서 보자면 실재하는데, 그것(브라만)이 영원히 스스로 존재하기 때문이네. 그러나 (세계의) 이름과 형상들만 실재한다고 보면, 그것들의 원인인 브라만조차도 전혀 존재하지 않거나 비어 있는(*sunya*) 것으로 보일 것이네.

세 가지와 일곱 가지 세계는 서로 다른 전통의 우주론에서 이야기하는 분류들이다.

21. 자기 앞에 나타나는 세계를 실재한다고 여기고 그것을 즐기는 사람들[무지인들]에게는, 그것이 하느님(*Isan*)의 창조물이네. 그러나 걸

---

[3] *T.* 힌두 우주론에서, 세 가지 세계[三界]는 지계地界·공계空界·천계天界이고, 일곱 가지 세계는 인간계(*Bhu-loka*)와 그 위의 여섯 세계를 말한다. 영어판에는 '스물한 가지'도 나열되지만, 이는 세 가지와 일곱 가지를 곱한 숫자일 뿐이다.

림 없는 진아지를 얻은 사람들에게는, 세계가 속박을 야기하는 하나의 심적 상상물에 지나지 않는다네.

22. 순수한 지고아(*Paramatma*)인 스와루빠(*swarupa*) 안의 오관五官의 상상물이자 공허한 이름과 형상들의 겉모습인 이 세계는, 사뜨-찌뜨(*Sat-Chit*)인 스와루빠 안에서 마치 실재하는 듯이 나타나는 마음인 마야(*Maya*)의 불가사의한 유희임을 알아야 한다네.

마야는 '없는 것'이라는 의미인데, 그것의 기원은 알 수 없다. 마야는 인간 안에서는 마음으로서 작용하면서 나타나고, 신 안에서는 이 전 우주를 창조하고, 유지하고, 해체하는 그의 행위를 통해 추론되는데, 진리를 깨달아서 마야란 존재하지 않는다는 것을 알게 되면 그것은 끝이 난다.

마음 곧 '나'로서 알려지는 '보는 자'와, 세계로서 알려지는 '보이는 대상'은 진아 안에서 동시에 일어나고 가라앉는다. 만일 진아가 그 자신을 통해 그 자신을 보면 그것이 진아이고, 그것이 마음, 곧 '보는 자'를 통해서 그 자신을 보면, 그것이 세계, 곧 '보이는 대상'으로 나타난다.

23. 하느님(*Iraivan*)[지고한 브라만]의 견지에서는 없는(존재하지 않는) 세계를 두고, 절대적 의식인 진아 외에는 그 무엇도 알지 못하는 깨달은 자는 그것이 실재한다고 말하지 않을 것이네.

타밀어 단어 *Iraivan*은 보통 이 세계의 주재자인 하느님을 뜻하는 것으로 이해된다. 바가반이 다른 데서 설명했듯이, 영혼, 세계, 그들의 주재자라는 3요소는 늘 마야 안에서 공존하는 것으로 보일 것이고, 그래서 외관상의 세계는 그것의 외관상 주재자인 하느님의 견지에서는 존재한다. 따라서 이 연을 본 바가반은 "누가 하느님의 견지에서는 어떤 세계도 없다고 말했나?"라고 했으나, 이것을 지은 스리 무루가나르가 자신은 지고한 브라만이라는 의미에서 그 단어를 썼다고 설명하자, 스리 바가반은 그 의미를 받아들이고 이 연을 승인했다.

24. 양목면 열매(silk-cotton fruit)가 익기를 고대하는 앵무새처럼, 이 세계라는 겉모습이 실재한다고 믿고 그것을 즐길 만하다고 여기는 그대에게는 괴로움이 지속될 것이네. 세계가 단지 지각된다고 해서 실재한다면, 지각되는 신기루도 곧 물일 것이네.

양목면洋木綿 나무의 열매는 늘 초록색을 유지하고 익은 뒤에도 색깔이 변하지 않는다. 그러는 사이 앵무새는 열매 색깔이 변하면 그것을 따먹으려고 고대하며 기다리지만, 결국 열매가 터지면서 솜털 같은 씨앗을 날리면 실망하게 된다.

25. 그대[보는 자]에게 (사물을) 보는 빛을 주는 **스와루빠**의 명료함을 저버린 채 미혹되어 겉모습[세계]을 추구하지 말라. 겉모습은 사라질 것이고 따라서 실재하지 않지만, 보는 자의 **참된 성품**(swarupa)은 결코 사라질 수 없다. 그것만이 실재한다는 것을 알라.

26. **마야의 변상**變相인 마음의 지각력에만 보이고, **마야**의 변상인 마음의 근원인 **진아**에게는 빛나지(보이지) 않는 이 세계에 '실재한다'는 단어가 어울리겠는가?

진아는 그 자신만이 존재한다는 것을 알기에, 이 세계와 같은 어떤 상상물도 진아에게는 전혀 존재하지 않으며, 따라서 그것은 진아에게 전혀 보이지 않는다.

27. 꿈으로 나타나 (그대를) 미혹시키는 이 하찮은 세간世間(samsara)을 보며 겁먹지 말라. 지고자인 **사뜨-찌뜨-아난다**의 빛 안에서는 짙은 어둠에 잠긴 속박의 마음[미혹]이라는 환幻이 있을 곳이 없다네.

28. 세계가 두려워 움츠러드는 구도자들이여, 실재하는 세계라는 것은 없다네! 있는 듯이 보이는 이 거짓된 세계를 두려워하는 것은, 밧줄 상에서 보이는 거짓된 뱀을 두려워하는 것과 같네.

29. 생각(sankalpas)이 일어나서 활동하는 생시와 꿈의 상태에서만 이 세계가 온전히 분명하게 보인다네. 생각이 전혀 일어나지 않는 잠 속에서 세계가 보일 수 있겠는가? (따라서) 생각이야말로 이 세계의 바탕이라네.

30. 생각들의 유희에 불과한 것이 이 세계라면, 생각이 없이 마음이 고요할 때에도 왜 그것이, 하나의 꿈같기는 하지만 갑자기 우리 앞에 나타나는가? 그것은 과거의 상상들이 가진 축적된 힘 때문이라네!

31. 입으로 거미줄을 토해냈다 입으로 그것을 거두어들이는 신통한 거미처럼, 마음은 그 자체에서 세계를 투사했다가 다시 그것을 내면으로 흡수한다네.

32. 마음이 두뇌와 오관五官을 통과할 때, (이 세계의) 이름과 형상들이 **심장**으로부터 투사된다네. 마음이 **심장** 속에 안주하면, 그것들이 (심장으로) 되돌아와 그곳에 묻혀 있게 된다네.

33. 이름과 형상들이 뒤엉켜 있는 이 세계는 이름과 형상들이 제거되면 **브라만**으로서 남을 것이네. 이름과 형상들이라는 상상물로써 실재하는 **하느님**(지고자)을 은폐하는 하찮은 지성의 사람은, 스스로를 기만하면서 그를 세계로 본다네.

34. 자기를 몸이라고 착각하는 관념(buddhi)이야말로 이름과 형상들의 겉모습인 세계를 실재인 양 보이게 하는데, 그러면서 그 관념은 즉시 (세계에 대한) 욕망들에 자신을 결박한다네.

35. 충만하고 완전한 **스와루빠**의 소견 안에서는, 빙빙 도는 불의 고리처럼 거짓된 마음 속에서 나타나는 이원자(dyads)와 3요소(triads)의 이 세계는 거짓이며 존재하지 않는다는 것을 알라.

36. 진인들의 지혜로운 추론과 지고한 지知(para-jnana)의 가르침을 이해하지 못하는 세속적 마음을 가진 사람이여! 만일 그대가 면밀히 살펴본다면, 이 큰 미혹의 우주는 원습原習(vasanas)[마음의 경향성]으로 인한 환적인 유희에 지나지 않는다네.

37. 항상 존재하는 것은 순수한 지知의 충만함인데, 그대가 대상으로 지각하는 세계 전체는 마치 황달 눈에 보이는 환적인 노란색처럼, 욕망 등 마음의 산물들로 가득 하다네.

38. '진지眞知의 햇빛' 앞에서 희미해지는 노란색처럼, 해로서의 하느님(Isan)[진아]의 창조물로 빛나는 이 세계는 공작의 꼬리눈(공작 꼬리의 동그란 무늬)에서 보이는 아름다운 무늬 같은, 찌따(chitta-원습의 저장고로서의 의식)라는 그대 안의 거울에 비친 모습이라네.

남인도에서 '노란색'은 터머릭(turmeric)을 가리키는데, 그것은 햇빛 속에서 희미해진다. 공작의 아름다운 색채 무늬는 깃털 하나하나에서는 보이지 않고, 많은 깃털이 한데 가지런히 모인 전체 깃털(plumage)에서 나타난다.

39. 진아의 참된 성품지性品知 체험(Atma-swarupa-jnana-anubhava) 속에서는 이 세계가 하늘에서 보이는 푸른색처럼 거짓이고, "나는 몸이다"라는 관념에 미혹된 대상지對象知(suttarivu) 안에서 보이는 것들은 환幻의 겉모습일 뿐임을 (분명하게) 보라.

40. 모든 사람들의 마음을 기만하고 망치는 이 광대한 거짓 세계는, 진아에 안주하지 않고 자기를 스스로 놓치는 것[자기망각] 때문에 생겨날 뿐 다른 이유는 없다네.

41. 좋아함, 싫어함 등을 바탕 삼아 일어나는 이 세간적 삶은 하나의 공허한 꿈이네. 그것은 (무지의) 잠 속에서 실재하는 것처럼 나타나지만, 우리가 (진아지로) 깨어나면 거짓임을 알게 된다네.

42. 욕망(*Iccha*) 등으로 말해지는 많은 힘들4)은 순수한 진아의식인 스와루빠(참된 성품) 위에 덧씌워진 거짓된 상상물이어서, 마음이 자기의 스와루빠 안에서 상실될 때 모두 사라질 것이네.

43. 지고한 의식(*Chit-Param*)인 시밤(*Sivam*)5)이 전 우주의 바탕(스크린)이며, 지고한 의식의 힘(*Chit-Para-Shakti*)[진아의식의 힘, 곧 반사된 빛]의 유희로서 (그 위에) 기대어 있는 것이 세계라는 형상의 화면들인 3요소(*triputis*)6)라네.

44. 밧줄 상의 뱀, 나무 그루터기에서 보이는 도둑, 혹은 신기루의 물처럼, 실재하는 것처럼 보이는 이 세계는 겉모습일 뿐, 실재하지 않는다네.

45. 금으로 만들어진 다양한 장신구들이 금과 다르지 않듯이, 진아에서 현현되어 나온, 움직이는 것과 움직이지 않는 것들로 이루어진 이 세계는 진아 아닌 것일 수가 없네.

46. 이 세계 속에서는 지고자(*Param*)가 감추어지고, 지고자 속에서는 세계가 감춰질 것이네. 둘을 동시에 구분하여 볼 수는 없으니, 이는 돌의 조각상에서 개와 돌을 동시에 구분하여 볼 수 없는 것과 같네.

사두 옴: 진아의 성품, 곧 브라만의 참된 측면은 이런 이름과 형상들이 아닌 반면, 세계의 성품, 곧 브라만의 거짓된 측면은 사뜨-찌뜨-아난다가 아니다. 그래서 이 둘은 동시에 보일 수가 없다. 또한 제876연, 877연, 1216연을 보라.

---

4) *T.* 대표적인 힘(*sakti*)에 세 가지가 있는데, 욕망의 힘(*iccha sakti*), 행위의 힘(*kriya sakti*), 앎의 힘(*jnana sakti*)이 그것이다.
5) *T. Sivam*은 인격신으로서의 시바가 아닌, '지고한 의식으로서의 시바'를 뜻하는 용어이다. 따라서 이것은 브라만 혹은 진아와 같은 의미이다.
6) *T.* 여기서 '3요소'는 대상을 지각하는 세 요소인 '보는 자', '봄', '보이는 대상'을 말한다.

47. 진아의 참된 성품(Atma swarupa)을 은폐하면서 나타나는 이 세계는 하나의 꿈에 불과하지만, 나타난 세계가 진아의 참된 성품에 의해 가려질 때도 (그것은 본질상) 진아의 참된 성품일 뿐이네.

48. 의심의 여지 없이 실재하는 것처럼 보이면서 우리를 미혹시키는 이 3요소의 세계는, 다름 아닌 지고의 실재(Tat Param)로서 영원히 안주하는 의식의 힘(Chit-Shakti)의 형상일 뿐이라네.

49. 연기에 가려진 채 빛나는 불처럼 세계의 집합물[이름과 형상들]에 가려진 채 빛나는 것이 의식의 빛(Chit-Jyoti)이라네. 탁월함인 지고의 은총에 의해 마음이 미혹에서 벗어나면 세계가 환幻의 형상이 아니라 빼어난 실재임을 알 것이네.

50. 모든 감각적 지知의 바탕인 참된 진아지眞我知를 결코 놓치지 않는 사람[진인]들에게는 세계도 진아지 외에 아무것도 아니네. 그러나 진아지를 얻지 못한 범부가, 진지眞知를 통해서 보는 진인들이 "세계는 실재한다"고 하는 말을 어떻게 이해할 수 있겠는가?

51. 세간적[감각적] 지각과 그에 대한 집착을 포기하고, 지고한 실재를 앎으로써 마음의 삿된 힘[마야]을 소멸한 사람들만이, "세계는 실재한다"는 말의 올바른 의미를 알 수 있다네.

52. 우리의 소견이 참된 지知[신적 지혜]로 바뀌어 우리가 그것을 통해서 볼 때는, 공空을 위시한 5대 원소로 이루어진 전체 우주는 지고의 지知 그 자체로서 실재한다는 것을 발견할 것이네. 이와 같이 보아야 하네.

53. 우리의 소견(보는 시각)이 참된 지知로 바뀌어 우리가 그것을 통해서 볼 때는, 불행의 바다[苦海]로 보이던 이 세계가 위대한 지복의 바다임을 발견할 것이네.

54. 활동이 사라짐으로써 사뜨-찌뜨-아난다(Sat-chit-ananda)가 되어 버린 눈[소견]을 가진 참된 진인에게는, "눈을 가진 만큼 보게 된다"는 이치대로 확실히 이 세계도 사뜨-찌뜨-아난다라는 것을 알라.

제343연을 보라.

55. 마음을 초월해 빛나는 사뜨-찌뜨인 완전한 실재에게만 (올바르게) 보이는 것이, 꿈속에서 빛나는(보이는) 광경처럼 (마음이 만들어낸) 심적인 것으로서만 펼쳐지는 이 세계라는 겉모습의 성품이라네.

56. 그대의 성품 자체로서 일어나는 꿈을 매일 꾸면서 미혹되는 어리석고 환적인 마음이여, 그대의 **참된 성품**을 그대가 깨닫기만 한다면, 이 세계가 **존재-의식-지복**과 다른 무엇일 수 있겠는가?

57. 다수성(multiplicity-다양한 사물과 존재들로 구성된 것)으로 사람을 당혹케 하는 이 공허한 세계는, 마치 다채로운 청록색 공작이 원래의 상태에서는 단색인 난황卵黃이었듯이, 원래의 상태에서는 끊어짐 없는 단일한 **지복**이라네. 이 **진리**를 알고 **진아**로서 안주하라.

58. 빛나는 **진지**眞知라는 목표를 성취한 사람(진인)들은 많은 차별상을 가진 세계를 하나의 겉모습으로만 본다네. 왜냐하면 이 세계라는 다양한 차별상은 단 하나인 **찌뜨-샥띠**(Chit-Shakti), 곧 은총의 유희이기 때문이네.

59. "나는 몸이다"라는 관념에서 벗어나 **진아**의 상태에 자리 잡고 있는 진인에게는, 세계가 그(진인) 자신의 **진아지**로 빛나네. 따라서 우리가 세계를 자신과 다른 것으로 보는 것은 잘못이네.

60. 세계를 공空 속으로 사라지게 하여 이 세계라는 미혹을 소멸하면, 세계 없는 공空을 하나의 대상으로 보게 되는데, 그 공空마저 자신의 스와루빠에 대한 **지**知의 바다에 빠트려서 소멸하라.

61. 일체가 그것에 의해 존재하고 빛나는 **사뜨-찌뜨**["내가 있다"]로서 심장 안에 확고히 자리 잡으면, 이 세계도 그 거짓되고 무서운 이원성을 잃고 그대와 하나가 될 것이네.

62. 오관의 지각과 결부된 세계라는 겉모습이 **지고의 의식**(*Chit-Param*)인 **진아**(*Tanmaya*)임을 아는 사람은, 오관을 통해서도 그러한 스와루빠를 알고 체험한다네.

2. 세계의 비실재성

63. "영구적이지는 않아도 목전에서 지각되는 이 세계는 충분히 실재한다"고 어떤 이들은 주장하지만, "영구히 존재함이 저 **실재**의 불가결한 한 표지 아닌가?"라면서 우리는 그것을 논박한다네.

64. "부분으로 나뉘어 빛나는 세계라 해도 실재성이 없을 수 없다"고 어떤 이들은 주장하지만, "부분으로 나뉘지 않은 **전체성**이 저 **실재**와 결부된 한 표지 아닌가?"라면서 우리는 그것을 논박한다네.

사두 옴: 영원하고, 불변하고, 스스로 빛나는 것, 스리 바가반이 자주 선언한 이것이 **실재**의 세 가지 본질적 요소이다.

65. 시간의 바퀴에 의해 파괴되는 이 세계를 진인들은 결코 실재한다고 여기지 않을 것이네. 시간과 공간을 초월하여 영원히 빛나는 충만함이 **실재**의 성품이라네.

66. 평등하고 충만하게 존재하는 **실재**는 평안으로 가득 찬 **궁극의 존재**(*Tat-Param*)인 단 **하나의 사다시밤**(*Sadasivam*)일 뿐이네. 상상적 차별상들로 분리된(분리되어 보이는) 마음의 거짓된 지知일 뿐인 것이, 불행이 널린 여기 이 세계라네.

67. 의식(arivu)과 별개로는 존재하지 않는 세계가, 저 의식을 자기와 별개인 것처럼 (이름과 형상을 가진) 작은 존재로 만들어 버릴 수 있는 "나는 몸이다"라는 느낌을 통해 별개의 실체처럼 되는 것은, 잘 살펴보면 뿌옇게 눈을 가리는 미혹이 만들어낸 결과라네.

68. 실재하지 않는 감각기관들에 의해 지각되는 것이 실재하겠는가, 실재하지 않겠는가? 세간적 방식으로 인해 걱정하고 피로해진 마음이여, 이제 이 점을 철저히 숙고해 보고 대답하라.

69. 무지의 어둠 속에 묻혀 있는 채, 오호라, 몸을 '나'로 여기는 죄를 통해 참된 상태에서 전락한 개아個我가 무엇을 보았든, 그것은 실체가 없고 존재하지 않는다네.

70. '찌땀(Chittam)'이라는 '반사된 의식(Chit-Abhasa)[진아의식의 반사] 안에서 실재하는 것처럼 보이는 세계가 매력적이기는 해도, 순수한 의식(Chaitanya)인 스와루빠 안에서는 거짓된 모습일 뿐이라네.

영화가 어두운 배경 위의 제한적인 빛 속에서만 분명하게 보일 수 있고 밝은 햇빛 속에서는 희미해지듯이, 세계라는 겉모습도 마음의 제한적인 빛 속에서만 분명하게 보일 수 있고, 순수한 진아-의식의 빛 속에서는 사라질 것이다. 마음의 제한적인 의식은 진아-의식의 한 반사물에 불과한데, 이것은 찌땀(Chittam), 곧 영화의 비유에서 필름뭉치처럼 작용하는 습習들의 저장고로서, 조건 지워진 것이다. (또한 제244연을 보라. 거기서 이 관념이 더 설명되고 분명해진다. 그리고 제114연도 보라.)

3. 세계의 매혹

71. 세속적 욕망을 충족하기 위해 사람들은, 마치 염소의 군턱(턱밑에 늘어진 살)이 하릴없이 흔들리듯 헛되이 즐겁게 돌아다니지만, 진아

해탈의 규율(자기탐구)은 경멸하네. 오호라, **무니들**(Munis)은 이런 사람들의 애처로운 행동을 차마 보지 못한다네!

72. 마음을 가지고 오관五官의 밭을 힘들게 갈면서 깨알같이 작은 쾌락에 안달복달하는 사람들이, 마음의 근원인 **심장**(이라는 밭)을 **의식**[자기주시·자각]으로 갈아서 **지복의 홍수**(진아 깨달음)를 얻으려 하시는 않으니, 얼마나 놀라운가!

73. **진아**라는 해의 아내인 개아(*jiva*)[마음]라는 달은 늘 자기 집인 **심장** 속에 정숙하게 머물러 있어야 하는데, (그녀가) **진아**의 **지복**을 버리고 세속적 즐김(오관을 통한 대상의 즐김)을 갈망하는 것은 소중한 아내의 덕(정숙함)을 망치는 어리석은 짓과 같네.

또한 제996연을 보라.

74. 세계의 매혹(세계에 대한 끌림)이 사라질 때만 **실재로서 빛나는 위없는 해탈**(*Paramukti*)이 가능할 것이네. 세계에 실재성을 떠안기려 하는 것은, 매춘부에게 홀딱 빠진 남자가 그녀에게 정숙함을 떠안기려 하는 것과 같네.

사두 옴: 사랑에 빠진 사람이 매춘부에게 정숙함을 억지로 떠안기는 것은 그가 그녀에게 홀딱 빠졌기 때문이다. 마찬가지로, 어떤 학파에서 세계의 실재성을 주장하면서 그것을 고수하려 드는 것은 그들이 이 세계를 즐기려는 굉장한 욕망이 있기 때문이다. 따라서 그들이 무욕의 열매인 해탈을 얻기는 절대 불가능하다. (또한 제635연을 보라.)

4. 세계의 건조함

75. 거짓된 세계를 참되다고 믿는 미혹된 미친 사람들과 달리, **진리**를 깨달은 자[진인]는 **의식**인 **브라만** 외에는 성취하고 향유할 만한 그

무엇도 없다고 본다네.

76. 진리에 대한 지知에 뿌리 내린 의식을 가진 사람들이 애처로운 세간의 방식에 빠져 헤매겠는가? 저 실재하지 않는 세계의 저급함 속으로 떨어지는 것은 비천한 짐승들의 감각적 지각만 있는 행동 아닌가?

77. 만일 "무수한 감각대상(vishaya)의 향유를 내버리고 무욕의 의식만 갖는 것은 무슨 이익이 있는가?"라고 묻는다면, (그에 대한 답변은) 심장 안에서 진아의 지복을 끊임없이 체험하는 진지知가 그 이익이라는 것이네.

사두 옴: 세간적 쾌락에 대한 모든 경험은 하찮고 끊임이 있는 반면, 진지를 통해서 성취되는 진아의 지복은 영원하고 끊임이 없으며, 따라서 가장 큰 이익이다.

78. 세간적 대상들의 어느 하나에도 행복이라고는 조금도 없는데, 세간적 대상들에서 행복이 온다고 생각한다면, 그것은 스스로 미혹된 어리석은 마음이라네.

79. 자신이 소유한 부富를 보며 즐거워하는 무지한 사람들이 있지만, 그 부는 언제라도 그들을 고통 속에 던져두고 사라질 수 있다네.

80. 소용돌이치는 예전 원습原習에 의해 나타나는 꿈-세계라는 이 건조하고 텅 빈 사막에서, 세 가지 욕망의 열기로 괴로워하는 모든 산 존재들의 열기를 완전히 식혀줄 수 있는 보리수의 그늘은, 뚜리야(Turiya)[네 번째 상태]로서 빛나는 진아뿐이라네.

'세 가지 욕망'이란 여자, 부富, 명성에 대한 욕망이다.

5. 세간에서 자기 역할 수행하기

81. 이렇게 그대의 참된 성품을 명료하게 알고 **심장** 속에서 초연한 **지고자**로 항상 안주하면서, (그대가 맡은) 인간적 역할에 따라 마치 세상 사람들과 더불어 쾌락과 고통을 경험하는 듯이 유희하라.

82. 알아야 할 모든 것을 알았고 성취해야 할 모든 것을 성취했다 할지라도, 상식에 어긋나게 행동하는 것은 **지혜인**(진인)에게 어울리지 않으니, 그대의 외적 생활양식에 어울리는 행위 규범을 준수하라.

마지막 행은 종교(다르마), 카스트 등을 가리킨다.

6. 가환론假幻論[환적인 겉모습의 교의]

83. "우리가 세계를(*nam ulagam*)"이라고 개아들에게 더없이 이익 되는 가르침을 자애롭게 설해 주시는 **라마나 스승님**(Ramana Acharya)은 가환론假幻論(*Vivarta Siddhanta*)만을 참된 것으로 드러내시고, 다른 (모든) 교의들은 젖혀 두셨다네.

사두 옴: "우리가 세계를 보기 때문에(*nam ulagam kandalal*)"는 실재의 본질에 대한 바가반의 40연으로 된 시詩인 「실재사십송(*Ulladu Narpadu*)」의 첫 구절이다.

진리에 대한 당신의 체험은 '**불생론**不生論(Doctrine of Ajata)'에 의해서만 적절히 표현될 수 있지만, 바가반 스리 라마나는 당신의 가르침을 위해 '**가환론**假幻論(Doctrine of Vivarta)'만 사용했다.

종교들은 일반적으로 하나의 원인과 그 결과를 가정하여 신이 개인적 영혼들과 세계를 창조했다고 가르친다. 어떤 교의는 이 셋[신·영혼·세계]이 영원히 별개로 남아 있다고 주장하는 **이원론**(*Dwaita*)을 가르치고, 어떤 교의는 지금은 이원성이 지배하지만 얼마 후에는 영혼들과 세계가 신과 합일되어 하나가 된다고 주장하는 **한정비이원론**(Vishishtadwaita)을 가르치며, 또 어떤 교의는 그들이 별개로 보이기는 하나, 바로 지금도 이 셋은 실은 겉모습에 불과하고 단 하나인 **실재**에 다름 아니라고 주장하는 **비이원론**(Adwaita)을 가르친다. 그리고 다양한 종교들이 다른 많은 교의들을 가르친다.

구도자들은 성숙도 면에서 네 등급으로 나뉠 수 있는데, 하근기(manda)·중근기(madhyama)·상근기(teevra)·최상근기(ati teevra)가 그것이다. 처음 두 등급은 이원론이나 한정비이원론을 쉽게 받아들일 것이다.

'**가환론**'은 비이원론의 관점을 설명하기 위하여, 즉 세계라는 겉모습, 그것을 '보는 자', 그리고 그 겉모습에 대한 '보는 자'의 앎이, 원인과 결과에 의해 조건 지워지지 않고 모두 어떻게 동시에 생겨나는지를 설명하기 위해 권장된다. 그러나 이것은 세계라는 겉모습·영혼·신의 존재를 받아들이므로, 이는 구도자들을 돕기 위한 하나의 작업가설(임시로 채택하는 이론)일 뿐이다. 반면에 '**불생론**'은 이 세 가지 겉모습조차도 결코 받아들이지 않고, 단 **하나의 스스로 빛나는 실재**만이 영원히, 모습의 변화 없이 존재한다고 주장한다. 따라서 **불생론**이 모든 교의들 중에서 최고이며, 최상근기인 구도자들에게는 이것만이 적합하다.

상근기 구도자(tivra adhikari)들의 마음은 그들이 온전히 이해하지 못하는 진리인 **불생론**에 만족하지 못하지만, 그들에게는 **이원론** 같은 다른 교의들이 참되지 않은 것으로 보여 받아들일 수 없으므로 그런 교의에도 만족하지 못한다. 그래서 **스리 바가반**은 그런 다른 모든 교의들은 젖혀두고, 그들 마음의 성숙도에 적합한 **가환론**만 가르치는 것이다.

84. 마음이 지각하는 모든 것은 이미 **심장** 속에 있었고, 모든 지각은 과거의 원습原習들이 지금 (오관을 통해) 바깥으로 투사되어 재생되는 것임을 알라.

85. 진아 자체가 갖가지 이름과 형상들의 이 세계로 나타나 보이지만,

그것이 하나의 작용인作用因(nimitta),7) 곧 세계를 만들어내고, 유지하고, 파괴하는 창조자는 아니라네.

86. "진아가 세계로 현현한다는 진리를, 진아가 마치 미혹되기라도 한 듯이 모르는 것은 왜인가?"라고 묻지 말라. 만일 그대가 "이 미혹이 누구에게 일어나는가?"라고 탐구하면, 그런 미혹이 진아에게는 결코 존재하지 않았다는 것을 발견할 것이네.

사두 옴: 미혹된 의심자, 곧 에고는 **자기탐구**를 통해 자신의 정체성을 잃고 진아 속에서 익사할 것이다. 그러면 무지도 미혹도 진아에게는 결코 존재한 적이 없고, 존재하지 않는 에고에게만 존재한다는 것을 발견할 것이다.

87. "진아가 세계로 현현했다"고 말하는 것은, 하나의 밧줄 자체가 뱀으로 현현했다고 말하는 것과 같네. 자세히 살펴보면 뱀이 존재하지 않듯이, 진아가 현현한 듯한 세계라는 것은 한 순간도 존재하지 않는다네.

88. 그 생각 자체 외에 달리 뱀의 형상이 없고, 그 생각 자체가—숙고해 보면—그것(뱀의 형상)을 만들어낸다네. 그 생각 자체가 그것을 자기 괴로움의 원인으로 유지하다가, (결국 **자기탐구**를 통해 뱀이 존재하지 않음을 깨달음으로써) 그것을 소멸하지 않겠는가?

사두 옴: "그 생각 자체"라고 이 연에서 되풀이되는 어구는 마음 혹은 에고, 곧 다른 모든 생각들을 생각하는 원초적 생각인 '나'를 의미한다. 이 생각은 무無탐구(avichara)[그 자신에게만 주의를 기울이는 데 실패하기]로 인해 생겨나며, 그리하여 이 세계라는 겉모습을 창조한다. 그것은 무탐구로 인해 계속 존재하고, 그리하여 이 세계라는 겉모습을 유지한다. 그것은 결국 **탐구**(vichara) [그 자신에게만 주의를 기울이기]로 인해 존재하기를 그칠 것이고, 그리하여 이

---

7) *T.* 힌두교에서 세계와 창조주를 설명할 때 점토와 도공陶工의 비유가 흔히 사용되는데, 이때 도자기의 재료인 점토는 '질료인質料因'이고 도공은 '작용인作用因(nimitta karana)'이다.

세계라는 겉모습을 소멸할 것이다. 따라서 이 세계는 우리의 진아인 신에 의해 창조되는 것이 아니라 자아에 대한 무지에 의해 창조되며, 이 무지는 무無탐구, 망각(pramada) 혹은 자기등한시(self-negligence)의 결과이다.

89. 씨앗과 싹은 각기 서로의 원인이 되면서도 서로 대립하여 그 원인을 소멸하는 것으로 보이지만, 그것들은 무지한 마음의 상상에 의해서 산출되는 것일 뿐, 그 결과가 그 원인에 의해 산출되는 것이 아니라네.

90. 의식인 '운마이(unmai)'['있음('is'-ness), 존재, 진리 혹은 실재]가 진아(atma)이고, 세계는 저 의식의 한 왜곡에 불과하다네[즉, 세계는 의식이 왜곡된 형상으로 나타나는 것에 다름 아니다]. 만일 밧줄이 의식한다면, 뱀이 되기 위해 (자신 아닌) 다른 누군가를 필요로 하겠는가?

밧줄과 뱀의 비유에서, 밧줄과 뱀이 하나이기는 하지만 밧줄을 뱀으로 잘못 보는 사람은 그 둘과 별개이다. 그러나 실재와 세계라는 겉모습의 경우에는 실재와 세계가 하나일 뿐 아니라, 실재를 세계로 잘못 보는 우리가 그 어느 것과도 별개가 아니다. 왜냐하면 세계로 보이는 실재는 진아, 즉 의식일 뿐이고, 그래서 그것을 보는 우리는 그 의식에 다름 아니기 때문이다. 따라서 스리 바가반은 "만일 밧줄이 의식한다면, 뱀이 되기 위해 (자신 아닌) 다른 누군가를 필요로 하겠는가?"라는 수사학적 질문을 함으로써, 절대적인 비이원성(advaita) 혹은 무차별(abheda)의 진리를 강조하고 있다.

91. 진아가 존재의 성품을 움직임의 성품으로 바꾼 것인가, 아니면 달리 어떻게 이 세계가 생겨났는가? (그 자체) 거짓인 무지로 인해 이 세계가 존재하는 것처럼 보일 뿐, 진아는 한 번도 움직임을 겪은 적이 없다네.

같은 관념이 다음 8개 연에서 계속 예시되면서 발전된다.

92. 분리가 없는 허공의 견지에서 보자면 하나의 물건으로 분리된 항아리도 별개의 존재성이 없는데, 항아리 안의 공간이 항아리가 움직이면 함께 움직인다고 말하는 것은 잘못이라네.

93. 진아의 충만함 속에서는 비非진아(non-Self)인 몸과 세계가 불완전하여 존재조차 할 수 없는데, 가변적인 몸과 세계의 움직임 때문에 진아가 움직인다고 말하는 것은 지知가 아니라네.

94. 그 전일성全一性 때문에 움직임이 없는 진아가 마음이라는 부가물(upadhi)의 움직임과 함께 움직이는 것처럼 보여도, 움직임은 반사된 모습인 존재[의식의 반사물(chidabhasa)인 개아]에게 있지, 참된 지고아(Paramatma)에게는 일어날 일이 없다는 것을 알라.

95. "비이원자인 지고아 자신에게 미혹된 마음의 부가물(chitta-upadis)이 어떻게 들러붙는가?"라고 한다면, 무지한 존재[개아]의 견지에서만 마음에 들러붙을 뿐, 의식(Chit-즉, 진아)에는 부가물이 실로 들러붙는 일이 없다는 것을 알라!

사두 옴: 진지眞知(Jnana) 안에서는 부가물에 대한 어떤 경험도 없고, 따라서 그것들은 무지한 사람들에게만 나타나지, 진인(Jnani)에게는 결코 나타나지 않는다. 무지한 사람들은 이런 말을 듣고도 여전히 진인에게 자신들의 그릇된 소견이 어떻게 생겨났는지를 묻는다. 그러나 진인은 부가물들이 진아에게 존재한다는 것을 결코 인정할 수 없다는 것과, 따라서 부가물이 어떻게, 누구에게 나타나는지는 그들 스스로 발견할 책임이 있다는 것을 그들은 알아야 한다. 그래서 스리 라마나 바가반은 종종 당신의 헌신자들에게 이와 같이 반문하곤 했다. "그대가 그 부가물들이 생겨났고 실재한다고 주장하니, 그대 자신이 그것들이 무엇이고, 어디서 어떻게, 누구에게 나타나는지 알아내야 합니다!"

이것은 왜 '가환론假幻論'[동시창조론]이 '불생不生(Ajata)'만을 인정하는 질문자의 관점에 (방편적으로) 적합한지를 잘 보여준다. 여기서 제83연의 주석도 참조할 수 있을 것이다.

96. 도처에 충만한 지知인 지고의 실재에서 개아, 곧 하나의 극미한 '나'라는 개체가 일어나는 것은 가능하지 않다네. 이는 한정된 크기의 불덩어리에서만 불티들이 튀어나올 수 있는 것과 같네[즉, 무한하고 도처에 편재하는 불에서는 불티가 튀어나올 수 없다].

사두 옴: 이것은 세계, 신, 개아들은 의식의 한 거짓된 반사물인 개아의 견지에서만 나타나며, 진아의 지고한 관점에서는 전혀 어떤 창조도 없다는 것을 의미한다.

97. 마야에 미혹된 마음의 견지에서 바라보는 것이 아니고 **참된 자아**의 성품에서 바라보면 몸 자체가 없는데, **의식-허공**(Chidakasa)인 진아를 '몸을 가진 자(Dehi)'라고 부르는 것은 잘못이라네.

사두 옴: 이 연에서 스리 바가반이 드러내는 진리는, 『바가바드 기타』에서 말하는 '들판(kshetra)'[몸]과 '들판을 아는 자(kshetrajna)'[영혼], '몸(deha)'과 '몸을 가진 자(dehi)'는 진리가 아니라, 스리 크리슈나가 자비롭게 설한 비유적 표현(upacara vartta)일 뿐이라는 것이다. 만일 다른 방식으로 그것을 이야기한다면 진아에 무지한 마음이 분명하게 이해하지 못할 것이기 때문이다.

98. 몸을 '나'로 여기지 않는다면, 움직이거나 움직이지 않는 다른 것들의 세계[타자성]가 없을 것이고, **지고자**(Para)와 **중생들**(apara)[창조주와 피조물들]이 나타날 수 없기 때문에, **진아를 주시자**라고 부르는 것은 옳지 않다네.

사두 옴: 일부 경전들에서 볼 수 있듯이, 진아를 '개아의 주시자(jiva sakshi)' 또는 '일체의 주시자(sarva sakshi)'라고 묘사하는 것은 참되지 않은 비유적

표현(*upacara*)일 뿐이다. 왜냐하면 사물들이 알려질 때만 그것을 '아는 자'가 그것들의 '주시자'일 것이기 때문이다. 다른 어떤 것도 없는 절대적 단일성의 상태에서는 진아가 아무것도 모르는데, 그것이 무엇의 주시자일 수 있겠는가? 따라서 진아를 하나의 '주시자'로 묘사하는 것은 맞지 않다.

99. 몸이 없으면 세계가 없고, 몸은 마음이 없으면 한 순간도 존재하지 않으며, 마음은 의식이 없으면 한 순간도 존재하지 않고, 의식은 실재[진아]가 없으면 한 순간도 존재하지 않는다네.

사두 옴: 따라서 일체가 진아이며, 진아 외에는 아무것도 존재하지 않는다고 결론지을 수 있다.

7. 불생론不生論[무無창조의 교의]

100. 당신이 그들[당신을 찾아온 사람들]에게 다양한 교의를 설하시기는 했으나, 신의 화신이신 **구루 라마나** 자신의 참된 체험이라고 우리가 들은 말씀은 오로지 '**불생론**(*Ajata Siddhanta*)'이라는 것을 알라.

사두 옴: '불생론'은 그 무엇도 — 세계도, 영혼도, 신도 — 결코 생겨나지 않는다는, 그리고 '있는 것'이 영원히 '그것이 있는 그대로' 존재한다는 지知이다.

101. 아르주나(Arjuna)에게 주 **크리슈나**가 (『기타』의) 서두 장[제2장]에서 설한 것도 드높이 있는 이 상태의 진리[불생론]일 뿐이지만, 아르주나 자신의 마음이 미혹하여 그것을 이해하지 못했기 때문에, 이어지는 장들(3~18장)에서 다른 교의들을 가르친 것이라네.

8. 다양한 창조론의 목적

102. 창조의 과정을 경전에서 여러 가지 방식으로 묘사하는 진정한 의

도는 "이것이 창조의 과정이다"라고 선언하려는 것이 아니네. 경전들의 의도는 (구도자들이) 최초의 근원인 **진리**를 탐구하도록 하기 위함이라네.

사두 옴: 만일 창조가 참되다면 경전들은 그것을 단 한 가지 방식으로 묘사하겠지만, 창조론이 다양하다는 것은 창조가 진리가 아님을 분명히 말해준다. 성숙된 구도자가 창조 관념의 허위성을 발견하도록 하기 위해, **베다**는 의도적으로 서로 모순되는 이론들을 가르친다. 그러나 그런 모순들은 창조에 대한 묘사에서만 발견되지, **베다**(우파니샤드)가 **진아**, 곧 **지고자**의 본질을 묘사하려고 할 때는 결코 그런 일이 없다. 진아에 대해서는 모든 **베다**가 동의하면서 한 목소리로 "진아는 **하나**이고, **완전**하고, **전체**이며, **불멸**하고, **불변**하고, **스스로 빛난다**" 등으로 말한다. 이것으로 볼 때, 우리는 그런 상충되는 창조론들 이면의 깊은 의도는 구도자들에게 모든 창조 관념의 근원인 진아를 탐구할 필요성을 간접적으로 보여주려는 것임을 이해해야 한다.

9. 신이 맡은 역할

103. 환술幻術로써 자신을 보이지 않게 감추고 마음의 허공에 (세 가지) 상태라는 밧줄을 던져 올려 **개아**(*abimani*)[몸을 '나'로 아는 에고]가 그 위에 몸을 가누게 하면서, **불변자**(*Avikari*)[불변의 진아]는 (마야라는) 자신의 신적인 게임을 벌인다네!

사두 옴: 세 가지 상태란 생시, 꿈, 깊은 잠이다.

여기서는 인도의 시골 연희꾼들이 하는 마술이 비유로 사용되고 있다. 마술사는 스크린 뒤에 자신을 숨긴 채 밧줄 하나를 공중에 던져서 그것이 꼿꼿이 서 있는 것처럼 보이게 한 다음, 자신의 조수에게 그 밧줄을 기어올라 그 꼭대기에서 몸을 가누도록 한다. 여기서는 **신**이 마술사와 동일시된다. 그래서 **심장**은 그가 은신하는 곳이고, 세 가지 상태는 밧줄에 비유되며,

개아는 조수에 비유된다. 그러나 이 모든 것은 구경꾼들의 눈에만 나타나는 하나의 게임이고, 실재하지 않는다. 마찬가지로, 신의 '유희(Lila)'[신적 게임]로 보이는 창조·유지·해체는 모두 실재하지 않는다. 그것들은 무지한 자에게만 보이기 때문이다.

104. 마야에게 권능을 부여한 지고의 하느님(Paramesan) 자신이, 권능을 가진 마야의 교활한 명령에 복종하는 것처럼 보이기도 하는 것은, 밖으로 주의가 쏠리는 사람이 볼 때 그런 것이라네.

사두 옴: 하느님이 마야에게 권능을 부여한다고 말하는 것은, 구도자가 진아로서 안주하고 있다가 부주의해져서 '나'라는 생각이 일어나게 허용하는 경험을 의미한다. 이 '나'라는 생각의 일어남을 일단 허용하면, 그때는 신과 진인조차도 마야의 힘에 속박되는 것처럼 보여도 놀라운 일이 아닐 것이다. 그러나 이런 겉모습은 거짓이고, 환적인 '나'라는 생각의 견지에서만 있다.

바가반 스리 라마나의 삶 속에서도 마치 당신이 세속적 마음을 가진 사람들의 어리석은 관념들 중 일부를 승인하고, 그들이 부과하는 불필요한 조건들을 준수하시는 것처럼 보인 경우들이 더러 있었다. 그러나 이런 모든 문제들은 무지한 사람들의 견지에서만 그렇게 보인 것이었다.

105. 아무 의도 없이 해가 하늘에 떠 있는 것만으로도 다양한 부류의 지각력이 있거나 지각력이 없는 존재들이 그들의 활동을 하듯이, 모든 (세간적) 활동들은 (아무 의도 없이 단순히 존재하는) 신에 의해 일어난다네.

106. 찬란한 해가 있기만 해도 볼록렌즈는 화기火氣를 발하고, 연꽃봉오리들은 개화하며, 수련꽃은 오므라들고, 모든 중생들은 (그들의 성품에 따라) 일어나서 활동하다가 휴식한다네.

107. 자석 앞에서 바늘이 떨리고, 달 앞에서 월장석月長石이 습기를 머

금고 수련垂蓮이 개화하며 연꽃은 저절로 닫히는데, 이 모든 것은 [다섯 가지 기능은] 신의 강력한 현존의 성품이 이루어내는 것이라네.

다섯 가지 기능은 **창조, 유지, 해체, 은폐와 은총**이다.

해는 산 존재들이 일을 하도록 계획하거나 명령하지 않는다. 산 존재들 각자가 그 나름의 방식으로, 자신이 원하는 대로 해의 존재를 이용한다. 마찬가지로, 각 사람의 마음이 자기 나름의 방식으로, 신의 현존[진아의 현존]을 이용하여 업業(karmas)을 짓고 업에 속박되거나, 존재를 탐구하고 해탈한다. 자연계의 활동들이 해 없이는 지속될 수 없듯이, 다섯 가지 기능도 신, 곧 진아의 은총[즉, 현존] 없이는 작동할 수 없다.

108. 의도라고는 털끝만큼도 없는 신이 현존하는 곳에서, 의도를 성취하는 행위에 몰두하는 존재들은, 자신에게 정해진 행위의 길로 들어갔다가 결국 (행위가 쓸모없음을 깨닫고) 내면으로 돌아서서 해탈을 성취한다네.

사두 옴: 신의 현존이—우리 자신의 바람에 따라서—속박이나 해탈이 일어나는 데 필수적이기는 하나, 그는 속박이나 해탈에 책임이 없다.

109. 개아들의 행위가 마음을 넘어서 있는 **하느님**(Siva)에게 결코 영향을 주지 못하는 것은, 지구상에서 일어나는 사건들이 해에게 영향을 주지 않고, 4대 원소의 속성들이 광대한 에테르(ether-허공)에 영향을 주지 않는 것과 같다네.[8]

4대 원소의 속성은 다음과 같다.

흙 — 크기와 무게	물 — 차가움과 유동성
불 — 열기	바람 — 움직임과 속도

---

[8] *T.* 제105~109연은 「나는 누구인가」의 17번째 답변을 다시 풀어서 말한 것이다.

10. 세 가지 으뜸 실체[신, 세계, 영혼]

110. 개아라는 이 '나'가 누구인지를 철저히 탐구하면, 개아란 존재하지 않고 **시바**(Shiva)가 허공[의식의 무변제]으로서 드러날 것이네. 그 보는 자가 사라졌을 때, 눈에 보이는 세계에 실재성을 부여한다는 것은 순전히 미친 짓일 것이네.

사두 옴: '보는 자'와 '보이는 것'의 진리는 똑같은 하나이므로, '보는 자'[즉, 개아]가 실재하지 않음을 발견하면, '보이는 것'도 실재하지 않는다는 것을 알게 된다. 그럴 때 (이제까지 이 3요소에서 **신**으로 인식되던) **진아**의 참된 성품이 유일한 **실재**임을 발견하게 될 것이다.

111. 이런 방식으로 다른 두 가지[세계와 개아]가 사라진 뒤, 홀로 남아서 빛나는 것이 **시바**[진아]라네. 이것이 결함 없는 **진리**이기는 하지만, 자기[에고]가 죽어 버린 사람이 어떻게 그 **진리**를 비이원적이라고 생각할 수 있겠는가?

사두 옴: 비이원론(Advaita)의 진리는 생각을 넘어서 있기에, **바가반 라마나**는 비이원론을 하나의 종교라고 부를 수 없다고 말하곤 했다. 왜냐하면 '종교(*mata*)'는 '마음(*mati*)'에 의해서만 발견되는 것이기 때문이다. 제**993**연 참조.

112. **하느님**처럼 다른 두 가지[세계와 개아]가 실재한다면, 그것은 **하느님**의 **전일성**(*paripurnam*)에 결함이 있는 것이 될 것이네. **하느님**이 불완전하고 나뉘어져 있다고 인정하지 않는 한, 세계와 개아가 실재한다고 말하는 것은 옳지 않네.

사두 옴: 세계와 개아가 실재한다고 말하는 이원론(Dvaita)과 **한정비이원론**(Vishishtadvaita) 같은 학파들은, 이와 같이 그들이 신을 하나의 부분적 실체로 격하시킨다는 것을 받아들여야 한다. 그렇지 않으면 그들의 이원적 관념을 포기해야 한다.

113. 겉모습인 개아가 **지고자**와 별개의 실재하는 하나의 실체라면, 개아들의 행위가 곧 **시바**의 행위라는 **현자**들의 선언은 마음의 상상(관념)에 불과한 것이라고 해야 할 것이네.

현자들이 그들의 체험에 기초하지 않은 상상적 진술을 한다고 말하는 것은 어불성설일 것이다. 따라서 개아가 **지고자**와 별개의 실재하는 하나의 실체라고 결론짓는 것은 옳을 수 없다.

114. (영화에서 스크린에 화면들을 투사하던) 작은 빛이 큰 빛[햇빛] 속에 합일되어 해소되면 그 빛 속에서 보이던 스크린의 화면들이 즉시 사라질 것이네. 마찬가지로, 참된 **의식**(Chit)의 빛 안에 마음(chittam)[한정된 의식]의 빛이 합일되어 해소되면, 세 가지 거짓 화면[개아·신·세계]도 사라질 것이네.

제10연, 11연, 70연을 보라.

114a. 여성·남성·중성 등으로 구성된 하나의 결과(karya)로 (이 세계를) 보는 소견 때문에, 이 세계의 원인(karana)인 것으로 여겨지는 행위자인 그가 존재하니, 이 세계를 파괴하고 창조하는 (저) 행위자가 곧 하라(Hara)[시바]임을 알라. —바가반

사두 옴: 이 연은 산스크리트 운문인 『시바 냐나 보담(Siva-Jnana-Bodham)』의 첫째 연 "남성·여성·중성으로 구성된 세계는 세 가지 작용[창조·유지·파괴]에 지배되므로 하나의 산출된 개체라네. 해체된 뒤에는 불순물로 인해 다시 생겨나니, 끝이 시작이라고 현자들은 말하네(Stri-pum-napumsaka-aditvat jagatah karya-darsanat, Asti karta sah hritva-etat-srijati-asmatprabhuh-harah)"를 스리 바가반이 각색한 것이다.

원인과 결과는 하나의 이원자(dyad)이다. 왜냐하면 각기 상대가 있음으로써 의미를 갖기 때문이다. 이 연의 목적은, 세계라는 겉모습은 하나의 결과

로 보이므로, 그것의 원인으로 하나의 신이 존재해야 한다는 것을 가르치려는 것이다. 또한 「실재사십송(*Ulladu Narpadu*)」의 제1연을 참조하라.

세계가 하나의 결과로 여겨지는 한, 그것에 하나의 원인이 있다는 것을 받아들일 필요가 있다. 그러나 진아지가 밝아오면 세계라는 겉모습은 진아에 지나지 않는다는 것을 알게 될 것이고, 따라서 원인과 결과의 이원자는 존재하기를 그칠 것이다. 이렇게 해서 세계가 더 이상 하나의 결과로 보이지 않고, 무無원인이며 창조되지 않은 불변의 진아일 뿐인 것으로 보일 때, 신은 더 이상 하나의 원인이나 행위자—별개의 한 개체—가 아님을 알게 될 것이고, 단 하나의 나뉘지 않은 진아로서만 빛나게 될 것이다.

115. 지고의 실재는 하나인데, 왜 모든 종교들이 (그리고 때로는 진인들조차도) 처음에는 세 가지 실재가 있다고 하는 것이 이롭다고 하는가? 그것이 세 가지라고 하지 않으면, 대상지對象知(*suttarivu*)에 의해 휘둘리는 마음이 일자一者(the One)를 받아들이지 못할 것이기 때문이네.

「실재사십송」, 제2연을 보라.

11. 은폐

116. 무수한 전생 동안 남들에게 가하거나 남들에게 당한 모든 괴로움들로 가득한 과거 일들은 개아의 의식 안에 남아 있지 않은데, 이 완전한 망각은 개아들에 대한 신의 은총임을 알라.

117. 이 한 생에서 일어난 몇 가지 사건에 대해 마음에서 솟구치는 기억만으로도 우리의 삶이 괴로움에 가득 찰 수 있다네. 그러니 모두가 망각만을 사랑할 수밖에 없지 않겠는가?

사두 옴: 위의 두 연에서 스리 바가반은 우리가 자신의 전생을 알려고 하는

것은 어리석은 일이라고 조언한다. 고통과 쾌락 둘 다, 그 자체 불행인 근원적인 '나'라는 생각에서 나온 생각들에 불과하다. 그래서 불행에서는 어떤 참된 행복도 나올 수 없기 때문에, 과거의 고통과 쾌락을 잊어버리는 것이야말로 지복인 것이다.

12. 개인성

118. 개별적인 신들과 그들의 특별한 능력은 그들을 숭배하는 마음의 상상 속에서만 실재하는 것으로 보일 뿐이네. 그 마음, 곧 **마야**를 초월하는 **진아**에게는 그런 정신적 미혹이 그 어느 때에도 결코 존재하지 않는다네.

119. 참으로 존재하는 **해탈자**(*Mukta*)들에게 개인성(*vyakti*)이 있다고 말하는 것은 거짓된 것에 속박된 학자들의 보잘것없는 지知에서 나온 것일 뿐이네. 거짓 없는 **실재**인 '의식의 허공인 분'[진인]들의 개인성이란, 저 개인성 애호가들(개아들)의 개인성의 반영(반사된 모습)이라네.

사두 옴: 이 연에서는, "우리가 진인을 한 개인이라고 알 뿐 아니라, 진인조차도 자신에게 개인성이 있다고 느낀다"고 말하는 사람들이 전적으로 틀렸음을 강조한다. 그들이 그에게서 보는 것은 그들 자신의 성품의 한 반영에 불과하다.

120. 진지한 구도자의 **심장** 속에서 **지**知(*Jnana*)만이 (위없는) **실재**로서 드높게 빛나고 있네. 그러니 (그들의) 몸-'나'(에고)가 절멸된 뒤에, 어떻게 "이분은 비할 바 없는 **진인**이다, 저분은 **진인**이다"라며, 그들이 진실로 몸의 형상이라고 말할 수 있겠는가?

『스리 라마나의 길』, 제1부 **부록** 2의 2) "누가 **진인인가**?"에서 이 연과, 이

어지는 두 연을 더 자세히 설명할 것이다.

121. 저기서 (어떤) **마하트마**를, 여기서 (또 다른) **마하트마**를 만나려고 열렬히 갈망하는 사람이, 만약 그 자신의 **마하-아뜨마**(Maha-Atma)[큰 자아]의 (참된) 형상을 탐구하고 **심장**에 도달하여 그것을 깨달으면, 그 모든 **마하트마**들이 하나일 뿐이라네.

122. 개인성과의 연관이 그 뿌리에서 소멸되지 않으면, 참된 **진인**일 수 없다네. 그가 아무리 높고 경이로운 **따빠스**(*tapas*)의 상태를 성취했다 하더라도, 진보한 구도자일 뿐이라네.

사두 옴: 이 연에서 스리 바가반이 우리에게 베푸는 가르침 이면의 의도는, 남들이 우리를 진인이라고 부르든 무지인이라고 부르든, 우리 각자가 개인성의 관념을 가지고 있는지 여부를 스스로 살펴보아야 하고, 이 원리에 따라 우리 자신을 바로잡으려고 노력해야 한다는 것이다. 이 연은 우리가 남들을 진인인지 무지인인지 가늠하는 잣대를 제공하려는 것이 아니다.

123. 개인성의 느낌(*vyaktitva*)이 전혀 없는 **참된 의식**을 버려두고, 갖가지 **싯디**(*siddhis*)를 시현하는 것은 어리석은 짓이네. 진아인 자신의 능력을 알지 못하는 사람들 말고 누가 그런 온갖 싯디를 욕망하겠는가?

사두 옴: 진인은 자신이 발현업發現業(*prarabdha*-현생에 발현되는 업)에 따른 어떤 싯디도 행하는 자라고 느끼지 않을 것이다. 그가 (때로는) 싯디를 시현하는 것처럼 보일지는 모르나, 그렇다고 해서 그것을 자부하고 즐기지는 않을 것이고, 싯디에도 불구하고 항상 **진아** 안에서 즐거워하는 상태로 머무를 것이다. 「실재사십송 보유補遺(*Ulladu Narpadu* Supplement)」 제15연이기도 한 본 저작의 B2(제169연)를 참조하라.

124. 지고아로 안주하는 **형상 없는 자**인 **진인**은 많은 **싯다들**(*siddhas*)의

집결체라네. 그들을 통해 일어나는 온갖 싯디가 그의 것일 뿐이
니, 그것들의 주시자인 그를 다끄쉬나무르띠(Dakshinamurti) 그분으
로 알라!

사두 옴: 진인이 '형상 없는 자'로 묘사되고 있다.

개별적 싯다들은 설사 그들이 8가지 싯디를 모두 보유하고 있다 하더라
도, 모든 싯디들 중 최고인 **아뜨마-싯디**(Atma-Siddhi)를 보유한 진인 앞에서
는 그것을 시현할 수 없으므로, 그들은 진인 안에 들어 있다고 이야기된다.
진인은 싯다들이 그들의 능력을 빌려오는 신의 진아이므로, 여기서는 모든
싯디를 "그의 것일 뿐"이라고 말하고 있다.

진인은 **무르띠**(Murti)[어떤 개별적 신의 형상]도 아니고, **삼신**三神(Trimurthis)[창
조·유지·해체의 세 신]의 **화신**(Avatar)이나 **암사**(Amsa)[측면이나 부분]도 아니다.
진인, 곧 **구루-무르띠**(Guru-Murti)는 뜨리무르띠(삼신)보다 위이므로, 여기서는
그가 **원초적 구루**인 주 다끄쉬나무르띠로 묘사된다.

13. 비실재와의 연관

B1. 역겨운 몸이 '나'라는 관념을 포기하고, 끊임없는(영원한) 지복인 진
아를 알라. 파괴될 몸을 소중히 여기면서 진아를 알려고 하는 것
은 악어를 뗏목 삼아 강을 건너려는 것과 같다네.

이 저작에서 일부 연들은 바가반 자신이 지은 것이다. 이런 연들에는 주된
저작과 독립적으로 **B1, B2, B3** 등의 번호를 붙인다. **B**는 바가반을 뜻한다.
본 연은 「실재사십송 보유」의 제12연으로도 나온다.

사두 옴: "파괴될 몸을 소중히 여기면서"라는 구절은 구도자들이 오해하기
쉽다. 스리 바가반은 이 연을 통해서, 진아를 깨달으려면 건강한 몸으로 오
래 살아야 한다고 믿는 구도자들에게 경고를 주려고 의도하는 것일 뿐이다.
그런 구도자들은 때로는 극단으로 흘러, 자신을 요기로 칭하면서 깨어 있는

삶의 대부분을 어떤 요가 행법을 하며 허비하기도 하는데, 순수성 음식 먹기, 신체적 청결, 말끔한 외모, 좋은 건강 등을 신경 쓰느라고 건강염려증에 걸릴 지경이 된다. 그 결과, 이 어리석은 사람들은 자신들의 후원자들에게 골칫거리이자 사회에 쓸모없는 기생충들에 지나지 않는다.

그러나 **바가반**이 신체적 욕구들을 합리적이고 적절하게 돌볼 필요나 지혜를 부인하려는 것은 아니다. 현명한 가게 주인의 목표는 자신의 가게 임대료를 지불하는 것에 그치지 않고, 임대료에 더해 큰 수익을 내는 것이어야 한다. 마찬가지로, 구도자의 목표는 자기 몸[가게]을 위한 의식주[임대료]를 공급하는 것에 그쳐서는 안 되고, 이 몸으로 자신이 해야 할 일은 **자기탐구**이며, 자신의 목표는 **진아**라는 가치 있는 이익을 얻는 것임을 기억해야 한다. 그러나 반대로 임대료를 지불하는 것[그런 필요물들을 공급하는 것]이 우리의 전체 삶의 유일한 노력이 되어서는 안 된다. 필요물들에 대해서는 필요 최소한으로 보살피는 가운데, 우리의 주의의 주된 부분은 **진아**를 성취하는 데로 직접 향해져야 한다. 삶의 신체적 필요물들에 대한 과도한 근심은 악어에 매달리는 것과 같다. 악어는 우리가 윤회(samsara)라는 강을 건너는 데 도움이 되는 뗏목 역할을 하기는커녕, 우리를 집어삼켜 우리의 모든 헛된 노력을 무위로 끝나게 할 것이다.

125. 악어를 통나무로 착각하여 그것을 배 삼아 강을 건너려는 사람과 같은 바보는, 몸에 과도하게 집착하면서도 자신은 **진아**를 알려고 노력하고 있다고 말하는 사람들이라네.

126. 말과 마음이 미치지 않는 미세한 **존재-의식-지복**을 보살피지 않고 거친 몸(조대신)을 보살피는 데만 열심히 애쓰는 것은, 우물에서 힘들게 물을 길어 쓸모없는 풀에 물을 대주는 것과 같다네.[9]

---

9) *T.* 여기서 '쓸모없는 풀'은 척박한 황무지에서 자라는 특정한 풀(*vizhal*)인데, 여기에 물을 댄다는 것은 아무 보람이 없는 헛수고를 뜻하는 타밀어의 한 비유이다.

127. 몸을 '나'로 착각하는 하찮은 삶의 행복을 즐거이 받아들이는 사람은, 위대한 **심장** 속에서 체험될 수 있는 무한하고 위없는 **지복**의 위대한 삶을, 마치 없는 듯이 지나쳐 버리는 사람이라네.

128. 목전의 세계가 해惡를 가져다준다는 것을 모른 채, 그것이 실재하며 행복의 원천이라고 여기는 사람들은, 물에 떠 있는 곰을 뗏목으로 알고 집어타는 사람처럼, 생사윤회에 빠져 죽는다네.

사두 옴: 어떤 사람이 물에 떠 있는 곰을 그것의 참된 성품을 모른 채 붙들고는 그것이 뗏목 역할을 해주기를 바랐다면, 설사 자신의 실수를 깨달았다 해도 그 곰을 벗어나기가 매우 어렵다는 것을 발견할 것이다. 그 곰도 그를 붙잡았을 것이기 때문이다. 마찬가지로, 어떤 사람이 스승에게서 세계는 하나의 거짓된 겉모습이라는 말을 들었다 해도, 그가 세계를 실재하는 것으로 여길 때 가졌던 세계에 대한 큰 욕망으로 인해 자신이 만들어낸 끌림의 습習(세간적 대상들에 끌리는 마음의 습) 때문에, 세계를 도외시하기가 매우 어렵다는 것을 발견할 것이다. 이 세계에 대한 마음의 집착의 힘이 그와 같다.

129. 탈것의 오고 감을 자신의 움직임으로 잘못 알고 미혹되듯이, **진아**지를 가지고 있지 않은 사람들은 에고가 경험하는 윤회(samsara-탄생과 죽음)를 그들 자신에게 부과하면서 고통 받는다네.

130. 몸과 세계를 실재하는 것으로 여겨 집착하고 있는 무지한 사람은 평안(shanti)을 가질 수 없다네. 그 무지를 버리고 우둠부(udumbu)처럼 **심장**의 거소에 안주하며 그것을 떠나지 않는 사람은 괴로움을 겪는 일이 없을 것이네.

'우둠부'는 인도에서 발견되는, 몸길이가 3피트(90센티미터)까지 자라는 큰 도마뱀이다. 이 도마뱀은 벽의 평평한 표면을 워낙 확고하게 붙들기 때문에, 사람이 그것을 붙들고 몸을 끌어올릴 수 있을 정도이다.

131. 에고의 삶을 살면서 실재하지 않는 활동을 즐기는 사람들의 마음은 아주 미혹될 것이네. 에고 없는 **진아-성품**(Atma-swarupa)의 은총인 **지고의 의식** 자체를 즐기는 것만이 가치 있는 삶이라네.

14. 빤디뜨

132. 왜 많은 사람들이 나를 **빤디뜨**(Pandit)라고 부르는가? 진정한 **빤디뜨**의 본질적 표지는, 자신이 오랜 세월 배운 학문과 기예技藝들이 무지에 불과하며, 그것들을 '아는 자'가 존재하지 않음을 아는 것이라네.

사두 옴: 여기서 스리 바가반은 당신을 큰 **빤디뜨**라고 부르는 사람들에 반대하고 있는데, 그것은 단지 그들이 당신에게서 시적 천재성, 해박한 경전 지식, 놀라운 기억력, 예리한 지성, 뛰어난 논변 솜씨, 많은 언어·의학 지식, 건축 기술 등을 보기 때문이다. **바가반**은 모든 기예와 학문을 배운 사람이라고 해서 참된 **빤디뜨**는 아니라고 말한다. 에고, 즉 "나는 몸이다"라는 그릇된 앎 자체가 원초적 무지인데, 어떻게 그런 무지로써 습득한 학식이 참된 지知일 수 있겠는가? **진아** 외의 그 무엇에 대한 지知도 무지에 불과하다.

그러나 스리 바가반 자신은 **진아지**를 가졌기 때문에 참된 **빤디뜨**이다. 이것을 분별하고 이해할 수 있는 사람만이, **자기탐구**를 하여 **진아지**를 얻고 그리하여 그 자신 참된 **빤디뜨**로 불릴 말한 자격이 있는 근거이다.

133. "(그것들을) 배운 자는 누구인가?"라고 탐구하여 **심장**에 도달하면 저 에고가 그것의 모든 학식과 함께 사라진다네. (그런 다음) 남아 있는 자신의 **참된 상태**[진아-의식]를 아는 자 아닌, **그것을** 깨닫지 못한 채 에고를 가진 사람들을 어떻게 **빤디뜨**라 하겠는가?

134. 배운 것을 모두 잊어버리고 내면에 안주하는 법을 배운 사람들만

이 '진리를 아는 자들'이라네. 잊어버린 것들을 기억하려고 부단히 애쓰는 사람들은, 미혹된 개념인 거짓된 세계[윤회계(samsara)]에서 고통 받게 될 것이네.

사두 옴: 64가지 기예와 학문 모두에 대한 지知는 '생각하기'의 열매에 지나지 않는다. 생각하기와 잊어버리기는 마음의 속성인데, 기억하기도 잊어버리기도 일어나지 않고 단일성이 지배하는 진아지의 상태에서는 이 마음이 상실된다. 이 상태에서는 지복만이 빛나며, 이 지복을 체험하는 법을 터득한 사람만이 진정한 빤디뜨이다.

135. 일체를 안다고 자부하는 허영심 있는 학자여, "일체를 안다는 그대는 누구인가?"라고 물으면, 그대는 쩔쩔매며 (답을 하지 못하고) 부끄러워서 고개를 숙이네. 그대의 무지한 마음이 결딴나기를!

사두 옴: 여기서 스리 바가반이 사용한 "그대의 무지한 마음이 결딴나기를"이라는 강한 어조의 말은 저주라기보다 하나의 축복으로 이해해야 한다. 왜냐하면 구도자의 목표는 자기 마음이 결딴나는 것[완전히 절멸되는 것]이기 때문이다. 「영적인 가르침(Upadesa Manjari)」, 제1장 네 번째 질문도 참조하라.

136. 의심과 오해라는 형태의 미혹을 소멸하고, 참된 지知 안에 영구적으로 자리 잡고 있는 사람이, 세간지世間知(kalaijnana)의 건너편 언덕을 본 자[지고한 빤디뜨]라네.

137. 1인칭인 자기의 자연스러운 이름('나')은 '있다'라는 술어와 함께 알 수 없는 의미로서 빛난다네. 에고가 절멸된 뒤에 그것을 있는 그대로 아는 자가, 참으로 오점 없는 빤디뜨임을 알라.

15. 시인

138. 시인이라면, 사람들을 찬양하느라고 자신의 혀를 잘못 사용해 왔

음을 가슴 절절히 느끼면서, "더 이상 오물(더러운 몸)인 어떤 사람들도 찬양하지 않고, 신의 위대함만을 노래하리라"는 새로운 결의를 다지고 명예롭게 살라 하라.

139. 신의 은총으로 성취한 시적 재능을 그의 두 발에 봉헌하지 않고, 범용한 인간들을 찬양하는 데 그것을 낭비하는 사람들은, 오호라, 그들의 딸인 혀의 달변을 매춘에 종사시키는 사람들과 같다네.

"그들의 딸인 혀의 달변"10)은 다른 번역으로 "달변의 여신[사라스와띠]"으로 옮길 수도 있다.

140. 자기주시로써 에고를 제거하고, 음식껍질(annamaya kosha)을 위시한 다섯 껍질을 향한 모든 집착에서 완전히 벗어나서 고요해진 심장에서만, 참된 시적 재능이 솟아나올 수 있다네.

16. 학식의 허영

141. 마음을 제어하여 고요하게 하는 것이 해탈을 얻는 최선의 길이라고 모든 경전에서 가르친다네. 그것이 경전들의 핵심 취지임을 알고 나면, 모든 노력이 그 수행으로 향해져야 하네. 그러지 않고 계속 경전을 더 많이 공부한들 무슨 소용 있는가?

같은 관념이 표현되어 있는 「나는 누구인가?」도 참조하라(『라마나 마하르쉬 저작 전집』(한국어 개정 2판), 52쪽).

142. 종교적으로 도덕적인 삶을 사는 것조차도 맞지 않는 사람들이 베단타를 공부하고 분석한다면, 그것은 베단타의 순수성을 오염시키

---

10) *T*. 이것은 타밀어판 원문에 "그들의 혀 여성"으로 되어 있고, 그 단어 주석에서 '혀 여성'을 "혀에 거주하는 여성, 곧 사라스와띠"라고 하였다. 사라스와띠는 문학적 재능을 주관하는 여신으로 숭배된다.

는 것에 불과하다네.

무루가나르: 이 연은 베단타를 공부하는 사람들에게는 마음과 가슴의 순수성이 필수적이라는 것을 강조한다.

143. 신적인 은총의 도움으로 심장에 도달하여 에고가 조복調伏되게 하는 것이 경전 공부의 목적이네. 그렇지 않다면, 환幻의 몸뚱이를 자기로 아는 사람들의 모든 경전 지식은 마치 염소의 군턱이 흔들리는 것만큼이나 쓸데없다네.

144. 어떤 수단(upaya-수행법)을 통해 마음을 없애고 그 자신의 **참된 성품**(Swarupa)이 드러나게 함으로써 생각의 번뇌를 소멸해야 한다네. 그렇지 않고 경전 공부만으로 마음의 미혹을 없애기란, 말[馬]의 뿔처럼 불가능한 일이네.

사두 옴: 독자들은 스리 바가반이 자기탐구와 자기순복 두 가지만을 진리를 아는 두 가지 수단으로 권장했다는 것을 기억해야 한다. 이 두 가지 방법의 결과는 공히 심멸心滅(mano-nasha)[마음의 죽음]과 원습소멸(vasana-kshaya)이다.

145. 바람처럼 늘 흔들리는 약하고 불안정한 개아에게는, 그것의 근원인 심장 외에 지고한 지복(upashanti)을 즐길 곳이 없고, 학문과 기예技藝는 (우시장처럼) 번잡한 곳이라네.

사두 옴: 기예들(arts)은 마음의 변상(mano-vrittis)의 솜씨 좋은 유희에 불과하다. 흐르는 강들이 그들의 본래 근원인 바다에 도달할 때까지는 사납게 노호하지만 바다에 들어가면 평화롭고 고요해지듯이, 들떠 움직이는 마음도 그런 변상들을 포기하고 자신의 근원으로 돌아가서 안주할 때까지는 평안과 고요를 발견하지 못할 것이다. 「아루나찰라 8연시(Arunachala Ashtakam)」, 제8연도 참조하라.

146. 방대한 베다와 아가마(Agamas)를 포기하고 존재-의식(Sat-Chit)을 궁

구究하는 방편(자기탐구)을 통해서 **심장** 안의 **진리**를 아는 탐구의 달인들만이, 무미건조한 감각 욕망들을 뿌리 뽑을 수 있다네.

'베다와 아가마'라는 구절은 욕망하는 목적을 이루기 위한 의례儀禮 행위들을 가르치는 경전 부분들을 가리킨다.

147. 결함 없는 **지**知로 빛나는 저작들[경전들]을 큰 열의로 배운다 하더라도, **진아**로서 안주하려고 노력할 때는 그것을 잊어버리고, 벗어나야 한다네.

사두 옴: 청문(*Sravana*)[경전과 스승의 가르침을 듣는 것] 시기에는 공부에 큰 열의를 갖는 것이 필요하지만, **성찰**(*Manana*)의 시기에는 이 욕망과 열의가 점차 희미해질 것이다. 그때는 우리가 그 가르침을 확신하기 때문에 그 관념들이 더 이상 새롭지 않을 것이기 때문이다. 그러나 그 구도자가 **진아** 쪽으로 향하려고 노력하는 **일여내관**(*Nididhyasana*)[수행]의 시기에는 경전습經典習(*Sastra vasanas*)의 힘으로 인해 자신이 배운 경전들이 (명상을) 방해하는 생각들로 떠오르기 쉽다는 것을 발견한다. 그래서 구도자가 홀로 있으면서 **심장** 속에 합일되려고 노력하는 동안은 신성한 경전도 버려지고 잊혀야 한다.

17. 베단타의 위대함

148. 감각대상 아닌 것이 실재한다는 것을 모르고 그래서 파멸하는 제 정신 아닌 사람들은, 감각대상에 대한 무욕에 의해 풍요롭게 개화되는 **진지**(*Jnana*)를 "건조한 베단타"라고 부를 것이네.

149. 욕망을 다 포기한 이들만 **베단타**를 얻고, 욕망을 가진 이들에게는 그것이 멀리 있다네. 따라서 욕망을 가진 이들은 욕망 없는 **하느님**(*Isan*)에 대한 욕망으로써 다른 모든 욕망을 소멸해야 한다네.

사두 옴: '베단타(*Vedanta*)'라는 용어는 보통 하나의 특정한 철학체계를 의미

하는 것으로 이해되지만, 그 참된 의미는 베다(Vedas)의 결론(anta)으로서 얻어지는 진지(*Jnana*)의 체험이다.

모두 2인칭 또는 3인칭인 감각대상들에 대한 욕망은 신에 대한 욕망과 정반대이고, 그래서 신은 단순히 2인칭이나 3인칭의 많은 대상들 중의 하나가 아니라, 1인칭의 **실재**임이 분명하다. 따라서 우리는 2인칭과 3인칭의 대상들에 대한 모든 욕망을 버리고 진아에 대한 사랑만을 갖는 것이 신을 향한 참된 헌신임을 이해해야 한다. **B13**(제731연)도 같은 논점을 주장한다.

18. 발현업의 작용

150. 발현업(*prarabdha*)에 의해서만 음식이 생긴다는 것을 깨달은 **현자**들은 자신의 삶에서 필요한 것들에 대해 결코 걱정하지 않는다네. 사람들이 원하든 않든, (발현업에 의해 정해진) 그 음식이 틀림없이 올 거라는 것을 알라.

151. 모든 사람은 발현업을 각자의 **심장** 안에 **주시자**로 거주하는 **시바**의 **친존**에 의해서 경험한다네. 누구든 자신을 발현업의 경험자라고 생각하면서 미혹되지 않고 자신은 **존재-의식**일 뿐임을 아는 사람은 저 **시바**에 다름 아니라네.

여기서 제1190연을 참조하라.

19. 발현업의 힘

152. 등잔 밑에 어둠이 그대로 있듯이, 시공의 한계가 없는 지知-스승(*Jnana-Guru*)의 두 발 아래에서만 머무른다 할지라도, 어떤 사람들은 그들이 운명[발현업]으로 인해 에고가 상실되지 않는다네. 이는 그들이 미성숙하기 때문이네.

여기서 말하는 미성숙은 에고를 버리려는 욕망이 없는 것이다. 왜냐하면 헌신 없이는 결코 해탈을 성취할 수 없는데, 헌신은 자신의 에고를 잃어버리려는 구도자의 강렬한 열망이기 때문이다. 또한 제605연을 보라.

153. 왜 8가지 싯디(siddhis)와 지고의 진아지(Atma-jnana)라는 두 가지를 우리가 원하는 대로 (함께) 얻지 못하는가? 그 원인을 살펴본다면, 세상 사람들의 성품이 서로 달라서 (싯디라는) 부富와 지知(진아지)가 서로 다르기 때문이라네.

만일 싯디가 진지眞知와 함께 나타난다면 그것은 어느 전생에 한 까미야 까르마(kamya karmas-특정한 결과를 얻기 위해 비정규적으로 거행하는 의식) 때문이지만, 그 사람은 여전히 무지의 어두운 손아귀에 들어 있다. 그래서 싯디는 발현업[에고에 기초한 세 가지 업業 중의 하나]에 따르는데, 진지는 에고를 소멸하기 때문에 싯디에 반대된다. 더욱이 진지는 진아에 기초해 있고 에고에 기초하지 않으므로, 세 가지 업業 중 어느 것에도 속박되지 않는다.

스리 무루가나르: 따라서 혹자가 말하듯이 모든 싯다는 진인이어야 하고 모든 진인은 싯디를 가져야 한다거나, 또 혹자가 말하듯이 싯다는 진인일 수 없고 진인은 싯다일 수 없다는 것은, 반드시 참되지는 않다.

20. 에고와 진아의 본질

154. 요괴 악마같이 기뻐 날뛰고, 속임수를 쓰고, 오락가락 많은 상상을 펼치면서, 대상들을 지각하며 괴로워하는 그런 물건이 개아의 마음이지만, 우리의 참된 성품은 있음과 빛남[존재-의식]이라네.

21. 원습原習의 힘

155. (윤회라는 강의) 강둑이라는 진아의 상태를 꽉 붙들지 못하는 사

람들은, 짓궂은 소년들 같은 원습(vasanas)에 의해 윤회의 소용돌이 속으로 던져지며, 고통 받을 것이네.

사두 옴: 이따금 작은 동물들이 어떤 물길의 위험한 소용돌이에서 벗어나려고 애쓸 때, 짓궂은 소년들이 그들을 도로 밀어 넣을 때가 있다. 이것은 자기주시를 꽉 붙들려고 애쓰지만 그들의 원습으로 인해 윤회계(samsara), 곧 소용돌이치는 세속적 생각들의 흐름 속으로 도로 부단히 끌려드는 자신을 발견하는 개아들(jivas)에 대한 하나의 비유로 사용된다.

22. 에고 매듭

156. 우리는 자신의 **실재**인 **의식-허공**(Chidakasha)의 풍요로움[광대한 완전함]을 주의 깊게 살피지 못하고, 별개의 '나'라는 '보는 자'로서 일어나는 결함 때문에, 대상들의 세계를 목전에서 보는 실수를 범한다네.

사두 옴: 우리가 자신을 유한한 몸과 동일시함으로써 우리의 무한한 존재가 (하나의 몸에) 잘못 국한될 때, 우리 자신의 **진아**는 '나', 곧 '보는 자(seer)'와 별개의 개체들로 보이는 세계와 **신**으로 나타난다. 그러나 이 별개의 대상들은 에고의 견지에서만 나타나지, 진아의 견지에서는 그렇지 않다. 같은 관념이 제158연에서도 표현된다.

157. 하늘의 푸름과 같은(실재하지 않는) 온갖 감각대상들을 보면서 그것들을 실재한다고 여기고, (그것들을) 욕망함으로써 더 단단해지는 것이 이 기만적이고 거짓된 근본적인 에고-매듭(ego-knot)이라네.

158. 속박에서 벗어나 있는 자신의 **스와루빠** 성품을 보지 못하는 것이 속박에 싸인 눈의 시각이라네. (다섯) 껍질의 몸으로 자신을 감싼 채 그것을 '나'로 여기면서, 그것은 그 자신 앞에 세계로도 나타난

다네.

159. 몸을 자기 집으로 여기는 더러운 때[垢]인 에고라는 무지 없이 사는 삶이 행복이라네. 그것(에고)은 실재하는 **시밤**(*Sivam*), 곧 위대한 **지고아** 안에서는 상상적인 한 겉모습일 뿐이네.

160. '나'["나는 몸이다"]로서 살아가며 고통 받는 이 가짜인 개아도 (스크린 위의) 그림자 같은 화면들 중 하나라네.

또한 제1218연과 비교해 보라.

사두 옴: 우리의 거짓된 존재인 개아(*jiva*)는 우리의 참된 존재, 곧 **진아**라는 스크린 위의 한 투사물에 지나지 않는다. 왕의 조정朝廷(court) 장면을 보여주는 영화에서 왕이 자신의 대신들을 보고 있을 때, 그는 '보는 자'처럼 보여도 실은 지각력 없는 화면 중 하나[즉, '보이는 것']이듯이, 개아도 세계를 보는 하나의 '보는 자'인 것처럼 보여도 실은 그 또한 진아라는 스크린 위에 투사된 지각력 없는 화면들 중의 하나이다. 제871연과 주석을 참조하라.

23. 에고의 힘

161. 에고가 소멸되면 우리가 **헌신자**가 되고, 에고가 소멸되면 우리가 진인이 되며, 에고가 소멸되면 우리가 신이 되고, 에고가 소멸되면 **은총**이 눈부시게 빛을 발한다네.

사두 옴: 에고의 일어남이 모든 자부심의 뿌리이므로, 우리가 신에 대해 참으로 겸손한 노예이자 종이 되는 것을 방해하는 것은 에고뿐이다. 따라서 에고의 절멸이 진정한 **헌신자** 혹은 **행위 요기**(Karma Yogi)의 유일하게 참된 표지標識이다. 에고는 그 자체로 무지의 뿌리이자 원초적 형상이므로, 그것의 절멸만이 **지고의 지**知[즉, 신과의 합일]이다. 에고는 비참함의 뿌리이자 원초적 형상이므로, 에고의 절멸이 복된 **은총**의 유일하게 참된 현현이다. 그래

서 네 가지 요가 모두의 목표는 에고의 절멸임을 알 수 있다.

162. 결함인 에고가 절멸된 현자만이 참된 산야신(sannyasin-출가수행자)이고 참된 브라민(브라만 계급의 사람)이지만, 자신의 계급(caste)과 인생단계(ashrama)를 자부하는 브라민과 산야신들은 에고라는 무거운 짐을 완전히 소멸하기 어렵다네.

사두 옴: 참된 산야사(Sannyasa-네 번째 인생단계인 출가수행)는 에고를 포기하는 것이고, 참된 브라민성(Brahminhood)은 브라만[진아]을 깨닫는 것이다. 그래서 산야신과 브라민 두 단어 모두 에고를 소멸한 사람을 뜻한다. 그러나 인생단계(ashramas)와 계급(varnas)은 몸에만 속하므로, 자신을 몸과 동일시하는 사람들만 자신이 최고의 인생단계[산야사]나 최고의 계급[브라민]에 속한다고 느낄 수 있다. 그런 느낌들은 당연히 자부심을 낳고 에고를 강화하며, 따라서 인생단계나 계급이 높을수록 에고라는 짐도 더 무겁고, 그것을 뿌리 뽑기도 더 어렵다.

163. 타자성인 다양한 지知를 지각하는 사람은 네 가지 베다를 공부했다는 것만으로 빠르빤(Parppan)이 되지는 않는다네. 자신의 죽음[에고의 소멸]이 빠르빤(베다 학습자)의 참뜻임을 아는 사람이 참된 빠르빤이며, 다른 사람[카스트 브라민]들은 남들의 멸시를 당하고 전락한다네.

빠르빤은 문자적으로 '보는 자', 즉 '진리를 아는 자'를 의미하지만, 보통은 카스트 브라민(caste brahmin)을 뜻하는 말로 사용된다.

164. 자신의 눈을 뽑아 주님(시바)의 얼굴에 박았던 깐나빠(Kannappa)도, 눈을 뽑아서 주님께 바칠 때까지는 (자신의) 아름다운 눈으로 인한 몸-에고("나는 몸이다"라는 형태의 에고)가 남아 있었네. 그러니 에고의 절멸은 실로 어렵다네.

사두 옴: 스리 바가반은 이따금 경전과 **뿌라나**(Puranas)에 나오지 않는 몇 가지 정보들도 드러내시곤 했는데, 예를 들면 다음과 같다.

1. 『바가바드 기타』에서 스리 크리슈나가 **불생론**(Ajata)과 **비이원론**(Advaita)의 교의를 가지고 가르침을 시작했지만, 그런 다음 **이원론**(Dwaita)의 다양한 단계들로 내려왔다는 것과, 그가 단어들을 아르주나의 한정된 이해력에 맞추어 주의 깊게 사용하기는 했으나, 잘 성숙된 구도자들에게는 바로 지금도 그 말들의 이면에 있는 동기를 발견할 수 있는 여지를 준다는 것.

2. 스리 **다끄쉬나무르띠**가 처음에는 제자들의 의문에 지혜롭고 설득력 있는 답변들을 해 주다가 나중에는 **침묵**을 통해서 가르치는 자신의 방법을 취했다는 것.

3. **깐나빠**(Kannappa)의 이야기에 대한 다음과 같은 다른 버전: 깐나빠는 아주 아름다웠던 자신의 눈에 대해 자부심이 있었다. 그래서 주 **시바**는 "나는 나의 참된 헌신자에게서 그의 모든 소유물을 강제로 빼앗아 그의 마음이 늘 나를 붙들게 하겠다"는 신적인 말씀에 따라, 깐나빠에게 그가 소중히 여기고 남들이 부러워하는 눈을 **주님**께 바치도록 하면서 그를 시험했다. 그리하여 자신의 몸에 대한 그의 미미한 집착마저 사라졌고, 그는 **시바** 안에 합일되었다.

자기 눈에 대한 깐나빠의 집착에 관한 이 정보는 **뿌라나**에는 나오지 않고 스리 바가반만 말씀하셨으므로, 우리는 당신이 그 당시 깐나빠와 대면한 **시바** 외에 달리 누구도 아니라고 추론할 수 있다.

다음 연에도 나오는 깐나빠에 대한 이 정보는 스리 무루가나르가 수집한 것이다. 스리 크리슈나의 가르침에 대한 정보는 본 저작의 제101연에 기록되었고, 『라마나 마하르쉬와의 대담』, **대담** 264, 364, 611에도 기록되어 있다. 스리 다끄쉬나무르띠의 구두 가르침에 대한 정보는 어디에도 기록되지 않았고, 그래서 독자들은 스리 바가반의 초기 헌신자들에게 그 온전한 이야기를 물어볼 수 있을 것이다.

위의 말들은 20년도 더 전에 쓰여졌다. 그때 이후로 다끄쉬나무르띠의 이야기는 「마운틴패스(The Mountain Path)」, 1982, 11-22쪽에 게재되었다.11) 또한 그 이야기는 『빠다말라이(Padamalai)』의 '스승' 장에도 나온다.

165. 시바 헌신(Shiva Bhakti)의 진정한 영광은 "더러운 몸이 나다"라는 미혹으로 인해 생겨난 (헌신자의) 비참함을 없애주는 것이네. 이것이 눈에 자부심이 있던 깐나빠가 눈을 바치겠다고 할 때, 눈이 이마에 있는 분[시바]이 받아들인 이유라네.

24. 에고의 유희

166. 근원으로 존재하는 지고자의 신적 유희를 면밀히 탐색해 보면, 하느님의 명命은 이와 같네. 즉, 이 세계에서는 에고가 일어나면 만물이 일어나고, 에고가 가라앉으면 만물도 가라앉는다는 것이네.

사두 옴: 「나는 누구인가?(Who am I?)」의 마지막 문단을 참조하라.

167. 삼계三界에 집착하는 온갖 미혹으로 인해 속박된 모든 중생이 영위하는 에고의 삶은, 화장터에서 송장 하나씩을 차지한 송장귀신(ghouls)들의 춤에 불과하다네.

168. 들어 보라! 여기에 크게 경이로운 일이 있으니, (지고한) 의식의 힘(Chit-Shakti)이 추동하지 않으면 생각 하나도 할 수 없는 사람들이, "내가 행위자다"라는 느낌으로 뛰어다니는 모습이 그것이라네.

169. 이것은 "만일 누가 나를 일으켜 세워 붙들어만 준다면, 나 혼자서 이 적들을 상대하고 쓰러뜨려, 여기에 시체의 산을 이룰 것이다"

---

11) T. 다끄쉬나무르띠는 네 제자가 찾아왔을 때 처음부터 침묵을 지킨 것처럼 전해져 왔으나, 「마운틴패스」에 게재된 이야기에서는, 다끄쉬나무르띠가 네 제자의 의문에 남김없이 답해 준 다음에 그들과 함께 침묵에 들었다고 바가반이 설명한 것으로 나온다.

라고 호언하는 불구자의 열의와 흡사하다네.

위 두 연을 바가반이 압축하여 다음 연으로 요약하고 있다.

B2. 자신이 지고의 힘에 의해 활동한다는 것을 깨닫지 못하고, "모든 싯디를 얻자"고 생각하면서 으스대는 미친 사람들의 헛된 활동은, "만일 누가 나를 일으켜 주면, 내 앞의 적들이 무슨 가치가 있겠는가?"라고 한 불구자의 허세와 같다네.

이 연은 「실재사십송 보유補遺(Ulladu Narpadu Anubandham)」에도 제15연으로 나온다.

170. 하찮고 작은 지푸라기 하나도 바유(Vayu)[바람의 신]나 아그니(Agni)[불의 신] 신들이 날리거나 불태울 힘이 없다면, 오호라, 힘없는 에고 인人(ahankari-개아)이 자기 힘으로 어떻게 무엇을 할 수 있겠는가?

이 비유들은 『께나 우파니샤드(Kenopanishad)』(제3장)에 나오는 이야기에 기초한 것이다.12)

171. 환幻의 은폐로 차단된 지知를 가지고서도, 죄가 되는 행위들의 열매로 인해 괴로워하면서 자기 눈으로 지고자를 보지 못하는 에고인의 춤(행위들)은, 고뿌람(gopurams)[사원의 탑]의 받침 조각상(탑을 받치고 있는 듯한 모습의 조각상)같이 우스운 것이네.

172. 증기의 힘으로 무거운 짐도 지푸라기처럼 먼 거리까지 운반해 주는 기차를 타고 가면서, 지혜로운 승객들이 자신의 짐을 그들의 머리에 이고 있겠는가?

---

12) T. 『께나 우파니샤드』의 이야기에서, 한때 브라만이 자만하는 천신들 앞에 나타났다. 불의 신 아그니가 다가오자 브라만이 물었다. "그대에게는 어떤 힘이 있는가?" 아그니는 자신이 지상의 모든 것을 불태울 수 있다고 말했다. 브라만이 풀잎 하나를 주고 태워보라고 했으나 아그니는 그것을 태우는 데 실패했다. 바람의 신 바유도 마찬가지로 그것을 날려 보내지 못했다. 이것은 모든 존재들이 가진 힘의 원천이 브라만임을 가르치기 위한 우화이다.

173. 마찬가지로, **지고의 힘** 자체가 그 성품상 만물을 지탱하고 있으니, 인간들은 자기 삶의 모든 무거운 짐들을 의식의 힘 위에 내려놓고 근심에서 벗어나는 것이 현명하다네.

위의 두 말씀에 대해서는 「나는 누구인가?」도 참조하라. 위 세 연을 바가반은 다음 연으로 요약하였다.

B3. 세상의 짐들을 **지고자가** 책임지고 있는데, 사이비 존재들[거짓된 개아들]이 자기 짐이라고 여기는 것은, 고뿌람의 받침 조각상이 (자기가 탑의 무게를 감당하듯) 힘을 쓰고 얼굴을 찡그리는 것처럼 우스운 것이네. 무거운 짐들을 받아주는 기차 안에서 승객이 자기 짐을 (기차에) 내려놓지 않고 머리에 인 채 힘들어한다면, 그것은 누구의 잘못인가?

이 연도 「실재사십송 보유補遺」의 제17연으로 나온다.

우리들 중에는 이 세간의 괴로움들을 보고 그것을 개혁하려 들거나, 심지어 그것을 천상의 일로 만들려고 애쓰는 구도자들이 더러 있지 않은가? 그러나 여기서 스리 바가반은 그런 구도자들의 어리석음을 폭로하면서, 그들 자신을 위해서나 세상을 위해서나, 그들의 모든 근심을 신에게 내맡기고 고요히 있으라고 그들에게 조언한다!

174. 삼매에 들 때 두려움을 느끼고 몸이 떨리는 것은 약간의 에고 의식이 여전히 남아 있기 때문이네. 형상-에고(형상에 집착하는 에고)가 완전히 죽고 의식-허공(Chidakasha)으로 안주하면, 위없는 **지복이** 지배하고 그런 떨림은 사라진다네.

사두 옴: 에고가 절멸되는 것만이 **진아** 깨달음이다. 따라서 탐구를 통해 구도자의 자기 몸에 대한 집착이 제거되고 있을 때, 그는[에고는] 자신이 죽을 것 같다는 느낌이 들 것이고, 그래서 어떤 구도자들은 수행 도중에 죽음에

대한 공포를 경험하며, 때로는 몸의 흔들림이나 큰 열감을 느끼기도 할 것이다. 그래서 스리 바가반은 이 연에서, 그런 구도자의 의심을 없애주면서 그런 현상들을 설명한다.

175. 거침없이 돌아다니는 마음이라는 유령의 기만적인 결함을 소멸한 의식을 통해서 에고(ahankara)가 날뛰지 않게 함으로써, 너울거림 없이 조용해진 바다처럼 고요히 머무르는 것이 최선이라네.

176. 그 자신의 성품조차도 모르는 에고의 번뇌에서 벗어나 모든 것이 **지고자가 하는 일**이라는 것을 알고, 행위자 관념(kartritva-자신이 행위자라는 느낌) 자체를 소멸시키는 것이 참된 **따빠스**(tapas)가 견지하는 힘이라네. 그렇게 알라.

마지막 문장은 "그러니 그러한 따빠스를 얻으라"의 의미로도 읽을 수 있다.

25. 진아에 대한 반역

177. 다수로 보이는 많은 세계와 많은 존재들을 (생시에) 자기 마음의 미혹을 통해 현출하고 (잠 속에서 다시) 자기 안으로 **흡수**하는 것은 의식(Chinmaya)인 허공[진아]인데, 자신의 상태를 착각하여 (그것들을) 자신과 다르게 보는 것이야말로, 진아에 반역하는 것이라네.

사두 옴: 개인적인 '나'[에고, 곧 개아]가 일어난 것이 진아가 많은 것들로 보이는 이유이다. 따라서 에고의 일어남이 진아의 참된 단일성을 망치는 것으로 보이므로, 그것은 진아에 대한 반역으로 간주된다.

26. 천당과 지옥

178. 사람들이여, 천당(swarga-천상계)을 위시한 여러 세계들의 실재성에

대해 그대들 간에 논쟁하고 다투지 말라. 이 세계가 어느 정도든 실재하는 한에서만큼은, 천당도 그 정도만큼 그 한도에서는 실재할 것이네.

사두 옴: 우리들 중 많은 사람은 천당과 지옥 같은 다른 세계들의 존재와 실재성에 대해, 그리고 그 세계들이 단지 신화적·시적인 상상인지 여부에 대해 논쟁하는 데 큰 관심을 갖는다. 그러나 **스리 바가반**은 그런 모든 논쟁은 하나의 거짓된 전제, 즉 우리 자신의 존재의 실재성에 기초해 있음을 지적한다. "자기 안목만큼 보게 된다"는 것이다. 그래서 우리는 '보는 자'인 우리 자신이 실재한다고 믿으면서, '보이는 것'인 세계도 실재한다고 단정한다. 그러나 우리가 **진아지**를 통해서 '보는 자'가 실재하지 않음을 발견할 때는, 이 세계와 다른 모든 세계들도 실재하지 않는다는 것을 참으로 알 수 있다. 그때까지는 우리가 이 세계와 다른 세계들의 실재성을 판단할 어떤 참된 전제도 가지고 있지 않고, 따라서 눈에 보이는 세계든 아니든, 모든 세계는 그 세계들을 '보는 자'에게 우리가 부여하는 것과 같은 정도의 실재성을 인정하는 것이 옳다.

179. "이 몸과 세계는 모두 이와 같이 존재한다"고 지적인 분석을 통해 주장하는 저 천재들이 우리와 함께 (이 문제를) 면밀히 탐구해 본다면, 우리는 그들에게 "이 세계가 실제로 존재할 뿐 아니라, 천당과 지옥 등의 다른 세계들도 모두 그러하다"고 말할 것이네.

사두 옴: 오늘날은 과학자들조차도, 우리가 오관을 통해 지각하는 사물들은 그것이 우리에게 보이는 것과 같은 식으로 객관적으로 존재한다고 말할 수 없다는 것과, 감각기관들은 사물을 실제 있는 그대로 드러낼 수 없기 때문에 우리가 감각기관을 믿고 세계를 우리가 보는 대로 존재한다고 판단하는 것은 잘못이라는 것을 이해하게 되었다.

이 연에서 **스리 바가반**이 이 세계의 실재성을 주장하는 사람들을 아이러니컬하게도 '천재들'이라고 부르기는 하지만, 그들에게 세계는 실재하지 않는다고 조언하지 않고 왜 세계가 실재한다고 하면서 그들에게 찬동하는가? 세계라는 겉모습이 환幻이라는 것을 깨달은 진인들조차도 세계가 실재한다고 말하는 데는 두 가지 이유가 있다.

1) 진인은 **자신**을 실재하지 않는 하찮은 개아라고 결코 보지 않고, 실재하는 무한하고 순수한 **자각**으로만 본다. 그의 소견은 **브라만**의 소견이므로, "자기 안목만큼 보게 된다"는 격언에 따라, 우주는 실재한다고 말할 것이다.

2) 만일 이 세계와 천당과 지옥 같은 다른 세계들이 모두 실재하지 않는다는 진리를 말해주면, **절대적 진리를 모르는 무지한 사람들**은 (세속적 욕망이라는 형태의, 그들이 가진 원습(*vasanas*)의 힘으로 인해) 나쁜 행위를 하는 데 대한 모든 두려움과, 공덕행(*punya* karmas)[덕 있는 행위]을 하는 데 대한 모든 관심을 잃어버릴 것이다. 그래서 이런 무지한 사람들에게는, 이 세상에서 나쁜 행위들을 하면 지옥으로 가고, 덕 있는 행위들을 하면 천당으로 가게 된다고 말해주는 것이 그들에게 가장 이익이 된다.

따라서 현대인들이 지금 이 세계와 여기서 일어나는 사건들이 실재한다고 여기기는 하지만, 만약 어떤 사람이 **뿌라나**에서 말하는 모든 세계(천상, 지옥 등)와 사건들이 실재하지 않는다고 믿거나, 어떤 사람이 우리는 이런 것들을 한갓 '신화적·시적'인 상상으로 간주해도 된다고 말한다면, 그것은 분명 잘못이다. 또한 『바가바드 기타』, 제3장 26절을 참조하라.

27. 지옥의 공포

180. 지옥(*naraka*)의 공포에 덜덜 떨린다고 말하는 사람들은 지옥[불행]의 본질인 결함을 모르는 사람들뿐이네. 지옥[불행]의 본질인 결함

이 무엇인지를 아는 사람들은 (그것을 끝내는) 수단을 알 것이고, **진리를 성취하는 사람들은 실로 그들일 것이네.**

철저히 조사해 보면 불행의 본질은 '나', 곧 에고의 일어남이라는 것이 드러날 것이다. 왜냐하면 에고의 일어남이 없는 깊은 잠 속에서는 어떤 불행도 경험되지 않기 때문이다. 따라서 불행을 뿌리 뽑는 길은 에고가 일어나지 못하게 하는 것이고, 그것은 경각하는 **자기주시**(vigilant Self-attention)에 의해서만 막아질 수 있다. 그래서 "나는 누구인가?"라는 탐구가 모든 불행을 끝내는 유일한 수단이다.

28. 지옥의 정복

181. 나라까(Naraka)를 죽인 것은 **나라야나**(Narayana)였다고 (**뿌라나에서**) 말하네. 나라까[악마]는 "이 몸이 나다"로서 행세하는 자(에고)라네. 나라까[즉, 에고]의 근원을 추구하여 그를 죽이는 사람이야말로 나라까를 죽인 저 **나라야나** 자신이라네.

182. 나라까의 거주처[근원]를 추적해 들어가서 나라까를 죽인 뒤에 참된 **지**知(*Jnana*)로 목욕하는 것이, 나라까를 정복한 것을 기념하는 짜뚜르다시(Chaturdasi-열 나흗날)의 저 목욕이라네.

디빠발리(Deepavali), 곧 나라까 짜뚜르다시(Naraka Chaturdasi)는 인도에서 10월 또는 11월의 이우는 달(보름 이후 달이 작아지는 시기) 열 나흗날에 거행하는 연례 축제이다. 스리 바가반은 이 연에서, 사람들이 이날 아침에 주 **나라야나**[비슈누]가 나라까 아수라(악마)를 정복한 것을 기념하여 관례적으로 하는 기름 목욕(oil bath)의 의미를 설명한다.

위 두 연을 스리 바가반은 다음 연에서 요약했다.

B4. "나라까는 '몸이 나다'라는 나라까 세계(지옥, 곧 불행의 세계)를 지배하

는데, 나라까는 어디서 나오는가?"라고 탐구하여, 지知의 바퀴13)로써 나라까[에고]를 죽이는 자가 **나라야나**이며, 그날이 실로 상서로운 나라까 짜뚜르다시라네.

183. 살덩어리 몸이라는 형상의 오물인 나라까를 '나'라고 여기는 나라까 거주자(에고)를 탐구하여, 반사된 빛[에고]을 소멸한 뒤에 빛나는 **지고아**의 영원한 빛남이 곧 디빠발리의 의미임을 알라.

'디빠발리(Deepavali)'는 '빛의 축제'라는 의미이다. '빛'[즉, 그날 사용되는 폭죽들]의 의미를 설명하는 위 연을 스리 바가반은 의미만 약간 바꾸어 다음과 같이 다시 지었는데, 각 음절의 엄밀함으로 인해 시로서는 더 명료하고 더 아름답게 되었다.

B5. 나라까(지옥·불행)의 형상인 괴로움의 몸이라는 집을 '나'로 여김으로써 비참해진, 큰 죄인罪人 나라까[에고]를 찾아내어 죽이고 **진아**로서 빛남을 상징하는 것이 디빠발리라는 것을 알라.

29. '나를 향하기'(Aham-mukha)[자기주시]의 위대함

184. 자기 아닌 감각대상들을 아는 그 자신의 참된 성품을 모르고 있다면, 그런 수행자들이 (2인칭이나 3인칭의) 다른 대상들을 붙들고 애를 쓰는 것은, 어떤 실물을 등한시한 채 그것의 그림자를 붙들려고 하는 것과 같다네.

그 다음 연은 두 가지 번역이 가능하다.

185a. 감각기관을 통해 자기 앞에 있는 형상과 성질을 가진 대상들만 알면서 크게 고통 받는, 바깥으로 향하는 지성이 **진아** 안에 안주

---

13) *T.* 비슈누의 무기는 둥근 바퀴 모양인 수다르샤나 차크라(*sudarshana chakra*)이다.

하는 수단은, "나는 누구인가?" 하고 내면을 탐구하기 시작하는 것이네.

185b. 바깥으로 향하는 지성이 **진아** 안에 안주하는 수단은, "감각기관을 통해 자기 앞에 있는 형상과 성질을 가진 대상들만 알면서 크게 고통 받는 '나'는 누구인가?" 하고 내면을 탐구하기 시작하는 것이네.

186. '보는 자'를 보지 못하고 '보이는 것'만 봄으로써 늘 고통 받는 사람들이여, 그대들이 바깥으로 향하기보다 안으로 향함으로써 이 원성을 해소하는 것만이 **지복**이라네.

사두 옴: '안으로'와 '바깥으로'라는 말은 몸과 관련해서만 쓸 수 있지만, 몸 자체는 한갓 상상물이므로 이런 용어들을 문자적으로 받아들여서는 안 된다. 이런 단어들을 사용한 이유는 구도자가 무지하여 자신의 몸을 '나'라고 느끼기 때문이다. 그래서 "안으로 향하라"는 말을 들으면 "**진아** 쪽을 향해야" 한다는 것, 즉 주의를 자신이 '나'라고 느끼는 것 쪽으로 돌려야 한다는 것을 이해해야 한다. 실은 **진아**는 몸의 안도 아니고 밖도 아니다. 왜냐하면 그것은 시간과 공간 같은 모든 한계들을 넘어 홀로 존재하기 때문이다.

187. 마음이여, (네가 생각이라는 형태로) 밖으로 나가는 것은 현명하지 않고, **심장** 안으로 들어가는 것이 좋다네. (너를) 바깥으로 끌어내어 뒤집어 놓을 수단들을 강구하는 **마야**에서 벗어나 **심장** 속에 너 자신을 숨기고 내면에 머무르라.

사두 옴: 이 연의 시작 부분은 이렇게도 번역될 수 있다. "마음이여, 이름과 명성에 너 자신을 드러내는 것은 현명하지 않다."

188. 밖으로 쏘다니며 재미있는 것들을 찾고 즐거움을 구해 춤추면서 시간을 보내기보다, 지혜(분별과 탐구)를 통해 터득한 자기 마음의

확고함으로 자신의 **스와루빠**[진아]에 합일되어 사는 것이 낫다네.

189. 이원적 관념들이 (우리가) 번뇌를 겪는 원인이고, 그것들이 **평안을** 밀어낸다네. 그런 관념들이 마음을 장악하지 못하게 하여 마음의 상相들(chitta vrittis)을 제어하는 것이 옳은 길이네.

190. 자기 안에 있는 **시바**를 모른 채, (그를 친견親見하러) 성지란 성지는 다 찾아서 새처럼 날아다니는 사람들이여, 심장 안에서 조금도 움직임 없이 안주해 있는 의식이 **지고의 시밤**(Para-Sivam)이라네.

사두 옴: 자신의 바깥에서 **시바 친견**(Shiva Darshan)을 얻으려면 움직임이 필요하지만, 여기서는 고요히 있는 것이 그것을 추구하는 유일하게 참된 수단임을 밝히고 있다.

191. (강한) 바람에 망가져 날리는 배의 돛처럼, (마음이) 바깥으로만 펼쳐져 감각대상들의 너른 바다에서 침몰하지 말고, 바다 속 깊이 가라앉아 있는 닻처럼, **심장 속으로 가라앉는 것이 지혜**라네.

192. 바깥을 향해 달려 나가는 자기 마음을 내면에 확고히 붙들어두는 것이, 성자들의 거주처인 **심장에서 지고의 진아**(Para-Swarupa)를 보는 대장부의 행行임을 알라.

사두 옴: 이 연의 중간 구절은 "성자들의 하느님인 지고의 진아를 보는"으로 옮길 수도 있다.

193. (자기 아닌) 다른 대상들만 알면서 헤매는 에고적 마음이 자신의 성품에 주의를 기울이기 시작하면 다른 모든 대상이 사라질 것이고, 그런 다음 자신의 **참된 성품**[진아]을 체험하면서 사이비 '나'도 죽을 것이네.

사두 옴: 이 연에서는 만일 마음이[1인칭 '나'가] 자신에게 주의를 기울이려고 노력하면 2인칭과 3인칭들이 사라질 뿐 아니라, 마음 자체도 죽을 거라는

것을 분명하게 가르친다. 그래서 우리는 여기서 "나는 누구인가?" 하는 탐구에 대한 완전한 묘사를 제시받는다. 즉, 그 방법과, 그 수행 도중 어떤 일이 일어나며, 그것이 어떤 결과를 가져올지를 듣는다.

30. 신의 나라

194. 하느님(시바)의 나라가 어딘가 다른 데 있다는 생각이 일어나는 것은 몸-에고["몸이 나"라는 관념]의 환幻 때문이네. 시바의 청정한 나라는 자신의 심장 외에는 어디에도 없다는 것을 확신하라.

사두 옴: 우리가 우리 자신을 한정하여 이 작고 하찮은 몸을 '나'라고 믿기 때문에, '나'와 별개의 어떤 영광스럽고 전능한 하느님이 아득히 먼 어떤 경이로운 그 자신의 나라에 살면서 이 광대한 우주를 창조한다고 생각할 필요가 있게 된다. 그러나 실은 영혼·세계·신은 모두 근원인 '나'에서 솟아나고 출현하기 때문에, 하느님과 그의 나라 모두 진아라는 것을 알아야 한다. "하느님의 나라는 그대 안에 있다"고 한 그리스도의 말도 참조하라「『누가복음』, 17:21].

195. 저 세계(하느님의 나라)를 위한 공간을 창조할 뿐 아니라 그것을 장엄하게 비추는 완전하고 찬란한 빛이 곧 그대임을 아는 것이야말로, 하느님의 나라가 내면에 있음을 보는 것이라네.

사두 옴: 여기서 우리는, '우리'가 존재하기 때문에 세계들이 존재한다는 것과, '우리'가 우리 자신의 존재를 "내가 있다"로서 알기 때문에 우리가 세계를 알게 된다는 것을 배운다. 요컨대 우리의 **사뜨-찌뜨**(*Sat-Chit*)[존재-의식]가 세계들이 존재하는 원인이자 그 세계들에 대한 앎의 원인이다.

196. 신의 권속인 헌신자의 몰입된 의식 상태 속에서, 마치 새로운 체험인 양 온통 충만함(*Puranam*)으로 빛나는 초월적 뚜리야(뚜리야띠따)

의 무한한 공간이야말로 진아의 빛으로 번영하는 드높은 **시바로까**(Siva-Loka)[하느님의 나라]라는 것을 알라.

31. 시바[지고자]의 상태

197. 산란한 마음인 유령 같은 에고가 뿌리 뽑히고, 지각력 있는 것과 지각력 없는 것의 이원적 구분이 소멸된 뒤에, 지극히 순수하고 평안한 **자각**의 체험인 **본연삼매**(Sahaja Samadhi)의 빛 안에 합일된 그 존재가 곧 순수한 **시밤**(Sivam)이라네.

198. 분리된 개체로서의 에고가 사라져서 '나'의 내면의 의식이 자연발생적으로 (심장 안에) 합일되어, 수많은 거짓된 상상들이 배제되고 소멸된 뒤에 남는 **찌땀**(chittam)이야말로 완전한 **시밤**[지고의 의식]이라네.

사두 옴: '찌땀(chittam)'에서 '땀(tam)'이란 음절은 무지[따마스(tamas), 곧 어둠]를 나타낸다. 그래서 이 '땀'이 제거되면, 순수한 **찌뜨**(chit)만이 남는다. 또한 제244연을 참조하라.

199. 빠짐없이 도처에 그 자신으로서 존재하는 **시밤**이 곧 일체를 초월하는 지극히 미세한 **하느님**이니, 분산되어 있던 마음이 자신의 근원으로 합일되어 불순물이 제거되고 명료해졌을 때 분명하게 체험되는 것이 **시밤**이라네.

32. 하라[시바]와 하리[비슈누]의 무차별성

200. 진지眞知를 개아들에게 베푸는 분이 **하라**(Hara)이고, 그들에게 천상의 즐거움을 베푸는 분이 **하리**(Hari)라고 이야기하지만, 진지 자

체가 곧 하느님으로서 빛나는 천상계[지고의 지복]이며, 단 하나인 하라이자 하리라는 것을 알라.

33. 시바와 샥띠

201. 절대적 존재인 그것 자체(진아)가 없다면 마음의 형태로 작동하는 빠라-샥띠(Para-Shakti)가 전혀 존재할 수 없으니, 저 (만물의) 기원인 진아야말로 찔라이(Chilai-심장)14)에 거주하는 순수한 시밤이라네.

202. 그것을 성취하면 영원한 지고의 지복을 통해 마음 자체가 바깥으로 헤매기를 그치는, 늘 싱그러운 진지의 체험을 안겨주는 저 심장인 시밤이야말로 '마음에 기쁨을 주는 것(mano-ranjitam)'이라네.

203. 한량없는 참사랑에 도취되어 있는 헌신자들의 마음(chittams)이 곧 고삐들(gopikas)이니, 나방을 태워버리는 붉은 등불의 불길처럼 에고를 절멸하는 심장이야말로 고삐들의 사랑하는 님[스리 크리슈나]이라는 것을 알라.

고삐들은 야무나 강둑에서 스리 크리슈나와 함께 살며 놀았던 여인들이다.

34. 시바 뿌자 [시바를 숭배하기]

204. 의식이자 '존재인 아뜨마-스와루빠(Atma-Swarupa)의 원만함(충만함) 안에, 침묵의 지견知見[마음의 고요한 흐름]으로써 벗어남 없이 안주하며 조화를 이루는 상태가, 참된 시바 뿌자(Siva-Puja)임을 알라.

사두 옴: 마음이 근원을 벗어나 바깥으로 헤맬 때, 그것은 실은 진아에 수모

---

14) T. Chilai는 곧 찌담바람(Chidambaram)인데, 이곳의 시바 사원이 유명하다. 이 연에는 원래 사두 옴의 '풀어옮김' 주석이 있는데, 영어판에서 생략되었다. 그런데 Chidambaram이라는 단어는 '의식의 허공'이라는 뜻이며, 이는 곧 심장(ullam)을 의미한다.

를 안겨주는 것이다. 그래서 여기서는 마음이 (다른 데로) 벗어남 없이 진아에 안주하는 것이 참된 진아 숭배라고 말한다.

205. **마르깐데야**(Markandeya)는 **시바 뿌자**를 행함으로써 정해진 수명을 넘어 오래 살면서 **야마**(Yama)를 극복하는 이익을 얻었다네. (진아안주를 통해) '죽음의 살해자'[시바]를 탐구하는 사람에게는 **시간**(야마)의 올가미가 해지고 끊어진다네.

성자 마르깐데야의 이야기에서, **시바**는 죽음의 신 야마를 죽였고, 그래서 시바를 숭배하면 죽음을 극복할 수 있다고 했다. 시바에 대한 참된 숭배는 위 제204연에서 말했듯이 진아안주이고, 진아[시바]는 탄생과 죽음을 넘어서 있으므로, 우리가 진아로서 안주하면 죽음을 정복하고 불멸을 성취할 수 있다.

206. 8가지에 이르는 (우주의) 아름다운 형상들이 곧 **하느님의** 형상이라는 비이원적 견해를 얻은 다음, 그 상태에서 그것들에게 행하는 훌륭한 숭배는 뛰어난 **시바 뿌자**라는 것을 알라.

사두 옴: 우주의 8가지 형상은, 허공·공기·불·물·흙·해·달·개아이다.

비이원적 견해는 진아의 단일성을 깨달은 뒤에야 얻어지며, 그때까지는 구도자가 자신의 심적 상상에 의지하여 **하느님의** 형상인 8가지 형상을 보고 숭배하려고 노력해야 한다. 상상에 의존하는 그러한 숭배는 스리 바가반이 「가르침의 핵심(*Upadesa Saram*)」, 제3연과 5연에서 가르친 것처럼 마음을 정화하는 데 도움이 되며, 그래서 해탈에 이르는 길을 보여주는 좋은 **니쉬까마 까르마**(Nishkama Karmas)[무욕의 행위]로 여겨도 된다. 그러나 이런 숭배는 심적인 활동에 불과하므로, 위의 제204연과 205연에서 언급한 최고의 참된 **시바 뿌자**로 간주될 수 없다. 진인만이 그 8가지 형상이 진아[신]에 다름 아니라는 것을 참으로 본다. 그래서 그만이 참으로 **니쉬까마 까르마**, 곧 **시바 뿌자**를 행할 수 있다.

『마하르쉬의 복음』, 제1권 제3장에서 스리 바가반이 "진아지자(*Atma-Jnani*)

만이 훌륭한 행위요기일 수 있다"고 말하는 것을 참조하라.

35. 절(Namaskaram)의 진리

207. 결함 있는 개아가 (스승이나 신의) 신성한 발아래 자부심 많은 그의 머리를 두는 절의 의미는, '나'라는 개아-의식(Jiva-bodham)을 조복 받고 **시바**-의식[진아지]을 얻는 것이라네.

36. 우상숭배

208. 우상숭배(신상들에 대한 종교적 숭배)의 깊은 비밀(숨은 의미)을, (신들에 대한) 가슴 녹는 사랑을 통해 발견하지 못한 채 그것을 욕하면서, 거짓된 허깨비로서 돌아다니는 몸-형상의 우상만 '나'라고 숭배하는 것은 누구인가?

사두 옴: 일반적으로 우상숭배란 어떤 우상偶像(idol-신상)을 **신**으로 착각하고 그에 따라 그것을 대우하면서, 그 우상에게 목욕을 시켜주고, 옷과 음식을 바치며, 온갖 대접을 하는 것이라고 생각한다. 그러나 몸을 **자기**(진아)로 착각하고 그에 따라 그것을 대우하는 것도 우상숭배의 한 형태이다. 실로 몸을 '나'로 대우하고 사랑하는 것이 다른 모든 형태의 우상숭배로 이어지는 원초적 과오이다. 그래서 설사 우리가 사원의 우상을 숭배하는 사람들을 비웃으면서 그것을 자부한다 해도, 우리 모두 우상숭배자임이 분명하다. 우리가 자신의 몸을 '나'로 여기는 한, 어떤 신상을 **신**으로 숭배하는 것도 아무 잘못이 없다. 우리가 자신의 몸을 '나'로 대우하는 것이 잘못이라고 느낄 때까지는, 남들이 어떤 신상을 **신**으로 대우하는 것을 비웃거나 비난해서는 안 된다. 우리가 먼저 "나는 몸이다"라는 관념을 뿌리 뽑고 소멸한다면, 그때는 우상숭배를 비판할 만한 위치에 있게 된다. 만약 그런 비판이 필요하다면

말이다[물론 진지의 견지에서는 그런 비판이 불필요하다는 것을 분명하게 볼 것이다].

37. 비부띠[성스러운 재]

209. 심장 안에 무시이래無始以來로 오랜 원습原習을 축적한 거짓된 에고가 진지의 불에 의해 소진될 때, 심장 안에 합일되어 있는 위대한 실재가 초월적인 신성한 재인 지고의 비부띠(Para-vibhuti) 형상임을 알라.

사두 옴: 비부띠는 진아를 나타내며, 에고의 소멸 후에는 진아만이 빛난다.

210. 스승의 형상을 취한 은총의 브라민인 하느님(시바)이 두려움에 떠는 개아-의식이라는 소똥 형상을 소멸하기 위하여, 말씀 없이 특유의 단어15)를 선언하는 지고한 말씀(Para Vak)으로써 진지의 불을 붙여 (제자의) 순수한 심장 안에서 그것을 태워 버리니, 이는 (하느님에게서) 축복 받은 것임을 알라.

사두 옴: 비부띠(Vibhuti)는 소똥을 밀폐된 오븐 안에서 태워서 만든다. 샤이바 싯단타(Saiva Siddhanta)에서는 개아가 일반적으로 '소(cow)'로 알려져 있고, 그래서 여기서 사용되는 소똥은 개아의 원습을 상징한다. 이것이 불에 타서 재가 되면 진아만 남는다.

211. 그런 비부띠를 바르는 사람들은 이 너른 세상에서 모든 면에서 비할 바가 없다네. 무념의 경이로움인 진지의 비부띠는 실재이자 끝없는 신적인 부富라네.

212. 비부띠로서의 실재를 열망하고 숭배하는 사람들은 비부띠 자체가 될 것이네. 이 비부띠로 에고를 소멸하고 진지인 아뜨마-스와루빠

---

15) *T.* 무루가나르의 주석에서는, 이 '**특유의 단어**'가 '침묵의 가르침(*mouna upadesam*)'을 말한다고 했다.

를 얻어 그것으로서 행동하라.

213. 자기주시를 통해서 내면으로 향하면 거짓된 에고가 소멸되고, 삼계三界가 모조리 심장 안에서 지知의 불로 타올라 붉은 불덩어리가 되니, 이것이 꿈꿈(kumkum)이라는 주사朱砂의 의미라네.

삼계三界는 천상·지상·하계下界이다.

38. 시바의 신성한 황소

214. 점진적으로 모든 형상들을 그 바탕인 하느님(Isan)의 형상으로 확실히 인식하는 소견을 (사람들이) 배양하도록 하기 위하여, 뿌라나에서 황소 등을 시바의 탈것 등으로 배정하고 있다네.

39. 샥띠와 샨띠 [힘과 평안]

215. 진아의 힘으로써 할 수 없는 행위라고는 없으니, 진아의 힘이라는 것은 곧 은총의 힘이네. "진아의 힘으로 할 수 없는 것을 어깨와 칼의 힘으로 할 수 있다"고 하면서 몸을 흔들며 춤추는 것(몸을 '나'라고 여기고 행동하는 것)은 마야의 더러움이라네.

사두 옴: 이 연에서는 인도의 독립투쟁 기간 중 비폭력의 신적인 힘을 통해 이룬 성공을 설명한다.

216. 힘과 평안이 서로 다른 듯이 별개라고 말하는 사람들은 참으로 그것들을 알지는 못하네. 자기를 바라봄으로써 평안으로서 찬양받는 것이 바깥을 바라볼 때는 힘으로서 표현된다네.

B6. (마음이) 내면을 향할 때 평안인 것이 바깥으로 향할 때는 힘이라네. 깊이 탐구하여 깨달은 이[진인]들에게는 그것들이 하나라네.

사두 옴: "댐을 쌓아 홍수를 통제하는 것과, 댐을 허물어 홍수를 풀어놓는 것 중 어느 것이 더 어려운가?"라는 말이 있다. 습관상 바깥을 돌아다니는 마음을 제어하여 그것이 **심장**, 즉 **지고한 은총의 힘** 속에 평안히 머물러 있게 하는 데는 큰 힘이 필요하다. 그러나 마음을 풀어 놓아 그것이 창조하고 [생각을 하고] 바깥에서 무수한 세계를 보게 하는 데는 그 **지고한 힘**을 약간만 할애해도 된다. 따라서 창조와 유지의 힘들은 내면의 그 **지고한 평안의 힘**의 작은 반영에 불과하다. 구도자가 이것을 이해할 수 있으면, 여덟 가지 싯디를 얻고 전 우주들을 창조하고 유지하는 데서 더 이상 어떤 기쁨이나 놀라움도 느끼지 않을 것이다.

217. 아주 훌륭한 덕행이 번성하는 땅(덕행을 잘 계발한 수행자의 마음)에서는 여러 가지 방식으로 남들을 벌하는 힘(능력)이 얻어지지만, 온유하게 감내하며 받아주는 성품이야말로 신적 성품을 가진 **참된 지**知의 아름다움이라네.

사두 옴: 남들을 벌하는 외적인 힘들을 소유하는 것보다, 참된 최고의 힘은 내적으로 **평안**에 머무르고, 그리하여 남들을 참아내고 용서할 수 있는 것이다. 그래서 이 연은 앞 연의 관념들을 확인해 준다.

40. 마하뜨(*Mahat*)와 아누(*Anu*)[극대와 극미]

218. (크고 작은) 두 자석의 양극들이 합쳐지면 작은 자석은 큰 자석의 큰 힘을 얻어서 큰 자석과 하나가 되며, 큰 자석과 같은 속성을 갖는다네.

사두 옴: 이 연에서는 비유가 사용되지만 의미가 설명되지 않는다. 큰 자석은 **마하뜨**(*Mahat*)[신 혹은 진아]의 비유이고, 작은 자석은 **아누**(*Anu*)[개아 혹은 에고]의 비유이며, 양극은 신의 두 발과 개아의 머리이다. 자석들의 양극을

합친다는 것은, 개아가 신 앞에서 절하고 그의 두 발아래 자신의 머리를 둠으로써 자신의 개인성을 잃고 신에 합일되어, 신 자신이 되는 것을 뜻한다. 즉, 하찮은 에고가 **자기순복**(self-surrender)을 통해 진아와 합일되면 그것이 지고아 자체로서 빛난다.

41. 싯디에 대한 욕망

219. 일체(Sarva)인 그 자신을 내줄 준비가 되어 있는 **하느님**에게 하찮은 싯디(siddhis)를 구걸하는 것은, 뭐든지 한량없이 베풀어주는 박애가에게 상한 죽을 구걸하는 것과 같다네.

220. 무한한 의식-허공의 참된 형상(Chidakasa swarupa)인 **진아 성취자들의 세계**에 머무르면서 작은 싯디를 열망하는 사람은, 신성한 불사의 감로甘露를 풍부하게 제공하는 천상에서 상한 죽粥을 달라는 것과 같다네.

사두 옴: '진아 성취자들의 세계(Atma-Siddha Loka)'라는 구절은 여러 가지로 해석될 수 있지만, 그것의 주된 의미는 진아일 수밖에 없다. 왜냐하면 모든 진아 성취자들은 진아이고, 진아 외에 아무것도 아니며, 그들의 견지에서는 진아 외에 확실히 어떤 세계(loka)도 없기 때문이다. 그것은 스승 또는 진아 지자眞我知者(Atma-Jnani)의 신체적 친존을 의미할 수도 있는데, 그 경우에 이 연은 바가반 라마나와 친교하는 복을 받고서도 싯디에 대한 욕심에서 당신을 떠난 불운한 사람들을 지칭한다. "진아 성취자들의 세계에 당도한 뒤에"는 달리 옮기면, "늘 성취해 있는(Nitya-Siddha) 진아의 자비 아래 에고가 거주함에도"의 의미일 수도 있다.

221. 지고한 헌신의 이글거리는 불길이 퍼져나가는 심장 속에 싯디들이 한데 모여서 뭉쳐 있다네. 그러나 지고자의 두 발에 완전히 먹이

가 되어 버린 헌신자는 싯디에 대해 어떤 욕망도 느끼지 않을 것이네.

222. 해탈의 길에서 노력하는 구도자가 갖가지 싯디에 마음이 쏠리면, 속박이 점점 더 커질 것이고 그의 에고가 더욱 더 부풀어 오를 것이네.

B7. 마음의 고요함(santi)만이 해탈의 성취라네. 그럴진대 마음의 행위 없이는 성취할 수 없는 싯디에 마음을 두는 사람들이 어떻게 마음의 요동을 지멸止滅하는 해탈의 지복(Mukti-sukham)에 빠질 수 있겠는지 말해 보라.

또한 「콜 디바인(The Call Divine)」, 제4권, 401쪽을 참조하라. 이 연은 『저작 전집』에 「실재사십송 보유」, 제16연으로 나와 있다.

사두 옴: 이 연은 '마음 활동(chitta-chalana)' 없이는 어떤 싯디도 행할 수 없다는 것을 드러낸다. 그러나 마음이 죽어 있는 진인이 외관상 행하는 싯디들은 다른데, 왜냐하면 그것은 신의 뜻에 의해 야기되고, 따라서 그 진인은 자신이 그것을 행한다는 '행위자 관념'을 느끼지 않기 때문이다. 그래서 우리는, 진인은 어떤 마음 활동도 없이 싯디를 행한다는 것과, 반대로 "내가 싯디를 행하고 있다, 행하겠다, 혹은 행할 수 있다"고 느끼는 사람은 확실히 진인이 아니라는 것을 알아야 한다.

223. 순수한 무형상의 의식-허공인 진아로서의 그대가, 다리와 손을 가진 몸을 마치 그것이 실재하는 양 '나'로 여기고 춤추며 다니는 이것이 가장 경이로운 싯디이며, (이에 비할 것은) 달리 없다네[여덟 가지 싯디는 이에 비하면 놀라운 것이 아니라네].

"마치 그것이 실재하는 양 춤추며 다닌다"는 것은, 에고가 자신이 행위들을 하고 많은 탄생과 죽음을 겪는다고 생각하는 것을 가리킨다.

사두 옴: 인간을 "순수"하다고 한 것은 그가 마음과 같은 불순한 속성들 중 어느 것도 아니라는 것을 지적한 것이고, 그를 "무형상"이라고 한 것은 그가 몸과 같은 어떤 형상도 아니라는 것을 지적한 것이며, 그를 "의식-허공인 진아"라고 한 것은 그가 시체나 마찬가지인 몸과 같이 지각력 없는 어떤 물질이 아니라는 것을 지적한 것이다. 그러나 우리는 우리의 참된 성품에 정반대되는 이런 모든 것들[즉, 에고]로 외관상 우리 자신을 바꿀 수 있기 때문에, 스리 바가반은 그것을 가장 경이로운 싯디라고 말하고 있다. 이 싯디가 더욱 경이로워지는 것은, 움직임 없는 진아인 우리가 하나의 에고가 된 다음 행위들을 하고, 많은 탄생과 죽음을 겪기 때문이다. 그래서 스리 바가반은 여덟 가지 싯디의 어느 것보다도 더 경이로운 것은, 늘 결함 없는 진아가 결함 있는 에고로 되는 것처럼 보이는 이 싯디라고 지적한다.

224. 원초적 물건(Primal Thing)이자 해탈의 지知인 진아를 성취하는 것만이 참된 지知-성취(Jnana-Siddhi)라네. 다른 여덟 가지 유형의 싯디 모두 동요하는 마음과 그것의 상상력에 속할 뿐이라네.

224a. 요술가(indrajalikan)는 자신은 미혹에 빠지지 않으면서 이 세상 사람들을 미혹으로 속이지만, 아들아, 싯다(siddha)는 자신을 속인 다음 이 세상 사람들을 속인다. 이 얼마나 놀라운 일인가! —바가반

사두 옴: 이 연은 『라마 기타(Rama Gita)』에 있는 "요술가는 세상 사람들을 속여도 자신은 속지 않지만, 싯다는 자신을 속이면서 세상 사람들을 속인다 (Aindrajalikakarta api bhrantan-bhramayati svayam, abhrantak eva siddhastu svabhratah bhramayatyaho)"는 연을 스리 바가반이 각색한 것이다.

거리에서 요술로 사람들을 즐겁게 하는 요술가는 자신의 요술이 실재하지 않는다는 것을 안다. 반면에 싯다는 자신이 과시하는 싯디[신비한 능력]가 실재한다고 믿고, 그래서 자신이 실제로 위대해졌다고 생각하며 미혹된다. 그러나 그의 싯디는 실은 요술가의 요술보다 더 실재하지 않는다. 따라서

싯다와 요술가가 남들을 속이는 기술에서는 대등하지만, 싯다가 요술가보다 못하다. 왜냐하면 그는 자신의 능력이 실재하지 않는다는 것을 이해할 만한 마음의 명료함조차 가지고 있지 않기 때문이다.

42. 불멸

225. 기쁨을 주는 존재-의식-지복이라는 자신의 불멸의 성품을 알지 못하게 은폐하는, 공허한 더러움의 몸으로 춤추는 악마 같은 에고가 죽어 버린 사람들에게만, 죽지 않는 불멸성이 있다네.

사두 옴: 잘못 생각하는 일부 구도자들은 몸의 죽음을 막거나 최소한 그 수명을 늘리기 위해 갖가지 요가를 하면서, 그것이 불멸성이라는 그릇된 믿음을 가지고 있다. 스리 바가반은 그런 사람들을 딱하게 여기면서, 여기서 참된 **불멸**을 분명하게 규정한다.

226. 낯선 몸을 자신의 참된 존재로 여기는 망상 그 자체 때문에 탄생과 죽음이 자기에게 닥쳐오는 것처럼 보이네. 따라서 저 큰 망상이 절멸되는 순간 성취되는 것이, 우리 자신의 (참된 성품인) **불멸성**이라네.

사두 옴: 탄생과 죽음은 몸에게만 닥쳐오지만, 몸을 '나'라고 여기는 우리는 "나는 태어난다, 그리고 죽을 것이다"라고 느낀다. 따라서 우리가 불멸이 되기를 원한다면, 몸과의 이 환적인 동일시를 던져버리기만 하면 된다. 그러면 우리가 곧 영원불생(Ever-Unborn)이자 영원불멸(Ever-Immortal)인 진아라는 것을 깨닫게 될 것이다.

227. 별개의[낯선] 한 몸이 '나'라는 것으로 보이는 망상 외에 아무것도 아닌 것이 죽음이고, 그 망상인 에고가 절멸되면서 얻어지는 하나의 비이원적 지知인 진아의 지복이 곧 자신의 **불멸성**이라네.

227a. 방향·시간·장소 등에 상관하지 않고 도처로 퍼지면서 저 추위 등을 몰아내는 오염 없는 영원한 행복으로서 풍요롭게 빛나는 진아의 성수(*atma-tirtha*)에 무위無爲로 몸을 담그는 사람은, 그가 누구이든 확고히 자리 잡은 자로서 무소부재하고, 일체를 알며, 불멸이라네.16) ─ 바가반

228. 이 몸을 '나'로 여기는 사람은 그 몸의 죽음을 자신의 죽음으로 알고 두려워한다네. (그렇게) 생각하는 자기를 탐구하여 깨달아 진아가 되는 것 외에 달리 **불멸**의 성품을 얻을 수 있겠는가?

229. 마음의 변상變相(*chitta vikaras*)이라는 미망迷妄이 없는 참된 **명료함** [순수한 의식]이야말로 싱그러운 **불멸**이라는 것을 마음에 소중히 간직하라. 순수한 의식으로써 그것을 소멸하는 것 외에는 달리 극복할 수 없는 내면의 미혹이 죽음이라네.

사두 옴: 죽음은 무지의 결과이므로, 이 연에서는 그것이 지知, 곧 진아의 순수한 의식에 의해서만 극복될 수 있다고 말한다.

43. 까야(*Kaya*)와 깔빠(*Kalpa*)

230. 생멸하는 환적인 것을 **까야**(*Kaya*)라고 부르는 것은 점잖은 조롱이라네. **궁극적 진리**임이 발견되는 진아-의식만이 영원한 것(*Kaya*)임을 알라.

*Kaya*는 문자적으로 '영구적'이라는 뜻이지만, 보통의 용법에서는 몸을 뜻하게 되었다.

---

16) T. 사두 옴이 『우빠데사 따니빠깔』에서 『진어화만』으로 추가한 세 연 중 하나이며(머리말 12~3쪽에 걸친 부분 참조), 타밀어판(3판)에는 있으나 영어판(2판)에는 없다. 그러나 영역자 마이클 제임스 씨가 이 한국어판을 위해 새로 번역한 본 연의 영역문을 보내주었다.

231. 거듭해서 일어나는 에고가 그것의 근원인 곳으로 합일될 때 빛나는, 정제되어 얻어지는 참되고 명료하고 드높은 **진아**야말로 **깔빠**(*Kalpa*)[약]임을 알라.

요기들은 일반적으로 몸의 수명을 늘리기 위한 장생불사약의 의미로 '깔빠'라는 단어를 사용하지만, 스리 바가반은 이 연에서 참된 깔빠는 진아임을 지적하고 있다.

44. 신체적 불멸의 성취

232. 질병인 모든 것(삼라만상)을 낳는 근본 질병인 몸의 성품을 모르는 사람들은 그 질병을 두려워하지는 않고, 마치 잡초에 물을 대는 사람처럼, 몸의 불멸을 성취하려고 힘쓸 것이네.

233. 끔찍한 모든 질병의 토대인 유독하고 허황된 에고(*ahankara*)를 형상으로 가진 무가치한 사람들은, 마치 자기 병을 악화시킬 약을 먹는 사람처럼,17) 몸을 불멸로 만들려고 지칠 줄 모르고 따빠스를 할 것이네.

234. 자신이 원해서 힘들게 가난을 성취하는 것과 같이, 오랫동안 귀중한 따빠스를 잘 수행한 끝에 **지고한 침묵** 안에 머무르기는커녕 몸-에고에 안주한다면, 이는 강고한 무지라네.

235. 이 신체적 삶은 심적인 것이어서, **참된 지**(知)의 원숙함을 통해 고려하는 사람들에게는 실재하지 않네. 개아(*jiva*)가 그들의 수명을 연장해 봐야 아무 이익이 없고 불행만 있다는 것을 알라.

---

17) *T.* 바가반은 "몸을 튼튼하게 하고 그 수명을 연장하기 위해 약을 먹는다면, 그것은 어떤 사람이 자신의 병을 강화하고 오래가도록 하기 위해 약을 먹는 것과 같다"고 말한 적이 있다. 『바가반과 함께한 나날』, 46-1-18 밤 참조.

45. 무욕(Vairagya)

236. 욕망을 이루고 싶은 세상 사람들이 그대의 가슴을 부풀리며 해주는 칭찬과 예공(puja)은, 큰 무욕(Vairagya)으로 따빠스를 하고 있는 그대를 함정에 빠트리려고 마야가 던지는 황금 미끼임을 알라.

사두 옴: 만약 남들이 해 주는 칭찬이 우리에게 조금이라도 기쁨을 느끼게 한다면, 그런 다음 그것은 미끼처럼 우리의 전락을 유발할 것이다. 물론 그런 칭찬은 개인성을 잃어버린 지知-해탈자(Jnana-Mukta)를 속박하지 않고, 그래서 스리 바가반은 "따빠스를 하고 있는 그대"에게 이 연을 분명하게 들려준다.

많은 구도자들은 에고 없음(Egolessness)이라는 목표에 도달하기도 전에 남들의 칭찬과 숭배에 매혹되고 미혹 당해, 목표를 잊어버린 채 이름과 명성을 좇아 여기저기 다니면서 가르침, 축복 등을 베푼다. 스리 바가반은 그런 자기 망치기에서 그들을 구하기 위해, 자비롭게 이런 가르침을 베푼다. 미끼는 황금으로 된 것이라 해도 그 먹잇감을 죽이듯이, 이름과 명성은 외관상 성취할 가치가 있어 보여도, 그 구도자의 에고를 강화하여 그를 망칠 것이고, 그가 저 목표에 도달하는 것을 장애할 것이다.

237. 금생과 내생의 두 생의 쾌락에 대한 혐오가 전생의 강력한 공덕을 통해 가슴(심장) 속에서 자연스럽게 솟아나는 복 있는 사람들에게만, 지고의 지知가 쉽게 다가온다네.

238. 지복의 체험인 평안은 진아(swarupa) 안에만 있고, 이 세상의 미혹의 삶 속에는 있지 않다는 것을 잘 알고, 침묵의 궁극적 상태로 끝나는 진아, 곧 은총의 허공인 지知(bhodam)를 성취하라.

사두 옴: 허공은 일체에 편재하고, 광대하고, 풍요롭고, 미세하므로, 스리 바가반은 "은총의 허공", "의식의 허공", "지복의 허공" 등과 같이 '허공'이라는

단어를 사용하여, 일체에 편재하는 광대함, 풍요로움, 미세함의 관념을 표현하는데, 이것은 모두 **진아**의 속성들이다.

239. 그대와 우정이 있어 친밀함의 특권으로 다가가는 나를 항상 저버리지 말라, 오, 짙은 미혹의 욕망을 절멸하고 **지**知의 불을 켜주는, 사랑하는 벗 **무욕**이여.

사두 옴: 우리가 무욕을 결코 포기해서는 안 된다는 가르침이, 여기서는 벗으로 인격화된 **무욕**에게 우리를 결코 저버리지 말아 달라고 말하는 기원문 형식으로 멋지게 표현되어 강조된다.

240. 귀신과의 우정도 깨트리기 어렵거늘, 모든 생에서 나쁜 재앙이 붙지 않게 하고 지혜로 이끌어준 유익한 성품인 그대와의 우정을 내가 잃는다면, 그것은 많은 사람들의 적의를 야기하는 것보다 더 나쁘리라.

사두 옴: 우정은 설사 그것이 해로운 것이라 할지라도 깨트리기 어렵기에, 유익하다고 알려진 우정을 깨트린다는 것은 거의 불가능하다. 그러나 만약 유익한 우정, 특히 **무욕**과 같은 벗과의 우정이 깨트려진다면, 그것은 우리에게 닥쳐올 수 있는 최악의 재앙이 될 것이다.

241. 어떤 생각이 일어나든, 그것을 살려두거나 한 순간이라도 번성시키지 않고 바로 그 자리에서 조금의 느슨함도 없이, 그 **근원** 속으로 그것을 되돌려 합일시킴으로써 그것을 소멸하는 것이, 강렬한 **무욕**이라네.

사두 옴: 예전에는 우리가 경전에서, **무욕**은 우리의 욕망들에 대해 혐오를 느끼고 그것을 물리치는 것이라고 배웠다. 그러나 이제 **스리 바가반**은 우리에게, 참된 **무욕**이란 우리가 경각심 있는 **자기주시**(Self-attention)를 유지함으로써, (마음속에서) 일어나는 모든 생각을 발전시키지 않고 그것의 **근원**으로

되돌려 그 속으로 합일시키는 것이라고 가르친다.

242. 경이로운 무기인 **자기탐구**(*Atma-vichara*)로써 원습이 마음이라는 성채에서 밖으로 나올 때마다 떼로 모여 있는 그 적들을 계속 죽여나가면, 그 적의 성채는 결국 그대의 수중에 떨어질 것이네.

사두 옴: 찌땀(*chittam*)이라는 집합적 이름을 가진 원습들(*vasanas*) 모두가 심장 속에 그들의 거주처를 가지고 있다[「실재사십송 보유」, 제19연, 「아루나찰라 8연시」, 제7연, 그리고 본 저작의 제249연 참조]. 그래서 우리가 장악하게 될 적의 성채는 우리 자신의 집인 심장일 뿐이다. 그 적을 소멸한다는 것은 **심멸**心滅 (*Mano-Nasha*), 곧 우리 자신의 마음의 소멸에 지나지 않는다.

위의 두 연은 공히 「나는 누구인가?」에서 산문 형태로 발견된다.

46. 진지眞知와 무욕

243. 눈에 보이는 세계가 '보는 자'와 별개가 아니고 전적으로 겉모습임을 아는 것이 **지**知의 빛남이라네. 마음이 그것(세계)을 꽉 붙들지 않도록, 이 세계를 비어 있다고 봄으로써 그것을 배척하는 것이 곧 **무욕**이라네.

사두 옴: 진인(*Jnani*)과 무지인(*ajnani*)이 공히 세계를 보지만, 진인은 그것을 그 자신과 다르다고 보지 않는다. 반면에 우리가 세계를 우리 자신과 별개라고 보면, 우리는 무지인이고 수행 단계에 있을 뿐이다. 그럴 경우 우리는 세계를 배척해야 할 환적인 겉모습으로 보아야 한다. 이러한 수행이 **무욕**이며, 진지를 얻으려면 이것이 필요하다. 또한 「나는 누구인가?」를 참조하라.

47. 찌땀(*Chittam*)의 본질

244. 프리즘이 붉은 꽃 곁에서 붉은 색을 띠듯이, (항상 순수하게 남아 있는

찌뜨가) 알려지는 감각 대상들에 의해 오염되면 찌땀(*chittam*)이지만, 마야를 나타내는 '-땀(*tam*)'이라는 음절이 없어지면 그것이 지고한 사뜨-찌뜨(*Sat-Chit*)로서 빛난다네.

사두 옴: 프리즘은 늘 무색으로 남아 있고, 그 붉은 색은 외관상의 것일 뿐이다. 그 붉은 색을 없애려면 꽃을 없애는 것으로 족하다. 그러면 프리즘이 앞서와 같이 무색으로 보일 것이기 때문이다. 마찬가지로, 찌뜨는 참으로 늘 순수하게 남아 있고, 마야라는 불순함은 외관상의 것일 뿐이다. 늘 순수한 찌뜨가 이처럼 외관상 마야와 연관되는 것이 '찌땀(*chittam*)'으로 알려져 있는데, 2인칭과 3인칭에 주의가 잘못 집중되어 있는 것에 불과한 '-땀'[즉, 마야]을 없애려면 주의를 1인칭에 집중하는 것으로 족하다. 그러면 '찌땀'이 늘 빛나는 찌뜨, 곧 시바(지고자)임을 알게 될 것이기 때문이다.

48. 마음의 순수성

245. "실로 빼어난, 신의 살아 있는 모습이며 화현"이라고 현자들이 우러르는 것은, 즐거움으로 큰 해害를 주는 다른 많은 (외적 대상들의) 아름다움과 다른, 내적 지복 자체인 참된 아름다움이라네.18)

246. 내적 아름다움19)은 보지 않고 (감각기관이 지각하는) 외적 아름다움만 추구하는 것이 큰 재앙을 부르는 것은, 나방이 타오르는 불길을 좋아하는 것이나 (수컷) 코브라가 비리얀(*viriyan*) 암컷과 사랑하는 것과 같은 방식이라네.

사두 옴: 비리얀은 맹독성 뱀(인도산 살모사)이다. 그래서 만약 코브라 수컷이 비리얀 암컷과 사랑한다면, 자신의 죽음을 자초하는 셈이 될 것이다.

---

18) *T.* 현자들이 우러르는 그런 '내적 아름다움'을 지닌 사람은 곧 진인들이다.
19) *T.* 스리 무루가나르는 이 연에 대한 주석에서, '내적 아름다움'이란 "명료한 마음속에 합일되어 빛나는 진아 의식(*Atma chaitanya*)의 아름다움"이라고 말하고 있다.

49. 죽음

247. (세세생생 이어지는) 연면連綿한 사랑의 토대이자, 지고한 지복이고, 수승한 참된 지知의 허공이며, 기원도 소멸도 없는 진아의 상태인 전체(*Purna*)에서 벗어나는 것이야말로 곧 야마[죽음]라네.

"기원도 소멸도 없는 진아의 상태에서 벗어나는 것"은 곧 에고의 일어남을 의미한다.

248. 탄생을 키워서 어디서나 번뇌를 일으키는 원인을, 스승을 시봉侍奉함으로써 그의 은총을 통해 이해하고, 분리는 자신이 진아에서 벗어났기 때문임을 깨달아서, 진아에 꾸준히 합일하는 것이 최선이라네.

50. 개아個我의 거주처

249. 속임 없는[마음의 개념에서 벗어난] 심장 속에 머무르고 있는 자[개아]에게는 그의 원습도 그곳에 거주한다네. 만약 그렇지 않고 (그것이) 위쪽의 두뇌 속에 거주한다면, 두뇌가[즉, 머리가] 절단될 때 원습도 소멸하지 않겠는가?

사두 옴: 까비야깐타 가나빠띠 사스뜨리(Kavyakantha Ganapati Sastri)가 한번은 원습이 사하스라라(*sahasrara*)[즉, 두뇌] 안에 거주한다고 하면서 스리 바가반과 논쟁하고 있었다. 그러나 스리 바가반은 만일 그렇다면, 사람의 목을 자르면 원습이 소멸되고 해탈이 성취될 것이라고 대답했다. 더욱이 원습은 그 소유자인 개아(*jiva*)와 함께 거주해야 하는데, 개아의 집인 심장은 몸통 안에 있어야지 머리 속에 있을 수 없다. 왜냐하면 전투에서 군인의 머리가 잘릴 때, 그의 몸은 한동안 계속 생명의 징후를 보일 수도 있기 때문이다. 그래서 스리 바가반은 생명중심(Life-Centre), 즉 개아와 그의 원습의 거주처

는 심장이지 두뇌가 아니라고 결론지었다.

250. 꾼달리니(*Kundalini*)의 불길이 켜지면 (척추의 밑바닥에서) 위를 향하고, 머리[사하스라라]의 감로(Nectar)는 아래로 흐르니, 천신들의 '달의 감로'와 힘이 넘치는 꾼달리니의 근원은 심장이라고 말하라.

세계와 몸-의식이 느껴지는 생시의 상태에서는 '나'-의식(I-consciousness)이 몸 전반에 퍼져 있으나, 자기주시를 닦으면 '나'-의식이 그 자신을 물러나게 하기 시작한다. 이 물러남은 수슘나 나디(*Sushumna Nadi*)라고 하는 통로를 통해 일어나는데, 이것은 척추의 밑바닥[물라다라 차크라(*mooladhara chakra*)]에서 두뇌[사하스라라 차크라]까지 뻗어 있다. 이 '나'-의식이 수슘나 나디를 따라서 올라가는 것을 꾼달리니의 상승이라고 하며, 그것이 한 마리 뱀으로 묘사되는 것은 요가에서 아둔한 초심자들만을 위한 것이다(「자기탐구(*Vichara Sangraham*)」, 제7장을 보라. '나'-의식이 물러나서 사하스라라에 모아지면, 그것이 자신의 근원인 심장 쪽으로 흘러내릴 것이고, 그렇게 해서 사하스라라에 남겨지는 무념의 진공은 지복으로서 느껴질 것이다. 이 지복이 요기들에게는 '감로(Nectar)'로 알려져 있는데, 그것은 '나'-의식이 흘러내려 심장 쪽으로 하강하는 것으로 느껴진다.

251. 어느 중심에서 진아를 내관하든 내관자에게는 그 내관의 힘에 의해 그 중심에 진아가 존재하는 것으로 보이겠지만, '나'['나'라는 생각]로서 일어나는 것에게는 라야(*laya*)[20] 때도 (그것을) 보살펴주는 심장만이 참된 중심이라고 해야 하네.

"어떤 중심에서"라는 구절은 여섯 군데의 상상적인 요가적 중심(차크라) 중의 어느 하나, 또는 집중 수행을 위해 선택되는 몸 안의 다른 어떤 지점도 포함할 수 있다.

---

20) *T*. 마음이 일시적으로 심장 속에 가라앉은 상태. 심잠心潛으로 번역된다.

252. 어느 상태에나 그것의 장소(모든 상태가 머무르는 바탕)라고 하는 **심장**인 **진아**를 젖혀두고 다른 어떤 중심에 **진아**가 있다고 내관하면, 그 중심에서 라야(*laya*)에 빠져 미혹될 것이고, 그 사람은 **심장**에 합일되어 구제되지 못할 것이네.

51. 심장

253. 배제할 만한 것과 받아들일 만한 것이라고 이야기되는 (두 가지) **심장**이 있는데, 무시할 만하고 감각기관의 대상이기에 적합한 첫 번째 것은 가슴 왼쪽에 있고, 지각력이 없다네.

사두 옴: 생명의 징후인 심장박동은 가슴 왼쪽에 있는 근육질 기관에 의해 야기되므로, 사람들은 일반적으로 그것이 **생명중심**, 혹은 몸 안에 **진아**의 자리인 **심장**이라고 결론짓는다. 여기서 스리 바가반은 이런 견해를 부인하고, 참된 심장의 위치를 가르친다.

254. 안팎으로 두루 감싸면서 빛나는 **심장**은 진인들의 체험에 따르면 가슴 오른쪽에 있다네. 몸을 **자기**로 착각하는 바보들에게만 심장이 살덩어리로 가슴 왼쪽에 있다네.

사두 옴: 또한 "현자의 심장은 오른쪽에 있고, 바보의 심장은 왼쪽에 있다" [성경, 「전도서」, 10:2]도 보라.

스리 바가반을 올바르게 이해한 사람들은, 당신이 **심장**은 가슴 오른쪽에 있다고 하면서도, 누구에게도 몸의 그 지점에 관해 명상하라고 조언한 적이 없다는 것을 잘 알고 있다. 따라서 스리 바가반의 어떤 헌신자들이 「실재사십송 보유」, 제22연에서 "그것[심장]은 안팎에 공히 있지만, 그것은 안과 밖 둘 다(의 한계)를 넘어서 존재한다"고 한 것을 성찰해 보지 않고, 가슴 오른쪽에 대해 명상하면서 남들에게도 그렇게 하기를 권하곤 했다는 것은 유감스러운 일이다. 본 저작의 제261연과 262연의 가르침은 스리 바가반의 다른 저작 어디에도 기록되어 있지 않고, 이 두 연은 타밀어 외에는 어떤 언어로도 번역되어 알려지지 않았기 때문에, 그런 그릇된 해석이 바로 지금도 지속되고 있고, 사람들은 여전히 이 그릇된 수행을 계속한다. 「진아의 단일성에 관한 5연시」의 제3연—본 저작에도 B8연으로 나온다—을 여기서 참조하고 이해해야 한다.

255. 생명체(개아들)의 **주님**[진아]이 몸 안의 (오른쪽) **심장**에 결함 없이 합일되어 거주하지 않는다면, 왜 모든 사람이 '나'라고 말할 때 **심장**이 있는 쪽(오른쪽) 가슴에만 손을 대는 습관이 있는가?

256. 모든 것[전 우주]이 그 안에서 나타나는 하나의 고정된 거울로 생각되는 것이 그 묘사 불가능한 참된 **심장**이라네. 단일하게 빛나는 **의식**으로서의 빼어나게 순수한 존재의 허공이 원초적인 지고한 **물건**이며, **묵연한 전체**라네.

"단일하게 빛나는 의식", "순수한 존재의 허공"은 순일하고 단순한 의식인 "내가 있다"이지, "나는 나 자신을 안다"가 아니다. 그래서 그것을 "순수한 존재"라고 했다. 「가르침의 핵심(*Upadesa Undiyar*)」의 제26연, "진아를 아는 것은 진아가 되는 것이네"를 참조하라.

257. **심장**, 곧 **근원**은 만물의 시작이요, 중간이요, 끝이라네. 따라서 그것은 결코 하나의 형상이 아니네. **심장**은 지고의 허공이며, 진리의 빛이라네.

258. **의식-진아**(*Bodha-swarupa*)의 바다인 자신의 **심장**에 빠져 죽은 마음이 영원한 **침묵**이라네. 환희로운 위대한 **지복**의 바다인 (참된) **심장**의 **지고한 공간**이야말로 사랑으로 충만한 우리의 참된 '나'라네.

사두 옴: 이 연에서는 마음이 **의식-진아**[찌뜨(*Chit*)]의 바다, 즉 참된 '나'[사뜨

(*Sat*)]이기도 한 지복(*Ananda*)의 바다에 빠져 죽는다고 말한다. 그래서 이 연이 표현되는 미묘한 방식은 우리가 곧 사뜨-찌뜨-아난다(*Sat-Chit-Ananda*)의 바다라는 함축적 의미를 전달한다.

259. (그것과) 다른 것이 하나도 없는, 끊임이 없는 완전한 전체성으로 머무르는 것(진아)을 마음으로써 가늠하기는 어렵다네. 생각을 함이 없이 존재하고 빛나는, 참된 지복인 심장[사뜨-찌뜨-아난다]이야말로 안나말라이(Annamalai), '나'의 진아라네.

사두 옴: 브라마와 비슈누 같은 신들조차도 아루나찰라(Arunachala)[진아-의식의 작렬하는 기둥]의 꼭대기나 밑바닥을 알 수 없었기 때문에(이 이야기에 관해서는 『라마나 마하르쉬와 진아지의 길』, 31쪽 참조), 이 산은 타밀어로 안나말라이, 즉 "도달 불가능한 산"으로 이름 붙여졌다. 그래서 신들조차도 진아를 인식할 수 없으니 마음도 그럴 수 없다. 다시 말해서, 신들도 마음도 먼저 그들이 그 속으로 합일되어 자신의 개인성을 잃지 않고는[즉, 진아로 머무름으로써 그들이 신이거나 마음이기를 그치지 않고는] 그들의 근원을 알 수 없다.

260. 저 심장을 알았고 심장에 도달한 사람들의 에고가 소멸되면, 속박의 관념을 구성하는 상대적인 생각의 쌍들(원습)도 소멸되고, 그들은 지고아가 된다네. 참된 지고한 지복의 솟구침을 얻은 것이고, 미혹이 타파된다네.

261. 안과 밖에 공히 편재하나 안에도 밖에도 그것[심장]은 존재하지 않네. '안'과 '밖'이라는 분별의 기반으로서 나타난 몸은 '생각하는 마음'의 한 개념이라네.

262. 자기(진아) 안에 몸이 있는데도 자기가 몸 안에 존재한다고 생각하는 어리석은 아만我慢(*anava*)에 집착된 사람들은, 고정된 근본 바탕인 스크린이 (그 위에서) 움직이는 그림자 그림(화면들) 안에 있다고

생각하는 사람과 같네.

B8. 자기 안에 몸이 있는데도, 자기가 저 지각력 없는(*jada*) 몸 자체 안에 있다고 스스로 생각하는 사람은, 화면들의 바탕인 스크린이 그 화면들 안에 있다고 여기는 사람과 같네.

여기에 나오는 **B8**의 번역은 제262연의 그것과 대동소이하다. 그러나 타밀어 원문에서는 **바가반**이 앞 연의 문체를 더 향상시켰다. 이 연은 「진아 5연시(*Ekatma Panchakam*)」의 제3연으로도 나온다(『라마나 마하르쉬 저작 전집』(한국어판), 200쪽 참조).

스크린은 모든 화면이 그 위에서 나타나고 사라지는 바탕이며, 비슷한 방식으로 진아는 몸을 포함한 이 전체 우주라는 화면이 그 안에 들어 있는 바탕이다. 따라서 **진아**가 몸 안에 있다고 말하는 것은 옳지 않다. 스리 바가반은 이 비유를 이용하여, 스크린이 실재하고 화면은 실재하지 않듯이 **진아**가 **실재**이고 마음·몸·우주라는 화면들은 실재하지 않는다는 점을 주지시킨다. 그러니 어떻게 **실재**가 비실재 안에 들어 있을 수 있겠는가?

얼음으로 만든 항아리가 바다 깊이 잠겼다고 할 때, 물이 그 항아리 안에만 들어 있다고 말하는 것은 잘못 아니겠는가? 사실 물은 항아리의 안에도 있고 밖에도 있으며, 항아리 자체도 물일 뿐이다. 마찬가지로, **깨달은 자**는 **진아**만이 존재한다는 것과, **진아**는 몸의 안이나 밖에 존재하는 일이 있을 수 없다는 것을 안다. 왜냐하면 몸과 전체 우주는 **진아**와 별개의 그 무엇도 아니기 때문이다. 이 희석되지 않은 **진리**는 무지의 상태 속에도 존재하는데, 다만 무지한 자들은 그것을 인식하지 못한다. '안'과 '밖'은 몸과 관련해서만 있다. 그러니 몸이 실재하지 않음을 발견하게 되면 '안'이나 '밖'이라는 한계들이 어떻게 해당될 수 있겠는가? 따라서 **진아**, 곧 **실재**를 결코 몸 안에 들어 있다고 생각해서는 안 된다.

263. 따라서 저 몸의 형상인(몸의 형상을 '나'로 아는) 에고(*ahankara*)의 완전

한 죽음을 본 유능자들[진인들]만이, 미혹이 없는 명료하고 미세한 분별력으로, 그것[심장]을 도처에서 보면서 위대함을 성취한다네.

264. 침묵이라는 신의 은총의 위대함이 결합하여 빛나는 심장이야말로, 얻기 힘든 온갖 쾌락의 상태들을 하찮은 것으로 치부하여 정복한 단 하나의 까이발리얌(Kaivalyam)이라네.

까이발리얌(독존, 해탈)은 지고한 단일성의 상태이다.

사두 옴: 스리 바가반은 브라마 세계(Brahma Loka)를 포함한 천상 세계에서 얻을 수 있는 모든 쾌락들을 큰 나무의 무성한 잎들 사이로 땅에 떨어지는 작은 달빛 조각에 비유하고, 반면에 진인의 지복 체험은 툭 트인 곳에서 보는 보름달 빛에 비유하곤 했다.

265. 동요[원습]와 은폐[미혹]가 말끔히 제거된 뒤에 (참된) 존재로서, 하나로 합일된 순수한 상태로서 빛나는 심장이야말로, 관능적 쾌락이 널린 천상계의 지배자들조차 얻고자 열망하는 드높은 지고아의 세계(Paramatma-Loka)라네.

지고아의 세계는 그냥 진아를 의미하며, 여기서 그것을 '세계(loka)'라고 한 것은 진아의 지복을 천상계의 쾌락과 비교하기 위해서이다. (스와르가 세계(Swarga Loka), 브라마 세계와 같은) 천상계의 신들조차 여전히 진아의 지복을 열망하므로, 이런 천상 세계들은 (추구할 만한) 가치가 없다.

52. 스승

266. (세 가지) 몸들 중 어느 몸이 '나'라고 하는 생각(몸과의 동일시 관념)이 사라진 뒤에 속박이 없이 영구히 빛나는 **존재**(Sat)의 **광휘**[진아-의식]가, 모든 중생들의 심장 속에 **진아**(tanmaya)로서 거주하는 전능한 힘(Akila Para-Shakti)이라네.

일반적으로 **전능함**(Akila Para-Shakti)은 온 우주와 그 안의 개인들을 창조하고 유지하는 신의 힘이라고 생각된다. 그러나 이 창조와 유지의 힘은 '나'를 하나의 특정한 몸에 한정시킬 수 있을 뿐이지만, 진인이 체험하는 참된 진아-의식은 이 한계를 파괴하므로, 그것이 더 큰 힘이다. 그래서 스리 바가반은 진인의 진아-의식이 참된 **전능함**이라고 지적한다.

267. (상대물의) 쌍들[이원성] 없이 **심장** 안에 존재하는, 고요히 있으면서 빛나는 이 **의식**인 (우리의) **참된 성품**이야말로, 어리석은 악마의 성품인 에고-마음이 알 수 없는 **침묵**이라는 **지**知의 한계[21]라네.

사두 옴: "고요히 있으면서 빛나는 이 의식"은 있음이자 빛남(존재-의식)인 **사뜨-찌뜨**를 체험하는 상태이다. 이 존재하며 의식하는 **사뜨-찌뜨**라는 것은 새롭게 성취해야 할 어떤 것이 아니라 늘 성취되어 있는 것이기에, 그것이 우리의 **참된 성품**이라고 상기시켜 주는 것이다.

여덟 가지 싯디는 에고의 작용에 의존하며, 에고는 여기서 하나의 악마적 성품으로 이야기된다. 따라서 이런 싯디들은 악마적 힘이지 사람들이 일반적으로 믿듯이 신적인 힘이 아니다.

위 두 연에는 스승에 대한 직접적인 언급이 없으나, 본 장의 서두에는 참된 스승을 발견하려고 애쓰는 구도자들을 인도하기 위한 언급이 있다. 이 연들이 가르치는 것은, 스승의 **전능함**은 에고를 파괴하는 그의 힘에 있고, 그 힘은 그냥 그의 단순한 진아-의식이지, 기적적인 싯디를 행하고 과시하는 능력이 아니라는 것이다.

268. 그런 **전능함**[즉, 단순한 존재-진아-의식으로 머무름으로써 일체를 소멸하는 지고한 침묵의 힘]을 소유한 **사람**만이, 그에게 다가오는 어떤 영혼도 그의 친절한 은총에 의해 비이원적이고 무無언어적인 **진지**眞知, 곧 진아의 참된 **성품**(Atma swarupa) 속으로 합일시킬 수 있는 **힘** 있는

---

21) *T.* 지知가 더 이상 나아갈 수 없는 한계. 즉, 지知의 정점이 침묵이라는 뜻이다.

스승이라네.

사두 옴: "어떤 영혼도"라고 한 것은, 인간 아닌 중생들도 그런 힘 있는 스승에 의해 해탈을 부여받을 수 있다는 점을 강조하기 위해서이다. 예컨대 새와 짐승들도 바가반 라마나의 은총을 통해서 해탈을 성취하였다. 이 점을 감안하면, 미성숙한 인간들조차도 그런 진정한 스승에게 다가가면 향상이 보증될 것이 분명하다.

269. 브라만의 상태인 침묵의 빛 속에서 '나'[에고]가 없어지면서 나타나는 **지고한 헌신**(*Parabhakti*)의 느낌이 솟아나는 곳인 마음의 확고함이 최상의 참된 제자다움(discipleship)이니, 그 자체가 곧 스승다움이라는 것을 알라.

270. (그대를) **진아의 참된 성품** 쪽으로 직접 향하게 하여 (그것에) 합일시킴으로써 지고의 지知를 드러내 주는 사람만이, **진아의 참된 성품**이자 하느님의 **참된 성품**(*Isan swarupa*)이라고 지혜로운 이들이 칭송하는 스승이니, 그를 꽉 붙들라.

우리가 보는 온 우주는 진아의 한 투사물에 불과하므로, 진아야말로 신이다. 즉, 우주의 진정한 창조자이다. 또한 수많은 생을 통해 헌신자를 성숙시킨 뒤에 그에게 지知(*Jnana*)를 드러내기 위해 인간인 스승의 형상을 취하는 것도 진아일 뿐이다. 그래서 신·스승·진아는 똑같은 하나이다.

271. 자신을 찾아온 귀의자들에게 또 한 가지를 '하라'고 지시하는 사람은 그들에게 **야마**(Yama)[죽음의 신]이자 **브라마**[창조주]라네. 자신의 귀의자들을, 해야 할 일을 (이미) 다 해 마친 사람들로 변모시키는 사람이 참으로 신적인 은총의 스승이라는 것을 알라.

사두 옴: '구루 지망생'은 그를 찾아오는 사람들에게 염송(*Japa*)이나 명상(*Dhyana*)과 같은 많은 **행위**(*Karmas*)를 하도록 명함으로써, 이미 과거에 축적

한 행위들의 열매를 감당할 수 없어 안식을 얻으려 그를 찾아온 구도자들에게 새로운 행위라는 더 큰 짐을 지워줄 뿐이다. '구루 지망생'은 그들에게 안식을 주기는커녕, 더 큰 까르마의 짐으로 그들을 짓누르거나 죽임으로써 야마[죽음의 신]의 역할을 한다.

개인들은 무수한 생에 걸쳐 그들이 한 행위들의 열매를 거두어야 하는데, '구루 지망생'은 그들에게 더 많은 행위를 하게 하고, 그 행위들의 열매를 거두기 위해 더 많은 생을 태어나게 함으로써, 브라마[창조주]의 역할을 한다.

그러나 참스승(Sadguru)은 진아만이 두 번째(이원적인 별개의 대상) 없이 존재한다는 진리를 알고 있기에, 자신을 찾아오는 사람들에게 그들이 다름 아닌 진아라는 것을 납득시킨다. 그의 침묵의 힘을 통해 그들이 이 진리를 이해할 때, 그들은 자신들이 할 일(to do)이 아무것도 없고, 있기(to Be)만 하면 된다는 것을 느낀다. '하는 것'만이 행위(karma)이고, 있음(Being)은 행위가 아니며, 탄생과 죽음을 가져오는 것은 행위일 뿐이므로, 그들은 브라마와 야마에서 공히 해방된다.

자신의 제자들에게 네 가지 요가[행위·라자·헌신·지知 요가]를 하라고 가르치는 다른 스승과 달리, 스리 라마나 바가반은 "이런 요가를 하는 것은 누구인가?"를 발견하기 위해 우리에게 무엇을 하는 것을 그만두게 하며, 그렇게 해서 우리의 주의를 '나' 쪽으로 돌리게 하는데, 그것이 우리를 고요히 침묵하게 만드는 올바른 단서이다. 이것이 진정한 스승의 본질이다.

272. 외부의 스승인 누군가가 필요해지는 것은, (우리가) 정념에 빠진 도취된 마음으로 밖으로 달려 나가면서, 존재-의식(Sat-Chit)인 진아가 늘 심장 속에서 선언하는 진리에 즐겨 귀를 기울이지 않기 때문이라네.

273. 모두의 안에서, 모두로서 친밀히 빛나는 존재-의식(Sat-Bhodam)이 곧 스승이라네.

사두 옴: 스승은 모두의 안에서 '나'로서 존재하고 빛나는 것이며, 모두의 안에 있는 단 하나의 공통인자이다.

274. 지고의 허공으로 존재할 뿐이지만 인간의 형상으로 나타나 보이는 지知-스승(*Jnana-Guru*)을 형상 없는 자라고 이해하는 마음을 갖지 못한 사람들은, 못된 죄를 저지르는 사람들 중에서 으뜸이라네.

53. 스승의 은총

275. 짙은 큰 미혹의 어둠에서 일어나는 (좋고 나쁜) 두 가지 업(karmas)으로 인해 윤회계(*samsara*)에 얽매여 고통에서 벗어나지 못하는 사람들에게는, 스승의 은총에 대해 느끼는 큰 열망만이 그들의 심적 고뇌를 없애줄 약이라네.

276. 집착인 좋아함과 싫어함을 가지고 한, 집착에 얽매인 행위(까르마)의 힘에 끄달려 휩쓸리다가 찾아온 사람들에게, 그 괴로움을 없애 주고 해탈의 지복을 하사하는 분이 곧 스승이라네.

277. 그의 시선은 녹슨 쇠인 개아를 번뇌 없는 진지眞知의 참된 성품(*Jnana swarupa*)이라는 황금으로 변모시키는 변금석變金石이니, 결점 없이 선한 탐구적 주의력으로 신[스승]의 자비로운 눈길[친견]을 소중히 붙들어야 한다네.

278. '거짓인 것'을 '참된 것'으로 여기는 사람들에게, 그들의 진리가 거짓임을 드러내 주고, 우주의 모든 거친 빛들에게 빛으로 빛나는 형상이 곧 스승이라네.

사두 옴: 이 연에서 '거짓인 것'은 우주를 보는 에고를 포함하는 전 우주를 의미한다. '그들의 진리'는 그들의 미혹된 소견에서 볼 때 참되게 보이는 것을 의미한다.

우주의 거친 빛들[해·달·불 등]은 눈에 의해 보이고, 눈은 마음에 의해 알려지며, 마음은 진아에서 빛을 빌려온다. 따라서 진아인 스승은 우주의 모든 거친 빛들의 빛이라고 이야기된다. 또한 「실재사십송 보유(*Ulladu Narpadu Anubandham*)」, 제7연을 참조하라.

279. 결함 있어 무가치하고(*laghu*) 괴로워 동요하는 개아의 "몸이 나"라는 무가치한 자아를 소멸하고, 지知의 온전하고 충만한 참된 자아를 하사하는 분이, 은총의 허공인 확고히 참된 지知-스승이라네.

사두 옴: 이 연의 타밀어 원문에서 사용된 명사와 형용사들은 지고의 지知-스승이 무가치하고 (번뇌로 쉽게) 동요하는 개아와는 완전히 정반대라는 것을 분명하게 보여준다. "스승(Guru)"이라는 단어는 위대함과 무거움의 의미를 가진 반면에, 두 번 사용된 "라구(*laghu*)"라는 단어는 무가치함과 가벼움의 의미를 갖는다.

280. 한계 없는 장엄함을 지닌 진아로서 빛나는 참된 지知의 주님인 스승은, 세속적 결함[욕망]이라는 미망에 사로잡힌 이들의 무가치한 논변을 패주시키는 지고한 침묵이라네.

사두 옴: 우리가 예리한 지성을 가진 상대방의 솜씨 탓에 논쟁에서 진다 해도, 그 패배는 일시적인 것일 뿐이다. 왜냐하면 우리가 계속 그에 대해 분노와 적의를 느끼기 때문이다. 그러나 세속적인 사람들의 논변이 지知-스승의 **지고한 침묵**에 의해 패배할 때는 그들의 마음이 **지知**와 **지복**으로 넘치고, 그래서 그들은 적의를 잊은 채 그 스승에 대한 큰 사랑을 느낀다. 이처럼 **침묵**에 의한 승리는 영원하다.

281. '존재하지 않는 것'이 '존재하지 않은 것'으로 사라지듯, 실제로 존재하지 않으면서 존재하게 된 자(에고)를 그의 두 눈으로 일순간에 죽임이 없이 죽이고, 단 하나인 지고아(*Eka Param*)의 빛남을 실재

하는 존재로서 드러낸다고 일컬어지는 분이 스승이라네.

사두 옴: 밝은 햇빛이 희미한 어둠 속의 밧줄 상에 나타나 보이던 뱀의 부존재를 드러내듯이, 스승의 명료한 진아지의 빛은 개아의 마음이라는 희미한 빛 속에서 나타나 보이던 전 우주의 부존재를 드러낸다.

강이 바다로 들어가면 강의 속도·흐름·형태와 같은 강의 모든 속성이 소멸하지만, 강의 본체인 물은 한 방울도 상실되지 않는다. 마찬가지로, "나는 이러이러한 사람이다"라는 개아(*jiva*)가 스승이 바라보는 눈길을 만나면, "이러이러한 사람"과 같은 그의 모든 속성이 소멸되지만, 그의 본체인 **진아-의식**, "내가 있다"는 영향 받지 않고 홀로 빛난다. 그래서 스승은 "죽임이 없이 죽인다"고 하는 것이다.

282. (자신의) 마음이라는 유령의 목을 이미 베어 버린 대장부[참스승]가 휘두르는 **진지**眞知(*Mei-Jnana*)의 검이 가진 **신적인 힘**에 의해 반란적인 원숭이-마음의 춤이 제거될 때까지는, 심장 속에서 **진지의 신적인 춤**을 보기란 불가능하다네.

사두 옴: 시바는 '매장지(*smasana*)'에서 춤을 춘다고 이야기되지만, 역시 그곳에서 춤을 추고 있는 들뜬 많은 유령들의 춤이 멈출 때까지는 그의 신적인 춤을 보기란 불가능하다. 마찬가지로 이 연에서는, 자신의 마음을 소멸시킨 **참스승**의 은총에 의해 '나'로서 춤추는 반란적인 마음-유령의 목이 베어질 때까지는, "나-나"라는 **스푸라나**(*Sphurana*)의 **신적인 춤**[찌담바람에서 나따라자(시바)가 추는 춤의 참된 의미]을 보기가 불가능하다고 이야기한다.

283. 꿈속에서 사자가 나타나는 것을 본 코끼리가 잠에서 깨어나듯이, **참스승의 친견**(바라봄)은 제자를, 하나의 환幻에 지나지 않는 이 현재의 생시 상태라는 꿈에서 깨어나게 하여 **진지의 상태**로 들어가게 할 것이네.

사두 옴: 현재의 생시 상태는 그 자체 하나의 환적인 꿈이다. 꿈이 잠[생시의

몸-의식의 상실]이라는 배경에 의지해서만 존재할 수 있듯이, 소위 생시 상태라는 이 현재의 꿈도 우리의 **자기망각**[본래적인 순수한 진아-의식의 외관상 상실]이라는 잠을 배경으로 의지해서만 존재할 수 있다.

이 무지[자기망각]는 훨씬 오래가는 잠이고, 그 속에서 무수한 꿈들[우리의 많은 생들]이 일어난다. 스리 바가반이 이러한 관념을 표현하는 「진아 5연시」, 제1연을 참조하라.

코끼리가 꿈속에서 본 사자는 거짓이지만 코끼리의 깨어남은 참이듯이, **참스승**의 이름과 형상은 (절대적 관점에서 보자면) 거짓이지만 그가 야기하는 **깨어남**[진아지의 밝아옴]은 매우 **실제적**이다. 코끼리는 꿈에서 깨고 나면 자신이 본 사자가 실재하지 않음을 알 것이다. 마찬가지로, **진아지**가 밝아온 뒤에는 **참스승**의 그 이름과 형상조차도 실재하지 않는다는 것을 알게 될 것이다[즉, 참스승은 자기, 곧 '나'와 다르다는 관념이 거짓임을 알게 될 것이다].

284. 참스승의 은총의 시선에 붙들린 사람들은, 호랑이의 아가리에 붙들린 사슴처럼 결코 버림 받지 않을 것이고, 그들의 에고와 원습이 완전히 소멸되면 해탈을 성취할 것이네.

스리 바가반이 「나는 누구인가?」에서 처음 사용한 이 잘 알려진 비유는 주의 깊게 숙고할 가치가 있다. 호랑이의 아가리에 붙들린 사슴은 죽을 것이 확실하기 때문에 일반적으로 연민의 대상으로 여겨지겠지만, 스리 바가반은 헌신자들을 위로하기 위해 이 비유를 사용하면서, 그들은 **참스승**에게서 결코 벗어날 수 없고, 확실히 그에 의해 구원 받을 것이라고 보증해 준다. 이 비유의 의미는 「나는 누구인가?」에서보다 이 연에서 약간 더 분명해진다. 왜냐하면 여기서는 **참스승**이 헌신자들의 에고와 원습을 완전히 소멸해 줄 것이라고 말하고 있고, 그래서 그는 모든 불행의 뿌리인 에고를 없애줄 힘 센 **호랑**이라는 것을 암시하기 때문이다. 그래서 **스리 바가반**은 이 특유한 비유로써, 유일하게 참된 **구원**은 에고, 곧 개인성의 완전한 절멸이라는 것을 다시 한 번 강조하고 있다. 그래서 "소멸되는 것"이 곧 "구원되는 것"이다!

285. 해처럼 찬연한 무한한 지知-스승의 두 발의 광휘 안에 자리 잡은 (제자의) 마음은, **의식인 진아**(swarupa) 안에 마치 존재하는 듯이 보이는 세 가지 차별상 안에 합쳐지지 않는다네.

사두 옴: "세 가지 차별상"은 3요소[보는 자, 보이는 것, 봄], 세 가지 상태[생시, 꿈, 깊은 잠], 세 가지 구나(gunas)[사뜨와, 라자스, 따마스] 등을 포함한다. 사진 필름이 햇빛에 노출되고 나면 어떤 이미지의 인상을 받아들이는 능력을 영구히 상실한다. 마찬가지로, 제자의 마음이 지知-스승의 은총의 빛에 노출되고 나면, 세속적 욕망 등에 의해 결코 미혹될 수 없다. 또한 「아루나찰라 8연시」, 제5연을 참조하라.

다음 연은 두 가지 번역이 가능하다.

286a. 단 하나의 잔여물로 빛나는 (진아의) 빛을 드러내면서 침묵을 통해 지知를 하사하는, **참스승**의 눈과 제자의 눈이 만날 때 입으로 하는 말은 아무 소용 없다네.

286b. 단 하나의 잔여물로 빛나는 (진아의) 빛을 (그것이)[그들의 눈의 만남이] 드러내줄 터인데, 침묵을 통해 지知를 하사하는 **참스승**의 눈과 제자의 눈이 만날 때, 입으로 하는 말이 무슨 소용 있겠는가?

이 연의 후반 문장은 『띠루꾸랄(Tirukkural)』22)의 제1100연에서 따온 것이다. "침묵을 통해 지知를 하사하는"이라는 구절은 "침묵으로 지知를 하사하는" 혹은 "침묵인 지知를 하사하는"으로도 번역될 수 있다.

287. 참스승의 은총만으로도 심장 속에서 '나-나'로서 자연히 밝아올 것이라고, 완전하고 성숙된 진인들이 말하는 것은, 드물게 얻어지는

---

22) *T*. 띠루발루바르(Tiruvalluvar)가 타밀어로 지은 고전적 저작(5세기 이전). 윤리와 도덕에 관한 다양한 주제들을 1,330연의 잠언 형태로 서술했다. 그 제1100연은 "(연인들의) 두 눈이 사랑의 뜻으로 만날 때는, 입으로 하는 말이 아무 필요 없다"는 것이다.

베단타인 순수한 침묵 속에서 빛나는 지知의 정점(Bodha-anta)인 참된 물건(실재)이라네.

54. 몇 가지 보증

288. 표현할 길 없는 지고한 스승(Parama-Guru)의 은총을 적절한 방식으로 생각(명상)하고, 우리 앞의 거짓된 (세계라는) 겉모습에 집착함이 없이 고요히 있음이야말로 지복이라네.

사두 옴: 스리 바가반은 "은총이란 모두의 안에서 '나-나'로서 빛나는 진아다"라고 자주 말씀하셨다. 따라서 "스승의 은총을 적절한 방식으로 생각하는 것"은 끊어짐 없이 진아에 주의를 기울이는 것에 다름 아니다. 이 자기주시는 2인칭과 3인칭에 대한 주의를 피하는 것일 뿐이라는 것을 보여주기 위하여, 여기서는 "우리 앞의 거짓된 세계라는 겉모습에 집착함이 없이"라고 묘사하였다. "고요히 있음"으로써 자기주시 안에 머물러 있는 것은 게으름의 상태도 아니고, 목석삼매(kashta-samadhi)23)나 라야(laya)에 들어 바위같이 있는 것도 아니다. 이것은 자기주시를 향해 끊임없이 노력하는 상태이다. 이 상태를 우리 자신의 본래적 상태로 이해하고 체험할 때 자기주시는 애씀이 없게 되는데, 그것이 바로 본연삼매(Sahaja Samadhi)이다.

289. "나는 누구인가?"의 탐구를 하거나, 하느님의 두 발을 끊임없이 명상하여 (가슴이) 녹음으로써, 결함(무지)에서 일어나는 은밀한 에고["나는 몸이다"라는 생각]가 소멸될 때, 남아 있는 것이야말로 지知의 빛이라네.

사두 옴: 이 연은 에고가 자기탐구나 자기순복을 통해서만 소멸될 수 있다는 것을 분명하게 보여준다. 우리는 이 두 가지 수단 중 자신에게 더 낫고

---

23) *T.* 이것은 몸이 나무토막처럼 지각력이 없는 상태에서 마치 깊은 잠에 빠진 듯한 삼매를 가리킨다.

더 적합하게 느껴지는 어느 하나로써 에고를 소멸해야 한다. 여하튼 에고의 소멸만이 필수적인 것으로 권장된다.

290. 참스승의 은총에 의해 (마음의) 고요함을 얻지 않고는, 늘 누구나 얻고 싶어 하는 **평안**(Shanti)을 그 누구도, 어디에서도, 어떤 수단으로도 성취할 수 없다네. 그러니 **평안**을 원하는 사람은 저 **은총**만을 **심장** 안에서 일념으로 탐구하고 추구하라.

291. 구원받고 싶은 사람에게 해 주는 확고한 조언은, 다섯 가지(사지와 머리)를 (자신의 껍질 속으로) 거두어들이는 거북처럼, 오관을 제어하고 거두어들여서 마음이 **진아**를 향하게 하여 잠잠히 있게 하라는 것이네. 이것만이 행복이라네.

마지막 문장은 "이것만이 행복한 결론이라네"의 의미일 수도 있다.

사두 옴: 오관에서 마음을 거두어들여 **진아**를 향하게 하라는 이 중요한 조언은 아무에게나 해 주는 것은 아니다. 이것은 자신을 구원하고 싶어 하는 사람들의 이익을 위해서만 해 주는 것이지, 세계를 구하려고 여전히 헛되이 바라고 있는 사람들을 위한 것이 아니다. 세계를 구하고 싶은 그런 사람들은 **자기주시**에 전혀 구미가 당기지 않을 것이고, 그래서 그들은 세계를 구원하는 것은 고사하고 아직 자신을 구원할 근기도 되지 않는다. 우리가 먼저 수영하는 법을 배우지도 않고는, 남들을 구하려고 물로 뛰어들어 봐야 헛일이다.

292. (모두에게) 빛나는 **그것**은 확실히 **진아**의 참된 **존재**, 곧 "내가 있다"임을 확신하라. 이같이 아무 의심이나 오해 없이 **참된 하느님**을 우리 자신의 **진아**로서 깨달을 때, **지고**의 **지복**이 넘칠 것이네.

293. 많고 많은 이런저런 것들['보이는 것들']이 '보는 자' 없이는 존재하지 않는 꿈일 뿐이라는 것을 철저히 확인했다면, 심적 개념일 뿐

인 이름과 형상들의 세계는 돌아보지 말고, **자각의 형상**[진아]인 **사뜨-찌뜨-아난다**(문자적으로, 의식-지복인 실재)만을 명상하라.

사두 옴: "보이는 것은 보는 자 없이는 존재하지 않는다"고 했을 때, 우리는 '보는 자'도 '보이는 것'과 같이 하나의 실재하지 않는 꿈이라는 것을 기억해야 한다.

"이름과 형상들의 세계는 돌아보지 말고, **자각의 형상인 사뜨-찌뜨-아난다**만을 명상하라"는 가르침을 들으면, 우리는 브라만에게 다섯 가지 측면, 즉 **사뜨, 찌뜨, 아난다**, 이름과 형상이 있고, 그 중에서 **사뜨, 찌뜨, 아난다**는 실재하고, 이름과 형상은 실재하지 않는다는 것을 상기해야 한다. 우리가 실재하지 않는 이름과 형상들의 세계를 돌아보지 않고, **사뜨-찌뜨-아난다**[진아]에 주의를 기울이면, 세계는 이름과 형상들이 아니라 **사뜨-찌뜨-아난다**라는 것을 알게 될 것이다.

294. 단 하나의 **참된 성품**으로서 존재하며 빛나는, 분리가 없는 순수한 지고의 진아에 대한 내관만이, "나는 몸이다"라는 미혹에 빠져 있는 개아(*jiva*)에게 끝없는 탄생의 바다를 건네줄 뗏목이라네.

295. 단 하나인 **실재**를 알지 못하면 개아의 거짓된 미혹은 제거될 수 없으니, (그 실재란) 안팎에서 두 번째 없이 항상 있는 **진아**의 참된 성품으로서 그 자신 안에서 빛나는 순수한 **사뜨-찌뜨**라네.

296. 세간의 대상들을 버리지 않아 휩쓸려 요동하는 마음인 **마야**를 절멸하고 들뜬 에고를 죽였으면, **시밤**으로 완성되어, 세간습世間習이 사라진 **순수한 의식**(*suddha arivu*)으로서 빛나라.

'들뜬' 에고라고 한 것은, 에고가 늘 일어나고, 가라앉고, 배회하기 때문이다.

297. 타는 듯한 열기인 비非진아(*anatma*)라는 감각대상들의 흙을 집어 먹으며 방황하지 말고, 영원히 존재하는 자신의 서늘한 그늘, 광

대하고 완전한 **평안**으로 빛나는 집인 **심장**으로 돌아가서 **진아**의 **지복**을 만끽하라.

298. 헌신이 심장에서 넘쳐 오르고, **지고하신 분**(참스승)의 두 발에 귀의한 마음으로 따빠스를 하기 시작한 이여, 신비능력(*sakti*)을 안겨주는 싯디에 대한 욕망을 소멸해 버리고 **사다-시밤**(*Sada-Sivam*)[지고의 하느님]인 해탈의 위없는 **지복**만을 꽉 붙들라.

사두 옴: 이 연은 싯디를 얻으려는 욕망을 가진 사람들뿐만 아니라, 자신이 얻은 싯디를 자신의 발현업(*prarabdha*)에 따라 사용하려는 욕망을 가진 구도자들에게도 해당되는 하나의 경고이다. 신비능력과 싯디에 의해서 얻을 수 있는 것은 여자·부富·명성뿐이다. 그래서 스리 바가반은 이런 능력들을 욕망하지 말라고 함으로써, 우리에게 이 세 가지 욕망을 포기하라고 간접적으로 조언하고 있다.

이 연에서 우리는 **시바**와 **해탈**이 똑같은 하나임을 배운다. 스리 바가반은 「**진아지**(*Atma-Vidya*)」, 제5연에서 **진아**의 의미로 '안나말라이'라는 이름도 사용한다(『라마나 마하르쉬 저작 전집』, 207쪽 참조). 그래서 우리는 본 저작에서 **하라**(Hara), **시바**, **시바의 두 발**, **스승의 두 발** 등과 같은 단어들이 사용되는 많은 곳에서, 그것은 어떤 인격신이 아니라 **진아**를 뜻한다는 것을 이해해야 한다. 또한 제1101연을 참조하라.

299. 슬픔이 없게 하는 **실재**이자 **지고한 지**知의 **견고한 덩어리**인 찬연한 **하라**(Hara-시바)의 두 발을, 마음에 생각하기와 잊어버리기가 전혀 일어남 없이 은총의 지배하에, 꽉 붙들라.

300. 은총에 의지하여 (심장 속으로) 가라앉지 않으면, 미혹된 에고는 두려움을 야기하는 번뇌에서 한시도 벗어날 수 없으니, (다른 수단으로는) 조금도 극복할 수 없는 것이 과거업[원습]의 힘이라네.

55. 스승의 우찌쉬땀(Uchishtam)

스승께 음식을 공양 올릴 때, 드시고 남은 부분을 그 제자에게 주면 그것은 아주 신성한 것으로, 스승의 **축복**과 **은총**의 한 표지로 간주된다. 이렇게 남은 음식을 '우찌쉬땀'이라고 한다.

301. 스승이 체험에서 우러나 제자에게 은총으로 베푸는, **지**知의 광채를 발하는 말씀이 (진정한) 우찌쉬땀이라네. (그것을 듣자마자) 말없이 (진아 안에) 안주하는 뛰어난 자로서 머무르는 것이 우찌쉬땀을 가슴 그 자체로 받는 법이라는 것을 알라.

302. **침묵의 스승**(Mauna-Guru)인 완전한 **실재**에게 몸으로서의 자부심[즉, 몸에 대한 집착]인 자기[에고]를 공양 올린 뒤에, **심장** 안에서 빛나는 것으로서 남아 있는 **자기**[진아]를 받아들이는 것이야말로 매우 탁월한 우찌쉬땀을 먹는 것이라네.

사두 옴: "나는 이러이러한 사람이다"라는 느낌이 에고이지만, 이것을 스승에게 내맡기거나 바치면, "이러이러한 사람"이라는 부분[몸에 대한 집착]만 제거된다. 그리고 나면 남는 것은 **사뜨-찌뜨**, 곧 "내가 있다"일 뿐인데, 그것은 결코 바쳐지거나 빼앗길 수 없다. 이 "내가 있다"가 **진아**이며, 그것이 여기서는 "**심장** 안에서 빛나는" 그것으로 묘사된다.

303. 모든 죄를 없애주는 것은 지극한 순수성으로서의 **신**(이스와라)이 남겨주는 우찌쉬땀이라고 (진인들은) 말하네. 이 지구상에 **참된 현자**[진인]들이 **참된 행**行(sadachara)의 삶[실재 안에서 즐거워하는 해탈자의 삶]을 살고 있는 것 자체가 그 우찌쉬땀이라는 것을 **심장** 속에 받아들이라.

사두 옴: 이 연에서 강조하는 것은, 진인의 말씀, 가르침, 저작들조차도 필요치 않다는 것이다. 왜냐하면 지구상에 진인이 존재하는 것 자체만으로도

세상의 모든 죄를 없애는 데 충분하기 때문이다.

56. 구루 뿌자[스승에 대한 예공]

304. 법도에 맞게 스승에게 헌신하는 참된 제자(깨달은 제자)들이 공손하게 행동하는 것은 확립된 관행인데, 이는 어떻게 이해하면 아낙네가 남편에게 하는 공손한 행동 같은 외적 예법의 한도에서만 그런 것이라네.

인도에서 가정주부는 예컨대 남편보다 늘 낮은 곳에 앉는 것과 같이, 많은 행위에서 남편에게 공식적인 공경을 보이는 것이 관습이다. 그러나 부부 모두 이런 행위들은 예법일 뿐이고, 그들은 삶 속에서 하나(일심동체)이므로 실제로는 부인이 남편보다 막되거나 못하지 않다는 것을 알고 있다. 마찬가지로, 진아를 깨달은 제자조차도 스승에 대해 외적 공경의 예법을 지킬 것이다. 공히 자신들이 실은 진지 안에서 하나라는 것을 알지만 말이다.

305. 결함 없는 **참된 지**知(Mei-Jnana)의 불길인 스승의 두 발에 대한 명상을 체질화한 사람들은, 번뇌 없는 헌신으로 저 지고자의 은총에 힘입어 **참된 지**知를 성취하고, 마음(chittam)이 명료해질 것이네.

306. 지고자인 스승의 두 발에 주의를 집중할 만큼 복이 있는 사람들에게서는 사랑(anbu)이 충만할 것이고, (그것이) 자라나면 **시바**의 참된 사랑일 뿐인 지知로서, 다른 거짓된 욕망들을 완전히 태워버릴 것이네.

307. "나에게 도달하면 내가 그대를 두 가지 업業의 속박에서 벗어나게 해 줄 것임을 확실하게 알라"고 하면서, 은총의 바다인 스리 크리슈나는 자신과 우리 사이에 아르주나를 둔 채 우리에게 진아에게 도달하기를 권한다네.

"자신과 우리 사이에 아르주나를 둔 채"는 크리슈나가 아르주나를 통해서 우리 모두에게 가르침을 베풀고 있다는 뜻이다. 마치 웅변가가 마이크에게 이야기하지만, 실은 자신의 청중에게 연설을 하고 있듯이 말이다.

두 가지 업業이란 공덕행功德行(punya karmas)[복을 짓는 행위]과 죄업행罪業行(papa karmas)[복을 감하는 행위]이다.

308. 일어나는 원습들을 소멸하고 마야의 미혹에 대한 두려움이 없는 지知가 일어나게 하는 스승의 두 발을, 공경과 결합된 헌신으로 숭배하는 것이 진정한 만트라라는 것을 알아야 하네.

309. 지知-스승인 걸어 다니는 지고의 시바에게 우리가 (몸·말·마음으로) 온갖 숭배를 다 한다 해도, '나'[에고] 없이 영혼의 영혼인 저 주님 안에 하나로 합일되는 것이 숭배 중에서 최상이라네.

사두 옴: 스승을 숭배하는 다른 모든 방식에서는 몸·말·마음이 사용되고, 따라서 에고가 진아에 합일되는 것[개아-브라만 합일(Jiva-Brahma-Aikya)]과는 달리 늘 중단 없이 할 수가 없다. 그래서 개아-브라만 합일(범아합일)이 스승을 숭배하는 최상의 방식이다. 또한 「가르침의 핵심(Upadesa Undiyar)」, 제30연의 "'나가 절멸된 뒤에 살아남는 그것을 아는 것이야말로 참된 **따빠스**라네."를 참조하라.

310. 스승-제자, 시바-개아 등 어리석은 에고의 모든 미혹이 만들어내는 쓸데없는 차별의 느낌이 조금도 일어나지 않는 **침묵**(Mauna)이야말로 (스승이나 신께 하는) 지혜로운 절(Bodha-Namaskaram)의 참된 의미라네.

311. 주님인 지知-스승(Jnana-Guru)의 의식이라는 맹렬한 불로써 '나'라는 제자의 느낌["나는 제자다"라는 이원적 느낌]을 소멸한 뒤에, 원습 없는 침묵이 차오르는 진아안주(Nishta)야말로 "지知-스승에 대한 참된

숭배라는 것을 유념하라.

312. "(제자로) 받아들여진 '나'는 누구인가?"라는 내적 탐구에 의해서 차오르는 완전함의 체험인 스승-의식(Guru-Bodham)의 상태에 안주함으로써 허구적 제자-의식(sishya-bodham)이 완전히 소멸되는 것이야말로 스승들에 대해 참된 제자들이 하는 숭배라네.

"완전함의 체험"은 완전하고, 지속적이고, 의심이 없는 체험을 뜻한다.

사두 옴: "나는 개아다"라는 느낌을 개아-의식(jiva-bodham)이라 하고, 그것이 소멸되는 것은 일반적으로 **시바-의식**(Shiva-Bodham)이라고 한다. 마찬가지로, 제자-의식(sishya-Bodham)["나는 제자다"라는 느낌]이 소멸된 것을 이 연과 여타 연들에서는 스승-의식(Guru-Bodham)이라고 한다. 그래서 스승-의식은 그냥 진아지(Atma-Jnana)의 상태이다.

이 상태에서는 "나는 이러이러한 사람이다"라는 개인적인 1인칭의 느낌과 타자성[스승과 같은 2인칭과 3인칭]의 느낌 둘 다 경험되지 않는다. 따라서 "나는 제자다"라는 느낌은 아무런 실제적 존재성이 없고, 그래서 이 연에서는 그것을 "허구적"이라고 하였다.

313. 스승의 참 성품으로서 빛나고 존재하는 **참된 지知**의 태양이라는, 도처에 있는 햇빛 같은 지고의 허공 속에서 개아의 마음['나']이 일어나지 않는 탁월한 상태야말로 신인 스승(Deva-Guru)에 대한 (참된) 숭배임을 알라.

314. 덕스러운 행위를 통해, '나'(aham)와 '이것'(idam)이라는 서로 얽혀 있는 형상들 모두를 스승의 형상으로 봄으로써 얻는 **지知-스승-의식**(Jnana-Guru-Bodham)의 충만함을 확립하는 것이야말로, 참된 제자의 저 **스승-숭배**(Guru-puja)임을 알라.

'나'와 '이것'은 '보는 자'와 '보이는 것'을 의미한다. 지知-스승-의식의 의미에 대해서는 제312연의 주석을 참조하라.

315. 한 맛(*eka rasam*)[지복]으로서 존재하고 빛나는 진아 체험인 스승-의식의 바다에서 몸-형상에 집착된 에고 의식이라는 얼음을 녹이는 것이야말로 스승-숭배임을 알라.

316. 단절 없는 스승의 단일하고 일체에 편재하는 성품을 작은 조각들로 나누어 버리는 결함[죄악]인 에고(*ahankara*)의 소견이 일어나지 않게 하는 것이야말로, 늘 태산처럼 빛나는 스승-숭배의 빼어남이라네.

이 연은 스승의 참된 성품을 우리에게 분명하게 가르친다. 그는 인간의 형상에 국한되지 않고, 단절이 없으며, 단일하고, 일체에 편재하는 의식이다.

에고의 소견이 죄악이라고 한 것은 에고가 단 하나의 실재하는 사뜨-찌뜨-아난다를 실재하지 않는 우주의 많은 이름과 형상들로 나누고, 그렇게 보는 큰 죄를 범하기 때문이다.

317. 몸 등을 스승에게 내맡긴 뒤에 그 몸 등을 '나(*yan*)', '내 것(*enathu*)'이라고 도로 집어 갖는 닷따빠하라(*dattapahara*)의 죄를 짓지 않는 것이, 순수한 스승-숭배임을 알아야 하네.

사두 옴: '닷따빠하라'는 이미 주었던 것을 도로 가져가는 범죄이다.

제자가 "나는 몸이다", "이것은 내 몸이다"라고 느끼는 한, 자신을 스승에게 내맡긴 사람이라고 할 수 없다. 오히려 그는 자신이 남에게 이미 준 것을 훔친 사람으로 간주되어야 한다. 요컨대 에고의 절멸이 완전한 자기순복이며, 그것만이 올바른 스승-숭배(Guru-*puja*)이다.

318. 이글거리는 세 가지 고초를 소멸한 스승-주님(Gurunatha)[참스승]의 두 발을 떠나서, 지각되는 감각대상들이라는 신기루로 인해 괴로워하는 존재들이 (마음의) 장난을 가라앉히고 (진아에) 자리 잡는 것

이야말로 스승의 **연꽃** 발에게 해야 할 가치 있는 숭배라네.

'이글거리는 세 가지 고초'는 여자·부富·명성에 대한 세 가지 욕망이다.

성숙한 영혼이 처음 자신의 **참스승**을 만나면, 자신이 아무 노력을 하지 않아도 즉시 가슴 속에 큰 **평안**이 자리하고, 모든 세간적 욕망이 사라지는 것을 느낀다. 이것은 **참스승**의 친존을 지배하는 **은총**의 힘 때문이다. 이 체험은 **참스승**이 그 영혼을 그 자신의 것으로(즉, 자신의 제자로) 받아들였다는 것을 알 수 있는 올바른 표지이다. 이 **평안**의 느낌은 그 사람의 성숙도에 따라 그에게 영구히 머무를 수도 있고, 일시적으로 머무를 수도 있지만, 어느 쪽이든 그것이 그가 **스승**의 **은총**의 보호 아래 들어갔다는 표지라는 것은 의심할 바가 없다. 덜 성숙한 영혼들의 심장 속에서는 한때 **스승**의 **은총**에 의해 생겨났던 무욕과 평안이 얼마 후에는 희미해지는 것처럼 보이고, 그의 마음은 세속적인 것들을 욕망하는 것처럼 보일 것이다(『마하르쉬의 복음』, 제1권 제3장, 34쪽 참조). 그러나 제자는 자신이 스승의 버림을 받았다고 생각하며 낙심할 필요가 없다. 사슴이 호랑이의 아가리에 잡히고 나면 결코 벗어날 수 없듯이, **스승**에 의해 그 자신의 것으로 받아들여진 사람들도 결코 버림 받지 않고 확실히 구제될 것이다. 제자의 심장 속에 숨어 있던 모든 세속적 원습들이 이때 휘저어져 그의 마음 표면으로 올라오는 것은 **은총**의 결과인데, 그 원습들이 **스승**이 하사하는 분별력에 의해 소멸되어야 한다. 왜냐하면 그럴 때에만 자신의 **진아**에 의해 얻은 끊임없는 **평안**을 그가 이해할 수 있기 때문이다. 이런 식으로 **스승**은 **평안**을 제자 자신의 것으로 만들어준다. 왜냐하면 이와 같이 그것이 자신의 성품이라는 것을 발견하기 전까지는, 제자가 그것을 영구적으로 체험할 수 없기 때문이다. 그래서 덜 성숙한 영혼에게는 비록 그의 세 가지 욕망이 한때 **참스승**의 **은총**에 의해 가라앉았다 해도, 다시 감각 쾌락의 뜨거운 사막으로 들어가 헤매어서는 안 된다고 경고해 주는 것이다. 그의 이러한 노력이 여기서는 "가치 있는 숭배"로 묘사된다.

또한 같은 관념이 다음과 같은 말로 표현되고 있는 「나는 누구인가?」를 참조하라. "스승의 자비로운 시선의 범위 안으로 들어온 사람들은 스승에 의해 구원받을 것이며 버림 받지 않을 것입니다. 하지만 그는 스승이 보여준 길을 반드시 따라야 합니다!"

319. 마음의 형상을 한 미혹인 에고 자체를 탐구하여 (그것을 소멸하고) 심장 속에 우리가 합일하는 그것이야말로, 마음을 넘어선 **침묵-스승**(*Mouna*-Guru)의 **연꽃** 발에 대한 (올바른) 숭배라네.

스승은 마음을 넘어서 있는 지고한 **침묵**일 뿐이므로, 마음이 하는 어떤 숭배도 적절치 않을 것이다. 마음을 **심장** 속에 합일시켜 **침묵**만 지배하게 하는 것이야말로, 스승이 적절히 숭배 받을 수 있는 올바른 방식이다.

320. 몸으로 돌아다니면서 **사뜨-찌뜨**[존재-의식]인 것처럼 거짓 행세하는 어두운 구름인 에고의 그릇된 소견이 확산되지 않게 하는 것이, 광대한 **지고**의 **허공**으로 빛나는 스승의 **연꽃** 발에 대한 (올바른) 숭배라네.

여기서 '어두운 구름'으로 묘사된 에고의 그릇된 소견이란, 모두 실재하지 않는 이름과 형상들의 다수성을 보는 것이다. 그리하여 이 어두운 구름은 이름 없고 형상 없는 **실재**를, 즉 스승의 참된 성품을 가린다. 그래서 올바른 **스승-숭배**는 에고가 일어나지 못하게 하는 것이다.

57. 스승의 위대함

321. 모든 결함을 버리고 미덕을 확보하며, 모든 관계들[가족 등]을 버리고 떠나 경전에서 설하는 많은 고행들을 했다 하더라도, **지**知-**스승**을 만나지 않는다면 지복의 상태에 도달할 수 있겠는가?

322. (이원성과) 3요소의 차별상을 끝내 버리고 단 하나의 **전체**로서 빛

나는 스승-주님의 은총을 받지 않고는, **해탈의 큰 지복**의 삶을 얻어 행복을 누리기는 불가능할 것이네.

323. 안과 밖(마음과 바깥 세계), '**나**'와 '**이것**'(보는 자와 '보이는 것'), 이승과 천상(현생과 내생) 등 모든 것에 편재하면서 무한한 **신적 의식**으로 빛나는 스승은, 참된 제자들의 **심장** 속에서 빛나는 보배 등불로서의 기둥(버팀목)이라네.

324. 스승께 다가가서 넘치는 강렬함으로 그의 예리한 **은총**의 시선에만 의존하는 사람들은 인드라(Indra)처럼 이 세상을 살게 될 것이고, 아무 괴로움이 없을 것이네.

인드라는 천상의 왕이고, 천상의 모든 즐거움을 다 누릴 수 있다.

325. (헌신자들의) 악덕을 떨쳐내는 스승은 **자신**이 사랑하는 헌신자들의 **심장** 속 옥좌에 장엄하게 앉아 있는 위엄이 산과 같으니, (그것을) 체험해 본 이들은 (그것을) 이야기할 수 없고, 이야기하는 이들은 (그것을) 체험해 보지 못했다는 것이, 원만한 **헌신자들**[진인들]의 견해라네.

326. 기뻐하며 귀의한 헌신자들의 심장매듭을 잘라 뽑아내어 던져버릴 수 있는 강력한 연장은, 에고의 미혹이 제거된 **참스승**의 탁월한 **본연적 진아안주**(Sahaja-Atma-Nishta)라네.

스리 무루가나르: 이 연은 참스승의 본연안주의 힘을 묘사한다. 그가 외견상 고요히 앉아 있다고 해서 우리에게 은총을 하사하지 않고 있다고 단정해서는 안 된다. 그의 **본연적 진아안주**는 그 자체가 은총이기 때문이다. 우리가 그의 앞에 고요히 앉아 있으면, 이 진리가 자동적으로 드러날 것이다.

327. 배워 익힌 **지**知[자기탐구]를 잘 붙들어, 하찮은 감각대상인 다른 것들에게 마음이 흘러가지 않게 하면서 명료한 **실재**의 빛으로서 심

장 안에 확고히 안주하는 것이야말로 (스승의) 참된 **가르침**(*Upadesa*)이라는 것을 알라.

58. 사두들과의 친교

328. '올바른 길은 이것이다'라고 하면서 자신을 **조복**調伏시키지 않고, 바람직한 삶을 꾸준히 붙들고 가지도 않는 탓에 '공허한 입을 씹는' 논쟁가들에게, **지**知를 얻은 사람들[지혜로운 사람들]은 곁을 주지 않을 것이네.

'공허한 입을 씹는 사람'은 타밀어 숙어로, 말은 많이 하지만 가치 없는 문제들에 대해 이야기하는 사람들을 의미한다.

329. 마음은 요동하고 말은 쓸데없는 잡담인 미친 사람들과 친교하면 많은 재앙이 있다네. 죽은 마음의 순수함인 **침묵**으로 빛나는 사람들과 어울리는 것이 가장 좋은 친교라는 것을 알라.

330. 동요 없이 **평안**의 **상태**에 안주해 있는 분[진인]들과 친교하라, 마음이여! 못되게 허황된 말을 하고, 막된 길로 가는 비천한 사람들과는 관계를 끊어라.

331. 모든 악덕은 **자기를 놓치는**[자기주시에서 미끄러지는] 망각(*pramada*)인 거짓된 도취의 즐거움에서 생기는 것이니, (감각대상들을) 즐거워하는 환幻에 사로잡힌 에고가 소멸되는 **참된 지**知의 **평온함**이야말로 참된 미덕의 원만함이라네.

332. 결함 없는 **지**知의 성품인 사람[진인]들만이 참된 덕을 가진 사람이고, 여타 사람들은 다른 비천한 성품을 가진 이들이네. 따라서 거짓[세간환世間幻]을 버리고 참된 것을 얻은 저 덕 있는 이들에게 다가가는 것이야말로 우리가 구원을 얻는 데 필요하다는 것을 알라.

59. 헌신자들의 위대함

333. 무적인 진아지 체험을 통해 지고아(Para-swarupa)라는 열매로서 성숙한 참스승의 은총의 시선에 표적이 되는 전생 공덕자들(전생에 복을 많이 지은 사람들)의 위대함은 말로 표현할 수 없다네.

334. 자신을 깨달은 헌신자들과 함께 접촉하고 즐거이 한데 섞이며, 확고한 헌신을 지닌 숭배자들의 성스러운 무리 속에 들어가서, 빛나는 자신의 참된 형상을 감추고 다른 한 형상[인간 형상]을 취해, 자애롭게 노닐며 즐기는 분이 시바라네.

스리 무루가나르: 이처럼 스리 바가반은 참스승이란 다름 아닌 시바 자신이라고 우리에게 간접적으로 말해 준다.

335. 헌신자들(Adiyar)의 위대함은 한도를 가늠할 수 없다네. 헌신자들은 위대한 사람들이어서 시바와 비슈누도 헌신자들에게 (자신들이) 헌신자로서 봉사하니, 헌신자들의 위대함이야말로 베다가 찬양하는 것이라네.

60. 브라만의 지知

336. 눈에 보이는 세계를 보는 대신 그 세계를 보는 그들을 보는 것이 구도자들이 소중히 여길 만한 브라만의 지知(Brahma-Vidya)라고, 좀처럼 보기 힘든 진리를 보는 자들은 말한다네.

337. 신기루의 물 같은 세계, 그 세계를 보는 자, 밝게 빛나는 눈의 봄이라는 이 세 가지 모두가 흔적도 없이 불태워질 때, 남아 있는 것을 보는 것이야말로 다름 아닌 브라만의 지知라네.

이 연에서 "이 세 가지 모두"는 '보이는 것', '보는 자', '봄'의 3요소이다.

61. 모든 종교 안의 진리

338. 없는 때가 없는(항존하는) 불가결한 성품인 **진아**의 진리 자체에 다가가는 "나는 누구인가?"라는 내면 탐구 하나만이, 삶을[즉, 구원을] 가르치는 모든 종교들을 관통하는 생명흐름(life-current-활력의 근원)이라는 것을 알라.

우리 자신의 **진아**에 대한 진리가 불가결하다고 하는 이유는, 다른 모든 것들이 그것에 의존하며, 그것이 없이는 그것들이 빛날 수도 없고 존재할 수도 없기 때문이다.

339. 서로 다른 그것들과 (그 자신은) 다르지 않으면서 무수히 많은 존재들 안에서 빛나는 **빛**인 것은, 단절 없이 모든 보석에 씨실이 꿰어진 목걸이처럼, 모든 종교의 씨실인 **지고의 하느님**이라네.

사두 옴: 또한 「아루나찰라 8연시」, 제5연을 참조하라.

340. 많은 등잔불들로 인해서 불은 하나일 뿐인데도 많은 등잔불의 성품이 서로 다르게 보이듯이, 존재하는 많은 부가물들(upadhis)로 인해서 **진아**는 하나일 뿐인데도 많은 개아들의 성품이 서로 다르게 보인다네.

341. 우리가 가진 **심장** 속의 **초월적 실재**를 평야에 있는 산처럼 분명하게 드러낼 수 있는 (최소한) 한 구절이라도 없다면, 그 종교가 지고의 것을 탐구하며 벌이는 모든 논쟁과 논변이 시장통의 소음일 뿐일 것이네.

사두 옴: 이 연에서는, 지구상에 존재하는 모든 참된 종교에서는 **진아**가 지고의 실재라는 사실을 쉽게 드러내는 최소한 한 단어나 말씀(Mahavakya)은 발견될 거라고 주장한다. 스리 바가반이 지적한 그런 말씀들 중에는 다음과 같은 것들이 있다.

힌두교의 "따뜨 뜨왐 아시(*Tat twam asi*-그대가 그것이다)", "아함 브라마스미(*Aham Brahmasmi*-나는 브라만이다)" 등과

이슬람의 "아날 하크(*Anal Hak*)"[제962연을 보라],

유대교와 기독교의 "나는 내가 있다는 것이다(*I AM THAT I AM*)".

이런 단어들은 하느님이 1인칭 '나'의 실재라는 것을 분명히 보여준다.

342. 확실히 다양한 종교들이 생겨난 것은 다양한 수준의 근기에 맞추기 위해서라네. 따라서 (비난할 것이 아니라) 권장해야 할 이런 종교들에 대해 평등한 소견을 갖는 것이 가장 지혜롭다네.

62. 무한성의 소견

343. 자기 자신 속으로 깊이 뛰어들어 진아를 깨달은 안목을 가진 사람에게는, 보거나 알아야 할 다른 것이 하나도 없다네. 왜인가? 어떤 형상[몸-형상]이 자기라는 관념이 사라진 그들은 무無형상의 의식인 실재이기 때문이네.

사두 옴: "눈을 가진 만큼 본다"는 격언[「실재사십송」, 제4연 참조]에 따르면, 우리가 자신을 이름과 몸-형상으로 아는 한, 우리는 세계와 신을 이름과 형상으로 보게 될 것이고, 따라서 그것들도 우리와 별개인 것으로 보일 것이다. 그러나 우리가 몸-형상이 아니라는 것을 깨달으면, 앞서 이름과 형상으로만 보였던 세계와 신이 사라지고, 진아만이 무無형상의 무한한 일자(One)로서 빛날 것이다. 이 진아지의 상태에 있는 사람들에게는 보거나 알아야 할 것이 아무것도 남아 있지 않을 것이다.

또한 본 저작의 제54연을 참조하라.

344. 개아의 사원[몸] 안에서 하느님을 탐색해 왔고, 어떤 혼동도 없이 그를 분명하게 본 사람들은, 확실히 이 광대한 사원, 이 경이로운

우주 안에서조차도 그가 빛나는 것을 볼 것이네.

사두 옴: 타밀어 원문에서는 이 연의 마지막 행을 이렇게 해석할 여지도 주고 있다. "확실히 이 세상에 경이롭게 건립된 모든 사원에 안치된 신상들에서 그를 볼 것이네."

345. 영혼에게 **영혼**으로서 **하느님**(Isan)이 (내면에) 거주하며 빛난다는 진리를 미혹 없이 분명히 안 사람들에게는, 남들이 멸시하는 벌레 한 마리의 존재조차도 **지고한 하느님**의 애정 어린 **현존**으로 빛날 것이네.

"영혼에게 **영혼**"이란 개인적 영혼(jiva)의 근원이자 생명인 **진아**(Atman)를 의미한다.

346. 은총의 형상인 **진아**로서 항상 빛나는 이들에게는, 어둠[무지]의 형상이던 마음이 죽어 버렸기에, **실재**의 **형상**으로 떠오르며 체험의 풍성함을 지닌 그들의 견지에서는 도처에서 일체가 **지복**에 충만해 있다네.

347. 육안으로 보는 사람들에게는 (신이) 찬란한 형상으로, 위대한 요기들의 눈에는 그들의 **심장-연꽃**(Heart-lotus)으로, (제사(yajnas)를 거행하는) 브라민들에게는 제화祭火라는 그곳에서 나타나지만, 무한한 눈을 가진 **진인**들에게만 그가 도처에서 나타난다네.

사두 옴: 신을 찬란한 형상으로, **심장-연꽃**으로, 혹은 불로 보는 사람들은 하나의 심적 이미지를 보는 것일 뿐이고, 그래서 그들에게 신은 그 특정한 제한적 장소에서만 눈에 보일 뿐이다. 그러나 진인은 시간과 공간에 제한되어 있던 그의 마음이 소멸되었기에, 그만이 신에 대한 **참된 봄**(True Seeing)을 성취한다. 따라서 그는 도처에서 신을 본다. 그래서 이 연에서는 진인만이 일체를 참으로 신으로 볼 수 있고, 다른 사람들은 일체에서 신의 존재를

상상하려고 애쓸 수 있을 뿐임이 강조된다.

348. 하느님 자신을 온전하게 보는 소견은, 몸-형상이 자기라는 관념을 없애고, 번뇌를 낳는 생각인 개념들 없이, 단 하나인 의식의 허공(Chidakasha), 은총의 눈으로 무한히 자기를 초월해서 보는 것이네.

또한 『스리 라마나의 길』, 제2부, 부록 4의 2)에서 설명했듯이, 「실재사십송」, 제8연을 참조하라.

349. 기만적인 감각기관들을 제어했고 마음의 개념들을 버렸으면, 자신의 참된 본성 안에서 초연히 탐구하라. 심장의 의식 속에 확고히 머무르는 상태에서 드러나는 것이 **시밤**(Sivam)이라네.

350. 기만과 사기가 없는 **참된 봄**이야말로 **지복과 은총**이 넘치는 바다로 빛나는 **상태**라네. 생각이 닿지 못하는 **진아**로 충만한 그곳에서 성취된 **지고의 침묵** 안에서만, 개아에게 어떤 전락도 없다네.

63. 개인성의 상실

351. 골칫덩이 에고라는 현출물(현상적 존재물)을 탐색해 본다면, 그 이름 외에 실체가 있는가? 분명히 없다네! 존재하는 듯이 보이는 거짓된 뱀에 대해 실재하는 밧줄처럼, 기만이 없는 **참된 실체**[진아]만을 보라.

이 연에서는 '나', 곧 에고의 거짓됨이 강조된다. 또한 「가르침의 핵심」, 제19, 20, 21연을 참조하라.

352. 에고가 가라앉으면, 그것의 토대로서 존재해 온 지고의 **빛**[진아]이 온통 충만하다네. 에고가 죽어도 우리의 **참된 성품**(Swarupa)[진아]에게는 어떤 해도 없으니, 그대는 겁먹지 말고 있으라.

마지막 문장은 "그대는 걱정하지 말라"의 의미일 수도 있다.

353. **시바**께 공양물로, 참된 **지**知-**따빠스**(*Jnana-Tapas*)[자기탐구]의 이글거리는 불길 속에 자기의 마음을 바친 사람들은, 그들이 곧 **시바 자신**(*Siva-swarupa*)이니 그렇게 알고 이 제의祭儀를 거행하여 형상 없는 **시밤**[시바의 상태]을 성취해야 한다네.

두 번째 문장은 "그들[진인들]이 곧 **시바 자신**임을 알고 그들을 숭배하여 형상 없는 **시밤**을 성취해야 한다네"로 옮길 수도 있다.

354. 그대가 개인성(*jivabodha*)을 완전히 내버릴 때 무슨 일이 일어날지 두려움을 가지고 의심하지 말라. 붙들고 있던 나뭇가지를 손에서 놓으면 바로 땅인 것처럼, 진아의 **참된 상태** 자체와 하나가 될 터이니.

사두 옴: 미성숙한 헌신자들은 흔히 스리 바가반께 이렇게 여쭈곤 했다. "해탈을 포함한 온갖 성취를 열망하는 것은 이 개인적 영혼일 뿐입니다. 그러니 만약 **자기탐구**(*vichara*)에 의해 개인성이 소멸되면 **해탈**을 어떻게 얻으며, 누가 얻겠습니까?" 그래서 스리 바가반은 이 연에서 그런 사람들에게 이렇게 보증해 준다. "두려워하지 말라. 에고, 곧 개인성이 절멸될 때, 남아 있는 **상태**가 참된 진아의 **상태**로서 그 자체를 드러낼 것이고, 그 안에서 일체가 성취될 것이다."

옛 타밀 격언에, 나뭇가지를 붙들고 있다가 놓으면 큰일 난다고 하는 것이 있다. 그래서 스리 바가반이 같은 비유를 사용하여 개인성을 잃는 것이 최고의 성취이며, 그것을 두려워해서는 안 된다고 말하는 것은 상당히 이상하면서도 아름답다. 이 비유의 의미는, 다음과 같은 이야기를 알면 가장 잘 이해될 수 있다. 한번은 어떤 사내가 한 나무 밑에 서 있었는데, 자기 머리 위의 나뭇가지 하나를 마치 목숨을 부지하기 위해서인 양 꽉 붙들고 있었다. 친구들이 그에게 왜 그렇게 겁을 내며 가지를 붙들고 있느냐고 묻자,

그는 자신이 그것을 놓으면 땅바닥에 추락할 거라고 대답했다. 그의 어리석음에 놀란 친구들은, 그가 이미 땅 위에 서 있고 아무것도 겁낼 것이 없다고 일러주었다. 그들은 힘들게 많이 설득한 뒤에 그에게 그 가지를 놓게 했다. 그러자 그는 그들이 보증한 것이 진실임을 발견했다. 자신의 개인성을 잃을까봐 두려워하는 사람들이 바로 이 사내와 같다. 그러나 개인성을 붙들고 있어 봐야 그들이 얻는 것은 아무것도 없다. 그것을 놓아버리기만 하면, 자신들이 늘 **항상 지복스러운 진아**라는 것과, 자신들이 두려워해야 할 그 무엇도 결코 없었다는 것을 스스로 알게 될 것이다.

355. 훼손 불가능한 **참된 자아**의 진정한 의미(*padartha*)를, 세계의 실재성이 부정되는 잠 속에서도 자신이 존재한다는 것과 "나는 이것이다"[개인성]를 거짓으로 보는 자기의 의식인 **스와루빠**[진아]의 참됨을 앎으로써, 받아들여야 한다네.

「가르침의 핵심」, 제21연을 참조하라.

356. '나'라는 생각[에고]이 조금도 일어나지 않는 **상태야말로 진아**라는 아뜨만의 **지고한 실재**(*Para-tattvam*)라네. 눈이 스르르 감기며 잠들 때, '나'라는 저 생각이 일어나지 않는다고 해서 어느 누가 존재하지 않게 되는가?

사두 옴: 이 연에서는, 개인성이 가라앉는 잠 속에서 우리가 **자기-존재**의 상실을 전혀 경험하지 않듯이, 개인성이 영구히 소멸되는 **진지**(*Jnana*) 속에서도 우리, 곧 **자기-존재**에 어떤 상실도 없다는 것을 분명히 하고 있다. 따라서 우리는 개인성의 상실을 두려워할 필요가 없다.

이 연의 첫 번째 문장에서 이야기하는 관념은 「실재사십송」, 제27연에서도 표현된다.

357. '내'가 없는 저 상태[잠의 상태]를 탐색해 보면, (그것은) 거짓 몸이라

는 결함이 없는 자신의 **참된** 의식의 **형상**이라네. '나'가 없는 저 상태에서는 자기[개인성] 없이도 우리가 독립적으로 존재하지 않는가? 깨어 있는 잠[뚜리야 혹은 진지]인 **실재** 안에서 그것을 탐구하여 알라.

358. '나' 없이 머무르는 것이야말로 진지의 **스와루빠** 상태이니, 꿀처럼 달콤하고 평화로운 "나는 **시바**다"의 상태라네. 그것이, 결함인 탄생과 죽음 없이 번영하는 **범열반**梵涅槃(Brahma-Nirvana)의 수승함이라고 하는 **까이발리얌**(Kaivalyam)[비이원적 해탈의 상태]임을 알라.

사두 옴: 에고 없음(Egolessness)만이 모든 위대함의 상태라고 하는 「실재사십송 보유」, 제13연을 참조하라. (또한 본 저작의 B 17을 참조하라. ―옮긴이)

64. 순수한 '나'(Suddhahankara)

359. 개아의 에고가 완전히 죽으면 끊임이 없는 진아라는 본래적 자아의 성품이 빛을 발하는데, 그것은 지구상에서 몸을 받아 괴로움을 겪으며 속박된 더러운 에고 같은 위조물 없이 빛을 발한다네.

사두 옴: "나는 몸이다"라는 느낌이 에고이다. 이 혼합된 의식 안에서 '몸'이라는 속성만이 불순물이다. 이 불순물, 곧 '몸-동일시'가 제거될 때, "내가 있다"로서 남아 있는 그것이 진아이며, 그것을 순수한 '나'(Suddhahankara)라고도 한다.

360. 본래적이고 끊임없고 항상 존재하며, 미혹을 벗어나서 빛나는 심장의 수승함이야말로, 활동 중에도 행위자 의식(kartritva)이 나타나지 않는 소견을 가진 **해탈자**의 **순수한 나**(Suddhahankara)임을 인식하라.

361. 결함인 몸을 '나'로 여기는 에고를 소멸함으로써 충만한 **참된 지**知

(Mei-Jnana)의 삶을 영위하는 사람들은, 결함인 근심이 없이 **자신**[진아] 안에서 기뻐하며 머무르고, 마음에 성취욕이 없는 **평안** 속에서 행복할 것이네.

65. 진아가 빛을 발하기

362. (탐구를 통해서) **심장**인 자신의 **근원**을 알 때에만, '나'라는 거짓되고 기만적인 1인칭이 사멸할 것이고, 기만적인 그 1인칭이 사멸할 때에만 **참된** 1인칭인 **진아**가 온통 찬연하게 솟아날 것이네.

363. (무지의) 깜깜한 어둠에서 일어난 그것이 추는 춤이 이 모든 우주인 그 무가치한 유령[에고]을 탐색해 보면, 그것은 (이야기에 나오는) 신랑의 친구처럼 사라지고, **참된 자아**의 태양이 **마야**의 어둠을 헤치고 빛난다네.

사두 옴: 한 이방인이 한번은 결혼식을 하는 어느 집에서, 신부 측 일행 앞에서는 신랑의 가장 친한 친구 행세를 하고, 신랑 측에 가서는 자신이 신부 측 사람인 것처럼 행세했다. 그러면서 닷새 동안 잘 먹고 하인들을 부리면서 즐거운 시간을 보냈다. 그런데 마지막 날, 사람들이 저 사람이 누구냐고 묻기 시작하자 그는 사라져 버렸다. 마찬가지로, 에고는 일어나면 **찌뜨**(Chit)[의식, 곧 진아의 성품]와 자다(jada)[무지각성, 곧 몸의 성품] 둘 다인 행세를 하지만, 실은 그것은 **진아**에도 속하지 않고 몸에도 속하지 않는다. 이처럼 그것은 특별한 지위를 누리다가, 그 정체가 무엇인지 탐색해 보면 사라진다.

364. 침묵의 허공 안에 에고를 집어넣어[익사시켜] 끝내버린 것이야말로 **진지의 허공**으로서 (참된 삶을) 살아가는 것이네. 따라서 거짓된 에고가 거짓된 꿈처럼 그 **근원** 속으로 들어가서 소멸하면 **참된 나**[진아]가 자연발생적으로 떠오를 것이네.

365. 몸이 십자가인데, 거기서 몸-에고['몸이 나다'라는 에고]인 **예수**가 몸을 버리고 그렇게 죽는다네. 번뇌 없이 남아 있는 **참된 자아**가 지고자로 빛남으로써 그가 살아 있는 존재로 솟아오름이 (예수의) **부활**임을 알라.

제973연을 참조하라.

366. 비이원적 진리인 무한한 **침묵** 속에서 (에고가) 죽고 (진아로서) 되살아나는 것이 **까이발리야-싯디**(*Kaivalya-Siddhi*)[단일성, 곧 해탈의 성취]라네. 지知로 충만한 그 상태에서 욕망을 넘어선 순수한 **지복**이 우리 자신의 (참된) 성품으로서 영구히 빛을 발하네.

66. 불행을 없애기

367. 마음의 결핍감(불만)으로 노심초사하고 (사물에 대한) 이해가 미혹되어 있는 개아가 그 마음의 근심을 끝내고 즐겁기를 바란다면, 자신보다 우월한 저 **은총의 지고자**[하느님]야말로 그가 성취해야 하는 자신의 **진아**임을 알아야 한다네.

368. 그것을 잊어버리면 이 **세간환**世間幻(*Ulaga-Maya*-세계라는 환幻)이 힘을 얻는 **그것**(진아)을 우리가 알지 않고서는, 번뇌가 티끌만큼도 소멸될 가능성이 없을 것이네.

369. 자신의 권속인 처자식의 죽음에 대해 우는 사람에게, 먼저 자신의 (현재) 상태의 원인인, 자신이 집착하던 저 몸-에고["나는 몸이다"]의 죽음에 대해 울라고 하라. 그 자신의 번뇌가 완전히 없어져 소멸할 터이니.

370. 남들의 몸으로 인해 남들을 사랑한다면, 남들의 몸이 죽는 것을

경험할 때 슬픔으로 고통 받게 될 것이네. 그런 번뇌에서 벗어나려면 그 영혼의 참된 형상인 진아를 향한, 번뇌 없는 참된 사랑을 행하라.

한 사람의 영혼은 그의 에고, 곧 "나는 몸이다"라는 동일시에 지나지 않는다. 참된 생명은 진아이지, 그 영혼이나 에고가 아니다.

67. 이욕離欲(Nirasa)

371. 욕망하는 마음은 (그 대상을 얻기 전에는) 원자 자체도 수미산須彌山(Mount Meru)만 하게 만들고 그것을 얻은 뒤에는 그 반대로 만든다네. (욕망은) 우리를 늘 가난하게 만드니, 결코 만족시킬 수 없는 저 욕망은 우리가 본 적 없는, 채움이 불가능한 무저갱無底坑(바닥없는 심연)이라네.

372. 완전함만을 추구하는 선량한 마음의 구도자여, 부富를 얻어서 '마음의 결핍'인 저 가난을 면하고 넘어서려 하기보다, 마음의 평안(shanti)을 얻는 것이 더 낫다네.

스리 무루가나르: 가난이 참으로 생겨나는 것은 부富의 결핍에 의해서가 아니라 헤매고 욕망하는 '마음의 결핍'에 의해서이다. 따라서 가난은 부를 얻는 것으로 제거되지 않고, 마음을 가라앉힘으로써만 제거된다.

373. 신(참스승)의 두 발에 몰두하는 마음이, 이전처럼 춤추고 노는 것을 택하겠는가? 부부생활의 쾌락이 주는 미혹된 즐거움을 얻으며 신나하겠는가?

374. 위대한 진인들은 마음의 변상變相(chitta-vrittis)이 모두 소멸되는 것이 더없이 위대한 행복이라고 선언하네. 마음의 좋아함과 싫어함 둘 다가 없는 무욕(nirasa)[무관심의 태도]이야말로 좋은 수단이라네.

375. 욕망이 있는 사람들에게만 그 욕망이 방해 받을 때 비참한 분노가 일어나니, 욕망은 분노 안에 내재해 있음이 확실하네. 따라서 (여섯 가지) 악덕 모두가 죽을 때, 욕망이 마지막으로 죽는다네.

여섯 가지 악덕은 욕망·분노·인색함·미혹[진리를 분별하지 못하는 것]·자부심·질투이다.

376. 형언할 수 없는 **침묵**에 대한 욕망조차도 위대한 **아짜라**(*Achara*)[사뜨-아짜라]에게는 낯선 것이라고 하는데, 광채 없는 결함인 몸과 여타 것들에 대한 욕망이 아짜라이겠는지 어디 말해 보라.

사두 옴: '**아짜라**(*Achara*)'는 삶 속에서 드높은 원리들을 지키는 것을 뜻하고, 어떤 종류의 욕망이라도 갖는 것은 비非아짜라(*anachara*)이다. 모든 원리들 중 최고는 **사뜨-아짜라**(*Sat-Achara*)[혹은 브라마짜라(*Brahmachara*)]인데, 이는 곧 **사뜨**(*Sat*)[진아]로서 안주하는 것이다.

사뜨-아짜라를, 곧 완전한 **사랑**의 상태를 지키는 사람에게는 해탈에 대한 욕망조차도 잘못된 것으로 간주되어야 한다. 왜냐하면 욕망은 마음이 어떤 2인칭이나 3인칭 쪽으로 움직임을 의미하는 반면, **사랑**은 끊임이 없고 움직이지 않는 **존재**(Existence)의 형상을 가지고 있기 때문이다. 이것이 "신에 대한 욕망조차도 끊어라"고 하는 옛 격언의 의미이다.

아짜라의 의미를 이렇게 이해해야 하지만, 우리들 중에는 자신이 **아짜라**를 지키며, 따라서 삶 속에서 자신이 다른 모든 사람들보다 위에 있다고 뽐내는 사람들이 있다. 그들은 (카스트의) 불가촉성을 유지하고, 식사를 하는 동안 (남들과 접촉하지 않으려) 자신들을 숨기며, 특정한 방식으로 옷을 입는 것 등에 크게 신경을 쓰지만, 그러면서도 더러운 몸을 자기 자신으로 착각하고, 추한 욕망을 무수히 가지고 있다. 그들의 행동을 **아짜라**로 간주할 수 있겠는가? 분명히 아니다. 따라서 우리가 **진아안주**(*Atma-Nishta*)를 성취하지 못하면, 자신이 **아짜라**를 지킨다는 자부심은 아무 의미가 없다.

377. "나에게는 이것이 필요해, 이것은 나에게 없어"라고 생각하는 마음이 없는 사람은, 발현업(prarabdha)에 따라서 자신에게 다가오는 것을 받아들이는 행복을 경험하는데, 그런 사람이 왜 진아의 상태를 떠나서 미혹을 경험하겠는가?

378. 욕망의 결박을 완전히 절단해 버린 사람들에게는 (에고라는) 오점과 연관된 거짓된 겉모습이 소멸할 것이네. 광채로 충만한 지고한 평안의 **지복**(해탈의 상태)에 대한 욕망조차도 거리낌 없이 잘라 버려야 하네.

다시 제376연과 그 주석을 참조하라.

379. 금생과 내생의 하찮은 쾌락에 대한 욕망으로 인해 고통 받는 어리석은 마음이여, 만일 네가 고요히[욕망 없이] 머무르면, 확실히 그 둘(금생과 내생의 쾌락)을 초월하는 **지고의 지복**을 성취할 것이네.

68. 속박과 자유

380. "몸이 나다"라고 여기는 개아의 자유라는 환상을 소거消去하는 것이야말로 고통 없는 **참된 자아의 자유**(를 성취하는 것이)라네. 이것이 수많은 갈래의 종교들에 평등하게 존재하는 **지**知라네.

사두 옴: 다르마(Dharma)[올바름]는 모든 종교의 뿌리이고, 에고 없음(무아)이야말로 모든 다르마의 핵심이므로, 여기서는 에고 없음이 모든 종교에 평등하게 존재하는 유일한 진리임을 보여준다.

381. 진아를 모르는 오류로 인해 일어나는 탄생(과 죽음)은 그 원인이 무엇이든 (그것을) 없애야 하네. 짙은 미혹인 껍질(kosha)의 에고[24]

---

24) T. 사두 옴의 『진어화만-풀어옮김』에서는 이 대목을 "이 다섯 껍질 자체가 '나'다라는 미혹만을 자신의 형상으로 받아들이는 에고"라고 풀이했다.

가 느슨해져서 소멸한 뒤의 **참된 지**知만이 속박을 끊을 수 있다네.

382. 무수히 일어나는 마음의 변상變相들(*chitta-vrittis*) 외에는 그 무엇도 속박으로 보지 않는 위대한 **진인**들은, 잔재물 없이 변상들이 죽어버린 마음 외에는 어떤 것도 **해탈**로 보지 않네. 그것이 (속박과 해탈에 대한 그들의) 결론이라네.

383. 마치 제한되어 있는 것처럼 당혹해하는 저 (불순수한) 마음이야말로 마치 속박된 듯 고통 받는 개인아(*jivatman*)[개인적 영혼]라네. 만약 그것이 (감각대상을) 욕망하거나 즐김이 없이 고요히 있으면, 그 (순수한) 마음 자체가 **빠라마뜨만**(*Paramatman*)이라네.

여기서 "마치 제한되어 있는 것처럼"으로 옮겨진 타밀어 구절은 "마치 술 취한 사람처럼"의 의미일 수도 있다.

69. 자기탐구

384. "당신은 누구인가? 그는 누구인가?"라고 마음이 오래도록 밖으로 나가면서 묻는 태도를 버리고, 쉼 없는 큰 열망으로 자신을 표적 삼아 자신에 대해 "나는 누구인가?"라고 묻는 것이 좋다네.

385. "나는 누구인가?" 하면서, 자신의 중심으로 뚫고 들어가는 주의 깊고 예리한 의식으로 탐구하면, "나-나"라는 **실재**가 떠오르면서 '몸-에고'가 죽고, 하늘의 푸름 같은 겉모습들은 사라질 것이네.

386. "나는 누구인가?"라는 물음에 의해 이원성에 속하는 모든 물음들이 소멸될 것이네. (다른 것들에 대해서) '묻는 자기가 누구인가?'라는 그 물음은 (무적의) **브라마아스뜨라**(*Brahmastra*)로서, 어두운 무지인 타자성이라는 겉모습을 소멸할 것이네.

브라마아스뜨라는 가장 위대하고 가장 강력한 **신적 무기**(브라마의 힘이 실린 일종의 미사일)이다.

387. "기만적인 감각기관들로 바깥 대상들을 보는 자['나']는 누구인가?"라고 물으며 탐구하여, 날뛰는 오만한 에고를 소멸하고 영구히 **참된 지**知로서의 **지고한 안주**(Para-Nishta)에 머무르는 것이야말로 개인이 참으로 **해탈**을 얻는 수단이라네.

388. "나는 누구인가?"라고 자신의 참된 성품을 탐구하는 개인은, '나'가 없는 **참된 자**아로서 죽을 것이네.

사두 옴: 이것은 "강이 바다로서 죽을 것이네"라고 말하는 것과 같다. 즉, 에고는 탐구를 통해서 죽을 것이고, 에고의 죽음에도 살아남을 그것이 '나'가 없는 진아이다.

389. 마음이 (감각기관을 통해) 밖으로 나가는 것을 되돌려 자신의 근원인 **심장**이라는 **진아**에 고정하여, '나'라는 비천한 생각이 일어나지 않게 늘 (진아에) 안주하는 것이야말로 **자기탐구**(Atma-Vichara)의 방법이라네.

사두 옴: 「나는 누구인가?」에서 "늘 마음을 진아 안에 고정해 두는 것만이 자기탐구입니다"라고 하는 부분(『라마나 마하르쉬 저작 전집』, 52쪽)을 참조하라.

390. 심장 속에서 의식으로 빛나는 **지고의 물건**을 차분히 홀로 있으면서 내적으로 탐구하지 않고, 바깥에서 찾아 도처에서 물어보는 것은, 물에 빠진 사람을 찾겠다고 등피 없는 등불을 들고 물속으로 들어가는 격이네.

'등피 없는 등불(naked lamp)'은 물과 접촉하자마자 꺼질 것이고, 따라서 실종자를 찾는 데 도움이 되지 않을 것이다.

또한 **존재-의식**[진아]으로서 빛나는 **아루나찰라**를 등한시하고 바깥에서 신을 찾는 것은 등불을 들고 어둠을 찾는 것과 같다고 한, 「아루나찰라 8연시」, 제4연을 참조하라.

391. 다섯 껍질 안에 자리 잡고 있는 **진아를 심장** 속으로 들어가서 직접 만나보지 않고, 지식인 경전을 붙들고 탐구하는 것은 경전탐구에 불과하니, 그것이 어떻게 자기탐구일 수 있겠는가?

사두 옴: "진아는 다섯 껍질 안에 있지만, 경전은 다섯 껍질의 밖에 있다. 그러니 다섯 껍질을 부정함으로써 안에서 발견해야 하는 **진아를** 경전에서 찾는 것은 부질없다"고 한 「나는 누구인가?」(『라마나 마하르쉬 저작 전집』, 52쪽)를 참조하라.

392. 가슴 속 호흡을 제어하여 심잠心潛(mano-laya)을 통해 (마음의) 동요를 그치게 했을 때 일어나는 고요함 속에서, (분산되어 있던) 다섯 가지 감각지각이 단 하나가 된 내면의 ('나'라는) 의식으로써 예리하게 탐구하여, 결함 없는 존재-의식을 알라.

또한 제516연을 보라.

사두 옴: 심잠心潛(mano-laya)은 마음이 어떤 대상도 알지 못하는 상태인데, 여기에는 잠과 합일무상삼매合一無相三昧(kevala-nirvikalpa-samadhi)의 두 종류가 있다. 잠 속에서는 마음이 진아로부터 어떤 빛도 받지 못한다. 합일무상삼매에서는 마음이 진아로부터 빛을 받기는 하나 그것이 '나'라는 생각으로서만 머물러 있어, 원습들이 활동하지도 못하고 소멸되지도 않는다. 우리가 둘 중 하나의 심잠心潛에서 깨어나면, 원습들이 전과 같이 활동하기 시작한다. 그래서 그 속에 아무리 오래 머물러 있어도 거기서는 전혀 진보가 이뤄지지 않는다. 그래서 설사 그것이 합일무상삼매라 하더라도, 심잠心潛에 멈춰 있는 것으로는 충분치 않다고 하는 것이다.

심잠(laya)은 마음이 외부의 감각대상들을 생각하지 못하도록 제어되기 때문에 생겨난다. 이 상태에서는 마음이 헤매지 않고, 따라서 평안하기는 하지만 우리가 더 이상 진보할 수 없다. 마음이 심잠에서 깨어날 때는 그것이 늘 고요하고 평화로울 것이고[대상들 쪽으로 헤매지 않을 것이고], 따라서 우리는 그런 평화로운 마음을 이용하여 그것을 자기주시(Self-attention) 쪽으로 돌려야 한다. 자기주시를 통해서만 우리가 심멸心滅(mano-nasha)[마음의 소멸]을 성취할 수 있기 때문이다.

이 연에서는 스리 바가반이 「가르침의 핵심」, 제14연에서 말하고자 한 것을 분명하게 보여준다. 거기서 당신은, 호흡제어에 의해 고요해진 마음이 "한 길"[타밀어로 '한 길(vazhi)', 산스크리트어로는 '일념(eka chintana)']에 몰두하면 그 마음이 소멸될 것이라고 했다. 이 "한 길"은 본 연이 분명히 하듯이 자기탐구일 뿐이고, 그래서 우리는 일부 다른 책들에 기록되어 있는 다른 모든 해석들은 올바르지 않다고 확실히 결론지을 수 있다.

393. 수승한 지知의 자기탐구라는 순수한 길에 들어선 사람들은 결코 길을 바꾸는 일이 없을 것이네. 왜냐하면 해처럼 명명백백한 그 길 자체가 그것의 직접성과 독특함을 그들에게 드러낼 터이므로.

스리 무루가나르: 비판적으로 분석하자면 행위·헌신·요가 등의 길이 다른 길들에게 양보하면서 그들의 노선을 바꾸고 약간 휘어지는 것과 달리, 자기탐구는 진아의 독특함 때문에 결코 자기 노선을 양보하거나 바꾸지 않는다. 그래서 스리 바가반은 자기탐구의 길을 "순수한 길", 직접적인 길이라고 부른다. 게다가 우리가 설사 다른 어떤 길을 통해 진보해 왔다 하더라도, 최종적 목표에 도달하기 위해서는 최소한 조금은 자기주시를 해야 하므로, 스리 바가반은 이 길을 "지고한 길"이라고 부른다. 이 길은 해에 비유되기에, 우리는 진아를 해, 자기탐구를 햇살로 여겨야 할 것이다.

394. 죽음은 망각(pramada)일 뿐이므로, 두렵기 그지없는 죽음을 극복하려는 사람들에게는 부단히 망각을 없애는 것이 필요할 뿐이며, 자기탐구에는 (시간이나 장소 같은) 어떤 원칙도 없다네.

망각(pramada)은 부주의, 즉 자신이 걷는 길을 놓아버리는 것인데, 여기서 망각은 **자기주시**가 느슨해지는 것을 뜻한다. 죽음과 같이, 망각은 어느 때, 어느 곳에서도 일어날 수 있다. 따라서 언제 어느 곳에서나 경각심을 가지고 **자기주시**를 유지해야 한다.

395. 시간·장소 등 존재하는 듯이 보이는 모든 것은, 결함이 없는 저 **지고자**[브라만]를 떠나서는 별개의 존재성을 가질 수 없기에, 그것들 중 어느 하나도 **자기탐구**를 닦는 데 부적합할 수 없다네.

사두 옴: '부적합한'의 타밀어 단어 빌라꾸(vilakku)는 '표적(target)'을 뜻할 수도 있다. 그래서 (이 연의 마지막 부분은) 다음과 같은 대안적 의미를 취할 수도 있다. "그것들[시간·장소 등]에 의해 속박되는 그 무엇도 명상의 표적으로 여겨서는 안 된다네."

이 대안적 의미를 취할 때, "시간·장소 등 존재하는 듯이 보이는 것"은 (모두 2인칭과 3인칭인) 이름과 형상들의 이 온 우주를 뜻한다고 이해해야 할 것이다. 그래서 이 연에서 말하는 것은, 우리가 어떤 2인칭이나 3인칭도 명상의 대상으로 여겨서는 안 된다는 것이다. 예를 들면, 1) 가슴 오른쪽에 있는 심장의 자리, 2) 몸 안의 어떤 중심, 곧 차크라, 3) 어떤 신이나 여신의 이름이나 형상, 4) 어떤 신성한 빛이나 소리 등이 그것이다. 또한 같은 관념을 표현한 제184연을 참조하라.

396. 습쫩의 힘으로 인해 주의가 밖으로 향하면서 자기를 망각함이 없이, "나는 누구인가?"라고 탐구하는 노력인 **자기탐구**로써 **자기**를 향하는 것이야말로, 우리가 싸우는 '천신과 아수라들 간의 전쟁' [즉, 그 전쟁의 의미]이라네.

사두 옴: 인도에서는 뿌라나(Puranas)라고 하는 경전에 많은 이야기가 기록되어 있는데, 거기서는 천신과 아수라들 간의 전쟁 이야기도 들려준다. 이 전쟁들을 단순히 신화나 먼 과거에 일어났던 사건들로 여겨서는 안 된다.

오늘날에도 여전히 진행되고 있기 때문이다. 그것은 수행자(sadhaka)의 삶 속에서, 진아에만 주의를 기울이고 싶은 것과, 마음이 습관적으로 밖으로 나가려는 성향 사이에서 늘 벌어지고 있는 부단한 전투이다.

397. 생각이 일어날 때마다, 그 생각을 충족시키거나 조금도 생각하지 말라. (그보다는) 그런 생각 자체가 누구에게 일어났는지를 먼저 묻는 것이 적절할 것이네.

사두 옴: 제397, 398, 399연에서 표현되는 관념들은 「나는 누구인가?」에서도 산문으로 표현된다.

398. "이 생각은 나에게 일어나지 않았는가? 지금 나는 누구인가?"라고 자신의 내면으로 가라앉아 탐구하면, 마음은 자기가 온 **근원**으로 돌아가서 가라앉고, 일어났던 생각들도 사라져 버릴 것이네.

399. 이런 식으로 매일 닦고 또 닦으면, 불순물들이 없어져서 마음이 점점 더 순수해질 것이고, 탐구를 시작하는 즉시 저 **심장** 속으로 가라앉는 것이 그만큼 쉬워질 것이네.

400. 불타는 숲의 열기를 벗어나서 살려고 튀어나오는 (그러나 죽고 마는) 짐승들처럼, (원습을) 소멸하면서 성장하는 **진아내관**[자기탐구]의 힘이 커짐에 따라 **심장**에서 솟아오르는 원습들(vasanas)도 모조리 소멸될 것이네.

401. "나는 누구인가?"라고 성찰하는 생각은 다른 모든 생각들을 소멸해 버린 뒤에, 그 자체도 (화장터에서) 송장을 태울 때 쓰는 긴 막대기처럼 결국 소멸할 것이고, 완전한 **침묵**이 있을 것이네.

사두 옴: 또한 「나는 누구인가?」(『라마나 마하르쉬 저작 전집』, 37쪽)를 참조하라.

402. 무한한 지고의 **지복**이자 의식의 **빛**[사뜨-찌뜨-아난다]인 **진아**를 기만해 온 미혹의 마음이, 명료하고 강렬한 "나는 누구인가?"라는 탐

구에 의해 소멸되면, 진아가 성품(Swarupa)의 허공으로서 찬란하게 빛날 것이네.

403. 불에 달궈진 쇠공이 그 에너지인 불덩어리로서 빛나듯이, 지극히 순수한 **자기탐구**의 불 속에서 태워지는 (세 가지 때로 오염된)[25] 불순수한 개아는 저 진아의 **참된 성품** 그 자체로 빛날 것이네.

404. "고통 받는 자이고 미혹된 자인 나는 누구인가?"라고 내면에서 탐구하여 그 목표인 **실재**에 합일되면, 미혹이 사라지고 **진지**(Jnana)가 빛나며, **침묵**(Mouna)이 차오르고 **평안**의 **지복**이 있다네.

405. 개아들(jivas)이 고통 받는 것은 자기의 **참된 성품**인 **실재**를 배우지 않는 미혹의 번뇌 때문일 뿐이네. 그러니 고통 받는 자기가 누구인지를 탐구하는 참된 **지**知의 수행을 내면에서 닦으라.

406. 줄기차게 매일 체계적으로 하는 **탐구**라는 '현자의 돌'에 접촉하면, 유령 같은 개아가 순수한 **시바**로 빛나면서 유령의 성품인 마음의 불순물이라는 녹(rust)이 다 없어질 것이네.

스리 무루가나르: 탐구가 '현자의 돌'로 묘사되고 마음의 불순물들은 마음의 녹으로 묘사되므로, 개아는 비卑금속이고 시바는 금이라고 여겨야 한다.

407. 신의 아들인 개아가, 자신의 **참된 성품**을 잊어버리고 "아이고" 울면서 한탄하는 자기가 누구인가를 내면에서 열심히 탐구하여 (그곳에) 안주하면, 저 **진아**인 **아버지**(신)와 **자기**를 깨달은 그가 하나임을 깨달을 것이네.

이 연은 (성부, 성자의) 기독교 교의에 따라서 설한 것이다.

---

25) *T*. '세 가지 때로 오염된'은 타밀어 원전의 단어 풀이에 나오는 것이다. '세 가지 때'는 에고, 까르마, 마야이다.

70. 참된 따빠스

스리 바가반은 여기서 따빠스(*Tapas*)가 극기(자기부정, self-denial)를 뜻하며, 참된 극기[에고 부정]는 진아안주(*Atma-Nishta*)일 뿐이라고 설명한다.

408. 어떤 개아의 내면에서나 그의 성품으로서 언제 어느 때나 아름답게 빛나는 것이 참된 지知인 신적 은총의 풍요로움이라네. 따빠스의 목적은 그것과 하나가 됨으로써 그것을 온전히 체험하는 것이지, 지知를 새로 창조하거나 얻기 위한 것이 아니네.

409. "어리석은 에고-마음이 감각기관과 손잡고 (밖에서) 헤매지 않도록 (그것을) 심장 속에서 조복 받아 순수한 시바[진아] 안에서 하나가 되게 하는 것이 참된 따빠스다"라고, 참된 따빠스인人(*Tapasvins*)들은 말한다네.

410. 미혹과 결부된 차별상을 가진 현현물(현상계) 모두를 자기 안으로 집어삼키며 빛나는 진아-상相(*Atma-vritti*)[자기주시의 흐름]의 흐름을 단절 없이 견지하는 것이, 숙고해 보면 독특하고 빼어난 따빠스의 유일한 표지라네.

411. 지복의 바다가 도처에 퍼져 있음에도 괴로움을 안겨주는 불구덩이 속에 빠지는 것은, (우리의 본래적) 임무로서 하는 (참된) 따빠스는 사랑을 가지고 해야 한다는 것을 모르는 미혹 때문이라고 (현자들은) 말한다네.

사두 옴: '따빠스'는 문자적으로 '바짝 태우기', 혹은 '스스로에게 가하는 고문을 겪기'라는 뜻이지만, 이런 의미들은 부적절해 보기기 때문에 스리 바가반은 「가르침의 핵심」, 제30연에서 이 단어에 대한 새로운 정의를 우리에게 제시해 주었다. 그 연에서는 진아안주(*Atma-Nishta*)[즉, 지복의 바다]가 진정한 따빠스라고 했다.

따빠스라는 이름으로, 빤짜따빠그니(*panchatapagni*)[사방과 위쪽의 다섯 곳 불에 에워싸인 채 앉아서 명상하기] 등과 같은 고행을 하면서 자기 몸을 고문하는 사람들이 있다. 문자적으로는 이런 행위를 따빠스라고 할 수 있으나, 그들은 이 세상이나 저 세상에서 (무엇을 얻고 싶다는) 욕망을 이루기 위해 그것을 할 뿐이다. 이런 욕망들은 이기적인 것[자신의 개인적 이익을 위한 것]일 수도 있고 비이기적인 것[전 세계의 이익을 위한 것]일 수도 있지만, 그것들은 에고가 살아 있는 한에서만 가능하다. 반면에 참된 **따빠스**의 목표는 에고가 절멸될 때에만 성취될 수 있는 **지복**이다.

따라서 고도로 분별력을 지닌 사람들은 에고를 소멸하는 참된 **따빠스**를 해야 한다. 에고를 소멸할 유일한 길 혹은 **따빠스**는 **자기주시**이다[이것은 흔히 자기탐구로 알려져 있다]. 이 **자기주시**가 스스로에게 가하는 고문이나 바짝 태우는 듯한 경험인가? "나는 **길**이요 **목표**다"라는 신성한 격언에 따르면, 그 길은 **목표**만큼이나 지복스러워야 한다. 누구나 잠 속에서는 에고 없음의 상태가 지복스럽다는 것을 자신의 경험으로 알고 있으므로, 우리 모두에게 가장 가깝고 가장 소중한 **자기**(진아)에게 주의를 기울이는 것도 지복스러울 것이고, 그것은 고문이나 불행의 경험이 아닐 것임이 명백하다. 이처럼 **자기주시**는 사랑과 즐거움으로 해야 하는 것인데, 왜 그것을 문자적 의미에서의 **따빠스**로 간주해야 하는가? 그래서 **스리 바가반**은 **따빠스**를 어떤 비참한 경험으로 생각하는 것은 미혹과 무지로 인한 것이라고 선언하며, 이와 같이 당신은 **따빠스**에 대해 하나의 혁명적 관념을 도입한다.

행복은 우리의 참된 **성품**이지만, 무지에서 생겨나는 부주의를 통해 우리는 그것을 떠나고, 밖으로 나와서 고통 받는다. 그래서 우리의 본래적이고 즐거운 임무는 **자기주시**를 사랑스럽게 회복하고, 그리하여 우리의 참된 **성품** 안에 안주하는 것이다.

412. 지고한 의식(*Chit-Parama*)[진지]이자 **시바**의 체험인 **침묵**이야말로, 실재인 **브라만**(*Tat-Brahman*)[지고자]을 성취하는 참된 **따빠스**라네.

413. 드넓은 하늘에 새가 날아간 길과 수중 생물들이 (물속에서) 지나
간 길을 알아낼 수 없듯이, **진아**에 주의를 기울여 그것을 성취한
이들[진인들]이 지나간 길도 알아낼 수가 없다네.

진인들이 진아에 도달한 길은 곧 **자기탐구**이고, 이것이 진정한 **지**知의 길
(*Jnana-marga*)이다. 그러나 이 길에서는 에고 자체가 사라지므로, 아무 자취
가 남지 않을 뿐 아니라, 그 자취를 발견할 그 누구도 남아 있지 않다.

"그 길을 알아낼 수 없다"고 할 때, 그것은 그 길을 알 수도 없고, 표현
할 수도 없다는 의미이다. 왜냐하면 우리가 **자기주시**에 대해 대략 단서를
얻기는 하지만, 에고가 수행을 통해 **자기주시**가 정확히 무엇인지 알려고 하
면 에고 자체가 사라지기 때문이다. 또한 제**999**연과 그 주석을 참조하라.

414. 개아의 모든 활동이 (그 안에서) 소멸하는 **하느님**(시바) 자신의 두 발
과 합일되는 것이 **싯단타의 길**(*Siddhanta marga*)이고, (자기탐구를 통
해) 개아-의식이 상실되는 것, 곧 지고아의 **지**知이자 **지복**인 **참된
성품**에 안주하는 것이 **베단타의 길**(*Path of Vedanta*)이네.

사두 옴: 싯단타의 길[헌신의 길]과 베단타의 길의 두 길에서 공히 에고의 절
멸이 강조되므로, 그 길들은 서로 다르지 않고 똑같은 하나이다.

415. 분별지分別知를 통해서 **빠라**(*Para*)[지고자, 곧 진아]를 탐구하고 아빠라
(*apara*)[비진아]에 대한 애착의 버림[무욕]을 추구하여 성취함으로써,
'나'와 '내 것'이라는 관념 없이 존재하는 것이야말로, **참된 지**知의
허공을 탐색하는 자들[진인들]의 삶의 길이라네.

416. 힘든 노고에 매여 고통 받는 개아가 **시밤**(시바의 상태)과 함께 즐거
워할 수 있는 수승한 방식을 (말할 테니) 들어 보라. 브라만 안에서
조개껍질 안의 은(자개의 은빛)과 같은[실재하지 않는] 개아와 **이스와라**
(Iswara-하느님)와 세계라는 겉모습들을 배제하는 것이 그것이라네.

71. 참된 지知에 대한 탐색

지知에 대한 타밀어 단어는 '아리부(arivu)'인데, 이것은 참된 지知, 즉 순수한 의식(chit)을 뜻할 뿐만 아니라, 마음·감각대상들에 대한 지知(대상지), 기예와 학문들에 대한 지知 등을 뜻하기도 한다. 그래서 본 저작에서는 이 단어가 사용되는 특정한 의미에 따라 그때그때 적절히 번역한다.

417. 지知라는 황금 사원인 심장 안의 지극히 순수한 형상으로서의 시바를, 지知를 통해서 알고 있는 사람들만이 참으로 진리를 숭배하는 것이네. 지知야말로 참된 지고의 실재이므로.

418. 지知를 통해 지知를 아는 것이야말로 실재의 충만함을 아는 드높은 지知라네. 지知를 통해 지知를 알기 전까지는 그 지知에 티끌만큼도 평안이 없을 것임을 알라.

419. 금 장신구들처럼 감각대상들은 아주 많고 서로 다르지만 금이 단 하나라는 것은 누구나 안다네. 그 자체 특별하고 두드러지는 지知 속에서 끝이 나면서 빛나는 찌땀(chittam)의 소멸은 (제한적이고 대상적인 감각-지知가 없는) 순수한 지知 자체임을 알라.

420. 봄-앎(kan-arivu)[진아지]인 자기를 버리고 보는 감각기관[즉, 감각지각]만을 참된 것으로 여기는 앎이야말로 거짓된 미혹에서 나온 무지임을 보라. 원하는 모든 것을 배우는 것이 아니라, 자기의 참된 성품의 소견 안에서 그런 상상적 대상지對象知를 없애버리는 것이 참된 지知라네.

사두 옴:「실재사십송」, 제12연의 "(대상들을) 아는 지知는 참된 지知일 수 없다네"라고 한 것을 참조하라.

420a. 지知[자각] 하나만이 실재하며, (대상들을) 다수로 보는 지知와 별개가 아닌 무지 자체가 지知[자각]인 자신과 별개가 아니네. 장신구

들은 다수이지만 실재하지 않는데, 그것들이 실재하는 금과 별개로 존재하는지, 말해 보라.26) ― 바가반

421. 순수한 지知인 실재의 빛남[사뜨-찌뜨] 하나만이 (참으로) 존재하며, (그것 안에서) 마치 실재하는 듯 생겨난 다른 (감각 또는 마음의) 지知들은 모두 가짜인 어두운 지知[즉, 무지]에 지나지 않으니, 그런 것들을 믿는 것은 위험하다네.

사두 옴: 누구나 깊은 잠 속에서 경험하는 "내가 있다"는 단순명료한 지知가 완전한 지知이다. 『마하르쉬의 복음』, 제1권 제1장의 "잠은 무지가 아닙니다. 그것은 그대의 순수한 상태입니다. 생시는 지知가 아닙니다. 그것은 무지입니다. 잠 속에도 완전한 자각[지知]이 있고, 생시 속에도 전적인 무지가 있습니다."(『마하르쉬의 복된 가르침』, 27쪽)라고 한 것을 참조하라.

422. 다른 지知들은 모두 저급함과 결부된 하찮은 지知일 뿐이고, **침묵**[진아지]의 **의식**이야말로 완전한 지知라네. 지知의 **참된 성품**인 진아 안의, 대상적 성격을 가진 갖가지 차별상은 착각[덧씌움]일 뿐 참되지 않은 지知라네.

423. 쇠퇴하는 몸을 '나'로 여기는 에고의 대상지對象知(*suttarivu*)를, 참된 지견知見(*Jnana-drishti*)[지知의 소견]을 가진 저 위대한 이들이 지知라고 여기기나 하겠는가? 순수한 지知를 아는 그것이 지知이지, 다른 것들을 아는 것(대상지)은 모두 무지라네.

사두 옴: "순수한 지知를 아는 그것"은 "내가 있다"로서 빛나는 진아지이다.

424. 알려 해도 알기 힘든 온갖 경이롭고 미묘한 것들을 알았다 하더라도, 그것들을 '아는 자'인 그 자신을 알지 못한다면, 그가 과연

---

26) *T*. 사두 옴이 『우빠데사 따니빠깔』에서 『진어화만』으로 추가한 세 연 중 두 번째로, 영어판에 없으나 마이클 제임스의 블로그에 그의 번역이 나온다. https://happinessofbeing.blogspot.com/2018/11/everything-depends-for-its-seeming.html#ut12

진인일 수 있겠는가? 그럴 수 없다는 것을 알라.

사두 옴: 「진아지(*Atma-Vidya*)」, 제3연의 "먼저 우리의 **진아**를 모른다면 다른 어떤 것을 아는 것이 무슨 소용 있으며, **진아**를 알고 나면 알아야 할 다른 무엇이 있겠는가?"라고 한 것을 참조하라(『라마나 마하르쉬 저작 전집』, 206쪽).

425. 미친 듯이 성급히 (밖으로) 내달리는 마음이여, 다른 어떤 것에서도 생겨나지 않는 **지**知 하나를 제하고, 달리 움직이거나 움직이지 않는 모든 우주가 출현하는 근원이 있을 수 있는지 말해 보라!

426. 어째서 **지**知만이 일체 모든 것의 토대라고 말해지는가? (왜냐하면) 일어나는[생겨나는] 모든 것의 토대인 **지**知가 **그것** 자체의 토대이기도 하기 때문이네.

이 연과 함께 제428연을 읽어 보라. 또한 「가르침의 핵심」, 제23연의 "존재를 아는 그 어떤 **의식**(*Chit*)도 **존재**(*Sat*) 그 자체 아닌 것이 없다네"라는 것을 참조하라.

427. 비존재(*asat*)[실제성이 없는 것]인 지각력 없는 것(*jada*)에게만, 그 지지물[토대]로서 순수한 **사뜨-찌뜨**(*Sat-Chit*)라는 한 가지가 필요하다네. 불순수한 찌땀(*chittam*)[마음]이라는 미혹으로 인해, **사뜨-찌뜨**인 자신을 별개라고 여기는 마음이 **진아**를 추구한다네.

다음 연은 두 가지 버전이 가능하다.

428a. 비존재(*asat*)인 다른 것들과 달리 우리의 실재하는 **성품** 그 자체가 **사뜨**(*Sat*)[존재]이기 때문에, 항상 존재하는 **의식**(*arivu*)의 토대는 곧 그 스스로 존재하는 의식 자체라는 것을 알라.

428b. 다른 것들처럼 그 자체 비존재(*asat*)가 아닌, 언제나 우리 자신의 진정한 **성품**인 **존재**(*Sat*)로서의 저 **진아성**(*tanmaya*)에 의해서, 항상 존재하는 의식의 토대는 그 자체로서만 존재하는 저 의식이라는

것을 알라.27)

429. 저 의식인 **실재**가 그대로서 존재하지만, 그 의식으로써 그 의식 자체를 알아서 그대가 차분해지지 않고, 저 의식인 그대에게서 일어나는 세계를 탐색하면서 망가지고 있다면, 이에 대해 내가 무슨 말을 하랴!

세계는 바깥에 있는 것으로 보여도, 그것은 내면에서 일어나는 하나의 외관상 현현물일 뿐이다.

430. (자신의) 성품인 **스와루빠**(*Swarupa*)[진아]의 진리가 무엇인지를 이와 같이 탐구하여 알아내지 못한 사람들은 낯선 몸을 '나'로 여겨 애착하다가 좌절한다네. 미혹에 사로잡히지 않는 단 하나의 존재-의식의 상태 외의 다른 모든 것은 기만적인 큰 **마야** 그 자체라네.

431. 주의가 '알려지는 것'[감각대상들]에게 달려 나가기를 그치지 않고 '아는 자'에게는 조금도 가 있지 않은, 인간의 형상을 한 흙무더기[육신]인 그런 사람에게, **지**知의 예리한 탐구를 책들[경전]이 가르칠 수 있겠는가?

432. 그대가 **지**知[의식]로서 안주하며 존재하지 않는다면 이 세계를 알 수 없지 않겠는가? 만일 (주의를 돌려서) **지**知만을 표적으로 삼는다면, **지**知가 스승 그 자체로서 진리[실재]를 드러내줄 거라는 것을 알라.

스리 무루가나르: "주의를 돌려서 **지**知만을 표적으로 삼으라." 이것은 우리가 (2인칭의) 다른 것들은 알지 못한 채, 우리 자신을 잊어버리지 않고 의식하고 있는 상태이다. 마음은 생시와 꿈의 상태들 내내 다른 것들, 곧 2인칭

---

27) *T.* 영역자는 제428연을 이와 같이 두 가지 방식으로 옮겼는데, 내용상 별 차이가 없었다. 옮긴이는 428b를 타밀어 원문에 더 가깝게 수정하여 영역자의 것을 대체하였다.

[즉, 하나의 심적 개념인 세계]에 주의를 기울이는 습習이 있기 때문에, 실은 심적 개념을 넘어서 있는 신조차도 하나의 지각 대상으로만 인식할 수 있다. 그러나 이제 마음이 진아에 주의를 기울이면, 진아가 마음의 이런 환적인 습을 소멸하고, "나는 존재하지 않고, 진아, 곧 실재하는 신만이 참으로 존재한다"는 것을 마음에게 알게 한다. 그래서 우리의 (주의의) 표적인 의식 그 자체가 스승으로서 진리를 드러내준다.

마음이 신을 어떤 대상의 형상으로[즉, 2인칭으로서] 보기를 열망하는 것은, 그것이 자신의 참된 성품—존재-의식—을 망각하고, 한 개인으로서의 행위자 의식(doership)을 가지고 행위하기 때문이다. 그러나 마음이 대상적 주의를 포기하고 의식 그 자체로서 남아 있을 때는, 행위자 의식과 망각이 사라지면서, 이제 진아야말로 진정한 신임을 이해하고, 그리하여 영원한 **평안**을 성취한다.

433. 면밀히 탐색하여 알 가치가 있는 것은 **진아**의 진리뿐이니, 그것만을 표적으로 삼아 **심장** 속에서 예리하게 주의를 기울여 **그것을** 알아야 하네. (그것은) 헐떡이며 고통 받던 마음이 동요에서 벗어나 명료한 **침묵**에 자리 잡은 지성에게만 떠오르는 **지**知라네.

434. **지**知의 총합[모든 기예技藝와 학문에 대한 지知도 포함한 것]은 순수한 **지**知로서의 **자기**의 **참된 성품**인 **침묵**의 **지**知로 끝남을 보라. 다른 모든 상태는 큰 **지복**의 성품인 **지고자**로서의 **진아**의 상태 안에서 일어나는 **찌뜨-샥띠**(*Chit-Shakti*)[아는 힘, 즉 마음]의 유희일 뿐이네.

"다른 모든 상태"란 **침묵** 아닌 모든 **지**知의 상태들을 의미한다.

435. 다른 것들을 알려고 일어나지 않는 **참된 성품**으로서의 **의식**["내가 있다"]이 곧 **심장**이라네. 행위를 떠난 의식에게만 **진아**의 진리가 빛나므로[분명하게 알려지므로], 저 **진아**를 탐구하며 고요히 있는 그것[심장]이야말로 빛난다네.

"행위를 떠난 의식"이란, 일어나서 다른 것들을 아는 행위를 하지 않는 의식이다.

스리 무루가나르: "심장"이라는 단어는 어떤 장소가 아니라 **진아**를 의미한다. 진아로 있는 것(*Atma Nishta*) 자체가 **진아**를 아는 것(*Atma Jnana*)이다. 의식이 존재를 아는 것은 존재가 의식에 다름 아니기 때문이다.

436. 알려지는 모든 것은 (그것들을 아는) 저 앎[의식]일 뿐이라는 것을 알면서 그 의식이 진아 속으로 합일되어야 한다네. **진아안주** 속에서 차별상이 소멸되면서 빛나는 풍요로운 진아의 진리야말로 비할 바 없는 해탈임을 알라.

"(그것들을 아는) 그 앎"은 마음(즉, 의식)이다.

437. 실재는 단 하나이고 둘이 아니므로, **진아**(*tanmaya*)로써 **실재**를 지각하는 것이지 달리 하나가 (다른 것을) 아는 것이 아니네. 따라서 미혹된 소견인 마음의 번뇌 없이 마음의 고요함에 안주하여 흔들림 없는 것이 **참된 지**知라네.

사두 옴: 실재하는 것(*Sat*)은 하나이지 다수가 아니므로, **참된 지**知(*Chit*)도 하나, 곧 우리 자신의 존재에 대한 앎일 수밖에 없고, 그것은 다른 많은 것들을 아는 것(knowing)일 수 없다. 그래서 "내가 있다", 곧 (자신이) 1인칭 단수일 뿐이라는 느낌 형상의 **진아안주**—마음, 곧 지금 누구나 가지고 있는 많은 것들에 대한 왜곡된 지知가 종식되고, 그것의 움직이는 성품, 즉 다른 것들을 아는 작용이 그쳐 있는 상태—야말로 **참된 지**知이다.

438. 지知야말로 무집착이고, 지知야말로 순수함이며, 지知야말로 하느님에게 다가감이네. 망각이 없는 지知야말로 두려움 없음(*abhayam*)이고, 지知야말로 불멸의 감로이며, 지知야말로 모든 것이라는 것을 알라.

이 연과 다음 두 연에서 지知(Arive)는 순수한 의식이라는 의미로 사용된다. "두려움 없음(abhayam)"은 "피난처"로 옮길 수도 있다.

439. 지知가 확산되는 폭과 길이, 지知의 바다 깊이와 꼭대기 높이를 안다는 것은 **평안**[마음의 지복스러운 고요함]을 얻는 것에 다름 아니네. 지知의 상태는 신들조차도 알지 못한다네.

스리 무루가나르: 지知는 모든 한계와 가늠들을 초월하므로, 그것은 이해를 넘어서 있다. 마음이라는 지知가 비원적 지知(Kevala Arivu)에 합일되어 지복 속에 머무르는 것이야말로 지知를 아는 것이다.

440. 지知를 떠나서는 어떤 세계도 없고, 지知를 떠나서는 어떤 영혼도 없으며, 지知를 떠나서는 어떤 **은총의 지고자**[하느님]도 없네. 지知를 아는 것이야말로 궁극의 **목표**(paramartha)라네.

72. 열반(Nirvana)

'열반'은 드러냄, 즉 다섯 껍질이 벗겨짐이다. 또한 「아루나찰라 문자혼인화만(Sri Arunachala Aksharamanamalai)」, 제30연을 보라.

441. 개미집에 사는 뱀이 조금도 고통 없이 허물을 벗듯이, 견고한 집착으로 (우리를) 소진시키는 미혹의 형상인 다섯 껍질(pancha koshas)을 벗어버리는 것이야말로 우리가 해야 할 임무라네.

442. 지知의 **허공**인 **진아**, 곧 **시바의 은총**의 혜택인 **침묵**의 지복을 온전히 이해하여, ('이 몸이 나'라는) 집착을 일으키는 다섯 껍질을 버리는 것이야말로 개아 열반(jiva-nirvana)이라네.

사두 옴: 이 연은 다음과 같이 비유적으로 신비하게 해석될 수도 있다. 즉, "신부[개아]는 자기 신랑[진아]에 대한 온전한 즐김을 하사받기 위하여, 다섯 껍질에 대한 집착이라는 형태의 수줍음을 벗어버려야 한다네."

73. 진아의 성취

443. (잠 속에서) 기만적인 세계가 사라져도 몸 없는 자로 남아서 빛나며 존재하는 **본래적 존재**(sahajam)인 우리 자신의 경험을 통해서, (다섯) 껍질의 형상과 에고를 소멸해 버리는 것이야말로 진아의 **참된 성품**(Atma swarupa)을 성취한 것[진아 깨달음]이라고 알라.

대다수 구도자들이 이해하기로 '진아 깨달음'은 뭔가를 — 진아를 — 성취하는 것이고, 그들은 자신이 아직 그것을 가지고 있지 않다고 믿는다. 그러나 사실 '진아 깨달음'은 이미 있는 뭔가를 — 에고를 — 잃어버리는 것이다. 스리 바가반은 『마하르쉬의 복음』, 제1권 제6장에서 "공간을 만들려면 거추장스런 물건들을 치우기만 하면 됩니다. 공간을 다른 데서 들여오지 않습니다."라고 말한다. (또한 『마하 요가(Maha Yoga)』, 원서 13판, 139쪽을 보라.)

444. 거짓인 꿈이 종식되고 (참된) 깨어남이 들어오는 것처럼, 에고가 소멸되면 진아의 태양이 실재로서 빛나므로, 적절한 진아지 탐구를 통해 에고를 소멸하는 것이야말로 진아의 성취[진아 깨달음]라는 것을 알라!

"거짓인 꿈"은 현재의 이 생시 상태이다. "참된 깨어남"은 **뚜리야**(Turiya), 곧 진지의 상태이다.

445. 거짓인[환적인] 이 세계 안에 (우리가) 적응해 살고 있다 해도, 의심스러운 지知["나는 몸이다"]에서 벗어난 명료한 참된 지知에 의해 '나'와 '내 것'이라는 두 가지를 소멸한 것만이 자기가 그것으로서 안주하는 상태라네.

"의심스러운 지知에서 벗어난"은 "오관을 통한 지각에서 벗어난"으로 번역할 수도 있다. 위 두 연의 취지는 진아성취의 참된 본질을 묘사하는 것이다. "내가 그것이다(I am That)"라는 큰 말씀(Mahavakya)이 이 진아성취의 상태를 의미하므로, 이 연에서 묘사하듯이 에고의 소멸은 "내가 그것이다"를 성취한 것이기도 하다.

446. 심장 속 ('나'의) 근원인 실재는 극히 미세하게 알려지는 것이므로, 거친 막자공이 끝만큼이나 무딘 마음을 가진 사람들이 그 목표에 도달하기란 불가능하다네!

사두 옴: 「자기탐구」(연문형 판본), 제8장의 다음 구절을 참조하라. "굵은 지렛대로 비단 천의 올들을 나눌 수 없고, 바람에 깜박이는 등불로 미세한 것들의 성품을 식별할 수 없듯이, 둔함(*tamo-guna*)과 활동성(*rajo-guna*)의 영향으로 인해 동요하는 거친 마음으로는 진아 체험을 얻을 수 없다. 그것[진아]은 아주 미세하고 움직임 없이 빛나기 때문에⋯".(『라마나 마하르쉬 저작 전집』, 64쪽 참조.)

74. '얻어야 할 결론적인 지知' 혹은 '잘 확립된 지知'

본 장의 제목은 두 가지 의미가 있다.
1) (성찰을 통해서) 얻어야 할 결론적인 지知,
2) 잘 확립된 지知(진인의 진지)

본 장의 네 연 중 앞 세 연은 우리가 독서와 성찰을 통해 도달해야 할 결론을 다루고, 넷째 연은 진인의 흔들릴 수 없는 진아지의 상태를 묘사한다.

447. 침묵인 모든 것의 첫 번째 장소(인칭)에서는 어떤 생각도 일어나지 않네. 그 장소(1인칭)라는 것은 생각에 불과한데, 다른 장소들[2인칭과 3인칭]은 1인칭['나']이 일어난 뒤에야 일어나기 때문에, 1인칭이 최초의 장소라네.

사두 옴: 타밀어 문법에서는 (1) 1인칭 '나', (2) 2인칭 '너', (3) 3인칭 '그, 그녀, 그것, 그들'을 대다수 다른 언어들과는 달리 첫 번째 장소, 두 번째

장소, 세 번째 장소라고 부른다. 깊은 성찰(Manana)을 하는 사람들, 즉 궁구자窮究者들은 이것이 영적인 탐구를 위한 좋은 단서라는 것을 발견할 수 있다. 어떻게 말인가? 시간과 장소[공간]는 마야에서 나온 처음 두 가지 개념[환]이다. 이 연에서는 '장소'의 본질에 대한 가르침이 베풀어지는 반면, 본 저작의 제747연과 748연, 그리고 「실재사십송」 제15, 16연에서는 '시간'의 본질이 잘 묘사된다.

진아는 일어남이 없는 단순한 존재이기 때문에, 일어남이 있는 1인칭조차도 거기에는 없다는 것을 알 수 있다. 또 「실재사십송」 제14연에서 "1인칭의 진리를 탐구하여 그 1인칭이 사라지면…"이라고 하는 것을 참조하라.

에고는 시간과 공간에 속박되어 있는 몸을 '나'와 동일시하는 생각이다. 따라서 에고에서 일어나는 모든 생각에 시간과 장소가 엮여져 있다는 것이 발견될 수밖에 없다. 시간과 공간 없이는 누구도 어떤 생각도 할 수 없다는 말을 들으면 처음에는 놀랍게 여겨질 수 있지만, 조금 성찰해 보면 그것이 부인할 수 없는 진리라는 것을 발견할 것이다. 이제 이러한 설명의 견지에서 이 연을 다시 한 번 살펴보자.

1인칭, 2인칭, 3인칭의 세 장소 중에서 '나'가 맨 먼저 일어나는 것이므로, 스리 바가반은 '나'가 장소 개념들 중에서 으뜸이라고 지적한다. 나아가, 장소는 하나의 생각일 뿐이므로 첫 번째 장소인 '나'조차도 하나의 생각에 지나지 않는다고 말한다. 더욱이 스리 바가반은 "진아 안에서는 어떤 생각도 일어날 수 없다. 왜냐하면 진아, 곧 완전한 것의 형상은 침묵이기 때문이다."라는 논리적 추론을 제시함으로써, 거기서는 '나', 곧 에고의 일어남이 조금도 가능하지 않다고 결론짓는다.

세 가지 장소[1인칭, 2인칭, 3인칭] 중에서 영적인 탐색을 위해 우리가 택하는 '나'가 모든 장소들 중 첫 번째이자 근원으로서 두드러지듯이, 세 가지 시제[과거, 현재, 미래] 중에서 영적인 탐색을 위해 우리가 택하는 '현재'가 모든 시간 구분들 중 첫째이자 근원으로 두드러진다. 첫 번째 장소인 '나'를 탐구해 보면 그것이 사라지듯이, 첫 번째 시간인 '현재'를 탐구해 보면 그것이 사라지면서, 무시간적이고 무장소적인[무공간적인] 지고자, 곧 진아의 성품을 드러낸다. 첫 번째 시간인 '현재'조차도 하나의 생각에 불과하므로, 1인칭과 마찬가지로 그것은 진아 안에서 일어남을 가질 수 없다. 이처럼 진아는 시간과 공간을 초월한다. 우리가 얻어야 할 올바른 결론적 지知는 불생론不生論(Ajata)(제100연의 주석을 보라)임을 알아야 하고, 이것이 본 연의 목표라는 것을 이해해야 한다.

마지막으로, 본 연에 나온 세 가지 이유에서, 우리는 여섯 가지 결론을 끌어내야 한다.

1) 진아는 하나의 장소가 아니다.
2) 진아 안에는 장소가 존재하지 않는다.
3) '나'는 하나의 생각이다.
4) '나'는 첫 번째 장소이다
5) 진아에는 일어남이 없다
6) 진아는 첫 번째 장소가 아니다.

448. 몸 안에서 일어나는 '나'라는 그것이야말로 마음이라네. '나'라고 생각하는 그 생각이 몸 안에서 일어날 때 어느 장소에서 처음 일어나는지를 탐구하면, 그것['나'라는 생각, 혹은 그 찾는 마음]이 **심장**에 도달한다네. 따라서 마음은 그곳에서 일어나는 것일 뿐이네.

사두 옴: 이것은 「나는 누구인가?」에 나오는 스리 바가반의 말씀이다. 우리가 잠에서 깨어나면 몸 안의 한 장소에서 '나'라는 느낌이 일어나서 전신으로 퍼진다. 본 연에서 '처음'이라고 묘사된 것이 그 장소이다. 그러나 여기서 스리 바가반은, '나'라는 생각을 그렇게 추적해서 어떤 장소가 발견되지는 않을 것이고, 그 추적하는 힘, 곧 추적하는 사람이 진아 속으로 해소될 거라는 단서를 우리에게 준다.

449. 생각 아닌 어떤 개아도, 신도, 세계도 없는데, 생각 하나하나 안에서는 '나'라는 생각이 작용하고, 이 '나'라는 생각이 모든 생각들 중 첫 번째이며, 그 생각이 일어나는 근원은 **심장**이라고 할 수 있다네.

본 연과 앞 연에서 **심장**은 마음이 일어나는 근원이라고 할 때, **심장**을 하나의 장소로 여겨서는 안 된다. 그것은 마음이 거기서 일어나는 그 물건으로 이해해야 한다. 그렇게 주장하는 이유는 다음 연에서 제시된다.

450. 확고하게 **심장**[진아]에 안주하는 사람들은 **진아** 외의 다른 어떤 것도 토대로서 고려하지 않을 것이네. (영화의) 스크린처럼 존재하며 빛나는 **실재**인 그들은, 다른 모든 것에 자리를 제공하면서 그것들을 빛나게(실재하는 듯이 보이게) 할 것이네.

무지인(*ajnani*)은 자신이 몸일 뿐이라고 느끼고, 그래서 우주를 그 자신의 '바깥'으로 경험한다. 즉, 그는 모든 사물들이 공간 속의 어딘가에 존재한다고 생각한다. 그가 보기에는 대지 혹은 허공이 만물의 토대이다. 반면에 진인은 자신을 하나의 몸에 한정하지 않고, 그래서 자신이 우주 안에 있는 것이 아니라 우주가 자신 안에 있다는 것을 안다. 다시 말해서, 그는 자신의 존재(existence)가 지구와 허공을 포함한 만물이 그 위에 있는 토대, 혹은 그 안에 있는 장소라는 것을 경험한다. 그는 그가 있기 때문에 일체가 존재하는 듯이 보인다는 것, 그래서 그것들은 그의 안에 있고, 그만이 그것들의 토대라는 것을 안다.

75. 행복의 체험

451. 어느 정도로 심장 속으로 뛰어드는 사람이든 그 정도만큼, 아름다움이 사뭇 다르게 존재하고 빛나는, 단절 없는 **진아**의 **참된 성품**

으로 충만한 행복을 체험한다네.

452. 심장 안에 마음을 확고히 자리 잡게 하면 **실재에 대한 이해**(지知) 가 밝아올 것이네. 그런 다음 (그대는) 항상 떠 있는 **진지**眞知의 태양으로 빛나며 **사다시바**(Sadasiva)의 고요한 체험에 잠길 것이네.

사다시바는 영원한 지고의 선함, 즉 진아이다.

453. 생각들[욕망들]이 거기서 뜻을 이루면 마음은 자신의 근원[심장]으로 돌아가서 **진아의 행복**과 합일한다네. 이 세상에서는 싫어하는 것이 없어진 것과 좋아하는 것이 얻어진 것, **진아 상태**[삼매]나 기절 상태, 잠에 빠졌을 때 이런 일이 일어난다네.

사두 옴: 「나는 누구인가?」를 참조하라.

454. **찌땀**(chittam)의 쪼그라든 형태인 하찮고 못된 마음이 생각해 낸 에고의 삶 속에서, 찌땀이 생각을 전혀 하지 않고 있을 때 빛나는 고요한 명료함의 참된 행복을 경험하는 이가 누가 있는가?

찌땀(chittam)은 다생에 걸쳐 수집되는 지知와 거기서 생기는 원습의 저장고이다.

76. 잠

455. 다른 것이 전혀 없는 잠 속에서 풍요로운 큰 행복을 경험하는 사람들이, 그것이 가치 있는 힘이라는 것을 알고 (생시에) 그것을 얻으려 노력하지는 않고, (감각대상인) 다른 것들을 불행의 치유책인 양 얻고 싶어 하는 것은, 완전히 어리석은 짓이라네.

456. 잠과 기절이 끝나고 (생시와 꿈의 상태에서) 난데없이 드러나는 무지와 크게 관계함으로써 미친 에고가 알게 되는 것은 다른 대상들

일 뿐, 늘 빛나는 진아에게는 무지가 없다는 것을 알라.

"다른 대상들"은 진아 아닌 대상들이다.

457. 잠을 하나의 '껍질(kosha)'이라고 말하는 것은 생시를 비춤[지知]의 상태라고 여기는 **자기망각**의 미혹 때문이네. 저 생시가 가치 있는 하나의 참된 상태라는 관념이 사라지면, 잠이 비이원적이고 독보적인 **실재**라네.

사두 옴: 우리가 생시와 꿈의 상태에 존재하는 에고-의식["나는 몸이다"라는 느낌]을 우리의 존재에 대한 진정한 의식이라고 여기기 때문에, (우리가) 무의식과 무지의 상태에 있는 것이다. 그러나 탐구를 통해서 우리의 진정한 상태를, 몸에 대한 집착이 없고 스스로 존재하는 순수한 의식으로 깨달으면, 생시와 꿈의 상태에서 우리의 존재로 경험되던 에고-의식이 실재하지 않음을 발견할 것이고, 그때까지 잠이라고 지칭되던 상태가 완전하고 진정한 진아의식이라는 지知가 밝아올 것이다. 스리 바가반이 『마하르쉬의 복음』(제1권, 제1장)에서 다음과 같이 말한 것은 이 점을 분명히 하기 위해서일 뿐이다. "잠은 무지가 아닙니다. 그것은 그대의 순수한 상태입니다. 생시는 지知가 아닙니다. 그것은 무지입니다. 잠 속에서도 완전한 자각이 있고, 생시 속에도 전적인 무지가 있습니다."(『마하르쉬의 복된 가르침』, 27쪽)

458. (잠 속에서는) 보는 것이 없어 따져볼 것도 없이 눈이 잠들었다고 생각하여 자신의 위대함을 잃은 그 마음이 곧, 스스로 미혹되어 "보는 자는 나다"라고 생각하면서 앞서의 두 가지 상태[생시와 꿈]를 보는 자신을 보지 못하는 에고의 토대[혹은 뿌리]라네!

사두 옴: 잠 속에서 빛나고 있던 **진아**에게는 그러한 지知와 무지의 미혹이 없었다. 이 모든 것들은 에고에게만 있다. 잠 속에는 없었던 자, 생시 상태에서 일어난 뒤에 자신이 다른 것들을—심지어 그 자신도—몰랐다고 말하는 자는 에고일 뿐이다.

459. 토대인 어리석은 에고의 소멸로 인해 3요소[보는 자, 보이는 것, 봄; 아는 자, 알려지는 것, 앎]가 사라지고, 다수성[생시와 꿈의 상태]이 완전히 소멸될 때, 백 개의 해처럼 빛나는 순수한 백주 대낮[진아]이야말로 **시바라뜨리**(*Sivarathri*)라네.

사두 옴: 시바라뜨리는 브라마와 비슈누를 포함한 모든 개아들이 주 시바를 숭배하는 상서로운 밤이다. 여기서 눈에 띄는 아름다운 점은, 그러한 밤이 순수하고 밝은 대낮으로 설명된다는 것이다. 왜인가? 거기서는 다른 어떤 것도 알려지지 않기에 그것은 밤이고, 거기서는 순수한 의식이 빛나므로 그것은 밝은 대낮인 것이다.

460. 꿈과 생시 자체의 원인인 무시이래無始以來의 불순수한 원습이 사라지면, 둔한 상태와 번뇌가 결합된, 일체가 보이지 않는 무지의 잠이 곧 초월적 **뚜리야**(*Turiya*) 상태라는 것을 발견할 것이네.

461. 지복껍질(즉, 깊은 잠)이 있는 것은, 생시 상태에 애착을 두고 있는 지성(*vijnana*)의 미혹된 애정으로 인해서이네. 힘 있는 저 지성껍질(*vijnanamayakosha*)을 (자기탐구로써) 깨달아 능가하면, 위대한 지복껍질이 무지인 껍질의 성품을 잃을 것이네[지복으로만 빛날 것이네].

사두 옴: 경전에서 잠의 지복스러운 상태를 하나의 껍질(sheath)이라고 묘사하는 것은, 우리가 자주 잠을 떠나 일어나서 지성껍질[지성(*buddhi*)] 안에서 활동(*pravrittis*)을 하려는 미세한 습習의 형태로 욕망을 가지고 있기 때문일 뿐이다. 우리의 집착, 즉 지성껍질 안에서 활동하려는 욕망이 우리를 지복껍질[잠]에서 끌어내는 것이다. 만약 이 집착이 상실되면 우리가 지복스러운 잠을 떠나는 일이 없을 것이다. 그럴 때, (잠 속의) 그 단절 없는 지복의 상태는 단지 하나의 껍질이 아니라, 우리의 본래적이고, 끝없고, 참된 **지복**의 상태로서 빛날 것이다.

462. 잠이 덮쳐올 때까지 자신의 존재-의식의 빛남이 흔들림 없이 머무르면[진아주시를 유지하면], "망각상태인 어두운 잠의 미혹이 덮쳐 왔구나!"라고 느끼면서 속상해 할 필요가 없을 것이네.

사두 옴: "내가 있다"는 의식에 대한 앎이 그 상태에서도 지속되므로, 그것은 하나의 잠이 아니라 **진아**가 빛나는 상태로 체험될 것이다.

77. 실재하는 물건

463. 잘 살펴보지 않으면 존재하지만 살펴보면 없어지는 것이 마음의 미혹(무지)이라는 경이로운 뱀이네. 잘 살펴보면 그것이 사라져서 묻히는 참된 지知[진아]라는 밧줄 하나만이 실재하는 **물건**이라네.

마음이라는 경이로운 환幻 때문에 존재하는 것처럼 보이는 전 우주는 실재하는 물건이 아니다. 실재하는 물건은 진아지, 곧 전 우주가 그것의 뿌리인 마음이 (그것 속으로) 합일될 때 그 속으로 사라지는 일자—者일 뿐이다. 마음이 외관상 존재하는 것은 탐구를 하지 않기 때문일 뿐이므로, **자기탐구**야말로 진정한 물건을 아는 유일한 방도이다.

464. 어떤 욕망도 없이 빛나는 성품에 의해 아름다워진 마음의 풍요로움 안에서, 어떤 형태의 차별상도 없이 빛나는 위대한 **지복**의 지知야말로 실재하는 **물건**이라네.

465. 언제 어느 때나 **하나**이고 어디 어느 곳에서나 **하나**로서, 시작 없는 옛적부터 느껴 아는 단 하나만이 계속 존재하므로, 어느 때 어느 곳에서나 그 **하나**를 제외한 다른 것들은 자신이 떨쳐내지 못한 상상물로서 배척해야 함이 분명하다네.

"시간과 장소"라고 불리는 것 자체가 거짓이다.

78. 행위자 지위의 상실

466. 행위자 의식(*kartritva buddhi*)이 떨어져 나간 사람들에게만 내면에서 순수한 고요함의 **행복**이 빛날 것이네. 취한 의식(에고-의식)인 그것(행위자 의식)이야말로 모든 무가치한 것들을 더 많이 산출하는 하나의 삿된 씨앗이기 때문이네.

467. 망념에 추동된 결의로 ("이것을 해야 한다, 저것을 하지 말아야 한다" 같은) 온갖 행위를, 마치 할 가치가 있는 일인 양 하려 들지 말라. 생명들[개아들]에게 생명이신 **하느님**(*Isan*)의 **은총**이 이끄는 대로 움직이는 것이 그분을 숭배하는 참된 상태라네.

468. (드라우빠디가) 자신이 잡고 있던 것(사리)을 놓고 (크리슈나께 순복하며) 합장하자, (그녀의) 옷을 벗기던 힘세고 사악한 자[두샤사나]는 꼴사납게 쓰러졌네. 이 멋진 세계의 **매혹자**[크리슈나]의 **은총**으로 사리가 늘어나서 그녀는 명예를 지켰다네.[28]

사두 옴: 드라우빠디(Draupadi)가 자신의 사리가 벗겨지지 않게 하려고 두 손으로 그것을 잡고 있으면서 **스리 크리슈나**에게 도움을 청하고 있을 동안은, 그의 **은총**이 아직 작동하지 않았다. 그러나 그의 자비로운 보호에 완전한 믿음을 가지고, 자기 손으로 옷을 잡고 있던 것을 놓고 머리 위로 두 손을 치켜들자마자 그녀의 순복이 완전해졌다. 그래서 그의 은총이 작동하기 시작하여 그녀의 사리는 끝없이 늘어났고, 그녀의 옷을 벗기던 사악한 두샤사나(Dushasana)는 기절하여 쓰러졌다. 여기서 이 사건을 지적한 것은, 우리가 행위자 의식을 포기하고 **신**에게 완전히 무조건적으로 순복해야 한다는 것을 가르치기 위해서이다.

---

28) *T.* 『마하바라타』에서 두샤사나는 듀로다나 왕의 동생인데, 그의 삼촌인 샤쿠니가 빤다바 형제들의 맏이인 유디슈티라와 주사위 도박을 하여 빤다바들의 왕국, 그들과 부인 드라우빠디의 자유를 빼앗았다. 그러자 두샤사나가 그녀의 옷(사리)을 잡아당겨 벗기려고 했다.

469. 아이가 그러하듯이[자기에게 뭐가 좋은지 모르면서도 엄마에게 의지하듯이], 뭐가 좋은지 모른 채 의식의 힘(*Chit-Shakti*)인 어머니에게 의지하여 하느님 자신을 성취한 사람들은, 미혹[마야]의 결함이 야기하는 '몸-에고'["몸이 나다"라는 행위자 의식]의 행위들을 죽이고, 하느님에게 봉사하며 머무른다네.

사두 옴: 헌신자 혹은 구도자들은 (행위자 의식일 뿐인) 그 자신의 노력에 의지하기보다 지고자의 은총의 힘에 늘 의지한다. 여기서는 이 힘이 어머니로서 인격화된다. 그녀가 '의식의 힘'으로 묘사되는 것은, 은총이 모두의 안에서 진아의식, 곧 '나-나'라는 스푸라나(*sphurana*)의 형상으로 빛나기 때문이다. 이것은 순전히 하느님의 설명 불가능한 자비 때문이므로, 그의 그러한 은총이 여기서 어머니로 묘사되는 것이다.

여기서 스리 바가반의 가르침을 이해하는 올바른 방식은 구도자들이 진아의식인 '나-나'를 완전하게, 의심 없이 붙드는 것이다. 자신에게 무엇이 좋을지를 알려고도 하지 않고 오로지 엄마에게 의지하는 아이처럼, 구도자가 어떤 경전도 알려고 하지 않고, 어떤 요가를 하거나 바깥의 어떤 도움을 받으려고도 하지 않으면서 단순히 '나'-의식을 붙들기만 하면, 그것만으로 충분하고, 그는 모든 미혹과 함정에서 쉽게, 확실히 구원될 것이다.

'나'-의식을 붙드는 것은 단지 어떤 '있음(being)'이지 어떤 '함(doing)'이 아니며, 그것은 행위자 의식도 필요로 하지 않고, 행위(*karma*)도 아니다. 그래서 구도자는 자연히 항상 진아에 안주한다. 스리 바가반은 이 진아안주야말로 우리가 하느님에 대한 봉사에 머무르는 상태라고 조언한다.

470. 오늘 그대에게 먹을 것을 배정해 준 하느님은 항상 그렇게 잘 배정해 줄 것이네. 그러니 금후나 내일에 대한 어떤 생각도 하지 말며, 지고자이신 그분의 두 발 아래서 끝내고[모든 짐을 내려놓고] 살아가라.

471. "나는 시바의 도구로서 행위해야겠다" 라면서 수승한 따빠스를 하려 들거나 요가에 안주하는 것(yoga-nishta)조차도, 드높은 상태의 저 '신에 대한 봉사'인 **자기순복**(Atma-samarpanam)에는 하나의 결함이라는 것을 알라.

사두 옴: "나는 하느님 손 안의 한 도구다"라는 생각조차도 에고가 그것으로 자신의 개인성을 유지하는 하나의 수단이므로, 그것은 완전한 **자기순복**, 곧 '나' 없음('I'-lessness)에 정반대된다. 신에게서 힘을 얻는 한편, 자신이 신의 부름을 받는 대로 세상 사람들에게 선행을 할 목적으로 기도, 예배, 요가 등 덕스러운 행위를 하는 선량한 사람들이 많지 않은가? 여기서는 그런 노력들조차도 에고적이며, 따라서 **자기순복**에 반한다는 것이 폭로된다.

472. (신의) 노예이기를 그치고[29] 자기가 노예라는 그런 생각도 존재하지 않은 채 에고 없이 묵연히 머무르는 것이, **진아**의 '고요히 있음(summa irukkai)'이자 **스와루빠 안주**(Swarupa-nishta)로서 빛나는 큰 지知인 의식이라네.

사두 옴: 이 연에는, 지知의 길[자기탐구]을 통해 얻어지는 것과 같은 지고의 지知가 어떻게 헌신의 길[자기순복]을 통해서도 얻어지는지를 보여준다.

473. 하느님은 (모두의) 심장 속에 **심장**으로 늘 있으면서 우리의 운명[발현업]에 따라 일체를 예정한다네. 따라서 미끄러지지 않고 우리의 근원[심장]에 우리가 홀로 머무른다면, 어김없이 모든 일이 일어날 것이네.

474. "나무를 심은 사람이 물을 줄 것이다"라는 강한 믿음을 가진 사람들은 마음에 걱정이 없을 것이네. 나무가 시드는 것을 (그것을 심은 이가) 본다면, 그 안쓰러운 광경조차도 그것을 보는 **지고자** 그

---

[29] *T.* '(신의) 노예이기를 그친다'는 것은 더 이상 신을 이원적으로 숭배하지 않는다는 의미로 해석된다. 영어판에서는 "하느님의 노예가 되고"라고 했으나, 여기서는 달리 옮긴다.

분의 소관이라네.

신에게 큰 믿음을 가진 헌신자들은 자신들의 삶에서 필요한 것들에 대해 결코 걱정하지 않을 것이다. 왜냐하면 그들은 신이 결코 자신을 버리지 않을 거라는 것을 아주 확신하기 때문이다. 설사 자신에게 필요한 것들이 공급되지 않는다 하더라도, 그들은 자신이 고통 받는다고 느끼지 않는다. 그들은 자신들이 힘들어하는 것을 보고 고통 받을 수밖에 없는 분은 신일 뿐이라고 느끼면서, 그냥 인내심 있게 그것을 견딘다. 그래서 어떤 경우에도 그들은 행복하다. 이처럼 본 연은, 그런 헌신자들에게는 삶 속에서 어떤 불행도 전혀 없다는 것을 보증해 준다.

475. 하느님만이 만물의 뿌리이므로, 하느님께 공양하는 모든 것은 하느님인 근원에서 솟아난 세계와 개아라는 반얀나무(세계)와 그 뿌리(개아)에게 돌아갈 것이네.

사두 옴: 자신을 신에게 내맡기는 것은 반얀나무의 뿌리에 물을 주는 것과 같다. 만일 참된 지知의 상태일 뿐인 이 자기순복을 배제하고 자신은 세상 사람들에게 봉사를 하고 있다고 생각하면서 세간에서 활동한다면, 그것은 반얀나무의 가지와 잎에 물을 뿌리는 것과 같다. 반면에, 우리가 자신을 신에게 내맡긴다면, 그것이야말로 참으로 전 세계와 모든 영혼들에게 하는 진정한 봉사이다.

여기서 혹자는 이 가르침이 「가르침의 핵심」, 제5연과 모순되는 것처럼 보인다고 의심할지 모른다. 그러나 실은 그렇지 않다. 어째서인가? 「가르침의 핵심」, 제5연은 우주를 신으로 상상하면서 그것을 숭배하는 것은 하나의 사고 과정(enni vazhipadal)일 뿐이고, 그 숭배의 결실도 (제3연에서 지적하듯이) 자기 마음을 정화하는 것(karuttai tirutti)에 그치며, 그런 숭배는 우주의 이익을 위한 것이 아님을 지적하고 있다. 그러나 자신을 신에게 내맡기면 생각이나 상상이 멈추고, 우리는 완전한 지知의 상태를 성취한다. 이 지고의 지知를 성취하는 것이야말로 참으로 세계를 돕는 것, 곧 세상 사람들에게 봉사하는 것이다. 그래서 「가르침의 핵심」, 제5연에서 베푸는 가르침은 마음의 순수함(Chitta-suddhi)를 얻고 싶어 하는 수행자들을 위한 것인 반면, 본 연에서 베푸는 가르침은 참으로 세계에 봉사하고 싶어 하는 수행자들을 위한 것이다. 따라서 우리가 이와 같이 정밀히 살펴보면, 이 두 가르침은 서로 모순되는 것이 아님이 분명해진다.

어떻게 참된 지知야말로 세계에 대한 최상의 봉사인가? 살펴보자. 어떤 사람이 꿈속에서 자기 친구들이 호랑이에게 부상당하는 것을 본다고 하자. 그가 꿈속의 친구들에게 약을 갖다 주는 것보다는, 자신이 그 꿈에서 깨어나는 것이 그들에게 실질적인 도움을 주는 것 아니겠는가? 그 꿈 자체 속에서 하는 다른 어떤 노력도 그들에게 실질적인 봉사가 되지 않을 것이다. 그래서 진정한 깨어남인 진아 깨닫기야말로 전 우주에 봉사하는 유일하게 적절한 방식이 될 것이다.

행위자 의식을 가지고 세계에 대한 봉사에 뛰어드는 것은, 행위 요기의 진정한 이익인 '마음의 청정함'을 안겨주기는커녕 그의 에고성을 증가시킬 것이므로, 스리 바가반은 구도자들이 그렇게 실패하지 않도록 하기 위해 본 연에서 적절한 가르침을 베푸는 것이다.

79. 무위無爲의 성취

476. 행위를 하든 하지 않든, "행위들을 하는 자는 나다"라는, 미혹과 결합된 개아의 에고가 완전히 절멸되는 것이 무욕업無欲業(비이기적 행위)의 성취임을 알라.

사두 옴: 사람들은 일반적으로, 무위無爲의 성취는 우리가 모든 활동을 포기하고 가만히 있어야 하는 상태라고 생각한다. 그러나 이것은 틀린 것이다. 스리 바가반 라마나는 '행위자 의식'의 상실이야말로 올바른 종류의 무위이

고, 이것이야말로 무욕업(*nishkamya karma*), 곧 결과에 대한 어떤 욕망도 없이 한 행위라고 선언한다.

80. 자기순복

477. 그들 자신['나'와 '내 것']을 하느님께 온전히 내맡기는 사람들에게는 하느님이 지금 여기에서 그 자신을 내준다네. 그들 자신을 (신 안에서) 잃어버리고 그것[브라만]의 형상에 대한 지知를 얻은 이들만이 수승하고 순수한 **시바**-체험을 즐기게 될 것이네.

스리 무루가나르: 자신을 하느님에게 내맡긴다는 것은 '나'와 '내 것'이라는 관념을 내맡기는 것이다. 하느님이 그 자신을 내준다는 것은, '나'와 '내 것'을 잃어버린 뒤에 존재-의식-지복만이 남는 것을 뜻한다. 그가 존재-의식-지복으로서 빛을 발하는 것의 본질을 나타내기 위해, 스리 바가반은 "그런 사람은 지知를 얻고 지복에 빠진다"고 말한다. '나'와 '내 것'이 상실되자마자 우리 자신의 성품인 존재-의식-지복은 즉시 빛을 발하기 때문에, 본 연에서는 하느님이 "지금 여기에서" 그 자신을 내준다고 말한다.

478. 장애를 소멸하는 하느님의 두 발에 대한 (치열한) 명상의 힘을 통해 자신의 형상인 에고-의식이 지멸止滅됨으로써, 신적 근원 안에서 자기를 상실함인 개아의 순복이야말로, 잘 살펴본다면 온갖 힘든 노력인 헌신의 결실이라네.

어떻게 하느님의 두 발에 대한 치열한 명상의 힘을 통해 에고-형상이 해소되는가? 그의 두 발에 대한 치열한 명상은 그를 향한 치열한 사랑이 있을 때에만 가능하다. 그에 대한 그런 치열한 사랑 때문에, 그 구도자는 자신의 몸과 그 몸이 필요로 하는 것들을 돌아보지 않는다. 이와 같이 그는 자신의 개인성에 대한 관심을 잃고, 그래서 그의 에고-형상이(그의 형상인 에고-의식이)

해소된다. 그러나 여기서, 사랑 없이 단순히 집중만 해서는 에고 없음을 산출할 수 없다는 것을 유념해야 한다.

479. 일체(만물)로서 빛나는 **하느님**과 별개로는 홀로 존립할 수 없는 그대 자신을 소거하라. 삿되고 변덕스러운 에고가 순복하는 것이야말로 **평안**이 빛나는 지고한 **헌신**(para-bhakti)임을 유념하라.

480. "하느님에게 자아(atma)를 내놓는다"고들 하지만 저 자아가 (애초에) **하느님** 외에 누구의 것이었던가? (그러니) 속임수로 **하느님**의 소유물['나'와 '내 것']을 훔친 데 대해 참회하고, 그것을 **하느님**의 **연꽃 발**에 돌려드리는 것이 우리의 의무라네.

스리 무루가나르: "우리 자신을 하느님께 내맡겨야 한다"고 말하는 사람들은 헌신(pra-bhakti)에 대한 정확한 통찰을 하지 못하는 것이다. 개아에게 (그럴 수 있는) 별개의 자유가 있을 때에만 자기순복(self-surrender)이 하나의 노력이 되지 않겠는가? 그러나 이른바 개인아(jivatma)는 항상 **하느님**의 소유물이므로, 그 자신의 어떤 자유도 없고, 그의 가장 중요한 의무는 자신이 하나의 독립된 개체인 '나'로서 일어남으로써 (그것을 하느님에게서) 훔친 행위를 부끄러워하고, 단번에 다시 **하느님**의 안으로 합일되어, 존재하지 않게 되는 것이다.

481. "제 뜻에 따라서는 어떤 일도 일어나지 않고, 오직 **당신**의 신성한 뜻이 이루어지이다."라면서 신의 뜻이 이루어짐을 기뻐하는 사람은 마음에 두려움이 있을 이유가 없다네.

482. **하느님**의 **참된 성품**이라고 하는 진아에 대해 애정을 가지고 명상하는 자신의 마음 속에서, 원습(vasanas)에 의해 추동되는 다른 생각들이 일어날 여지가 없게 하는 것이, 영혼을 **하느님**께 드린다는 의미라네.

사두 옴: 스리 바가반이 「나는 누구인가?」에서 베푸신 이런 말씀이 있다. "진아에 대한 생각 아닌 어떤 생각도 일어날 여지를 전혀 주지 않고 진아 안에 확고히 자리 잡는 것이, 하느님에게 우리 자신을 내맡기는 것이다."(『라마나 마하르쉬 저작 전집』, 51쪽 참조.) 또한 제1189연을 참조하라.

483. "당신의 바람이 저의 바람입니다"라는 마음자세로 자신의 바람을 내버리는 것만이, 그대의 바람(욕망)에 의존하는 원초적 은폐력인 비천한 에고가 소멸되는 순복임을 알아야 하네.

484. 스스로 무한한 지고자의 소유물[마음·몸·세계 등]을 '나'라거나 '내 것'이라고, 자부심과 애착심으로 붙드는 저 사기꾼(에고)을 내면에서 성찰해 본다면, 그것이 어디에 존재할 수 있겠는가?

사두 옴: 마음·몸·세계는 진아[신]에서 일어나므로, 그것들이 신의 소유물로 묘사된다. 본 연과 다음 연은 **자기탐구**와 **자기순복**이 어떻게 서로의 안에서 끝나고, 그 결과가 '에고 없음'인지를 설명한다.

485. 활동이 없이 고요해져 **시바의 힘**(Siva-Shakti)에 먹이가 되는 떨나 무로서의 **진아안주**(nishta) 안에서, 에고가 늘 번뇌 없이 스스로 기뻐하는 **평안**으로 가득한 그때야말로, 참된 **자기순복**이라네.

486. 달콤한 재거리(jaggery)로 만든 **가나빠띠** 신상에서 일부를 떼어내어 그것을 그 신상 자체에게 공양 올리는 것처럼, 명료하게 빛나는 **생명형상**[진아]으로서 안주하는 **하느님**께 우리가 즐거이 저 생명을 내놓는 것(자기순복)도 그런 것이라네.

재거리(비정제 설탕 덩어리)와 **가나빠띠**(Ganapati) 이야기에 대해서는 『스리 라마나의 길』(한국어 초판), 322쪽을 참조하라.

스리 무루가나르와 사두 옴: 이원론에서 신에 대한 헌신의 최고이자 최종적 형태라고 그토록 찬양받는 자기순복조차도 스리 바가반의 이 가르침에서는 무의미한 것임이 폭로되니, 다른 모든 형태의 숭배는 무슨 소용이 있을지 고려해 봐야 할 것이다! 따라서 진아에 안주하여 고요히 머물러 있으면서, 신의 소유물을 찬탈하는 죄罪인 '나'의 일어남을 결코 용납할 여지를 주지 않는 것이 모든 숭배 중에서 최상이다.

487. 샥띠를 당신의 왼쪽에 두고 계신 하느님의 두 발에, 무조건적으로 그대의 마음을 두라. 그러면 속임수(마야)를 탐색(추구)하던 '나와 '내 것'이 사라지고, 아름다운 지고아(Para-swarupa)가 솟아올라 번영할 것이네.

"샥띠를 당신의 왼쪽에 두고 계신 하느님"은 주 시바를 지칭하는 전통적 방식이다.

81. 적들에 대한 태도

488. 자신의 적들이 아무리 나쁘다 해도, 선량한 사람들[구도자들]은 혐오감으로 그들을 조금이라도 미워해서는 안 되니, 미움조차도 욕망처럼 미워해야 마땅하다네.

사두 옴: 이 연은 스리 바가반이 「나는 누구인가?」에서 베푸는 다음 가르침과 같은 가르침을 베풀고 있다. "다른 사람들이 아무리 나빠도 그들을 싫어해서는 안 된다. 좋아함과 싫어함 둘 다를 싫어해야 한다."(『라마나 마하르쉬 저작 전집』, 53쪽 참조.)

489. 구도자가 '나' 아닌 것으로 배척하는 것[몸과, "나는 몸이다"라는 형상의 에고]은 그의 적들이 비웃는 것이기도 하네. 따라서 결함 없는 금을 만드는 세공인에게 모루가 그러하듯, 에고[자신]를 죽이려 하는 구도자에게는 그를 비방하는 적들이 여러 모로 쓸모가 있다네.

사두 옴: 구도자란 참으로 자신의 에고-의식(ego-sense)을 소멸하기를 원하는

사람이다. 그와 그의 에고-의식은 똑같은 하나이다. 자기순복과 **자기탐구**의 두 길을 통해서 그가 배척하거나 혐오하는 것은 에고, 곧 그 자신이다. 그를 미워하거나 비난하는 사람들[그의 적들]도 같은 일을 하고 있으므로, 여기서 그들을 그의 (에고 소멸) 프로젝트에 큰 도움을 주는 사람들이라고 지적한다. 이것을 금 세공인과 모루의 비유로써 설명하고 있다. 금 세공인이 망치질을 할 때마다 모루가 그 밑에서 저항하기 때문에, 금 세공인은 자신의 금속 모양을 제대로 만들어낼 수 있다. 만약 모루가 부드럽다면 금 세공인의 모든 노력은 허사가 될 것이다. 마찬가지로, 구도자가 긍정적 평가를 많이 받으면 받을수록, 그의 에고는 덜 가라앉을 것이다. 그래서 그를 긍정적으로 평가해 주는 사람들보다 오히려 그의 적들이 그 구도자의 수행을 돕고 있는 것이다.

490. 사랑으로 증오를 극복할 강력한 용기를 가진 힘센 자만이 참된 진인(*muni*)이라네.

스리 무루가나르: "증오로는 증오를 끝낼 수 없다"는 것이 **붓다**의 가르침이었다. 그러나 일부 구도자들도 잔혹행위를 보면 분노하여, 그런 나쁜 짓을 하는 자들을 공격하는 것이 자신의 의무라고 생각하고 그 일에 뛰어든다. 그렇게 하는 것은 옳지 않다는 것을 지적하기 위해, 이런 가르침을 베푼 것이다.

82. 삶의 단순성

491. 아주 부유한 사람들이 호화로운 삶에 대한 욕망을 조금만 포기하면, 굶주려 애처롭게 고통 받는 무수한 사람들이 기쁘게 살아갈 수 있다네.

492. 자비로운 하느님은 모든 중생을 위해 필요한 음식을 필요한 한도

에서만 산출하므로, 만일 생명을 유지하는 데 필요한 정도 이상으로 먹는다면 그것은 힘으로 남의 음식을 빼앗아 먹는 죄임을 알라.

스리 무루가나르: 이 연에서는 음식만 언급하지만, 이것은 모든 생활필수품에 해당될 수 있다. 뭐든 필요 이상으로 축적하는 것은 죄를 쌓는 것에 지나지 않는다. 이것은 다음 연에서 잘 확인된다.

492a. 문제 덩어리 영혼아, 너는 위장인 나에게 한 식경食頃(nazhigai)[24분 정도의 시간]도 안식을 주지 않는구나. 너는 하루에 한 식경도 먹기를 쉬지 않으니, 내 괴로움을 절대 모른다. 너하고는 함께 살기 어렵구나. ─바가반

사두 옴: 타밀력曆 수끌라(Sukla) 해의 찌뜨라-뿌르니마(Chitra-purnima) 날[1929년 4-5월의 보름날]에, 아쉬람에서 진수성찬이 나왔다. 그래서 많은 헌신자들이 배가 더부룩하다고 하소연했다. 그때 한 헌신자가 성자 아바이야르(Saint Avaiyar)가 위장에 대해 다음과 같이 말하는 유명한 타밀시를 인용했다. "문제 덩어리 위장아, 하루만 굶어보라고 해도 너는 굶지 않고, 이틀치 음식을 먹어보라고 해도 받지 않는구나. 너는 내 괴로움을 절대 모른다. 너하고는 함께 살기 어렵구나."

이것을 들으신 스리 바가반은, 그런 상황에서 아바이야르의 시를 인용하여 위장을 탓하는 것은 온당하지 않다고 말씀하셨다. 자신의 만족을 위해 위장의 수용량을 넘어 배를 채운 것은 영혼, 곧 에고일 뿐이기 때문이라는 것이었다. 스리 바가반은 "오히려 위장이 영혼에게 불평하는 것이 온당하지요."라고 말하고, 위의 시를 지었다. 아바이야르는 탁발로 살아갔고, 종종 며칠씩 굶기도 했으니, 위장이 자신에게 야기하는 괴로움을 불평할 만도 했다. 스리 바가반은 당신의 시를 통해서, 과식을 하면서 미각에 비위를 맞추는 사람들은 위장에게 불평할 권리가 없다고, 당신의 제자들에게 유머러스하게

가르치신 것이다.

83. 과도함의 죄

493. 과도함(excess)의 죄로는 불사不死의 감로수도 독毒이고, 과도함의 죄로는 허다한 것이 괴로움이라네. 과도함의 죄를 깨닫는 사람들은 그와 달리, 저 과도함의 죄를 제거해야 한다네.

스리 무루가나르: 단식과 잠 안 자기가 영적인 진보를 돕는 보조수단이라고는 하지만, 그것도 과도하면 확실히 해롭다. 『바가바드 기타』에서는 이렇게 지적한다. "잠을 과도하게 자거나 너무 적게 자는 사람과, 음식을 과도하게 먹거나 단식을 과도하게 하는 사람은 요가(수행)에서 성공하지 못한다." 스리 바가반 또한 단식보다 순수성 식품을 적당량 섭취하는 것이 수행에 적합한 보조수단이라고 말하곤 했다.(『라마나 마하르쉬 저작 전집』, 39쪽 참조.)

84. 겸손

494. 겸손하게 행동하는 만큼 인간의 위상은 높아진다네. 무심코라도 미혹된 에고가 일어나지 않는 그의 숭고한 겸손함 때문에, 전 세계가 하느님(Idrai)에게 머리를 조아리는 것이네.

495. 자기상실['에고 없음']이 완전해질 때까지는 자신의 존경(vanakam-절)을 남들에게 표하는 것이 최선이라네. 수승함(지고의 상태) 자체를 추구하는 지혜로운 구도자가, 저 존경의 절(namaskaram)을 남들에게서 받는 것은 실로 위험하다네.

사두 옴: 여기서 말하는 지혜로운 구도자는 진아 깨달음을 목표로 하는 사람만을 뜻한다. 남들에게 절을 하면 에고가 가라앉으므로, 그것이 '최선'이라고 했다. 남들에게서 절을 받으면 에고가 부풀어 오르므로, 그것은 "실로 위

험하다"고 지적된다.

496. 저 하느님은 모든 존재들에게 봉사하기로 한 것처럼 항상 겸손하게 행동하기 때문에, 모든 세계에서 나날이 행해지는 모든 영광스러운 숭배를 받을 만한 것 아닌가?

497. 모든 존재들에게서 그들 자신을 보고, 모든 존재들에게 절하는 자신의 헌신자들에게까지도 **스스로** 겸손하며, 자신보다 더 유순한 것이 없는 그의 성품으로서의 드높은 유순함에 의하지 않고서는 하느님이 하느님 지위를 성취하지 못했을 것이네.

사두 옴: 스리 바가반은 제494, 495, 497연을 통해 독특하고 놀라운 진리, 즉 신이 어떻게 모든 세계들의 숭배를 받을 만한지를 드러낸다. 스리 바가반은 여기서, 그것은 신이 자신의 창조계 안에 있는 모두에게 자연스럽게, 그리고 자애롭게 겸손하기 때문이라고 지적한다. 다음 사건은 바로 이런 이유로, 바가반 스리 라마나가 다름 아닌 신 자신임을 증명해 줄 것이다.

한 헌신자가 스리 바가반께 여쭈었다. "수백 명의 사람들이 와서 당신께 절(*pranams*)을 할 때, 당신의 느낌은 어떻습니까?" 스리 바가반은 주저 없이 대답했다. "먼저 저는 그들이 이 방에 들어서자마자 그들 각자에게 절을 하는데, 그러고 나서야 그들이 절을 합니다. 우리의 에고를 조복시키는 것이 절을 하는 올바르고 진정한 형태입니다. 여기 오는 누구보다도, 저는 매일 그런 절을 할 기회를 더 많이 갖고 있지 않습니까?"

당신의 이 대답은 많은 비밀과, 숙고해 볼 깊은 의미를 담고 있다. 여기에 나온 가르침의 핵심은, 에고가 일어나지 않게 하면서 항상 겸손한 것이 위대함을 성취하는 유일한 길이라는 것이다.

498. 실재는 가장 미세한(*anu*) 동시에 가장 큰(*mahat*) 마음을 넘어서 존재하는 것이기에 참된 **초월자**(*atitam*)라네. 그것은 의식 안에서 나타나는 가장 큰 것보다 더 크고, 가장 미세한 것보다 더 미세한

것이라네.

사두 옴: 스리 바가반이 진아는 (물리적 공간을 포함하는) 마음-허공을 포함하는 허공이라고 말하는 「진아지」, 제5연을 참조하라.

499. 맥없는 지푸라기는 바다 위에 높이 떠다니지만 무거운 진주는 낮게 바다 밑바닥에 놓여 있다네. 마찬가지로, 비천한 자들은 높은 자리에 있어도 높지 않은 사람들이고, 고귀한 자들은 낮은 자리에 있어도 낮지 않은 이들이네, 낮지 않은 사람들이네.

사두 옴: 본 연의 마지막 두 구절은 『띠루꾸랄』의 제973연, 즉 '위대함'이라는 제목의 장에서 세 번째 연이다.

하루는 몇 명의 헌신자들이 궁리하여, 스리 바가반의 친존에서 스리 바가반의 자리보다 높지 않은 자리를 완강하게 원하던 어떤 사람을 내보냈다. 어떤 일이 있었는지 짐작하신 스리 바가반은 즉시 손가락으로 당신의 머리 위를 가리키면서 말씀하셨다. "오, 그대들은 그를 몰아내서 기쁘겠지만, 이 녀석은 어떻게 하려 하오?" 스리 바가반의 바로 머리 위에는 원숭이 한 마리가 한 나무의 가지 위에 앉아서 꼬리를 당신 쪽으로 늘어뜨리고 있었다! 그 헌신자들은 자신들의 실수를 후회했다. 이 사건은 본 연을 직접, 실제적으로 설명해 주는 사례 아닌가?

85. 해야 할 가치가 있는 것

500. 행할 가치가 있는 일은 **지**知의 **자기탐구**(jnana atma-vichara)이고, 얻을 가치가 있는 것은 진아의 찬연함이며, 버려야 할 것은 에고-의식이고, 근심걱정을 소멸하기 위해 의지할 곳은 자신의 **근원 자리**(심장)라네.

501. 성취할 가치가 있는 것은 **참된 지**知이고, 마음으로 내관할 가치가

있는 것은 **하느님의 두 발**이며, 확실히 의지할 가치가 있는 것은 **사뜨상가**(*Sat-sanga*)[진인들과의 친교]이고, 심장 속에서 솟구칠 가치가 있는 것은 **지복**이라네.

여기서 제1144연도 읽어 보아야 한다.

제2부

진리의 수행

1. 가르침의 위대함

502. 확고하게 심장 속에 자리 잡고 있는 분[참스승]의 지혜로운 말씀들은, 헌신자들의 당황하고 미혹된 마음이 비천한 감각기관들을 쫓아다니는 데서 벗어나 내면에서 이익을 얻기 위한 최상의 길잡이라는 것을 알라.

503. 헌신자들의 심장 속 진아이자 시바의 형상(Siva-rupa)인 스승이 응시의 언어를 통해 부단히 말해 주는 "그대가 그것이다"라는 가르침(upadesa)의 핵심을 내면에서 탐구하지 않고는, (참된) 지知가 밝아오지 않을 것이네.

504. 신인 진아가 참된 제자들에게 끊임없이 가르침을 베푸는 일의 본질은, 생명의 생명인 진아가 내면의 심장 속에서 '나-나'라는 본래적 의식으로 빛나는 것이라네.

사두 옴: 이 연은, 「영적인 가르침(*Upadesa Manjari*)」의 '가르침' 장에서 "어떤 위대한 분들은 어떻게 해서 스승 없이 지고의 지知를 성취합니까?"라는 여덟 번째 질문에 대해, 스리 바가반이 "소수의 성숙된 사람들에게는 그들의 지知의 지知인 하느님이 내면에서 실재를 드러내 준다"고 하신 답변의 가르침에서 드러난 관념들을 한 걸음 더 나아가 설명하고 있다. 즉, 이 연에서는 내면의 스승인 진아가 어떻게 외적으로 인간의 형상을 취하지 않고서도

완전히 성숙한 영혼에게 참된 지知를 가르칠 수 있는지를 설명한다. '있다'는 의식의 핵심인 '나-나'의 빛남은 내적인 스승, 곧 진아의 묵연한 가르침이다. 지고의 비이원적 지知는 "내가 있다"는 진아-의식에 다름 아니므로, 그것이 '나-나' 자체로서 빛나는 것은 곧 제자가 항상 그것 안에 안주하도록 유도하는 스승의 묵연한 내적 조언인 것이다. 이것이 진아가 내면에서 스승으로서 작용하는 방식이다.

2. 큰 말씀(Mahavakyas)

505. 무지를 없애주는 많은 말씀들이 모여 있는 베다에서 휘저어져 나온, 절대적 진리(Paramartha)를 나타내는 관념은 '지고자와 개아의 단일성(Para-jiva-aikya)'인 침묵이라는 한 단어라는 것을 알라.

"그대가 그것이다(Tattvamasi)"라는 큰 말씀도 이것을 의미한다.

506. 존재(세간적 삶)의 타는 듯한 열기에서 벗어나기 위하여 존재-참된 지知-행복[존재-의식-지복]을 탐구하는 고도로 성숙한 사람들에게는, 개아의 참된 성품을 의미하는 '그대(Tvam)'라는 단어에 대한 탐구만으로도 해탈의 영광이 성취된다네.

사두 옴: 여기서 우리는 「실재사십송」 제32연에 나오는, 열의 있고 진지한 제자가 스승에게서 "그대가 그것이다"라는 큰 말씀을 들었을 때 무엇을 해야 하는지에 대한 스리 바가반의 가르침을 기억해야 한다. 제자가 "그대가 그것이다"라는 말을 듣자마자 그의 주의는 "나는 누구인가?"를 알려는 데로 돌려져야 한다. 이것이 그 큰 말씀을 베푼 진정한 목적이다. 위의 큰 말씀에서 제자의 마음을 자기주시(Self-attention)로 돌리는 데 중요한 단 하나의 단어는 "그대"이다. 따라서 본 연이 분명하게 주장하는 것은, 상근기 제자는 세 단어 중 "그대"만을 가지고 면밀히 탐색해야 한다는 것이다. 다음 두 연도 같

은 관념을 강조한다.

507. 저 탐색자들[덜 성숙한 구도자들]에게 도움이 되도록 마음을 안으로 향하게 하기 위해, 즉 명상이 약해지는 하근기들을 위해 (베다에서) "그것(tat)"과 "이다(asi)"를 ("그대"에) 덧붙여 이야기했다는 것을 알아야 하네.

508. 진실로 자기 내면에서 "그대"라는 단어의 의미를 궁구窮究하는 것의 본질은, 그것이 궁극의 의미(paramartha)를 궁구함으로써 다른 두 단어의 의미를 통해 알게 되는 의식(Bodham)의 실체를 체험하는 지知라는 것이네.

3. 우파니샤드의 위대함

509. (과학적) 지식이라는 것에 도취되어 사로잡힌 것은 (현대인의) 공허한 에고이고, 무지(ajnana)를 안 적이 없는 분은 **은총의 하느님**이라네. 참된 지知는 제단 위에 안치된 (하느님의) **연꽃** 발이고, **우파니샤드**는 그 두 발의 황금 샌들이니, 마땅히 그것을 (머리 위에 얹고) 숭배하라.

사두 옴: 이 연을 통해서 전수되는 가르침은 이것이다. 즉, 과학적 지식으로 가득 찬 현대인이 즉시 해야 할 최우선적 임무는, 하찮은 지식에 자부심을 느끼지 말고 그 자부심을 포기한 뒤 **우파니샤드**가 보여주는 진아지의 길을 따르는 것이다. 세간적 과학의 지식은 갈수록 더 많이 발전해 왔지만 결코 그 끝을 발견하지 못했다. 따라서 본 연에서 말하는 것은, 만일 우리가 어떤 완전한 지식을 성취하고 싶다면, 불완전한 지식 외에는 전혀 아무것도 제공해 주지 못하는 그 과학을 연구하는 인간의 지성이 **우파니샤드**의 자비심 아래서 피난처를 구해야 한다는 것이다. **우파니샤드**만이 진아지, 곧 최종

적이고 완전한 지知를 가르치기 때문이다. 이것이야말로 지성이 구원 받는 유일한 길이고, 지성의 최우선적 임무이다.

4. 우빠사나(Upasana)

우빠사나(upasana)는 숭배, 즉 몸을 통해서[예공(puja)], 말을 통해서[염송(japa) 또는 찬송(stotras)], 혹은 마음을 통해서[명상(dhyana)] 신을 붙드는 것이다.

510. 오염을 가져오는 좋지 않은 원습들을 소멸함으로써 **지知**의 **광채**로 빛나는 사람들은, 자신의 **심장** 속에서 지극히 순수하게 빛나는 하느님의 **연꽃** 발을 본 복 많은 헌신자들이라네.

511. 악마적 성질(asura sampat)은 무가치한 결과만 가져온다는 것을 알고, 신적인 성질(sura sampat)만 내면에서 계발하라. 풍요롭게 신적 성질들(devya sampat)을 빛나게 해줄 우빠사나만이 영혼을 구제할 힘이 있다네.

사두 옴: 여기서 우빠사나는 진아를 붙드는 것, 즉 진아에 주의를 기울이는 것을 뜻한다고 이해해야 하며, 이것이 곧 **자기탐구**이다. 왜냐하면 **자기탐구**만이 모든 신적 성질들을 하사하기 때문이다. '성질'의 *sampat*라는 단어는 '노력하여 얻어지는 것'이라는 뜻이다. 외적으로 노력하여 얻어지는 모든 것은 개아에게 불행을 안겨줄 뿐이다. '신적 성질'만이 노력하여 얻을 가치가 있고, 이것은 오로지 **자기탐구**에 의해서 계발된다.

512. 비이원적 지知(advaita jnana)는 (성취하기) 어렵다고 하지만, **하느님** (Isan)[시바]의 두 **발**에 대한 참된 사랑, 곧 헌신(bhakti)이 강렬해지면, 무지를 소멸하는 확실한 빛인 참된 **신적 은총**의 도움을 통해 그것을 성취하기가 수월해진다네.

513. 하느님의 두 발을 꽉 붙들어 **심장** 속에 사랑으로 고정하면 미혹의

속박을 절단할 수 있고, 그것이 절단되면 **심장**이 열리면서 **지고한
지**知(*Para-jnana*)의 참된 빛을 볼 수 있다네.

여기서 독자들은 "하느님의 두 발", "은총" 등의 용어들이 진아를 의미할 뿐
이라는 스리 바가반의 가르침을 기억해야 할 것이다.

514. 개아(*jiva*)의 머리가 **시바**의 **두 발**에 고정되어 (그것과) 하나가 되면,
그 개아는 **시바 그 자신**이 되어 빛날 것이네. 왜냐하면 하찮은 에
고가 움직임을 잃고 소멸하면 움직임 없는 **진아**(*Atma-swarupa*)로서
실재의 상태에 머무를 것이기 때문이네.

파도의 성품은 움직이는 것이고, 바다의 성품은 움직임 없이 머물러 있는
것이다. 만일 이리저리 움직이는 파도가 바다를, 즉 고요히 머물러 있는 바
다의 성품을 사랑한다면, 그것은 파도의 형상을 잃고 잠잠해져 바다 속으로
가라앉을 것이고, 그렇게 해서 바다 그 자체가 될 것이다. 즉, 움직임이 없
게 될 것이다. 마찬가지로 개아, 곧 이리저리 움직이는 마음이 **시바**, 곧 진
아를 사랑한다면, 그는 자신의 개아 성품, 즉 움직이면서 별개의 한 개체로
있는 성품을 상실하고, **시바** 속에서 해소되어 **시바 그 자신**이 될 것이다.

515. 그대를 얽어매는 강한 거짓된 속박을 끊어 버리고 구원 받으려면,
강렬한 사랑이 솟구치는 마음으로, 한시도 허비하지 말고 **하느님**
의 황금빛 **연꽃** 발에 대한 명상을 하라.

사두 옴: 스리 바가반은 「자기탐구(*Vichara Sangraham*)」의 마무리 장에서 "항
상 진아에 대한 명상(*atma-dhyana*)을 닦아, 해탈의 지고한 **지복**을 성취하라"
고 말한다. 그래서 우리는, 이 연에서 권장하고 있는 것은 진아에 대한 명
상이라는 것을 이해해야 한다.

516. **진아안주**(*nishta*)에 확고하게 자리 잡은 마음 안에서가 아니고서는
신[진아]의 참된 형상을 깨달을 수 없다네. 그러니 마음이 우리 떠

난 소처럼 돌아다니거나 피곤해서 혼침昏沈(laya)에 떨어지지 않고,
단 하나의 표적[진아] 위에 견고히 머무르게 훈련하라.

본 연에서는 마음을 고요하게 하는 것, 즉 그것이 사깔라(sakala)[다수성의 상태]와 께발라(kevala)[무無의 상태]에 의해 영향 받지 않게 하는 것이 이른바 **진아안주** 혹은 삼매(samadhi)라는 것을 말해준다.

517. "나는 몸이다"라는 미혹된 관념에 의해 결함 있는 감각기관들이 끌고 오는 다른 대상들에 대한 모든 집착을 소멸하라. **침묵의 마음** 자체가 순수한 보배링감(mani-lingam)[빛의 링감(Jyoti-lingam)]이니, 잘 지니면 무한한 행복을 안겨주는 것이 바로 그것이라네.

518. 완전함으로 빛나는 신을 숭배하기에는 어떤 날이나 좋은 날이고, 어떤 행성이나 좋은 행성이며, 어떤 요가(yoga)나 뛰어나게 길한 요가이고, 어떤 오라이(orai)나 길시라네.

요가와 오라이는 점성학에서 계산하는 하루 중 특별한 때이다.1)

스리 무루가나르: 날, 행성, 요가, 오라이들은 마음의 개념 안에 있으므로, 그 중 어떤 것은 길하지 않고 세간적 활동만을 위한 것일 수도 있다. 그 중의 어느 것도, 신에 대한 진정한 숭배인 **자기주시**(atma-dhyana)를 하고 싶어 하는 구도자에게는 어떤 해도 될 수 없다. 왜냐하면 그것은 마음을 넘어서 있는 **진아**와 관계되기 때문이다. 스리 냐나삼반다르(Sri Jnanasambandhar)가 행성들의 효과를 정복하기 위해서 부른 10개 연가, 타밀 성자들의 다른 노래들은 이러한 시간 요인들 중 어느 것도 신의 **은총의 힘** 아래 들어가는 헌신자에게 어떤 장애도 될 수 없음을 보증해 준다.

519. 어떤 사람에 대해 신심이 생겨나는 것은 쉽지 않은 일이니, 만일 어떤 사람에 대한 믿음이 생겨난다면, 그 갓난아이인 신심 자체를

---

1) T. 힌두 점성학에서 요가(yoga)는 한 행성이 어떤 위치나 방향에서 다른 행성과 특수한 관계를 이루는 때이고, 오라이(호라, hora)는 하루 중 어떤 일을 하기에 길한 시간이다.

까마데누(Kamadenu)인 양 아무 의심 없이 보호하고 양육하라.

까마데누는 사람이 원하는 어떤 것도 베풀어 주는 신성한 소(소원성취우)이다. 마찬가지로, 신이나 스승에 대한 온전한 믿음은 헌신자에게 일체 모든 것을 하사해 줄 것이다. 믿음의 경이로운 힘이 그와 같다.

5. 침묵을 통한 우빠사나

520. 심장의 자리에 하느님을 모셔 두고 마음을 하나의 **실재**[진아] 안에 끊임없이 고정하는, (자신의) 참된 성품에 대한 저 숭배의 행위를 성취한다면 그것이 곧 **침묵**의 이익(이로움)임을 알라.

521. 다른 어떤 집착도 없이 **은총**을 붙드는 것, 곧 순수한 **상태**(suddha)를 붙드는 것이야말로 다른 것이 일체 없는 **침묵의 상태**라네. (자기탐구를 통해) 그 상태에 머무르는 법을 배워 항상 그것으로 안주하는 것이 참된 정신적 숭배임을 알라.

사두 옴: 오늘날 우리들 중 많은 사람은, '정신적 숭배'를 한다는 것은 꽃 · 백단향액(sandal-paste) · 과일 · 화만華鬘(garlands) 등 필요한 것들을 다 모아서 신께 바친다고 상상하는 것을 뜻한다고 생각한다.

그러나 이것은 하나의 마음 활동(pravritti)일 뿐이다. 본 연에서는, 그것은 올바른 정신적 숭배가 아니며, 위에서 말한 **진아안주**, 곧 '**침묵을 통한 숭배**'야말로 진정한 정신적 숭배라고 가르친다.

6. 논변들의 미혹

522. 운명(발현업)이 노력(자유 의지)보다 더 강하다거나 노력이 운명보다 더 강하다고 설전을 벌이는 이들은, 그들 자신이[에고가] 일어나고 가라앉는 곳에 대해 아무것도 모르는 사람들이라네.

여기서 「실재사십송」 제18연을 참조하라.

523. 실재하는 **물건**을 탐구하고 면밀히 규명하여 명료하게 **침묵**의 상태에 합일되지는 않고, 어떤 사람들은 벌떡 일어나서 다른 종교들을 논박하고 싸우는가 하면 시끄럽게 흥분하고 화를 낸다네.

제991연을 참조하라.

524. 논쟁심으로 본말이 전도되면 저 해[진아]를 온전히 알지 못한다네. 논쟁이야말로 **실재**의 빛남을 가리는 상상(개념들)으로서 마음을 소용돌이 속에 빠트린다는 것을 알라.

525. 말(과 생각들)은 **진리**를 직접 조명해 주지 않고 오히려 희미하게 하여 그것을 가린다네. 그러니 말들 자체가 숨기고 있는 의미가 저절로 빛나도록, **심장** 안에 말과 생각을 가라앉혀 제어하라.

스리 무루가나르: '우리', 곧 진아만이 실재한다. 생각[마음]과, 생각의 거친 형태일 뿐인 말은 우리에게 낯설고, 따라서 실재하지 않는다. 그래서 생각과 말을 가라앉혀 줄 **자기주시**의 수행이 우리가 해야 할 가치 있는 일이다.

526. '달변'[연설·시 등]과 '논쟁'들에 그대의 지성(*buddhi*)을 노예로 내보내지 말라. 순수한 마음으로 **심장** 속으로 들어가 개념들을 소멸하여, 그대의 참된 형상을 알고 진리를 깨달으라.

7. 가늠들이 쓸모없음

527. '가늠하는 자', '가늠자'[가늠의 기준 혹은 척도], '가늠되는 것', '가늠하기', 이 모든 것은 심장 안의 **존재-의식**이 빛나기 때문에 빛나는 것처럼 보이지만, 그것[존재-의식]을 비춰줄 어떤 가늠자가 있는가?

사두 옴: 일체는 시간과 공간이라는 상상적 가늠자들[가늠의 크기 혹은 기준들]을 가진 마음에 의해서 가늠된다. (시간과 공간을 포함하여) 그렇게 가늠되

는 것들, 그것들을 가늠하는 행위, 그리고 가늠하는 자[마음]—이 모든 것이 존재성을 갖는 듯이 보이는 것은 진아, 곧 존재-의식의 현존 때문이고, 그 현존 안에서만 그러하다. 이것 말고는 그것들이 어떤 독자적 존재성도 가지고 있지 않다. 그러니 마음·시간·공간 등과 같은 이런 것들로 어떻게 진아가 가늠될 수 있겠는가?

528. '가늠하는 자'[마음]가 존재하는 한에서만 '가늠자'와 '가늠되는 것'도 실재하는 것처럼 보인다네. 그러나 '가늠하는 자'가 **자기**[진아]를 보아 실재하는 **물건** 안에서 사라지면, 그 사람과 함께 일체['가늠자', '가늠되는 것', '가늠하기' 등]가 소멸하여 떨어져 나간다네.

8. 간접지間接知

529. 미혹된 마음의 원습 자체는 수승한 **직접체험**(aparoksha)인 순수한 **진아지**에 의해서만 사라질 것이네. 만일 (몸의) 진짜 괴로움[갈증과 열기]이 신기루의 물에 의해 해소된다고 하면, 개아들의 괴로움도 거짓된 저 간접지(paroksha jnana)에 의해 해소될 수 있을 것이네.

간접지는 매개된 혹은 간접적인 지知, 즉 책들을 통해 수집된(청문(sravana)과 성찰(manana)에 의한) 진아에 대한 지知를 의미하며, 즉각적인 혹은 직접적인 지知(aparoksha jnana), 즉 (일여내관(nididhyasana)을 통해서 얻은) 진아에 대한 직접체험과 반대된다.

530. 순수한 **지고아**(Paramatma-swarupa)의 체험이 비이원적 지知의 **직접체험**(aparoksha)이라네. 거짓된 간접지(paroksha)를 특별하게 여겨서 '지知'라는 단어를 붙이는 것은 나찰들(rakshasas)을 '덕 있는 자들'이라고 부르는 것과 같다네.

문학에서는 가치 없는 것을 지칭할 때 가치 있는 이름을 사용하여 그것을 간접적으로 조롱하는 것이 하나의 관행이다. 사악한 죄인들로 잘 알려진 나찰羅刹들을 이따금 '덕 있는 자들'이라고 지칭하는 것도 이런 방식이다. 본 연에서 스리 바가반은 간접지를 '지知'라고 부르는 것은 이런 취지일 뿐이라고 지적한다. 왜냐하면 간접지는 사실 무지(ajnana) 그 자체일 뿐이기 때문이다.

531. 기만적 미혹을 소멸하는 견고한 지知[진아지]는 심장 속에 존재하는 실재["내가 있다"]에 대한 탐구에서만 일어난다네. 경전에 대한 명료한 탐구라 하더라도, 그것은 종이에 그려진 요리해 먹지 못하는 박(gourd)과 같다는 것을 알라.

532. 그림에 있는 이글거리는 불로 음식을 요리해 먹는다면 개아가 허기를 달랠 수 있는가? (마찬가지로) 심장 안에서 에고가 소멸되어 얻는 지知[실제적인 진아지]에만 불행을 소멸하는 진아의 평안과 지복이 있고, 언어적 지식에는 그것이 없다는 것을 알라.

533. 마음을 빛나게 해 주고 마음속에서 빛나는 신성한 하느님의 참된 형상으로서 심장 속에서 일어나는 의식[지知]에 의해서만 얻어지는 완전한 지고아(Paramatma)의 행복은, (지적인) 논변으로 얻어질 수 없다네.

9. 개아의 단일성

534. 명민한 지성을 가진 대장부는 '개아(jiva)는 단 하나'라는 것을 받아들이고, ("단 하나의 개아인 나는 누구인가?"라고 탐구하여) 심장 속에 확고히 자리 잡으라. 경전에서 개아들이 다수라고 말하는 것은 이런 지성이 개화하지 못한 이들의 마음에 맞춰 주기 위해 서일 뿐이네.

사두 옴: 에고가 생겨나면 모든 것이 생겨날 것이다. 에고가 존재하지 않으면 아무것도 존재하지 않을 것이다. (따라서) 진실로 에고가 모든 것이다.
— 「실재사십송」, 제26연

'나'가 일어나면 모든 것이 일어날 것이다.　　　— 「나는 누구인가?」

'나'라는 생각이 존재하지 않으면, 다른 무엇도 존재하지 않을 것입니다.
— 「아루나찰라 8연시」, 제7연

스리 바가반의 위 세 가지 가르침(*upadesa*)에서, 에고 ─ 곧 "나는 이러이러한 사람이다"라는 느낌 ─ 의 일어남이 전 우주와 그 안에 살고 있는 무수한 영혼들의 일어남과 출현의 유일한 원인이라는 것이 분명하다. 따라서 우리는 어떤 의심도 없이, 그것은 에고 ─ 단 하나인 '나', 단 하나인 영혼 ─ 의 무지한 소견 속에서만 그러하며, 이 단 하나의 '나'가 "나는 누구인가?"라는 탐구를 통해서 소멸되면, 다른 모든 개아들의 존재도 끝날 것이라고 결론지어야 한다. 이것이 본 연에 들어 있는 가르침의 취지이다.

535. 태어난 사람들은 누구이고, 탄생(과 죽음)의 그물[속박]을 찢어버린 뛰어난 사람들은 누구인가? '나'가 전혀 일어나지 않을 때, 몸에 속박된 사람이나 거기서 벗어난 사람이 누가 있는지, 잘 탐구해 보고 말해 보라!

사두 옴: '나', 곧 단 하나의 개아가 없을 때는['나'라는 생각이 가라앉아 있는 잠 속에서든, 그것이 소멸한 진지 속에서든] 다른 어떤 개아도 ─ 속박된 자(*bandha*)로서든, 해탈한 자(*mukta*)로서든 ─ 존재하지 않는다. 이처럼 본 연에서는 개아의 타자성이 더 나아가 강조된다.

10. 지知와 무지

536. 하나가 다른 하나보다 더 가치 있다고 생각하여 갈수록 더 많이 이것저것 면밀히 살피면서(*nadum*) 하나하나 쫓아가는 세상 사람

들이여! 하나인 어떤 **물건**[진아]을 탐구하면 다른 어떤 것도 남지 않을 그 **물건**을 탐구하는 것만이 (참된) **지**知라네!

사두 옴: 여기서 사용된 타밀어 단어 '나둠(*nadum*)'은 '면밀히 살핀다'는 의미일 수도 있고, '욕망하다'는 의미일 수도 있다. 그러나 여기서는 '면밀히 살핀다'의 의미로 받아들이는 것이 더 적절하다. 왜냐하면 본 연의 후반부에서 '탐구한다'는 의미만 가진 타밀어 단어 '아이(*ay*)'가 두 번 사용되기 때문이다. 뿐만 아니라, 본 연은 "**지**知와 무지"의 장에 들어 있다.

537. 미세한 **물건**[진아]을 세밀히 살펴서[탐구하여] 그것을 이해하는 유능한 이들에게, 거친 사물들에 대한 이해[지식]가 무슨 이익이 있겠는가? 눈 등의 감각기관을 통한 탐구로 아는 것보다, 소멸될 수 없는 내면의 감각(자각)을 통한 탐구[자기탐구, 곧 자기주시]로 아는 것이야말로 으뜸이라네.

사두 옴: 이 연의 취지는 **진아**를 아는 수단인 **자기탐구**가 과학적 연구보다 훨씬 수승殊勝하다는 것이다.

538a. 진아의 **참된 성품**을 분명하게 알고 다른 대상들을 무無(*sunya*-空)로 배척하는 것이 시간과 공간을 초월하는 지고의 **지**知이니, 그것 외에는 가치 있는[혹은, 수승한] 어떤 **지**知도 없다네.

  b. 진아의 **참된 성품**을 분명하게 알고 다른 대상들을 무無(*sunya*-空)로 배척하는 것이 지고의 **지**知이며, 모든 시간과 공간을 알거나 남들의 마음을 아는 것은 가치 있는 **지**知가 아니라네.

539. **샥띠**(*Sakti*)의 어떤 유희도[우주 안의 어떤 것도] **샥따**(*Sakta*)[샥띠의 소유자]인 진아의 **참된 성품**과 별개가 아니라는 것이 참된 본질[진리]이라네. 의식(*Chit*)인 세계가 그것과(진아의 참된 성품과) 다르다고 생각하면서 (세계의 사물들에 대한 호불호에 의해) 미혹되는 마음의 본질

은 편벽됨[모든 장애와 불행의 원인]인 거짓된 **마야**라네.

540. "이 몸이 나다"라는 인식이야말로 강력한 미혹(*moha*)의 무지라네. 결코 버릴 수 없는 진아의 **참된 성품**을 떠나서는 그것[거짓된 무지]도 '없다'고 생각하는 그것 자체가 진아와 결합되어 있는 **지**知의 능력이라네.

사두 옴: 밧줄에 나타나 보이는 뱀이 거짓이기는 하나, 만약 밧줄이 존재하지 않는다면 뱀이 존재하는 듯한 겉모습이 나타날 수 없다. 마찬가지로, "나는 몸이다"라는 무지가 거짓된 지知이기는 하지만, 그것조차도 실재하는 진아가 존재하지 않으면 나타날 수 없다. 이 연에서 베푸는 가르침은 「실재 사십송」, 제13연에서 베푸는 가르침과 동일하다.

541. 분별력이 부족한 사람들이 단 하나의 공간을 공허한 상상력으로 (항아리 공간, 일체에 편재하는 허공 등) 여러 가지로 구분해서 보듯이, 단절 없는(*akhanda*) 단 하나의 **진아**를 단어들로 분류하여 다수로[다양한 영혼과 대상들로] 보는 것은 경이로운 유희인 **마야**의 결과라네.

542. 거짓이 없는 진아의 **참된 성품**인 (단 하나의) **실재**를 다양한 차별상으로 보는 것이야말로 무지라네. 따라서 어떤 사물이 어떤 성품의 것이든, 그 사물을 참된 사물로 보는 것이 **지**知라네.

사두 옴: 이 연의 후반부는 『띠루꾸랄(*Tirukkural*)』 제355연이다. 『띠루꾸랄』을 아는 사람들이 스리 무루가나르의 타밀어 시를 읽어 보면, 그가 스리 바가반의 관념을 설명하기 위해 『띠루꾸랄』의 이 연을 얼마나 솜씨 좋게 활용하고 있는지 이해할 것이다.

543. 갖가지로[다양한 이름과 형상을 가지고] 나타나서 전개되는 세계라고는 하지만, 그 내적 본질인 **실재**는 단 하나임을 알라. 빙빙 돌아가는

착유기의 큰 막자에 부어넣은 참깨들은 무수해도 그것들 안의 본질은 (똑같은 하나의) 참기름이듯이.

544. 둘이 없는 **진아**의 진리와 합일된 **수승**殊勝한 **평안**에 안주한 순수한 **실재**(unmai)의 명료함을 통해서, **실재** 안에는 이원성을 이루는 앎과 모름 같은 것이 전혀 없다는 것을 아는 것이야말로 실재하는 **지**知라네.

545. 생각인 앎과 모름이라고 하는 두 가지는 낯선 감각대상들이 대상일 때에만 있다네. 자신의 **성품**으로 존재하며 빛나는 **실재** 안에서는 (그것들이) 없으므로, 저 두 가지[앎과 모름]가 없는 것이야말로 실재하는 **지**知라네.

사두 옴: 「실재사십송」, 제12연과 「가르침의 핵심」, 제27연을 참조하라.

546. "자기 자신을 알라"고 말하는 사람들이 더러 있지만, 자기 자신을 모르는 사람이 누가 있는가? 자기 자신을 모르는 것만큼이나 (자기 자신에 대한) 앎(깨달음)을 가지고 있다고 말하는 것도 무지한 것 아닌지, 말해 보라.

사두 옴: 여기서 「실재사십송」, 제33연을 읽어볼 가치가 있다. 진아지를 얻은 진인들은 결코 "나는 진아를 깨달았다"거나 "나는 진아를 깨닫지 못했다"고 말하지 않는다. 「아루나찰라 8연시」, 제2연의 제2행에서 스리 바가반이 "'나'가 일어나서 '내가 보았다'고 말하지 않는데, 어떻게 '나'가 '나는 보지 못했다'고 말할 수 있겠습니까?"라고 한 말씀을 참조하라. 에고가 일어나지 않는 상태는 앎과 모름을 넘어선 상태이다.

547. (우리가) **지**知(Arivu)로서만 남아 있으면[진아에 안주해 있으면] 무지가 없으니, 무지는 거짓이고 **지**知만이 실재한다네. 제대로 알고 보면 무지를 말하는 것도 무지라네. 순수한 **지**知만이 (우리의) **참된 성**

품이라는 것을 알라.

11. 미혹

548. 자기가 다른 것들을 안다고 생각하는 한에서만 "나는 내 성품을 모른다"는 미망이 남아 있을 것이네. 자기 성품의 지고함에 대한 직접체험에 의해 그 생각이 제거되면, 그런 생각[미망]은 거짓이 되고 그 번뇌가 소멸할 것이네.

사두 옴: 어떤 것을 알게 될 때마다 우리의 주의력은 "나는 다른 것들을 안다"는 한 생각(vritti)의 형상을 취하므로, "나는 나 자신을 모른다"는 거짓된 미망이 지배한다. 그러나 **탐구**(vichara)를 통해서, "내가 다른 어떤 것을 알 때마다, 내가 존재하고 있기 때문에 그것을 아는 것이고, 따라서 나 자신의 존재에 대한 앎이 이미 있다"는 분별(viveka)이 빛날 때는, "내가 나 자신을 모르는 때는 없다"는 진리가 밝아올 것이다. 이것이 곧 항상 성취되어 있는 영원한 진아지의 상태이다.

549. 다른 것(타자성)이 하나도 없는 **전체성**이야말로 진아인 자기의 성품이자 완전성(purna)과의 합일 상태이므로, "나의 성품은 무엇인가?"라고 탐구하여 자신의 **심장**에 합일하지[안주하지] 않고 (다른 대상들에 대한) 지각만 하는 파편적 지知는 모두 잘못된 것이네.

550. 마음-허공 안에서 보는 마음의 상상에 의해 꿈이 나타나듯이, 이 생시의 장면[세계]이란 것도 (그러하다는 것을) 확고히 받아들여, 모든 대상지對象知(suttarivu)를 소멸하고 감각대상(vishaya)에 대한 욕망을 절멸한 상태[진아안주]야말로 뛰어난 것이네.

551. 심장인 지고의 물건(실재)을 탐구하여 깨닫지 못한 무지한 사람들만이 기만적인 **마야**에 겁먹고 미혹된다네. 그러나 홍수처럼 넘치는

초월적 지복의 허공인 지고아를 깨달은 차분하고 예리한 진인들은 마음에 겁이 없을 것이네.

552. 둘이 없는 하나로 존재하며 빛나는 실재[진아]의 단일성을 알지 못하고 고통 받는 미친 사람들은, (비유하자면) 깜깜해진 야맹증의 눈으로 인해 미혹되어 갖가지 서로 다른 것들을 보는 사람이고, 메마른 황무지에서 갖가지 물[신기루]을 보는 사람들이네.

스리 무루가나르: 스리 바가반은 이 연을 통해서, 이원적 소견을 가진 사람들은 낙심하고 이 삶 속에서 많은 괴로움을 겪을 것이 확실하다는 것을 보여준다.

12. 생시와 꿈

553. 지知의 눈을 가진 사람들[진인들]은, 잘 살펴보면 생시와 꿈은 똑같은 결함이 있다고 선언한다네. 큰 집착의 상태인 생시의 세계조차도 꿈 세계처럼 (우리의) 손아귀를 벗어나 빠져나가지 않는가?

554. 꿈속에서 자신이 그렇게 하는 것을 본 어떤 행위도 생시에는 그에게 붙지 않고 빠져나갈 것이네. (마찬가지로) 생시라는 결함 있는 개아-의식(jiva-bodha)의 미혹 속에서 우리가 한 행위들도 스와루빠[진아]인 신-의식(Deva-bodha) 속에서는 지멸止滅되어 끝나 버릴 것이네.

사두 옴: 이 연에서는, 진인에게는 세 가지 업[미래업(agamya)·누적업(sanchita)·발현업(prarabdha)] 중 어느 것도 남아 있지 않다는 것을 강조한다.

555. 진인들은 꿈과 생시 둘 다 미혹된 마음의 창조물이라고 말하네. 꿈과 생시 두 상태 모두에, 생각과 함께 이름과 형상들이 한데 어울려 있다고 결론지어야 한다네.

스리 바가반이 "생시와 꿈에서 공히 생각들과 이름과 형상들[대상들]이 동시에 생겨난다"고 말하는 「나는 누구인가?」를 참조하라.

556. 에고의 개화가 절반에 그칠 때는 욕망하는 꿈의 나타남을 (그것이) 끌어안고, 에고가 완전히 개화하면 무지와 결합된 생시로서 세계라는 겉모습을 끌어안는다네.

아디 샹까라(Adi Sankara)의 저작인 「능지소지분별(*Drik Drisya Viveka*)」, 제10 연을 참조하라. 스리 바가반은 이것을 타밀어 산문으로 번역했는데, 거기서는 이렇게 되어 있다. "몸에 지각력이 없는 깊은 잠 속에서는 에고가 완전히 (라야 속에) 가라앉아 있다. 그것이 반쯤 개화한 것이 꿈이고, 그것이 완전히 개화한 것이 생시이다."(『라마나 마하르쉬 저작 전집』, 379-380쪽 참조.)

557. 생시를 야기한 업(*karma*)이 사라지고 그에 이어 꿈을 가져오는 업이 시작되면, 꿈속에 잠긴 마음은 생시에 그랬던 것처럼 다른 하나의 몸을 취하여 그것을 자기로 여길 것이네.

「나는 누구인가?」에서 스리 바가반이 "꿈속에서는 마음이 다른 몸을 취한다"(『라마나 마하르쉬 저작 전집』, 53쪽)고 한 것을 참조하라.

558. "꿈속의 몸으로 여자와 성교하면 (꿈의 몸과 생시의 몸이 다른데) 어떻게 생시 몸 안의 정액이 흘러나갈 수 있는가?"라고 묻는다면, (그 답은) "마음이 꿈의 몸에서 생시의 몸속으로 솟구쳐 오르는 속도 때문"이라는 것이네.

559. 나타나는 꿈이 공한 마음의 요동침이라고 한다면, 일어나는 생시도 같은 성품이라네. 생시에 일어나는 일들이 참된 만큼은, 꿈속에서 일어나는 일들도 참되다네.

「나는 누구인가?」에서, 스리 바가반이 "생시에 일어나는 모든 사건이 실재하는 것처럼 보이는 것만큼이나 꿈속에서 일어나는 사건들도 그때는 실재하는 것처럼 보인다"(『라마나 마하르쉬 저작 전집』, 53쪽)고 한 것을 참조하라.

560. 질문을 하여 답을 강요하니 달래주려고 "꿈은 일순간에 나타났다가 (실재하지 않는 것으로) 버려지지만 생시는 오랜 시간 존재한다"고 줄여 답변하지만, 그것은[시간관념은] 마음인 마야에서 생겨나는 속임수 장난이라네.2)

사두 옴: 여기서 스리 바가반은 「나는 누구인가?」에서 당신이 하신 다음의 답변을 지칭하고 있다. "생시는 길고 꿈은 짧다는 것 외에는 (그 둘 사이에) 어떤 차이도 없다."(『라마나 마하르쉬 저작 전집』, 53쪽.)

561. 겁劫(kalpa)의 시간을 찰나의 시간으로, 한 찰나를 겁劫으로 보여주며 (우리를) 혼동시키는 것이야말로, 하나의 속임수로 (무지의) 어둠이 배양하는 공空(sunya) 속에서 만물을 조작해 내어 미혹시키는 마야인 마음의 경이로움이라네.

사두 옴: 어두운 방 안에서만, 그리고 한정된 빛에 의해서만 영화를 영사하고, 볼 수 있다. 밝은 햇빛이 비치는 곳에서는 그럴 수가 없다. 마찬가지로, 진아에 대한 망각이라는 어두운 무지 안에서만, 그리고 마음-빛(mind-light)에 의해서만 생시와 꿈의 상태들을 투사하고 그 안에서 세계라는 화면들(world-pictures)을 볼 수 있다. (지知-삼매 속에서) 진아가 온통 찬란하게 빛날 때는 생시와 꿈을 투사하고 경험할 수 없다. 그래서 이 연에 내포된 가르침은, 마야, 곧 마음-빛에 의해서만 시간·공간과 관련된 차별상들이 생시와 꿈속에서 보인다는 것이다.

562. (최초의) 원인이자 '참된 지知의 빛'의 눈이며 자기의 참된 성품인 완전한 전체(Purna)만 늘 명상하는 지성을 통해서, (진아망각의) 어둠

---

2) T. 답을 강요하는 질문이란, "꿈은 하룻밤으로 끝나지만 생시는 오랜 세월 지속된다. 그런데 어떻게 그 두 가지가 똑같은 환일 수 있는가?"와 같은 것이다. "마음인 마야"라고 하는 것은, 마야의 환력이 마음을 통해 실현되고, 미혹된 마음 자체가 마야이기 때문이다.

속에서 나타나는 상상적 차별상으로 (우리를) 미혹시키는, 에고가 경험하는 꿈[생시와 꿈]의 상태를 몰아내라.

563. 꿈의[즉, 생시와 꿈의] 세계들을 보지만 **자기**를 보지 못하는, 무지한 미혹에 가득 차 있는 **자기**에 대한 **탐구**[즉, "나는 누구인가?"]에 몰두하면, 파편적인 마음 성품이 죽은 '마음 그 자체'가 **참된 지**知의 풍요로운 태양으로 떠올라 하느님의 **두 발** 아래서 빛난다네.

564. 꿈의 환幻 속에서 괴로움의 소용돌이를 경험한 뒤에, 거짓으로 끝나 버린 그 모든 괴로움을 겪은 자신이 앞서 부드러운 침상에서 안전하게 누워 자던 바로 그 사람이라는 것을 아는 것이 **진아**를 올바르게 아는 것이네.

사두 옴: 이 연에서는 비유(*upamanam*)만 분명하게 묘사되고 있고, '비유물(*upameyam*)'[그 비유로써 설명되는 대상], 즉 영향 받지 않는 **진아**라는 상태는 독자들이 (적용 범위를) 확장해서 이해하도록 남겨져 있다.

자신의 진정한 성품을 잊어버린 개아는 자신의 침상에서 잠을 잔 "그 사람"에 비유된다. 그 개아가 무수한 탄생과 죽음 속에서 한 행위들의 열매로 인해 경험하는, 앞서 말한 **진아망각**의 잠 속에서 꿈으로 나타나고 사라지는 괴로움들은, 그가 잠을 자면서 꾸는 꿈속에서 경험하는 "괴로움의 소용돌이"에 비유된다. 그런 다음, 그가 **진아**로서 참으로 깨어나면 거짓으로 끝나 버리는 그 개아의 탄생과 죽음이라는 모든 겉모습들은, 그가 잠에서 깨어나면 거짓으로 끝나 버리는 모든 꿈들에 비유된다. 둘이 아닌 자인 **진아**가 하나의 개아로 되어 많은 탄생과 죽음을 통해 괴로움을 겪는 것처럼 보이기는 하지만, 실은 **진아**는 그런 거짓된 겉모습들에 영향을 받지 않는다. 이것이 "앞서 부드러운 침상에서 안전하게 누워 자던 그 사람"으로 항상 남아 있는 '꿈꾸는 자'의 비유로써 잘 설명된다.

스리 무루가나르: 우리가 **진아** 깨어남을 통해 모든 이원자(dyads)와 3요소

(triads)들이 거짓임을 알게 되면, 그것들은 모두 사라지고 (그것들이 그 위에서) 빛날 어떤 기반[에고]도 없을 것이다. 그럴 때 이원자나 3요소들과 연관되지 않고 그냥 잠을 자는 지복스러운 의식[혹은, 그냥 지복스럽게 잠을 자는 의식]이 "**진아를 올바르게 아는**" 상태이다.

565. 꿈속에서 어떤 사람이 지각없이 미혹되어 혹독하고 황량한 사막에서 고생하다가, 자신이 살던 곳을 탐문하여 그곳에 당도하면 깨어나듯이, 윤회계(*samsara*)[세간적 삶] 속에서 괴로움을 겪다가 **해탈**을 얻는 것도 그러하다네.

스리 무루가나르: 이 연은 스리 바가반이, 해탈(속박에서 벗어남)조차도 한갓 심적 개념에 불과하다는[즉, 거짓이라는] 것을 미묘하게 보여주는 것이다. 진실은, 결코 속박되어 있지 않은 **진아**만이 존재한다는 것이다.

B9. 자기(진아)를 잊어버리고 몸을 자기로 착각하면서 무수한 탄생을 거듭하다가 마침내 자기를 알고 자기가 되는 것은, 온 세상을 헤매고 다니던 꿈에서 깨어나는 것과 같다네. 이와 같이 알라.

스리 바가반이 지은 이 연은 「진아 5연시(*Ekatma Panchakam*)」의 하나이다.

13. 서로 다른 상태들

566. 가없는 허공[다섯 째 원소인 공쯔]과 별개로 다른 모든 원소들[지·수·화·풍]이 실제로 존재한다면, 결함 없는 저 **뚜리야**(*Turiya*)[진아의 상태]에게 낯설지 않은 생시 등 세 가지 상태[생시·꿈·잠]도 실제로 존재한다네.

이 가르침은 생시, 꿈, 잠이 실재하지 않는다는 것이다.

567. 잠의 무지를 찢어버리고 빛나는 **뚜리야**[진아의 상태]에 잠겨서 확고

히 안주할 수 없는 사람들에게만, (무지 속에서) 번성하는 처음 세 가지 상태[생시·꿈·잠]와의 결합3)과, 네 번째와 다섯 번째 상태[뚜리야와 뚜리야띠따]의 차이가 있음을 알라.

사두 옴: 이 연의 취지는, 진보된 구도자들은 경전에서 언급하는 **뚜리야** 외의 모든 상태들[즉, 잠·생시·꿈·뚜리야띠따]은 실재하지 않는다는 것을 알아야 한다는 것이다. 독자들이 제566연과 567연의 두 연을 더 분명하게 이해하기 위해서는 「실재사십송 보유」, 제32연과, 『스리 라마나의 길』, 제1부 제8장의 마지막 부분을 참조해야 할 것이다.

568. 상태 집착인人(*avastha-abhimani*)4)이 존재하는 한에서만, 여러 상태들이 지각될 수 있을 것이네. 그러나 에고-의식의 형상으로 일어난 이 상태 집착인이 자신을 탐구하여[자기탐구를 통해서] 소멸되면, 그 상태들의 모든 차별상도 사라질 것이네.

사두 옴: "에고-의식의 형상으로"의 타밀어 단어 '*arivay*'는 "그것을 알라"의 뜻으로 이해할 수도 있다.

569. 지고한 헌신(*Para-bhakti*)[완전한 자기순복] 그 자체에 의해 **지고한 성품**(*Para-swarupa*) 안의 **지고한 상태**(*Para-avastha*)라는 지배권을 얻은 **지고인**[지고의 경지를 성취한 자, 곧 진인]은, 그의 성품상 **지고한 상태**와 별개인 단 하나의 상태도 보지 않을 것이네.

사두 옴: 하나의 큰 열린 공간 한가운데에 칸막이벽 두 개를 새로 설치하면 그 공간이 세 부분으로 나뉘듯이, 두 종류의 몸 동일시, 즉 '생시-몸과의 동일시'와 '꿈-몸과의 동일시'가 상상적으로 일어나면, 단 하나의 단절 없는 진아-의식 그 자체가 세 가지 상태, 즉 생시·꿈·잠으로 되는 것처럼 보인다.

---

3) T. '세 가지 상태와의 결합'이란 생시, 꿈, 잠에 빠져 계속 그것을 되풀이한다는 뜻이다.
4) 자신을 몸과 동일시하면서, "나는 지금 생시 상태에 있다. 나는 꿈을 꾸고 있었다"고 느끼는 사람.

우리는 생시 상태의 몸을 '나'로 인식할 때의 우리의 상태를 생시 상태로 경험하며 그렇게 이름 붙이고, 꿈속의 몸을 '나'로 인식할 때의 상태를 꿈의 상태로 경험하며 그렇게 이름 붙인다. (몸·마음 등의) 부가물이 없는 우리의 본래적인 진아-의식의 상태도 경험하고 그렇게 이름 붙이는데, 그럴 때 그 진아-의식은 마치 우리의 세 번째 상태인 잠처럼 남아 있다.

자기탐구를 통해 그 두 가지 몸 동일시 형태를 한 생시와 꿈이라는 두 개의 벽이 소멸하면, 우리의 무한하고 본래적이며 단일한 **진아-의식**이 큰 열린 공간처럼 단 하나의 부가물 없는 명료한 상태로서 경험된다. 이것은 그때까지 경험하던 세 가지 상태와는 아예 다른 하나의 새로운 상태로서 경험되므로, 경전에서는 그것을 '**뚜리야**(*turiya*)[네 번째]'라고 이름 붙인다. 그러나 본래적 진아의 상태[본연적 진아상태(*sahaja atma sthita*)]에 잘 자리 잡고 있는 체험을 통해, "이것은 우리의 영원하고 본래적인 상태일 뿐이다"라는 **지**知가 밝아오고, 생시·꿈·잠은 실재하지 않는다는 것을 알게 되면, '뚜리야', 곧 '네 번째'라는 이름도 무의미한 것이 된다. 왜냐하면 이 상태가 그 새로움을 잃을 것이기 때문이다. 따라서 이 본래적이고 비이원적이며 영원한 진아-의식은 이처럼 '뚜리야'로 불릴 수 없고, 그래서 경전에서는 그것을 다시 '**뚜리야띠따**(*turiyatita*)[네 번째를 넘어선 상태, 곧 다섯 번째 상태]'라고 이름 붙였다! 그러나 상태들의 이 모든 분류와 차별상은 언어적인 것일 뿐, 실은 그 상태들은 아예 존재하지 않는다. 이 다섯 가지 상태를 분류하여, 무지한 상태에 있는 구도자들에게 들려주는 것은 그들의 정신적 만족을 위한 것이다. 진인의 체험은 **진아-존재**(Self-existence)라는 단 하나의 단순한 의식이며, 그것은 모든 상태를 넘어서 있다.

14. 두 가지 업業 — 선업과 악업

570. "나라는 한 사람이 존재하고 있다"고 어떤 사람이 생각하는 한,

그 개인은 "몸이 나다"라는 에고성을 통해 (행위자 의식을 가지고) 두 종류의 행위(karma)(좋은 행위와 나쁜 행위)를 하고 그 열매를 경험해야 한다는 것은(즉, 그런 이론은) 적절하다네.

사두 옴: 행위자 의식이 있는 한, 누구도 업業 이론, 즉 누구나 행위를 해야 하고, 그 열매를 거두어야[경험해야] 한다는 이론을 부정할 수 없는데, 행위자 의식은 바로 에고의 성품이다. 또한 「실재사십송」, 제38연에서 스리 바가반이 "행위들을 하는 자가 우리라면, 그로 인한 열매들을 경험할 것이네."라고 하는 것을 참조하라.

571. 에고라는 유령을 (몸을 위한) 소중한 지킴이로 즐거이 임명해 둔 개아의 주인[하느님]은, 그 개아가 과거 행위의 결과[발현업]를 남김없이 다 경험하여 소진할 때까지 몸의 수명을 늘려 준다네.

572. 어떤 사람이 과거에 하고 남은(즉, 아직 해소되지 않은) 업業[선업과 악업] 그 자체야말로, 그것을 짊어진 그가 이 세간의 삶 속에서 그것들이 허다한 즐거움과 고통으로서 안겨주어 경험하게 되는, 친구들과 강력한 적들로 다가온다네.5)

573. "내가 하는 행위로써 얻는 열매가 훌륭하면 족하다"고 생각하면서, 아무 수단으로나 (그 행위를) 하지는 말라. 그 수단을 나쁜 것으로 선택하면 나쁜 행위를 자신의 것으로 하는 수단이 되므로, 그 수단도 아주 순수해야 한다는 것을 알라.

이 연을 통해서 우리는, "목적이 수단을 정당화한다"는 격언이 우리가 따를 만한 가치 있는 원리가 아니라는 것을 알아야 한다.

574. 마음의 고요함과 정직함인 순수한 마음으로 행하는 것만이 좋은

---

5) *T.* 즉, 우리가 삶 속에서 만나는, 우리에게 많은 즐거움과 괴로움을 안겨주는 친구와 적들은, 좋거나 나쁜 업의 결과를 우리가 경험하게 하는 '도구인道具因(instrumental cause-어떤 결과를 실현시키는 보조적 요인)으로서 다가온다는 것이다.

행위라네. 마음이 강박적 들뜸과 욕망의 불순수함을 가지고 행하는 모든 것들은 나쁜 행위의 범주라네.

15. 이원자와 3요소들

이원자二元者(dyads)[산스크리트어-드완드와(dwandwa); 타밀어-이랏따이(irattai)]는 선과 악, 쾌락과 고통, 지知와 무지와 같은 상대물의 쌍들을 의미하고, 3요소(triads)[산스크리트어-뜨리뿌띠(triputi); 타밀어-뭅뿌디(muppudi)]는 '아는 자, 앎, 알려지는 것', '경험자, 경험하기, 경험되는 것', '보는 자, 봄, 보이는 것' 등과 같은 대상지對象知의 세 가지 요소를 의미한다.

575. (외관상) 빛나는 비非진아(non-Self)의 속성은, 어떤 것에서나 (우리를) 미혹시키는 이원자(irattai)들의 기반으로 남아 있는 것이네. 그 상태에서 기만하는 마음의 개념인 이원자들이 진아에는 없다네.

진아의 성품은 단일성(oneness)이다. 비진아의 성품은 이원자와 3요소들을 갖는 것이다.

이 연에서 스리 바가반은 「실재사십송」 제9연에서 "둘과 셋들(이원자와 3요소들)은 늘 그들의 존재성을 하나에 의존한다네."라고 할 때의 '하나(ondru)'라는 단어가 진아를 뜻하지 않고 에고, 즉 비진아를 뜻한다는 것을 분명히 하고 있다. 『스리 라마나의 길』, 제2부 부록 4c를 참조하라.

576. ("이것은 뭐다"라는) 인식의 경계선을 규정하는 표지標識인 (그 사물 고유의) 특징들을 가진 것만이 알려질 수 있고, 그런 표지가 가늠의 울(padal)6)이지만, 초월적인 진아는 가늠될 수 없는 것이네.

사두 옴: 진아는 이원자나 3요소들 같은 앎의 대상이 아니므로, 어떤 경계

---

6) T. '울'의 타밀어 단어 padal은 야자수 잎이나 나뭇가지 등을 엮어서 울타리나 가림막으로 만든 것을 뜻한다. 이것은 울 안의 것—어떤 개념에 의한 인식 범위 안의 것—과 밖의 것을 구분하는 일종의 '경계선'을 상징한다.

선 내에서 그것을 지적하거나, 이러이러하다고 규정할 수 없다.

577. 자신의 둘이 없이 빛나는 성품으로 인해, 진아에게는 다른 것들에 대한 추구 자체가 불가능하다네. 그러니 "보는 자는 누구인가?"라면서 자기를 탐구하면, (셋으로 나뉜) 3요소들 자체의 분리가 사라지고 마음이 열릴[심장매듭이 끊어질] 것이네.

「실재사십송」, 제9연을 참조하라.

578. 항상 빛나고 있는 자기 성품의 명지明知(swarupa vijnana) 하나만이 마음으로 받아들여야 할 유일한 실재라네. 지각되는 것들[3요소들]은 꿈일 뿐이라고 판정하여, 오염된 상상으로 치부하고 배제하라.

579. 영원한 진아(swarupa)는 비이원적인 찬연함이고, 자기주시 외의 다른 방도로는 자신(에고)을 없앨 수 없으므로, 도달해야 할 목표가 곧 진아요 수단이 곧 진아여서, 그것들[수단과 목표]이 서로 다르지 않다는 것을 알라.

사두 옴: "내가 길이요, 내가 목표이다"라는 현자들의 말을 여기서 상기해 볼 수 있다.

580. 단 하나의 존재-의식인 지고자의 두 발[진아]의 상태 안에 차별상을 보는 미혹된 마음이 가라앉아 죽으면, 미혹과 결합된 차별상 전체가 브라만의 참된 형상(Brahma swarupa)인 존재-의식에 다름 아님이 드러날 것이네.

581. 앎이 다양하다고 하면서 낯선 것들에 대한 앎[대상지知]의 성품으로 아는 이들은 분리된 차별상의 미혹을 없앨 줄 모르는 사람들이네. (욕망 등의) 광기에서 생기는 오관의 지각에서 물러나 충만하고 참된 앎을 얻으면, 낯선 것들(감각대상들)은 없을 것이네.

16. 감각쾌락의 향유

582. 아이라니(Ayirani-인드라의 아내)에게서 인드라(Indra)가 얻는 쾌락은 욕정에 사로잡힌 개가 자신의 암캐에게서 자기 성품대로 스스로 얻는 것과 다를 바 없다고, 일찍이 **지고아**의 체험에 안주해 있던 (진인) 다디얀가타르바나(Dadhyangatharvana)가 말했다네.

스리 무루가나르: 천상계의 왕인 인드라는 자신이 천상에서 즐기는 쾌락들이 모든 쾌락들 중 최고라고 자랑스럽게 생각하고 있었다. 큰 **진인**인 다디얀가타르바나는 인드라가 무욕(vairagya)을 얻을 수 있도록 하기 위해 한때 인드라에게 위와 같이 조언한 적이 있었다.

583. 주린 배가 아플 만큼 허기가 진 사람에게는 쌀겨죽粥과 뿔라리시죽7)도 더없이 맛난 밥이네. 그러니 이 오래된 세상에서 쾌락은 욕망하는 감각대상들의 성질에서 오지 않고, 그것을 간절히 원하는 욕망에서 나온다네.

사두 옴: 이 관념은 『스리 라마나의 길』, 제1부 제2장에서 잘 설명된다.

584. 존재함이야말로 의식이고, 그 의식이야말로 **지복**이니, 낯선 것들에서 즐거움을 얻는다는 것은 기만일 뿐이네. 명료함이 충만한 **실재**인 **진아**를 떠나서, 상상적인 감각대상들에 진정한 **지복**이 있을 수 있는지 말해 보라.

585. 마른 뼈를 입에 문 어리석은 개가 자기 이빨로 와삭와삭 씹어 자기 입에 상처를 내어 피가 나게 해놓고, 자기 피를 즐기면서 "이 뼈만큼 맛있는 것은 달리 없다"라면서 그것을 찬양하네.

사두 옴: 자기가 맛보는 그 피가 바로 자기 입에서 나온다는 것을 모르는

---

7) T. 뿔라리시(*pullarisi*)는 벼과 식물의 일종인 '지네발새'(crowfoot grass, *Dactyloctenium aegyptium*)라는 식물로, 볍씨 비슷한 그 씨앗은 기근 때 먹는 구황식품의 하나이다.

그 개처럼, 행복이 그들 자신의 진아에서 나온다는 것을 모르는 무지한 사람들은 행복이 감각대상들에서 나온다고 생각하고, 그것을 추구하고 축적한다. 또한 『스리 라마나의 길』, 제1부 제2장을 참조하라.

586. 의식의 지복을 체험해 보지 못하고 논쟁을 일삼는 사람들은, 여성의 상징(여성의 성기)에서 얻는 즐거움을 위시한 다른 즐거움들만 가치 있게 여겨 미혹되고, 죽을 때도 그런 생각만 하며 두려워하다 죽을 것이네.

587. 우리가 알고 즐길 가치가 있는 것으로서 **심장 속에 충만한 큰** (지복의) 삶을 잊어버린 무지한 사람들의 마음은, 좁쌀 부스러기마냥 하찮은 감각대상의 꿀에 녹아서 그것을 열망한다네.

588. 살덩이 물(체액)이 흘러나오는 구덩이(여성의 성기)를 찾는, 순수함이 없는 비천한 사람들[성을 탐하는 사람들]은 (지혜로운 사람들의) 경멸의 대상일 뿐이니, 거기에 빠져 드러누운 그들은 그것[저급한 삶]을 떠나 지고한 **시바 지복**의 바다에서 즐거워하지 못한다네.

589. 생각에 구애받지 않는 큰 **지복**이라는 성숙한 열매를 즐기려는 드높고 강렬한 열망을 가진 상근기들에게, 분별력 없고 자신을 지킬 줄 모르는 사람들만이 즐길 만한 육욕의 하찮은 쾌락들은 저급한 것이네.

590. 음식으로만 자신이 존재하고 있다는 것을 모른 채 자신이 음식을 먹는다고 생각한다면, 음식이 그를 먹어서, 그를 물릴 줄 모르는 큰 허기[물릴 줄 모르는 큰 불만족]의 노예로 만들어 버릴 것이네.

사두 옴: 여기서 '음식(*annam*)'이라는 단어는 입을 통해서 섭취하는 (그리고 혀를 통해서 맛보는) 음식뿐만 아니라, 눈·귀·코·피부를 통해 섭취하는 다른 네 가지 감각 쾌락도 의미한다. 우리는 음식이 우리에게 바탕적 존재

성을 안겨준다고 생각하지만, 실은 우리 자신이 **바탕**(*vastu*) 곧 **존재**(*sat*)이다. 우리는 우리의 성품 자체가 **존재**임을 모른다. 우리가 행복 혹은 만족 그 자체이므로, 음식[감각대상들]에서 만족을 얻기를 기대하는 것은 어리석다. 만일 **존재**, 곧 만족(*ananda*)의 충만함인 우리가 자신의 만족을 위해 감각대상들을 얻으려고 욕망한다면, 만족의 충만함이라는 우리의 성품은 그 욕망에 의해 결핍의 성품으로 변할 것이다. 그래서 그것[그 욕망]이 물릴 줄 모르는 욕망의 불을 만들어내어 우리를 집어삼킬[죽일] 것이다.

591. 음식을 먹을 때마다 그 음식이야말로 그들의 생명을 먹고[잠식하고] 있다는 사실을 모르는 사람들만이, 이 세상에서 경험할 수 있는 향유 대상들(*bhogas*)을 생각하면서 허기를 느끼고, 그것을 뒤쫓는다네.

사두 옴: 음식이나 다른 비슷한 향유의 대상들은 개아들(*jivas*)로 하여금 그것을 즐기면 즐길수록 그것을 더 많이 갈망하게 만들기 때문에, 그것들은 개아들을 **진아**에 대한 욕망에서 멀리 벗어나게 한다. 죽음은 생명에서 분리되는 것에[다시 말해서, **진아**에서 분리되는 것에] 지나지 않기 때문에, 여기서는 우리를 **진아**에서 분리시키는 음식이나 다른 향유의 대상들을 더 많이 즐기면 즐길수록, 그것들이 우리의 생명을 잠식하거나 우리를[개아들을] 죽인다고 말한다.

592. 꼿꼿이 타오르지 않는 불에 기(ghee-정제된 버터)를 더해 주면 그것이 잦아들지 않고 더 타오르듯이,[8] 욕망도 충족될수록 그 불길이 더 타오를 뿐 잦아들지 않을 것이네.

여기서 사용된 '욕망'의 타밀어 단어는 '까마(*kama*)'인데, 이것은 일반적으로 '욕망'을, 특수하게는 '정욕'을 의미한다.

---

8) *T*. 인도의 사원에서는 기에 심지를 담근 등불을 많이 켜며, 불이 약해지면 기를 보탠다.

592a. 불멸원리(*amrita-tattva*)의 삶을 성취하(려)는 사람의 의식에게, 죽음 원리(*yama-tattva*)인 망각과 결합하는, 따마스의 성질을 가진 다섯 가지(다섯 감각)가 함께 결합된 단 하나의 저 감각대상(여성의 몸)은, 파멸적이고 치명적인 어떤 독毒보다도 더 위험하다네.

이 연은 스리 무루가나르의 원고 중에서 "『진어화만』에 덧붙일 것"이라는 쪽지가 발견된 것이고, 그래서 『진어화만─풀어옮김』의 부록 말미에 포함되었던 것이다.

다섯 감각기관 중 어느 것을 통해 대상들을 아는 것도 우리의 자기주시를 상실하게─다시 말해서 진아를 망각하게─한다. 그런 망각 혹은 자기주시의 상실을 진인들은 죽음이라고 선언한다(본 저작 제394연과 『분별정보』 제321~329연을 보라). 따라서 진아라는 불멸의 상태를 성취하기 위해 자기탐구를 닦고 있는 사람들은 가슴 속에서 감각대상들에 대한 욕망이 일어날 여지를 털끝만큼도 주지 않도록 조심해야 한다.9)

593. 접촉하는[무는] 것 하나만으로도 (오관의 욕망이라는 뱀이) 사람을 죽이는가? 숙고해 본다면, (그것을) 보거나 심지어 생각하는 것으로도 사람을 죽이는 오관의 욕망이라는 뱀같이 유독한 뱀을 우리는 본 적이 없다네.

17. 마음, 곧 마야

594. 실제로는 없는 **마야**가 오직 자기만이 실재인 것처럼, 예리한 지성을 가진 사람들까지도 힘으로 완전히 미혹시키고, 자신의 정복[승리]에 스스로 놀라워하며 흐뭇하게 미소 짓는다네.

---

9) *T*. 이 주석에서는 언급하고 있지 않으나, 이 연은 『띠루꾸랄』, 제1101연에서 "보기, 듣기, 맛보기, 냄새 맡기, 접촉하기의 다섯 감각 쾌락 모두가 이 밝은 발찌들로 장식된 처녀 안에 들어 있다네"를 염두에 둔 것이라고 한다. 스리 바가반의 타밀시 원문에도 "단 하나의 저 감각대상(*oru av-vishaya*)"이라고 표현되어 있다.

사두 옴: 우리가 "나는 이러이러한 사람이다"["나는 개아다, 즉 나는 한 개인적 영혼이다"]라고 느끼게 만드는 것은 **마야**의 유희이다. 잘 배웠고 예리한 지성을 가진 사람들조차도 자신이 몸이라고 생각하면서, 신비한 능력을 얻어 기적을 행함으로써 자신들, 곧 이른바 개인들을 위해 영광을 얻기를 열망한다. 그래서 스리 바가반은 마야가 그런 사람들조차도 미혹시키고 정복하여, 그들을 자신의 강력하고 사악한 지배하에 두었다고 지적한다.

595. 심장의(실재의) 빛을 깨달을 때, 충만한 짙은 어둠[세계라는 겉모습]이 바깥에 존재한들 무슨 대수인가? 그 충만한 짙은 어둠은 빛나는 **실재**인 저 **심장의 빛**["내가 있다"]을 숨길 수 없다네.

사두 옴: 땅 위에 있는 사람의 그림자가 아무리 길고, 어둡고, 짙어도 그것이 하늘의 해를 가릴 수는 없다. 마찬가지로, 바깥의 세계들이 아무리 무수해도, 그것은 **진아-존재**(Self-existence) 때문에 생겨날 뿐이고, 그것들의 외관상 존재는 **진아-존재**, 곧 "내가 있다"를 가릴 수 없다.

596. 모기가 입을 벌려 광대한 허공을 다 삼켰다가 토해냈다고 말하는 것보다 훨씬 더 우스운 것은, 쇠퇴하고, 존재하지 않고(asat), 지각력 없는(jada) **마야**가 지(知)의 빛(arivu oli)[10]인 **진아**를 자기가 복속시켜 속박했다고 말하는 것이네.

사두 옴: 산스크리트 단어 '마야(maya)'는 '없는 것'이라는 뜻이다(ya: 것; ma: 없는).

597. 실재야말로 완전한 의식인 **심장**[진아]이라고 한다면, 이 무거운 마야는 속임수일 뿐이지 않은가? 속임수인 저 마음의 **마야**라는 뱀에 물려서 개아가 미혹되는 방식은 얼마나 놀라운 것인가!

사두 옴: 위 시구들에서 나온 모든 내용으로 볼 때, '마야'는 존재하지 않는

---

10) *T.* '지의 빛'은 '의식의 빛' 혹은 '자각의 빛'으로도 옮길 수 있다.

다는 것이 잘 확립되므로, **마야**의 유희라고 이야기되는 (신의) 다섯 가지 작용(*pancha-krityas*), 즉 창조·유지·파괴·**은폐**·**은총**은 실재하지 않는다는 것과, 불생不生(*ajata*)이 유일하게 올바른 결론(*siddhant*)이라는 것이 분명하지 않은가?

18. 무지

598. '그들이 곧 그것[브라만]'인 진인들을 보고, "그들이 비이원성의 상태에 있다면 그들이 먹는 음식 등은 뭔가?"라고, 몸-의식을 가진 사람들이 마치 **진지**의 지고한 상태를 규정하듯 묻지만, 그들은 자신들의 지각력 없는 의식[몸과의 동일시 의식]을 드러낸다네.

사두 옴: 무지한 사람들은 "나는 몸이다"라는 느낌만 경험하기에, 그들과는 반대로 **지고아**가 '나'임을 경험하는 **진인**들을 한갓 몸으로밖에 보지 못한다. 이것은 "눈을 가진 만큼 보게 된다"("보는 자의 안목에 따라 보이는 것이 다르다")는 원칙에 부합한다. 「실재사십송」, 제4연의 "보이는 것이 눈과 다를 수 있는가?"라는 것을 참조하라. 그래서 **스리 바가반**은 비진아인 몸의 활동을 진아인 그 진인의 활동으로 여기면서 이야기하는 무지한 사람들을 조롱하면서, 그들은 자신들의 무지—몸을 자기로 여기는 무지—를 드러내고 있다고 말한다.

599. 어린 소녀가 (자신의) 결혼식 자체가 부부간 결합의 경험이라고 생각하면서 행복을 느끼듯이, 내면을 탐구하여 얻은 깨달음이 없는 사람들은 언어적 **베단타**[책 지식]가 비이원적 지知(*advaita jnana*)라고 말하네.

이 연에서 사용된 비유는 아이들을 결혼시키던 고대의 관습을 지칭한다.

600. 경전을 통해 지고한 **진아**의 학學(*Atma Para-tattva*)을 배운 것 외에

지성만으로 자신들을 높이 평가하는 사람들이, 공부하는 자신을 탐구하여 **지복**에 잠겨보지 못한 채, 침묵에 자리 잡은 이들[진인들]을 시험하는 그 무지는 대체 무엇인지 말해 보라!

601. 자신의 **진아**를 알 능력도 없는 사람들이, 내생과 전생의 성질들을 힘들게 구태여 상상하는 것은, 어린아이가 자기 그림자를 붙잡으려고 팔짝거리는 것과 같다네.

과거는 어떠했고 미래는 어떠할 것인가? 즉, 세계는 과거에 어떠했고, 미래에는 어떠할 것인가, 우리는 과거생에 누구였고, 미래생에는 어떤 사람일지, 이번 생에는 우리의 미래가 어떠할 것인가? 등등을 말한다.

602. 현재 자신의 상태를 탐구하여 (자신의 참된 성품을) 깨닫지 못하고 심히 헷갈리는 사람들만이, 첫날과 끝날[태어나는 날과 죽는 날]의 그들 자신의 상태를 오래 숙고하면서 그것을 알아내려 한다네.

603. "오늘 우리는 어떻게 있는가?"["오늘 우리의 참된 존재는 무엇인가?"]라는 것을 (탐구하여) 깨닫는 이익을 조금도 열망하지 않는 사람들이, 그들이 죽은 뒤 태어나기 전에 존재하는 그들의 진리[그들의 상태]에 대해 생각하며 걱정하는 그들의 의식은 대체 뭐란 말인가!

603a. 태어난 날이라고 큰 잔치를 여는 이들이여, 태어난 우리가 누구인지 먼저 탐구하오. 태어남도 죽음도 없이 하나로서 빛나는 실재 안에서 우리가 태어날 때가 (참으로) 태어난 날이라오. —바가반

사두 옴: 1912년에 헌신자들이 처음으로 스리 바가반의 탄신일(*Jayanti*)을 경축하기 시작했을 때, 당신이 이 연과 다음 연(603b)을 지었다.

스리 바가반은 「실재사십송 보유」, 제11연에서 "누가 실제로 태어나는가?"라는 물음에 대해 하나의 답변을 내놓은 바 있다. 마찬가지로, 이 연에서도 "무엇이 진정한 생일인가?"라는 물음에 대해 하나의 답변을 제시했다. 집착

['몸'-에고(dehabhimana)]으로 인해 몸을 '나'와 동일시하는 것이 개아의 탄생이다. 그러나 이것은 사실 거짓된 탄생이다. 몸을 '나'와 동일시하는 것은 우리의 참된 상태의 죽음이기 때문이다. 반면에 진아로서 안주하는 것이 유일하게 참된 삶이므로, 에고의 근원인 진아를 면밀히 탐구함으로써 얻어지는 진아지의 성취야말로 우리의 진정한 탄생이다.

603b. "태어난 날에 최소한 ("나는 이 몸이다"로서의 자신의) 탄생을 슬퍼하지는 않고, 태어난 날을 경축하는 것은 시체를 장식하는 것과 같다"고 (분별하여) 자신을 앎으로써 가라앉(아 진아에 합일되)는 것이야말로, (참된) 지知라네. ─바가반

사두 옴: 스리·바가반은 앞 연에서 진아 깨달음이야말로 참된 탄생이라고 밝힌 뒤에, 이 연에서는 이 세상에 하나의 몸으로서 태어난 날인 우리의 거짓된 탄생일을 경축하는 것은 '무지'라고 가르친다. 다른 날에는 "아, 내가 이 몸을 '나'와 동일시하여 이 세상에 태어나다니"하고 한탄하기를 잊고 있다 해도, 최소한 자신의 생일에는 그것을 기억하면서 그렇게 한탄하고 그 과오를 후회해야 한다는 것이다. 그러지 않고 우리의 생일을 성대하게 경축한다면, 그것은 시체를─이 몸을─'나'가 아니라고 혐오하여 내버리기는커녕, 그것을 즐겁게 장식하는 것과 같다.

603c. 우리가 없을 때 어떤 것이 우리의 대명사(나)인지 탐구하지는 않고 우리가 몸이라고 생각한다면, 시간이 우리를 잡아먹을 것이네. (그러나) 우리가 몸인가? (진아인) 우리는 '있고, 떠나가고, 오는 시간' [현재·과거·미래]에 늘 하나이고, 따라서 우리만 있다네, 시간을 잡아먹는 우리가.11) ─바가반

---

11) T. 사두 옴이 『우빠데사 따니빠깔』에서 『진아화만』에 추가한 세 연 중 세 번째이며, 영어판에 없으나 영역자의 블로그에 그의 번역문이 있다(https://happinessofbeing.blogspot.com/2018/11/everything-depends-for-its-seeming.html#ut13). 이 한국어 번역문은 그와 약간 차이가 있고, 타밀어 원문에 더 가깝다

604. "시바가 그것과 결합해서 마음[찌땀(chittam)]이 명료해지는가, 아니면 시바가 (그것과) 결합하는 것은 마음이 명료해서인가?" 번뇌를 안겨주는 차별상이 없는 '단 하나'를 별개의 행위로 생각하여 미혹되는 사람들에게 해 줄 답변은 없다네.

사두 옴: 이 질문을 하는 사람들은 시바가 찌땀(chittam) 속에 들어가는 것과 찌땀이 정화되는 것을 서로 다른 두 가지 행위로 본다는 것이 분명하지 않은가? 만일 그것이 실제로 서로 다른 두 행위가 아니면, 우리는 하나가 원인이고 다른 하나는 결과라고 말할 수 없다. 그러나 실은, 그것들은 둘이 아니라 똑같은 하나이다. 바꾸어 말해서, 찌땀의 순수한 상태 자체가 **시바**이고, **시바**는 순수한 찌땀, 즉 **찌뜨**(chit)에 다름 아니다[제70연과 제244연 참조]. 그 질문은 이처럼 거짓된 전제에 기초해 있기 때문에 의미 있는 질문이라고 볼 수 없고, 그래서 그에 대해서는 어떤 의미 있는 답변도 해 줄 수 없다. 그래서 스리 바가반은 "그들에게 해 줄 답변은 없다"고 말한다.

19. 미성숙

605. 오관에 생각을 둠으로서 그것을 초조하게 갈망하고, 탐닉하고, (그래서) 수척해지는 미성숙한 사람들이 무엇 때문에, 오관을 뛰어나게 제어하여 조복調伏 받은 **사두**들을 찾아와 그들과 친교하는가?

사두 옴: 사회에서 높고 낮은 정도의 지위를 가지고 있을지는 몰라도 미성숙한 사람들이, 왜 세간적 공양물을 가지고 **사두**들에게 접근하여, 그들의 친존에서 자신들의 욕망이 성취되기를 기다리는가? 이것은 어리석을 뿐만 아니라 예의에도 어긋난다. 그런 세속적 사람들은 오관의 쾌락을 미친 듯이 추구하는 반면, **사두**들은 그들이 한 따빠스(tapas)의 힘으로 오관의 쾌락에 대한 욕망을 완전히 소멸하므로, 그런 세속인들은 **사두**들과 무관하다. 다음 사건이 이 점을 더 잘 보여줄 것이다.

스리 바가반이 비루팍샤 산굴(Virupaksha Cave)에 머무르고 계시던 어느 날 오후 4시에, 한 나이든 브라민이 딸과 함께 거기 와서 큰 쟁반에 가득 담은 비싼 과자들을 공양 올렸다. 스리 바가반은 그것을 조금 받으셨고, 나머지는 그 자리에 있던 모든 헌신자들에게 분배되었다. 헌신자들은 몹시 즐거워했는데, 왜냐하면 당시에는 그들에게 필요한 보통의 음식조차 충분히 구하기 어려웠기 때문이다. 헌신자들은 몹시 즐거워했지만, 스리 바가반은 그다지 즐거운 기색이 아니셨다. 그러기 사흘째 되던 날, 그 딸이 예의 그 쟁반을 가져오자 헌신자들은 모두 즐거워했지만, 스리 바가반은 언짢은 표정으로 그녀에게 말씀하셨다. "이게 뭐지? 왜 오늘도 가져오나? 이런 걸 한두 번 가져올 때는 내가 상관하지 않지만, 왜 매일 이런 비싼 것들을 가져오지? 만일 이런 공양물 이면에 뭔가 기대하는 것이 있다면, 그것은 잘못이야. 여기는 세속적 욕망을 충족하기 위한 곳이 아니야. 만일 자네에게 그런 어떤 욕망이 있다면, 내일부터는 이런 공양물을 가져오지 말게."

다음날은 그녀가 오지 않았고, 많은 헌신자들이 실망했다. 나중에 헌신자 한 사람이 그녀의 아버지에게 물어보고 이런 사실을 알게 되었다. 즉, 그녀는 결혼 적령기를 지났음에도 결혼할 만큼 성숙되어 있지 않았기 때문에, 어떤 사람이 그 아버지에게 그런 공양물을 스리 바가반께 올리면 그들의 바람이 충족될 거라고 조언했던 것이다.

20. 쁘라마다(Pramada)

'Pramada'는 부주의, 즉 시작했던 행위를 포기하는 것을 의미한다. 영적인 길에서는 그것이 정신을 바짝 차려 **자기주시**(Self-attention)를 하지 못하는 것, 바꾸어 말해 **진아안주**에서 미끄러진 것(진아망각)을 의미한다.

606. 경이로운 존재-의식의 공간인 그들 자신의 상태에서 태어나고 살아가고 가라앉는 '꿈꾸는 자아(swapnakalpita)'[꿈 속의 영혼]는 (진아

망각으로 인해) 각자의 업業을 통해 괴로움을 겪고 두들겨 맞는 바로 이 '경험적 자아(*vyavaharika*)'[생시의 영혼]라네.

이 연은 "개아의 단일성"에 관한 (본서 제2부의) 제9장과 잘 들어맞을 것이다. 그 장을 본 장의 제목과 결부시키기 위해 괄호에 "진아망각으로 인해"라는 말을 덧붙였다.

경전에서는 영혼[개아]을 그 실재성에 따라 중요성을 나누어, **1) 불변자**(*kutashtha*)[잠 속에서 존재하는 영혼], **2) 경험적 자아**(*vyavaharika*)[생시에 존재하는 영혼], **3) 꿈꾸는 자아**(*swapnakalpita*)[꿈의 상태에서 상상되는 영혼]의 세 가지 형태로 묘사한다. 경전에 따르면, 불변자(불변의 주시자)는 '경험적 자아'보다 더 실재하고, '경험적 자아'는 '꿈꾸는 자아'보다 더 실재한다. '꿈꾸는 자아'는 하나의 상상된 존재, 즉 상상을 통해서 꿈속에서 생겨나는 자아이기 때문이다. 그러나 이 연에서 스리 바가반은 '꿈꾸는 자아'뿐만 아니라 '경험적 자아' 조차도 상상적이고, 따라서 '경험적 자아'가 '꿈꾸는 자아'보다 더 큰 실재성을 갖는 것은 아니며, '경험적 자아'는 단지 '꿈꾸는 자아'의 또 다른 종류일 뿐이라고 선언한다. 왜냐하면 '경험적 자아'의 실재성은 그가 살면서 행위하는 세계의 실재성과 동일하기 때문이다. 생시 상태의 이 세계도 하나의 상상적인, 꿈과 같은 것에 지나지 않으므로, 스리 바가반은 '경험적 자아'조차도 하나의 '꿈꾸는 자아'라고 선언하는 것이다.

607. 두려움 없는 진아의 상태에서 떨어져 비천해진 영혼들은 탄생(과 죽음)의 괴로움을 겪는다네. "높은 지위에서 떨어져 비천해진 사람들은 머리에서 떨어진 머리카락과 같다네."

사두 옴: 타밀어로 보면, 인용부호 안에 든 본 연의 뒷 문장은 『띠루꾸랄』의 제964연이다. 『띠루꾸랄』에서 이 연이 나오는 부분의 장 제목이 "가문의 위신"이기 때문에, 이것은 높은 가문 출신이 격에 맞지 않게 행동하면, 마치 머리에서 떨어진 머리카락처럼 자신의 모든 가치를 즉시 잃는다는 의

미로 해석된다. 그러나 스리 무루가나르는 『띠루꾸랄』의 이 연 앞에 두 행을 추가하여 여기에 훨씬 더 깊은 의미를 부여하고 있다. 즉, 우리가 진아의 상태에서 떨어지면[하나의 개아로서 일어나면] 우리의 참된 영광을 상실하고, 비천하고 무가치한 중생이 된다는 것이다.

608. (들판의) 산처럼 항상 뚜렷하게 존재하는 위대함을 가진 **진아**의 상태를 알아서(깨달아) 그 상태에 머무르지 않고 헤매면서 고통 받는 것은, 자기 자신을 제쳐 두고 남들만 세면서 (그 셈의) 근원인 자신을 잊어버리는 사람[열 번째 사람]과 같다네.

'열 번째 사람' 이야기는 『마하르쉬의 복음』, 제2권 제1장을 참조하라(『마하르쉬의 복된 가르침』, 70-71쪽).

609. 생각이 일어나는 **심장** 속에서 자기 스스로 빛나는 **시바**의 **실재**를 "나는 누구인가?"라고 내면에서 예리하게 탐구함으로써, (내면으로) 가라앉아 자신이 **그것**과 합일되어 **그것**으로 안주하지 않고, 자신의 **참된 성품**에서 떨어져 나와 버리는 것은 마음(지성 또는 이해력)의 과오라네.

610. 으뜸가는 물건[진아]으로 존재하는 전체적이고 원초적인 것으로서 머무른다면, 그들이 어떻게 남들에게 수모를 당할 수 있겠는가? "높은 지위에서 떨어져 비천해진 사람들은 머리에서 떨어진 머리카락과 같다네."

다시 말해서, 우리가 **진아**에서 미끄러질 때만 우리가 마치 머리에서 떨어진 머리카락처럼 비천하고 타락한 개아가 된다는 것이다.

611. 망상에 빠져 전적으로 심적인 대상들을 **지고자**로 빛나는 진리가 현출한 거라고 믿으면서, 허공 같은 **원초적 실재**이자 순수한 지(知)인 **진아**의 **참된 성품**에서 미끄러지는[진아로 안주하기를 포기하는] 사람

을, 미친 사람이라고 간주하라.

612. 무엇이 눈앞에서 나타나고 사라지든, 그 무엇에도 미혹되지 말고, 눈 한 번 깜박임 없이 진아를 부단히 자각하라. 왜인가? 진아를 놓쳐 버리는 진아망각(*pramada*)이 조금만 있어도 (그로 인한) 괴로움이 클 것이기 때문이네.

스리 무루가나르: 어떤 종류의 이원자나 3요소의 출현에도 매혹됨이 없이 우리 자신의 상태, 곧 진아 안에서 항상 주의 깊게 깨어 있는 것이 지知-삼매(*Jnana-samadhi*)이다. 그것이 곧 해탈이기도 하다. 만약 반대로 우리가 진아인 의식을 잊어버리고, 조금이라도 알아야 할 대상들이 있다고 생각한다면—설사 그것이 아무리 사소하다 할지라도—마치 작은 독 한 방울이 큰 해를 끼치듯이, 그 진아망각 자체가 큰 해악을 야기할 것이다.

21. 윤회(*Samsara*)

'*Samsara*'는 문자적으로, "잘 움직이고 있는 것"이라는 뜻이며, 에고가 무수한 탄생과 죽음을 겪으면서 세간적 활동을 하는 상태를 의미한다.

613. 생각하기와 잊어버리기로서 기능하는 불순수한 마음 그 자체가 탄생과 죽음의 연속인 윤회(*samsara*)라네. 생각하기와 잊어버리기의 활동이 소멸한 '나'(*aham*)[순수한 진아-의식]야말로 탄생과 죽음이 없는 진정한 해탈(*mukti*)이라네.

스리 무루가나르: 생각의 일어남["나는 이러이러한 사람이다"라는 첫 생각의 일어남] 자체가 탄생이고, 진아를 잊어버리는 것이야말로 죽음이다. 생각하기와 잊어버리기라는 그런 마음의 현상들을 윤회라고 한다. 마음이 생각하기와 잊어버리기라는 불순수한 상태에서 벗어나 항상 진아를 붙들고 있을 때, 그것을 심멸心滅(*manonasa*)이라고 하며, 그것 자체가 곧 해탈이다.

614. 존재[진아]로서 한량없이 빛나는 자신의 진리를 버리고 살덩어리 몸을 자기로 착각하여, 미혹된 소견으로 감각대상들을 마치 실재하는 양 보는 것이, 혼탁하고 어두운 무지로 가득 찬 마음에서 치성熾盛하는 윤회라는 미망이라네.

615. 실은 진아 외에는 아무것도 존재하지 않지만, 몸만이 자기라는 내적인 미망을 통해 진리인 비이원적 지복의 불멸성을 벗어버리는 것이 탄생과 죽음의 원인이라네.

616. 윤회라는 것은 우리의 찌땀(chittam)[원습의 저장고] 자체라네. 저 윤회 없이[찌땀과 그 원습들 없이] 사는 사람들은 몸의 업業[발현업]으로 인해 (외관상) 윤회 속에 있지만[세간적 활동을 하지만], 그들은 진실로 참된 지知(mey-jnana)의 허공 속을 느긋이 거닌다네.

22. 장애들

617. 벼락이 치듯 많은 고난이 위대한 헌신자들을 무겁게 누르는 것은 저 순수한 사람들을 꺾이지 않는 상태[확고한 진아안주의 상태]에 자리 잡게 해주기 위함이지, 그들의 마음을 동요시키려 함이 아니라는 것을 알라.

618. 구도자는 과거의 행위와 결부되어[발현업을 통해서] 다가오는 괴로움들을, 그것은 그 영혼에게 구원을 안겨주기 위해 그의 마음을 더 굳건히 하려는 신의 은총임을 잘 인식하면서, 뛰어난 그의 마음에 두려움이 없이 그것을 감내해야 한다네.

619. 숫돌로 연마하지 않으면 광산에서 캔 보석이 광채가 나지 않듯이, 장애로서의 시련을 통해서가 아니면 우리가 하는 수행(sadhana)인

진정한 **따빠스**도 빛이 나지 않을 것이네.

620. 굴러가는 (사원의) 큰 수레가 거리를 달린 뒤 제자리로 돌아가기 위해서는 비녀장(linchpin-차바퀴를 굴대 끝에 고정하는 막대)이 튼튼해야 할 뿐만 아니라, 수레가 도로 옆으로 미끄러져 다른 것에 부딪치지 않게 하는 굄목도 필수적이라네.12)

스리 무루가나르와 사두 옴: 이 연 전체에서 '비유(*upamana*)' 하나만 나오고, '비유되는 것(*upameya*)'은 독자들의 추론에 맡겨져 있다. 그것은 다음과 같이 이해해야 한다. "마찬가지로, 구도자가 따빠스나 수행을 성공적으로 완성하려면, 오점 없는 인격과 생활방식뿐만 아니라, 발현업을 통해서 오는 장애들도 필수 불가결하다. 따라서 구도자는 장애들을 은총으로 인한 것으로 보고 그것을 인내심 있게 받아들여야 한다." 예컨대 청년 벤까따라만은 그의 형이 내뱉은 "이런 놈에게 이런 게 왜 필요해?"라는 심한 말을 인내심 있게 받아들였고, 그리하여 바가반 스리 라마나 마하르쉬라는 위대한 분이 세상에 출현하게 된 것과 같다. 이와 같이 부지불식간에 한 말뿐만 아니라 사악한 사람들이 의도적으로 야기하는 곤경조차도 (그것을 인내심 있게 잘 극복하면) 구도자의 삶에서 위대하고 훌륭한 결과를 가져올 것이다.

23. 마야의 경이로움

621. 단 하나[진아]이고 다수로서 태어나지 않지만, 무시이래 지금까지 (외관상 다수로) 태어나서 선업과 악업을 짓는 것처럼 보이는, 사생칠류四生七類[네 가지 방식으로 태어나는 일곱 부류의 중생]가 깨달아서 해탈을 얻는 데 성공하는 것은 얼마나 경이로운 일인가!

---

12) *T.* 여기서 '수레'는 힌두 축제일에 신상神像을 모셔 나와 거리를 행진하는 수레를 말한다. 띠루반나말라이의 큰 사원에서 매년 디빰 축제 때 신상을 싣고 나오는 큰 수레는 사람들이 사슬로 끌어서 움직이는데, 방향 전환을 위한 장치나 제동장치가 따로 없다. 따라서 굄목으로 자주 수레를 멈추어 방향을 바꾸거나 속도를 제어해야 한다.

사두 옴: '사생四生'[네 가지 방식의 태어남]은 씨앗·땀(습기)·알·자궁으로 태어나는 것이고, '칠류七類'[일곱 부류의 중생]는 천신, 인간, 짐승, 새, 다리 없는 중생, 물에서 사는 중생, 그리고 식물이다.

622. 자기가 그것[진아]으로 언제나 홀로 있으면서도, 자기가 마치 다른 대상이기라도 한 것처럼 그것과 합일되려고 하네. 그런 방식과 함께 힘들게 애써 노력하는 것처럼 어떤 규율들[수행]을 닦는 것만큼 놀라운 일은 하나도 없을 것이네.

24. 명성(*puhazhchi*)이라는 악

타밀어 단어 '*puhazhchi*'는 명성과 칭찬의 의미를 함께 갖는다.

623. 지고자인 자신을 무가치하고 비천한 몸으로 있게 하는 **진아망각**의 결함을 낳는 것이어서, 지혜로운 사람이라면 단호하게 매우 혐오해야 할 뿐만 아니라 긍정할 만한 가치가 없는 것이 명성이라네.

사두 옴: "나는 이러이러한 사람이다"로서 하나의 이름과 형상을 가진 개아[에고]가, 명성을 얻거나 칭찬을 받는 자 아닌가? 따라서 우리가 자신을 에고의 상태, 곧 **진아망각**에 의해 야기되는 비참하고 짓밟힌 상태를 취할 때에만 명성이나 칭찬을 열망하는 것이 가능하다. 그래서 **진아지**를 열망하는 지혜로운 이들에게는 이름과 명성을 얻을 가능성을 필히 배척하라고 조언하는 것이다. 그런 구도자들(*mumukshus*)이 이름과 명성을 미친 듯이 쫓아가는 것은 매우 부적절하다. 『띠루꾸랄』, 제263연에서는 이렇게 말한다. "태어난다면 명성을 가지고 살라. 명성을 얻지 못하는 사람들은 태어나지 않는 것이 낫다." 띠루발루바르[『띠루꾸랄』의 저자]는 개아로서[에고로서] 태어나고 싶은 사람들에게만 명성이 필수적이라고 말한 것인데, 그것은 올바르다. 그러나 구도자들은 태어나고 싶지 않고, 자신들의 개아성을 끝내고 **진아**를 깨닫고

싶을 뿐인 사람들이기에, 띠루발루바르가 권장한 명성은 그들에게 하나의 장애이고 큰 해악이다. 그래서 스리 바가반은, 지혜로운 사람들은 그것을 경멸하며 배척해야 한다고 말한다.

624. 누구든 남들이 주목하는 대상이 되고 싶은 욕망을 가지면, 그 욕망으로 인해 보호막도 없이 불필요하게, 자신이 확보해 둔 것과 자신의 수행에 장애를 만들게 되네.

사두 옴: 에고를 절멸하려는 욕망이 **진아수행**(*atma-sadhana*)의 올바른 표지이다. 그러나 명성과 칭찬은 에고가 얻는 것일 뿐이다. 따라서 만일 어떤 사람에게 명성에 대한 욕망이 있다면, 이는 그가 에고의 소멸을 원치 않는다는 것을 뜻한다. 그래서 스리 바가반은 명성에 대한 욕망을 가진 사람은 스스로 자신의 수행에 장애를 만들어내고 있다고 말한다. 따라서 진아수행이 장애 없이 진전되고 잘 보호받으려면, 구도자가 이름 없이 남들 모르는 곳에서 살아가는 것이 더 낫다.

25. 오만이라는 악

625. 오만이라는 저 형상 없는 지옥의 지배를 용인하는 것은 큰 잘못이라네. 결코 보아서는 안 되는 저 깔리뿌루샤(*Kalipurusha*)[악, 곧 오만]13)의 얼굴을 혐오하지 않는 자가, 무가치한 사람들 아니면 누구이겠는가?

626. 지고한 안주자[진인]들 앞에 그들은 (대단한 요기인 양) 꼿꼿이 앉아 있으면서 하품을 하고, 코를 골고, 나쁜 잠에 휘둘리는데, 이런 세속적인 사람들의 결함은 아주 부적절한 습관이네.

---

13) *T.* 깔리뿌루샤는 (우주의 네 시대 중 마지막 시대인) 깔리 유가(Kali Yuga)의 모든 악惡을 하나의 신神으로 인격화한 것이다. 뿌라나 경전의 하나인 『깔끼 뿌라나(*Kalki Purana*)』에 나온다.

스리 무루가나르와 사두 옴: 이 연에서 묘사하는 그런 사건들이 스리 바가반의 친존에서 실제로 일어나곤 한 것이 사실이다. 이 연에서는 **생전해탈자**들(*Jivan-muktas*)의 친존을 찾아가서 대단한 요기인 체하는, 세속적 성향을 가진 일부 사람들의 부적절하고 오만한 행동을 다룬다. 스리 바가반 같은 진인들의 성스러운 친존은 지구상에서 매우 희유한 것이다. 따라서 그런 친존에 있을 수 있는 희유한 경우에, 그것을 이용하여 우리의 무지의 잠을 뿌리 뽑기는커녕, 요가를 하는 체하면서 실제로는 따마스(*tamas*)로 인해 하품을 하고, 잠을 자고, 코를 코는 것은 아주 부적절한 것이다.

26. 불행의 탄생

627. 지복으로 충만한 상태가 **진아**의 성품인데, 그것이 (외관상) 변질되어 탄생(과 죽음)의 불행이라는 뜨거운 햇볕에 태워지는 것은 모두, 불안정으로 인해 의식이 산출하는 회오리인 큰 미망에 도취된 에고의 산물이라네.

628. 악마적 성질들(*asura sampat*)의 토대는 몸과의 결함 있는 연관[몸과의 동일시]인 에고일 뿐이네. 속박인 '내 것'이라는 관념(*mamatai*)과의 관계를 통해 비대해지는 환적인 에고의 소유자들은, 오호라, 평안을 성취하기가 거의 불가능하다네.

27. 영혼

629. (어떤 사람이) 뙤약볕 속으로 나갔다가 몸이 더워지면 서늘한 그늘로 들어가서 자신의 열기를 식히는 것처럼, 비천한 영혼은 이 세상에서 (이리저리) 쫓아다니다가 지치면 다시 내면을 추구하여 저 심장 속에서 휴식한다네.

630. 뙤약볕 아래서 시달림을 겪은 분별인(*viveki*-분별력 있는 사람)은 그늘을 떠나 뙤약볕 속으로 다시 나가고 싶어 하지 않듯이, 열기로 세상을 불태우는 세 가지 고초[부·여자·명성에 대한 욕망]를 겪은 사람들은 심장을 떠나서 다시 세상을 향해서는 안 된다네.

위 두 연에서 사용된 뙤약볕 속에서 돌아다니는 비유는 스리 바가반이 「나는 누구인가?」에서도 이야기한다.

631. 실재하는 물건[진아, 곧 브라만]에서 일어나 몸을 가진 영혼이, 그 실재하는 물건 속에 합일될 때까지는 확실히 그 무엇에[어떤 장애물에] 걸려도 머무름이[혹은 멈춤이] 없는 것은,14) 창공으로 날아오른 새가 땅으로 돌아올 때까지는 머무를 곳이 없는 것과 같네.

632. 영혼이 온 길을 되짚어["나는 어디서 오는가?"나 "나는 누구인가?"를 탐구하여] 자신의 근원으로 들어가면, 그 자신의 **참된 성품**에 완전히 합일되고, 저 **자기 성품**의 지복이 분명하게 드러나서 부동의 상태로 머무른다네.

사두 옴: 제631연과 632연은 스리 바가반이 「아루나찰라 8연시」, 제8연에서 표현한 것과 같은 관념들을 전달한다. 또한 같은 관념이 자세히 설명되고 있는 『스리 라마나의 길』, 제2부 제2장의 첫 일곱 페이지를 참조하라.

633. 신의 은총을 생각함 없이 생각하여15) 구원되는 것 외에, 그 누가 '나'라는 것으로 생겨나서 성장하고 행위하는 것으로써, '나'라고 하는 저 유령 같은 에고의 욕망을 없애고, '나'를 탐구하는 자기가 곧 그것인 **침묵** 안에서 머무르겠는가?

---

14) 즉, 그 영혼이 아무리 쾌락이 많아도 만족하여 휴식하지 못하고, 아무리 많은 고통을 경험해도 기가 꺾이지 않는 것은.
15) *T.* 신의 은총을 '생각함 없이 생각한다'는 것은 신의 은총이 자신의 심장, 곧 진아 그 자체임을 알고 자기를 자각하는 것일 뿐이다.

28. 영혼의 무력함

634. 어둠에 잠긴 세계에서도 신의 순수한 은총의 빛에 의하지 않고는, 어둠을 뚫는 빛으로서[어둠 곧 무지의 존재까지도 알 수 있게 하는 지知의 빛으로서] 빛나는 **참된 지知**인 실재의 지복을 체험하기는 어렵다네.

또한 제648연을 참조하라.

29. 보이는 대상들의 진리

635. '봄'에서 필수 불가결한 '보는 자'가 곧 자기 성품의 실재임을 보지 못하면서 세계를 실재한다고 보면, 그가 보는 세계 자체가 그 '보는 자'를 조롱하고 수모를 안겨주며, 속으로 비웃는다네.

사두 옴: 세계가 그것을 실재한다고 보는 자를 속으로 비웃고 조롱한다고 선언하는 이 연은 독특한 묘미가 있다. 우리는 지각력 없는 사물인 '세계'가 어떻게 웃을 수 있는지 의아하게 생각할지 모른다. 그것이 이 연의 묘미이다. 우리는 이 연이 본 저작의 제74연에서 가르친 관념을 염두에 있다고 이해해야 한다. 정숙하지 않고 비천한 성품의 창녀는 자신에게 흠뻑 빠진 새 연인이 자기 친구에게 "오, 내 연인인 이 여자는 세상에서 가장 정숙한 여자야"라고 자신을 높이 평가해서 말하는 것을 들으면 속으로 웃지 않겠는가? 마찬가지로, 세계도 자신을 실재한다고 생각하는 사람들을 속으로 비웃는다는 것이다. 이처럼 이 연은 세계를 멋지게 의인화한다. 스리 바가반은 이 연에서, 세계 그 자체가 자신이 실재하지 않음을 알기 때문에, 세계의 비실재성을 증명할 다른 누구의 지지나 증거도 필요치 않다는 것을 드러냄으로써, 세계가 실재하지 않는다는 사실을 더욱 강조한다. 이것이 이 연에서 가장 재미있는 부분이다.

이 연에는 스리 바가반이 『마하르쉬의 복음』, 제2권 제3장에서 베푸는 것과 같은 가르침이 담겨 있다. "그런데, 실재한다고 그대가 말하는 그 세계는, 그대가 자신의 실재를 모르면서 세계의 실재성을 증명하려고 하는 것을 실은 조롱하고 있습니다."(『마하르쉬의 복된 가르침』, 85쪽.)

636. 빛의 범위 안에 있는 것들 외에, 그 바깥에 있는 것들은 조금도 보이지 않듯이, 생각하기와 잊어버리기로서 작용하는 마음[진아의 반사된 빛]의 범위 안에 들어오는 것들[우주]만 존재성이 알려진다네.

마음-빛이 없으면 세계가 나타날 수 없다. 다시 말해서, 진아의 참된 빛 안에서는 (생각하기에 의해) 창조되고, (계속 생각하는 것에 의해) 유지되고, (잊어버리기에 의해) 소멸되는 대상들로 이루어진 우주가 전혀 존재하지 않는다. 반면에, 참으로 존재하는 물건인 진아[혹은 신]는 마음-빛의 범위를 넘어서 있으므로, 마음에게는 그것이 존재하지 않는다. 진아가 생각하기와 잊어버리기의 기능을 가진 마음-빛의 범위를 넘어서 있다고 하는 이유는, 그것이 생각될 수도 없고 잊힐 수도 없는, 그리고 그것 자체가 생각을 할 수도 없고 잊어버릴 수도 없는, 한 물건이기 때문이다.

637. (어떤 것이) 눈앞에 나타난다면 (그것은) 어떤 하나가 존재하고 있다는 것을 확립해 주는 것 말고는, (그것과) 접촉하는 감각기관들이 현출하는 그것[그 형상]이 실재한다거나 그 자체의 참된 성품이라는 결론을 확립해 주지는 않는다는 것을 알라.

우리가 아는 어떤 사물의 이름과 형상은 오관이 그 사물과 접촉함으로써만 창조된다. 이름과 형상은 마음의 상상에 불과하므로, 세계 안의 (혹은 세계로서) 우리가 아는 어떤 것의 참된 성품은 사실 진아일 뿐이다.

638. '봄'이 향하는 어떤 것(대상)을 그대가 보지 않고 봄으로써 그 봄을 보는 그것(보는 자)을 보면, 모든 것이 그대 자신으로서만 번영할 것이고, 그런 다음 모든 대상지(知)는 미친 짓임을 발견할 것이네.

639. '보는 자'[에고]와 '보이는 것'[세계]이 별개의 실재일 뿐이라면, 보는 것이 결코 가능하지 않을 것이네. 그러나 보는 것이 가능하므로, 그 둘['보는 자'와 '보이는 것']은 똑같은 하나의 실재임을 알라.

사두 옴: 지금 우리가 이 연에 나오는 관념의 눈을 통해 제636연을 보면, 거기서 마음의 범위 안에 들어오는 것들만 존재성이 알려진다고 한 이유가, '보는 것'이 가능한 것은 '보는 자'와 '보이는 것'이 같은 실재성의 수준에 있기 때문일 뿐임을 분명하게 이해하게 될 것이다.

이 연에서 우리가 배우는 것은 하나의 독특한 관념이다! 우리들 중 많은 사람이, "다른 것들을 보기는 쉽다. 그것들은 '보는 자'인 우리와 다르기 때문이다. 그러나 진아를 보기는 어려운데, 왜냐하면 그것은 우리와 다르지 않기 때문이다"라고 말하지 않는가? 그러나 우리가 이 문제를 본 연과 부합하게 면밀히 살펴본다면, '보는 자', '보이는 것', '봄'에 대한 자연법칙은 이와 사뭇 반대된다는 것을 발견할 것이다. 여기서는 진아(자기)를 아는 것이 가장 쉽다고 간접적으로, 그러나 확고하게 가르친다. 왜냐하면 '보는 자'[에고]의 존재성(*sat*)은 실은 진아, 즉 우리가 보거나 알고 싶어 하는 단 하나의 실재이기 때문이다.

우리는 또한 여기서 꿈을 꾸는 것도 그 꿈 속에서 보이는 모든 대상이 그 꿈을 꾸는 사람의 존재성과 같은 (수준의) 실재성을 가지고 있기 때문에 가능하다는 사실을 고려해야 한다.

여기서 한 가지 점을 더 이해할 수 있다. '아는 자', 곧 에고의 존재성 혹은 성품은 알려지는 모든 대상들(눈을 통해서 알려지는 모든 대상, 곧 눈에 보이는 대상들뿐만 아니라, 다른 네 가지 감각기관을 통해서 알려지는 모든 대상, 곧 들리고, 냄새 맡아지고, 맛보아지고, 감촉되는 대상들)의 존재성 혹은 성품과 같기 때문에, 세계라고 하는 사물이 알려지는 것도 오관을 통해서 얻어진 앎에 지나지 않는다. 그리고 에고는 뜨고 지기 때문에, 그것의 성품은 거짓이고, 역시 뜨고 지는 성품을 가진 이름과 형상들의 세계도 거짓이라고 말해진다. 그러나 뜨고 지는 이름과 형상들을 먹고 사는 에고의 진정한 성품을 면밀히 살펴보아[탐구하여] 그것이 **진아** 혹은 **브라만**, 곧 뜨고 지는 거짓된 성품이 없는 참된 **실재**(*sat*)임을 발견하면, 세계의 존재성도 진아임이 발견될 것이다(여기서 스리 바가반이 "'보이는 것'이 눈['보는 자']과 다를 수 있는가?"라고 묻는 「실재사십송」, 제4연을 참조하라). 그럴 때만 절대적 **진리**, 즉 세계조차도 실재한다는 것, 세계는 **브라만** 그 자체라는 것이 제대로 이해될 것이다(여기서 본 저작의 제50연과 52연을 참조하라). 그때까지는 구도자가 '보는 자', 곧 에고의 존재성(*sat*)은 실재하지 않는다(*asat*)는 것을 받아들이고, 세계도 '보는 자'와 같은 존재성을 가지고 있으므로 그것은 실재하지 않는다고 결론짓는 것이 필수불가결하다(그리고 그것은 우리가 절대적 **실재**에 도달하는 데 도움이 될 것이므로, 매우 바람직하기도 하다).

30. 대상적 주의

640. 고요히 있기[존재-의식으로 머무르기]만 하면 지고의 **지복**이 빛나는데, 오호라, (우리는) 자기 스스로 몹시 헤맨다네.16) 오고 감이 없는 **실재**로서의 우리 자신을 탐구하여 (알고) 기뻐하며 그 수승한 **지복**을 체험하라.

이 연에서는, 우리가 아무것도 하지 않고 고요히 있기만 하면 항상 얻을 수 있는 지복을 얻기 위해 힘들게 수고하며 헤매는 것은 부질없다고 말한다.

641. 우리 자신이 **진아**로서만 생겨나 존재함에도 마치 어떤 다른 것인 양 (자신의) **진아**['나']일 뿐인 **자기**를 추구하는 데 매달리는 것은, **진아**가 **자기**와 무관한 '다른 것'인 양 보일지라도 저 **진아**가 (자기와)

---

16) *T.* 영어판은 여기서 하나의 '설명주註'로, 우리가 불필요하게 헤매는 예로서 "2인칭과 3인칭에 주의를 기울여 예공(*puja*), 형상 명상(*dhyana*) 등 불필요한 많은 수고를 하는 것"을 들고 있다. 우리의 이 제640연 번역은 영어판보다 간결하게 수정되었다. 이어지는 영역자의 주석은 한 문단이 더 있으나, 번역이 수정되면서 필요 없게 되었다.

'다른 것'이라고 생각하는 의식에서 벗어나기 위한 것이라네.

642. 자기 자신에 다름 아닌 진아를 타자로 생각하여, 자신의 노력으로 [수행으로] 그것을 성취하려고 힘들게 애쓰는 것은, 자기 자신의 그림자를 붙잡으려고 쫓아가는 것과 같네.

643. 실재인 진아의 '의식의 빛'으로서 심장 안에 존재하는 '나'(aham)가 분명하게 드러나므로, 거짓 없는 눈[지知]인 저 실재(semporul)만이 직접 지각되고, 눈에 보이는 것들, 곧 시각기관에 다가오는 대상들(vishayas)은 그렇지 않다는 것을 탐구하여 알라.

644. 간단없이 심장 속에서 늘 빛나는 존재-의식의 형상을 미세하게 살펴서 분명하게 자각하지 못하는 사람들은, 내습하는 짙은 미혹의 에고가 걸어오는 싸움인 대상지對象知(suttarivu)에 매혹되어 마야에 떨어진다네.

31. 대상적 주의의 단절

645. "자신의 진리를 알라"고 경전에서 말하는 진정한 의도는, 다른 대상들에 대한 분별인 거짓된 앎[대상지知]이 없게 하려는 것일 뿐이네. 왜인가? "내가 있다"라는, 누구에게나 있는 그 자신의 진리는 해 그 자체처럼 빛나기 때문이네.

우리 자신의 진리는 모두의 안에서 "내가 있다"로서 항상 빛나고 있으므로, 그것은 새롭게 알아야 할 어떤 것이 아니다. 따라서 경전에서 "그대 자신의 진리를 알라"고 할 때, 그 진정한 의도는 우리가 주의를 "내가 있다"로 돌리게 하여, 2인칭과 3인칭 대상들에 대한 주의를 포기하게 하려는 것일 뿐이다. 왜냐하면 그런 대상적 주의야말로 그릇된 지知, 곧 무지(ajnana)이기 때문이다. 이처럼 경전의 의도는 우리에게 무엇을 새롭게 알게 하려는 것이 아니라, 우리의 그릇된 앎을 포기시키려는 것일 뿐이다. 바꾸어 말해서, 우리가 대상적 주의를 그냥 포기해 버리면, 그것 자체로 우리가 항상 **진아**를 알고 있다는 것이 분명하게 이해될 것이다.

646. 대상지對象知(*suttarivu*)로써 찾으면 빛나지 않는 **은총의 밝음**이, 대상지가 소멸하면 빛날 것이네. "내가 신부를 바라볼 때는 그녀가 아래를 내려다보겠지만, 내가 바라보지 않을 때는 그녀가 부드럽게 미소 지으며 나를 바라볼 것이네."

이 연의 후반부는 『띠루꾸랄』 제1094연에서 따온 것이다. 여기서는 **진아**를 신부에, 에고를 신랑에 비유하는 특이한 방식에 주목해야 한다.

우리가 외향적 마음을 통해 **진아**를 하나의 대상으로서 알려고 하면, 그것은 드러나지 않는다. 그러나 외향의 그침 자체가 **진아** 쪽으로 내향하는 것(*ahamukham*)이므로, 외향이 그칠 때 **진아**가 자동적으로 빛을 발할 것이다.

여기서 독자들은 위 비유를 다음과 같이 잘못 해석하지 않아야 한다. "신부는 신랑이 자신을 바라보지 않을 때만 신랑을 바라본다. 따라서 **진아**는 우리가 그것에 주의를 기울이지 않을 때, 즉 우리가 바깥 세계에 주의를 기울일 때만 스스로 드러날 것이다." 이것은 위 비유를 제시할 때 의도한 의미가 아니다. 올바른 해석은 이런 것이다. "마음으로는 **진아**를 알 수 없지만, (2인칭과 3인칭 대상들에만 주의를 기울이고 그것들을 아는) 마음의 본성이 소멸될 때, 그럴 때만 **그것**이 자동적으로 빛을 발할 것이다."

647. 저것도 바라보지 말고 이것도 바라보지 말라. 그대가 어떤 것도 바라보지 않고 그냥 있을 때, 그 강력한 '있음'의 바라봄에 의해서, 그대는 무한한 **의식-허공**(*Chit-akasa*)의 광대한 눈[17]인 **실재**가 될 것이네.

---

17) *T*. **실재**는 모든 대상을 포함하는 안팎이 없는 의식이므로, 그 자체 하나의 광대한 눈이라고도 이야기된다.

648. 사랑으로 자기 자신을 그분의 두 발에 내맡길 때 열리는 허공인 하느님의 은총에 의해서 분명해지지 않고는, 개아의 마음의 힘이 받아들여 평가하는 지성으로 극히 미세한 **실재**를 알 수는 없다네.

또한 제634연을 참조하라.

649. 모든 기예와 학學을 듣고 배워서 이해했음에도 (가치 있는) 어떤 상태도 분명하게 알지 못한 채 추구하며 방황하지 말라. 사랑의 형상으로 안주하고 있는 **실재**로 충만하여, 거기서 벗어나지 않는 것이 지고의 상태라네!

제983연과 1023연도 본 장과 함께 읽어볼 수 있다.

32. 사랑의 진리

650. 사랑을 일곱 번째 맛으로 여기는 사람들은, 다른 어떤 것[다른 여섯 가지 맛]보다 결코 못하지 않은 **사랑**의 맛을 모르는 사람들이네. 본질상 다양한 맛인 다른 맛들에게 가치를 부여하는 원초적 맛이 저 **사랑**(anbu)이라네.

여섯 가지 맛은 단맛, 쓴맛, 짠맛, 신맛, 상큼한 맛, 떫은맛이고, 사랑은 이따금 이 여섯 가지와 함께 일곱 번째 맛으로 분류되기도 한다.

651. 맛이 일곱 가지라고 말하는 사람들은 이루 말할 수 없는 **사랑**의 맛을 모르는 사람들이네. 진정한 맛인 **사랑**의 맛이 훌륭함을 아는 우리는, 그것이 단 하나인 **지복**의 맛이라고 선언한다네.

652. 사랑의 진리인 **진아**를 알 때에만, 삶 속의 모든 문제의 매듭이 절단될 것이네. 사랑의 지고함[지고한 헌신(para-bhakti)]에 합일될 때에만 해탈이 성취된다고 하는 것이 모든 종교의 핵심 취지라네.

아니라, 우리의 그릇된 앎을 포기시키려는 것일 뿐이다. 바꾸어 말해서, 우리가 대상적 주의를 그냥 포기해 버리면, 그것 자체로 우리가 항상 진아를 알고 있다는 것이 분명하게 이해될 것이다.

646. 대상지對象知(suttarivu)로써 찾으면 빛나지 않는 은총의 밝음이, 대상지가 소멸하면 빛날 것이네. "내가 신부를 바라볼 때는 그녀가 아래를 내려다보겠지만, 내가 바라보지 않을 때는 그녀가 부드럽게 미소 지으며 나를 바라볼 것이네."

이 연의 후반부는 『띠루꾸랄』 제1094연에서 따온 것이다. 여기서는 진아를 신부에, 에고를 신랑에 비유하는 특이한 방식에 주목해야 한다.

우리가 외향적 마음을 통해 진아를 하나의 대상으로서 알려고 하면, 그것은 드러나지 않는다. 그러나 외향의 그침 자체가 진아 쪽으로 내향하는 것(ahamukham)이므로, 외향이 그칠 때 진아가 자동적으로 빛을 발할 것이다.

여기서 독자들은 위 비유를 다음과 같이 잘못 해석하지 않아야 한다. "신부는 신랑이 자신을 바라보지 않을 때만 신랑을 바라본다. 따라서 진아는 우리가 그것에 주의를 기울이지 않을 때, 즉 우리가 바깥 세계에 주의를 기울일 때만 스스로 드러날 것이다." 이것은 위 비유를 제시할 때 의도한 의미가 아니다. 올바른 해석은 이런 것이다. "마음으로는 진아를 알 수 없지만, (2인칭과 3인칭 대상들에만 주의를 기울이고 그것들을 아는) 마음의 본성이 소멸될 때, 그럴 때만 그것이 자동적으로 빛을 발할 것이다."

647. 저것도 바라보지 말고 이것도 바라보지 말라. 그대가 어떤 것도 바라보지 않고 그냥 있을 때, 그 강력한 '있음'의 바라봄에 의해서, 그대는 무한한 의식-허공(Chit-akasa)의 광대한 눈[17]인 실재가 될 것이네.

---

[17] T. 실재는 모든 대상을 포함하는 안팎이 없는 의식이므로, 그 자체 하나의 광대한 눈이라고도 이야기된다.

648. 사랑으로 자기 자신을 그분의 두 발에 내맡길 때 열리는 허공인 하느님의 은총에 의해서 분명해지지 않고는, 개아의 마음의 힘이 받아들여 평가하는 지성으로 극히 미세한 **실재**를 알 수는 없다네.

또한 제634연을 참조하라.

649. 모든 기예와 학學을 듣고 배워서 이해했음에도 (가치 있는) 어떤 상태도 분명하게 알지 못한 채 추구하며 방황하지 말라. 사랑의 형상으로 안주하고 있는 **실재**로 충만하여, 거기서 벗어나지 않는 것이 지고의 상태라네!

제983연과 1023연도 본 장과 함께 읽어볼 수 있다.

32. 사랑의 진리

650. 사랑을 일곱 번째 맛으로 여기는 사람들은, 다른 어떤 것[다른 여섯 가지 맛]보다 결코 못하지 않은 **사랑**의 맛을 모르는 사람들이네. 본질상 다양한 맛인 다른 맛들에게 가치를 부여하는 원초적 맛이 저 **사랑**(*anbu*)이라네.

여섯 가지 맛은 단맛, 쓴맛, 짠맛, 신맛, 상큼한 맛, 떫은맛이고, 사랑은 이따금 이 여섯 가지와 함께 일곱 번째 맛으로 분류되기도 한다.

651. 맛이 일곱 가지라고 말하는 사람들은 이루 말할 수 없는 **사랑**의 맛을 모르는 사람들이네. 진정한 맛인 **사랑**의 맛이 훌륭함을 아는 우리는, 그것이 단 하나인 **지복**의 맛이라고 선언한다네.

652. 사랑의 진리인 **진아**를 알 때에만, 삶 속의 모든 문제의 매듭이 절단될 것이네. **사랑**의 지고함[지고한 헌신(*para-bhakti*)]에 합일될 때에만 해탈이 성취된다고 하는 것이 모든 종교의 핵심 취지라네.

사두 옴: 사랑의 참된 성품을 깨달으면, 사랑은 그 '상相의 형상(vritti rupa)'[상(vritti), 곧 움직임의 형태를 한 사랑]인 욕망의 형태를 취하기를 완전히 그칠 것이다. 이렇게 욕망이 제거되면, 욕망의 다섯 가지 갈래인 분노, 인색함, 망상, 오만, 질투도 존재하지 않게 될 것이다(제375연 참조). 삶의 모든 문제는 이 여섯 가지 악덕에 기초하므로, 사랑의 참된 성품을 깨달으면 삶 속의 모든 문제의 매듭이 절단될 것이라고 하였다. **사랑의 진리란 진아일 뿐이다**. 어째서인가? 진아의 진정한 성품은 존재-의식-사랑(asti-bhati-priya), 곧 사뜨-찌뜨-아난다이므로, 사랑(priya) 혹은 지복(ananda)은 진아와 다를 수 없다. 그래서 진인들은 사랑이 곧 신이라고 선언하는 것이다.

653. 명료하고 참된 지知의 부자인 진인들을 찾아가는 사람들은 (그들에 대한) 참된 **사랑**을 가슴 속에 지녀야 하네. 그것이 (그런 이들에게는) "공양물을 가져가야지 빈손으로 가면 안 된다"[즉, 그들을 구경하러 가거나 시험하러 가서는 안 된다]는 현자들의 말이 갖는 진리라네.

스리 무루가나르: 다른 종류의 공양물들은 누구나 언제든지 마련할 수 있는 것이 아닐 수 있고, 그런 공양물이라 해도 만약 가슴 속에 (그 스승에 대한) **사랑**이 없다면 무가치할 것이며, 만약 **사랑**만 있다면 다른 모든 공양물이 없어도 그에 따른 부족함을 넉넉히 메울 것이므로, 여기서는 **사랑**을 최고의 공양물로 권장하는 것이다.

654. 방해 받는 사랑에 의해서 뿐만 아니라 잘못 강요되는 사랑에 의해서도, 모든 개아들은 삶 속의 많은 불행에 걸려들고, 그 불행에 의해 잡아먹힌다네.

사두 옴: 우리가 좋아하는 것들에게 닥쳐오는 나쁜 일들을 여기서는 "방해 받는 사랑"이라고 했고, 우리가 싫어하는 일이 우리에게 강요되는 것을 여기서는 "잘못 강요되는 사랑"이라고 했다. 이처럼 사랑이 어떤 움직임(활동)의 형상(pravritti rupa)으로—즉, 좋아함과 싫어함 같은 사소한 욕망들로—

작용하게 내버려두면, 개아들은 삶 속에서 무수한 불행을 겪어야 한다. 따라서 사랑을 그 순수한 형태로 유지하여, 그것이 좋아함과 싫어함 같은 어떤 상相(vritti)의 형태를 취하지 않게 하는 것이, (1) 사랑이 방해 받지 않게 하는 것이자, (2) 사랑이 잘못 강요되지 않게 하는 것이다. 그래서 스리 바가반은 「나는 누구인가?」에서 "좋아함과 싫어함 둘 다를 싫어해야 한다"고 말했다(『라마나 마하르쉬 저작 전집』, 53쪽).

655. 사랑만을 보고, 사랑만을 듣고, 사랑 그 자체만을 느끼고 인식하며, **지복인** 사랑만을 먹고, 사랑만을 냄새 맡는, 저 사랑이야말로 **진아체험**(atma-anubhava)이라네.

이 연은 **진아** 체험의 본질이 단 하나의 끊임없는 사랑의 본질(ekarasa)이라는 것을 묘사한다. 즉, 이것은 **진아**지가 밝아올 때는, 오관을 통해서 얻는 경험에 불과한 이 세계가 **진아**로 변모되고 **진아**로서 체험된다는 것을 설명한다. 여기서 본 저작의 제62연을 다시 한 번 읽어봐야 한다.

스리 무루가나르: 모든 것이 **진아**임을 알 때 일체 안에서 본래적으로 빛나는 **진아사랑**(Self-love)은, 심적인 감각 경험들을 통해 나타나는 거짓되고 기만적인 쾌락의 느낌과는 완전히 다르다. '사랑(prema)' 혹은 '헌신(bhakti)'이라고 알려진 이 신적 황홀경을 마니까바짜가르(Manikkavachagar)는 그의 「띠루반답빠후띠(Thiruvandappahuti)」에서 자신의 대단한 체험으로 표현하고 있다.

33. 형상

656. 실재 자체에는 형상이 없다고 말하는 사람들은 **실재**를 모르는 사람들이네. 허공 같은 진리인 **실재** 그 자체를 있는 그대로 탐구하여 깨닫고 그 안에 안주하는 자[진인]의 형상이 곧 **실재**의 형상이라는 것을 알라.

스리 무루가나르: 이 연을 통해서 스리 바가반은 "실재는 형상이 없다"는 말을 부인한다. 어째서인가? 실재를 있는 그대로 아는 진인은 그 실재에 다름 아니기 때문에, 그 자신이 바로 실재의 형상인 것이다. "진인 자신이 곧 진아다"라는 말은 이것을 의미한다.

여기서 스리 무루가나르가 언급한 것은 『바가바드 기타』, 제7장 제18절에서 스리 크리슈나가 진인이 곧 진아라고 말한 것을 가리킨다.

657. 형상 에고[몸을 자신과 동일시하는 에고]가 소멸한 마음의 소유자들에게만 형상 없는 것에 대한 숭배가 가능하다네. 형상 에고를 가진 마음의 소유자들이 하는 숭배는 모두 형상 숭배일 뿐임을 알라.

여기서 본 저작의 제208연을 참조하라.

658. 생각 없는 생각을 통해서["내가 있다"는 무념의 진아자각에 주의를 기울임으로써] 형상 없는 실재를 숭배하는 것이야말로 수승하다네. 지고자에 대한 이 무형의 숭배를 할 능력이 없다면, 형상 있는 숭배가 적절하다네.

659. 본래적 빛[자신의 본래성품(svabhava)인 진아의 빛]인 존재["내가 있다"]의 의식이 없고, 미혹되어 행위의 함정18)에 빠져 헤매는 사람들은, 자신이 간구懇求하는 (신의) 형상을 숭배함으로써 미혹을 버리고, 진아인 지고의 실재를 성취할 것임을 알라.

스리 무루가나르: 이 연에서는 자기주시만이 "본래적 길"로 묘사된다. 그러나 무지(avidya)에 지배되어 행위(karma)를 하지 않을 수 없는 사람들과, 그래서 본래적 길을 따를 수 없는 사람들은 최소한 형상 있는 신을 숭배하는 인위적인 길을 따르는 것이 좋다. 그러다 보면 그 과정에서 결국 해탈에 이르게 될 것이다.

---

18) *T.* '행위의 함정'이란 남을 돕는 선행, 형상 숭배, 의례 행위 등에 집착하는 것을 말한다.

660. 안팎으로 시바 숭배(Siva puja)를 행하는, 시바에 대한 사랑[헌신]을 가진 마음이여! 충만한 의식의 형태로 일체처에 존재하는 지고자[신]의 현존을 잊어버림 없이 늘 자각하면서 그렇게 하라.

사두 옴: 본 저작에서 '시바', '하라' 등이 쓰일 때는 언제나 그것을 일반적인 하느님을 지칭하는 것으로 여겨야지, 시바라고 불리는 특정한 개인적 형상의 신만을 의미한다고 여겨서는 안 된다. 본 저작의 제1001연을 참조하라.

661. 우리가 매일 시바-요기(Siva-yogi)[시바, 곧 진아와 하나가 된 진인] 자신을 숭배하면 탄생의 병이라는 환(幻)이 날아가 버리고, 주의가 일념이 된 내면에서 탐구가 일어나며, 순수한 의식["내가 있다"]으로서 늘 진아 안에 자리 잡게 될 것이다.

662. 하느님의 두 발에 대한 진정한, 일념의 헌신을 부족함 없이 그대에게 안겨주지 않는다면, 베다에서 규정한 의식들을 어김없이 봉행하려고 한 그대의 힘든 노력들이 모두 헛되다는 것을 알라.

663. 알라(Allah)[하느님]의 두 발을 늘 숭배하는 사람들은, 삿되고 죄스러운 삶으로 인해 고통 받는 마음의 불길을 꺼 버리고, 차분하게 모든 이익과 행복을 성취할 것이네.

사두 옴: 이것은 어떤 무슬림들에게 베푼 가르침이다. 그래서 스리 바가반은 하느님 대신 '알라'라는 단어를 사용했다.

664. 내생과 함께 금생을 잊어버리고, 모든 장애를 인내심을 가지고 완벽하게 견뎌내며, 가난이 아무리 닥쳐와도 조금도 굴하지 않으면서, 마음을 (하느님의) 은총 가까이에 두라.

665. 빛나는 시바[하느님]의 두 발에 도달하려는 탁월한 열망을 가진 최상근기 사두들에게는, 이 세계라는 무대에서 부러움의 대상이 되기보다 연민의 대상으로 사는 것이 좋다네.

34. 신의 다섯 가지 작용

666. 하느님의 뜻과 법칙과 계획에 따라, 움직이거나 움직이지 않는 것들의 각 세계 안에서는 다섯 가지 작용[창조·유지·파괴·은폐·은총]이 매 순간 그침이 없이, 질서 있게 일어난다는 것을 알라.

667. 매 원자가 소멸하는 찰나의 순간에 다른 매 원자가 새롭게 창조된다네. 이것이 끊임없이 일어나므로, 마치 그것들[우주의 대상들]이 똑같은 것으로 계속 존재하고 있는 것처럼 보인다는 것을 알라.

사두 옴: 스크린 위에 영사되는 영화의 각 프레임은 단 하나의 정지 화면인데도, 1초에 그런 프레임 여러 개가 영사되고 그 영사의 속도가 우리 눈의 파악력보다 빠르기 때문에, 우리에게는 마치 그 영화에 하나의 연속적으로 움직이는 화면이 들어 있는 것처럼 보인다. 마찬가지로, 신의 다섯 가지 작용에 지배되는 이 우주 안의 모든 것은 신의 표현 불가능한 힘에 의해 1초에 수천만 번 창조되고 파괴되는데, 그것들이 창조되고 파괴되는 속도가 우리 마음의 파악력보다 빠르기 때문에[즉, 우리의 마음은 각각의 파괴와 그에 이은 새로운 창조 사이의 간극(interval)을 파악할 수 없기 때문에], 우리에게는 마치 우주가 연속적으로 존재하는 것처럼 보인다.

여기서, 본 연에서 우주의 각 원자의 창조와 파괴라는 말이 사실 무엇을 의미하는지에 주목하는 것이 유용할 것이다. 스리 바가반은 「실재사십송」, 제6연에서 "마음과 별개의 세계가 있을 수 있는가?"라고 묻고, 「나는 누구인가?」에서는 "생각들 외에는 세계라는 것이 없다"고 말한다. 따라서 우주는 생각에 지나지 않으므로, 생각들의 일어남이 우주의 창조이고, 생각들의 가라앉음이 우주의 파괴이다. 2인칭과 3인칭에 불과한 모든 생각들은 마음에게만 일어나고 가라앉는데, 이 마음은 "나는 몸이다"라는 최초의 생각에 지나지 않는다. 다른 모든 생각들은 마음이 일어난 뒤에야 일어나고, 마음이 가라앉을 때 가라앉으므로, 그것들의 일어남과 가라앉음은 마음, 곧 '나'

라는 생각의 일어남과 가라앉음보다 필시 더 빠를 수밖에 없는데, 이 '나'라는 생각 자체가 신의 표현 불가능하고 경이로운 힘을 통해 1찰나에 수천만 번 일어나고 가라앉는다. 그러나 마음은 워낙 변덕스러워서 그 자신의 일어남과 가라앉음조차도 파악하거나 인식할 수 없는데, 어떻게 다른 생각들의 일어남과 가라앉음을 파악할 수 있겠는가? 이처럼 마음은 다른 생각들이 일어나고 가라앉는 속도를 파악할 수 없기 때문에, 마음에게는 마치 우주라는 어떤 것이 지속적으로 존재하는 것처럼 보인다. 마음이 예리하고 미세한 주의력으로 그 자신, 곧 1인칭을 면밀히 탐색할 때만, 그리고 그렇게 해서 그 자신의 일어남과 가라앉음을 인식할 수 있을 때만, 그것이 일어나기를 그치고 부동(achala)으로 될 것이다. 그리고 마음이 더 이상 마음이 아니라 **진아**인 그 부동의 상태에서만, 2인칭과 3인칭 생각들인 세계의 일어남과 가라앉음을 마음이 이해할 수 있게 될 것이고, 어떤 생각도 일어나지 않게 하는 지고의 힘을 갖게 될 것이다. **바가반 라마나**는 **진아** 안에 **진아**로서 확고히 항상 자리 잡고 있는 분이기에, 창조·유지·파괴 등에 대한 **진리**를 발견하고 이처럼 드러내실 수 있었다.

35. 영혼과 신의 행위들

668. 영혼[개아]의 행위들이 신[시바]의 행위라는 것을 인정한다면, 개아가 시바와 별개의 개인적 개체로서 존재할 수 있는가? 만약 자신을 시바와 별개라고 느낀다면, 그 개아의 행위들은 시바의 행위가 아닐 것이고, 그 개아도 시바와 별개일 것임을 알라.

사두 옴: "모든 것이 신의 행위다. 신의 의지 없이는 원자 하나도 움직일 수 없다"는 옛 진인들의 성스러운 말씀에 대한 올바른 해석을 모른 채, 많은 사람들은 불행이 닥쳐올 때마다 "이 모든 것은 신의 행위다"라고 하지만, 삶 속에서 어떤 즐거움을 얻을 때는 자랑스럽게 "이것은 내가 과거에 한 공

덕행(punya karmas)의 결과다"라고 말한다. 사람들의 그런 잘못된 소견을 바로잡기 위해, 스리 바가반이 이 가르침을 베풀었다.

스리 무루가나르: 이것은 아주 미묘한 논점이다. 만일 개아의 행위들이 시바의 행위로 받아들여지면, 그 개아는 시바와 다른 존재로 남아 있으면 안 된다. 그런 상태에서는 그 개아가 모든 개인적 존재성을 상실할 것이고, 시바만 독립적으로 있게 될 것이다. 이처럼 개아가 순복했을 때, 그에게는 더 이상 어떤 에고(ahankara)도 없을 것이다. 순복의 상태는 에고의 완전한 소멸 상태이다. 만일 어떤 사람이 에고성을 가지고 행위하면서 "모든 것은 시바의 행위다"라고 말한다면, 그는 자신을 시바에게 내맡기지 않은 것이라고 보아야 한다.

36. 영혼과 신의 창조

669. 신의 창조물은 속박하지 않고, 개아의 심적 개념인 창조물만이 속박한다네. 이것은 아들이 죽은 아버지는 즐거워하고, 아들이 살아 있는 아버지는 한탄했다는 이야기에서 잘 드러난다네.

사두 옴: 이 연에서 말하는 이야기는 다음과 같다. 남인도의 작은 마을에 살고 있던 라마와 크리슈나라는 두 이웃이 까시(Kasi-바라나시)로 성지순례를 떠났다. 여행 도중 라마는 열병으로 죽었고, 크리슈나 혼자서 순례 여행을 계속했다. 까시로 가던 크리슈나는 남쪽으로 돌아가는 다른 순례자를 만나자, 그에게 라마가 죽었다는 소식을 그 부모에게 전해 달라고 부탁했다. 그 순례자는 그 마을에 들렀지만, 소식을 전하면서 기억의 착오로 인해 크리슈나가 죽었고 라마는 순례를 계속하고 있다고 말했다. 크리슈나의 부모는 아들이 실제로는 살아 있는데도 아들을 잃었다고 울며 슬퍼했고, 라마의 부모는 실제로는 아들이 죽었는데도 아들이 잘 있다면서 기뻐했다. 그러니 그 부모들의 행복과 불행은 그들의 잘못된 앎으로 인한 것 아닌가? 마찬가지

로, 개아들이 경험하는 탄생과 죽음이라는 불행의 원인은 자신이 몸이라는 그릇된 앎, 곧 그릇된 심적 개념일 뿐이다. 따라서 마음, 곧 개아의 창조물인 "나는 몸이다"라는 개념이 속박의 유일한 원인이다. 그래서 스리 바가반은 이 연에서 "개아의 심적 개념인 창조물만이 속박한다"고 말한다.

신은 개아들의 성숙도에 따라 그들의 향상을 위해, 그들 각자에게 할당된 발현업(prarabdha)—선업과 악업의 열매들 중 선택되고 배열된 것—을 그들에게 하사하지 않는가? 하나의 몸 안에서 영위하는 우리의 삶으로서, 그리고 우리가 그 안에 살고 있는 세계로서 우리가 보는 모든 것은 우리의 발현업에 지나지 않는다. 우리는 우리의 업業과 원습(vasanas)에 따라 배열되어 있는 그런 세계를 신의 창조물로 생각하지 않는가? 그래서 우리가 보는 세계라는 겉모습 혹은 창조물의 목적 자체가, 우리에게 고통과 쾌락을 경험하게 하여 우리에게 무욕(vairagya)을 가르치고, 그렇게 해서 우리의 마음을 진아 쪽으로 향하게 하려는 것이다. 마음이 항상 진아 쪽을 향하고 있는 상태가 곧 해탈(moksha)이다. 따라서 신의 창조물이라고 하는 세계의 목적 자체가, 우리를 속박하려는 것이 아니라 우리를 해방하려는 것이다. 그래서 이 연에서는 "신의 창조물은 속박하지 않고"라고 하였다.

670. 신의 광대한 창조계는 지知-스승(Bodha-Guru)[인간 형상의 신]을 제공하고, 원습인 번뇌가 없는 지知-안주(Jnana-nishta)를 얻게 한다네. 따라서 창조계의 존재 방식은 (개아들이) 해탈을 얻을 수 있게 돕기 위한 (신의) 배려임을 알라.

사두 옴: 신의 창조계는 그의 무한한 은총에 기인하며, 그것의 목적 자체가 개아들이 해탈을 성취할 수 있게 하려는 것이다. 신이 어떻게 그의 자비로운 은총으로, 매 생마다 미래업(agamya-미래생에 발현될 업)을 지어 고통 받는 개아들에게 발현업을 할당하고 배열하여, 그들이 해탈을 얻을 수 있게 돕는지 자세하게 설명하는 『스리 라마나의 길』, 제2부 제3장을 참조하라.

37. 부정否定

671. 육신, 생기, 기관들[감각기관과 행위기관들], 마음, 지성, 에고는 '나'가 아니네. (일체의) 행위와 대상들이 사라진 짙은 원습에 합일된 무지의 형상[깊은 잠]도 '나'가 아니네.

사두 옴: 이 연의 관념을 스리 바가반이 산문 형태로 표현한 「나는 누구인가?」를 참조하라(『라마나 마하르쉬 저작 전집』, 46쪽).

672. 실재인 나와 결부되어 있지 않으면 이 모든 것[위에서 본 낯선 대상들]이 거짓된 것으로서 사라져 소멸할 것이네. **실재와 별개로는 어떤 존재-의식도 없으므로**, 존재에 의해 거짓되고 지각력 없는 것이라고 멸시되는 이 모든 것들은 '나'가 아니네.

스리 바가반이 「나는 누구인가?」에서 "위에서 말한 모든 것을 '나가 아니다, 나가 아니다'로 부정한 뒤에 홀로 남아 있는 앎 그 자체가 '나'이다"라고 한 것을 참조하라(『라마나 마하르쉬 저작 전집』, 46쪽).

673. 그런 것들[위의 낯선 대상들]을 '나'로 알고 존중하던 근본적 오류를 **분별**(*viveka*)을 통해 배척하고, 번뇌를 안겨주는 세계와 몸을 신기루 같은 환幻으로 만들었을 때, 홀로 빛나는 **참된 지**知의 **성품**이야말로 '나'라네.

674. (위의 낯선 대상들 중) 어떤 것이 어떤 식으로 활동하든, 그대는 초연하게 단지 그것들에 대한 주시자로 머무르라.

사두 옴: 스리 바가반이 이 연에서 베푸는 "단지 그것들에 대한 주시자로 머무르라"는 가르침을 올바르게 이해해야 한다. '주시자(*sakshi*)'라는 단어는 베단타 경전에서 특별한 의미로 사용되며, 그에 따라 이해되어야 한다. 경전에서는, 마치 해가 지구상에서 일어나는 모든 활동에 대한 하나의 주시자이듯이, **진아** 혹은 **브라만**이 모든 활동에 대한 하나의 주시자라고 설명한다.

다시 말해서, 지구상의 모든 일이 해가 있는 곳에서, 해가 있기만 해도 일어나듯이, 모든 활동은 진아가 있는 곳에서, 진아가 있기만 해도 일어난다는 것이다. 그러나 해가 지구상에서 일어나는 모든 일에 상관하지 않듯이, 진아도 그것이 있는 곳에서 일어나는 모든 활동에 상관하지 않는다[즉, 주의를 기울이지 않는다]. 여기서, 스리 바가반이 ─ 지구상에서 일어나는 모든 일에 영향을 받지 않고 상관하지도 않는 ─ 이 해의 비유를 분명하게 설명하는 「나는 누구인가?」를 참조하라(『라마나 마하르쉬 저작 전집』, 52쪽).

따라서 이 연에서 스리 바가반이 우리가 단지 모든 것에 대한 주시자로 머물러 있어야 한다고 말할 때, 그것은 우리가 해처럼, 우리가 있는 곳에서 일어나거나 일어나지 않는 어떤 일에 대해서도 집착하지 않고 상관하지 말아야 한다는 의미가 아니다. 당신은 이 연에서 "초연하게 머물러 있으라"고도 말한다. 왜냐하면 어떤 것에서 참으로 초연한 사람은 그 사물에 조금도 상관하지 않을 것이고, 그것에 주의를 기울이지도 않을 것이기 때문이다. 우리가 어떤 것에 주의를 기울이는 한, 그것이 우리가 그 사물에 상관한다는 것, 바꾸어 말해서 우리가 그것에 집착한다는 것을 뜻한다. 그래서 스리 바가반은 「나는 누구인가?」에서 무집착, 곧 비非진아에서 초연하게 머물러 있는 상태를 규정하여, "다른 것(anya)에 주의를 기울이지 않음이 무집착(vairagya) 혹은 무욕(nirasa)이다"라고 한다(『라마나 마하르쉬 저작 전집』, 50쪽).

그러나 불행히도 오늘날, 베단타 경전만 읽었지 우리가 자신을 비非진아에서 분리할 수 있는 올바른 행법을 결코 이해하지 못한 많은 저술가와 강연자들이 사람들에게, 일어나는 모든 것을 주시하거나 관찰해야 한다고 권장한다. 이리하여 그들은 많은 구도자들의 마음속에 대상들을 주시하거나 관찰하는 것이 하나의 지知-수행(Jnana-sadhana)이라는 그릇된 믿음을 갖게 만들었다. 그러나 실은 그런 대상적 주의는 대상들에 집착하게 되는 하나의 수단일 뿐, 결코 그것들에서 초연해지는 수단이 될 수 없다. 그래서 스리 바가반은 1인칭, 곧 주체에 대한 주의[비대상적 주의]인 자기탐구가, 우리가 진아를 앎으로써 비진아에서 초연해지는 유일한 수단이라고 가르친 것이다.

38. 원습이 없는 상태

675. 시간을 정해서 명상하는 것을 넘어, 끊임없이 닦는 진아안주로써 머릿속에서 배회하며 쉬지 않고 흐르는 원습(vasanas)의 털을 잘라 버리는 것이[그것이 생각의 형태로 자라나지 못하게 하는 것이], (출가자들의) 삭발이 갖는 (참된) 의미라네.

676. 발바닥에 깊이 박혀 괴로움을 안겨주는 뾰족한 가시를 빼내기 위한 다른 가시처럼, 심장 속의 불순수한 생각들을 파내어 없앤 뒤에는 저 극히 순수한 생각들도 군더더기가 된다네.

사두 옴: 여기서 순수한 생각이란 우리가 **사뜨**(Sat) 안에, 즉 **브라만-안주**(Brahma-nishta) 안에 더욱 더 확고히 머무를 수 있게 해 주는 '좋아함의 힘'이다. 「아루나찰라 문자혼인화만(Sri Arunachala Aksharamanamalai)」, 제69연과 『스리 라마나의 길』, 제2부 제3장과 **부록** 1과 2가 이 주제를 더 조명해 줄 것이다.

677. 빛나는, 좋은 원습에서 일어나는 이익은, 더럽고 나쁜 원습들이 소멸되는 한에서 있다네. 충만하게 존재하는, 원습 없는 청정한 (parisuddha) 무無원습 상태야말로 영구적이라네.

사두 옴: 나쁜 원습들뿐만 아니라 좋은 원습들도 소멸되어야 한다. 그러나 독자들은 '좋은 원습(subha vasanas)'이라는 말을 '순수한 원습(sat-vasana)'이라는 말과 혼동하면 안 된다. 순수한 원습은 좋은 원습과 다르고, 진아안주에 필수적인 것이므로 우리는 이것을 열망해야 한다. 스리 바가반이 「아루나찰라 문자혼인화만」, 제69연에서 기원하는 것은 이 순수한 원습이다.

39. 단식의 진리

'우빠바사(upavasa)'라는 단어는 두 가지 의미가 있다. 즉, 1) 문자적 의미로, '가까이 살기'(upa: 가까이; vasa: 살기). 즉, 신이나 진아 가까이 사는 것이다. 2) 일반적으로 사용되는 의미로는, '단식'이다. 그러나 스리 바가반은 이 연에서 'upavasa'를 문자적 의미로 사용하고, 단식에 대해서는 '운나-브라땀(unna-vratam)'이라는 다른 단어를 사용한다.

678. 감각 쾌락의 즐김에 대한 어떤 욕망도 없는 마음으로 끊임없이 진아에 안주하는 것이야말로 단식과 우빠바사(upavasa)[신 가까이 살기]의 진리라는 것을 아는 지혜로운 사람들은, (그 두 가지를) 큰 사랑으로 항상 지켜 간다네.

사두 옴: 참된 단식은 배에 음식을 넣어주는 것을 피하는 것이 아니라, 다섯 감각기관에 (쾌락의 대상들이라는) 음식을 넣어주는 것을 피하는 것이다. '우빠바사'라는 단어가 문자적으로 '가까이 살기'라는 뜻이므로, 참된 우빠바사는 항상 진아를 떠남이 없이 진아에 안주하는 것이다.

40. 식사 조절

679. (마음의) 순수성을 향상시키는 음식을 적당량 섭취하는 것은 자기탐구에 큰 도움이 된다네. 그러니 미혹으로 인해 다른 어떤 권계 勸戒(niyama)를 열망할 필요가 뭐가 있겠는가? 식사 조절만으로도 충분하다네.

사두 옴: '식사 조절'이란 순수성 식품만을 적당량 섭취하는 것을 의미한다.

스리 무루가나르: 자기탐구의 길을 걷는 구도자들은 종종 자신의 수행에 도움이 될지 모를 다른 많은 권계勸戒들에 대해 신경을 쓴다. 그러나 식사 조절만으로도 충분할 것이다. 그것이 모든 권계 중에서 최고이기 때문이다.

41. 청결(Acharas)

680. 더러운 살덩어리 몸은 아무리 거듭거듭 씻고 또 씻어도 더러워질 뿐이라는 점을 살펴서 몸을 혐오하고 (몸에 대한) 욕망을 완전히 버리도록 하기 위하여, 경전에서 몸의 청결을 강조하는 것이네.

사두 옴: 이 연의 관념을 잘 보여주는 이야기 하나가 『스리 라마나의 길』, 제2부 부록 3에 나온다.

681. (베다에서) "여자와 결혼하라"는 것은 저 비천한 쾌락[성의 쾌락]에 대한 욕망을 버리게 하기 위한 것 아닌가? (마찬가지로) 베다에서 제사(yagas)를 권할 때, 그것은 (제사를 지낸 결과로 얻는) 천상의 모든 지극한 즐거움을 혐오하게 하기 위함 아닌지, 말해 보라.

사두 옴: 엄마가 자기 아이에게 어떤 약을 먹이고 싶을 때는 아이에게 과자를 좀 보여주면서 집 안으로 불러들일 것이다. 왜냐하면 아이가 약은 싫어해도 과자는 좋아할 것임을 알기 때문이다. 마찬가지로, 베다는 미성숙한 사람들이 진지(Jnana)의 관념을 즐기지 않겠지만, 관능적 쾌락을 제시하면 마음이 끌릴 거라는 것을 알기 때문에, 처음에는 (행위편(Karma Kanda)에서) 다양한 쾌락을 얻는 다양한 수단을 보여준다. 그러나 엄마의 숨은 목표가 아들이 집에 들어오면 약을 먹이는 것이듯이, 베다의 숨은 목표도 사람들을 먼저 올바름(올바른 행위)의 길로 데려간 다음, 그들이 지편知篇(Jnana Kanda)을 받아들일 만큼 그들을 준비시키고 성숙시키는 것이다. 같은 관념이 스리 시바쁘라까삼 삘라이(Sri Sivaprakasam Pillai)가 지은 『스리 라마나 빠다 말라이(Sri Ramana Pada Malai)』, 제31연과, 『해탈정수(Kaivalya Navanitam)』, 제 75, 76, 174, 176, 177연에서도 표현된다.

682. 순수한 음식도 먹고 나면 이내 상한 오물로 만들어 버리는 지저분한 그들의 몸을 즐거이 '나'로 여기는 사람들은, 오물을 먹는 지

저분한 짐승[돼지]보다 더 지저분하다네.

B10. 순수한 음식을 먹고 오물로 만드는 몸을 '나'로 여기는 사람들은, 똥을 먹는 돼지보다 못하다고 선언해야 하리.

사두 옴: 인간이 자기 몸을 '나'로 여기듯이, 돼지도 자기 몸을 '나'로 여긴다. 몸을 '나'로 여긴다는 점에서는 공히 잘못되었지만, 스리 바가반은 돼지의 몸이 인간의 몸보다 어째서 더 나은지를 지적한다! 즉, 돼지의 몸은 오물만 먹고 그것을 다시 오물로 배설하는 반면, 인간의 몸은 좋고 순수한 음식을 먹고 그것을 오물로 배설한다. 그래서 스리 바가반의 판정은 인간의 몸을 '나'로 여기는 사람들이 돼지들보다 못하다는 것이다!

42. 동기 없음

683. 어떤 바람을 이루려고 신을 숭배한다면 그 바람 자체를 숭배하는 것일 뿐이네. 어떤 바람에 대한 생각을 아예 소멸하는 것이, **시바**의 상태를 얻기를 바라는 마음에 필수 불가결하다네.

684. (훌륭한 사람들은) 개아들에게 (해탈의) 이익을 안겨줄 수 있는 드높은 **따빠스**를 미망으로 끝나게 하지 않을 것이네. 미혹된 천상의 삶을 얻으려고 목적성 **따빠스**(*kamya*)를 하는 이들의 행위는 귀한 보석을 (보잘것없는) 죽과 바꾸는 것과 같다는 것을 명심하라.

사두 옴: **따빠스**(*Tapas*)의 목표는 **진아 깨달음**이어야 하고, 다른 어떤 것이어서도 안 된다. 많은 아수라들이 한 **따빠스**는 오직 천상 세계들을 정복하고 거기서 쾌락을 즐기는 것을 목표로 한 것이었고, 그것은 그들을 구원으로 이끌어 주지 않았다. 마찬가지로, 사람들이 **진아성취**(*atma-siddhi*) 외의 다른 목표를 가지고 하는 모든 **따빠스**는 그들을 구원으로 이끌어 주지 않을 것이다. 그런 사람들은 무지하고, **따빠스**가 실제로 무엇인지 모르는 것이다.

43. 지식기관(Karanas)의 제어

685. 안팎의 지식기관들(karanas)[19]이 밤낮으로[늘] 제어되면, 형언할 수 없는 뚜리야의 상태에서 빛나는 지고의 **실재**가 밝아올 것이네.

스리 무루가나르: 모든 지식기관이 항시 자연스럽게 가라앉아 있는 것[즉, 제어되는 것]은 에고가 영구히 가라앉을 때만 가능할 것이다. 따라서 구도자들은 에고의 소멸만을 목표로 해야 한다. 위에서 말한 기관들을 각기 따로따로 제어하려 드는 것은 직접적인 길이 아니다.

686. 새는 구멍(마음이 새 나가는 감각기관들)을 막아서 내면의 **의식**을 충만하게 하지 않고, 자물쇠[마음 제어를 위해 진인들이 정해둔 제약]를 깨트려 마음이 오관으로 달려가게 한다면, 성채를 깨트리고 저수지 물을 흘려보내 경작지를 파괴하는 것과 같은 잘못된 행위라네.

687. 브라마와 비슈누가 그들 간의 견해 차이로 헛되이 논쟁하다가, 당혹한 마음으로 말없이 탐색하던 빛의 **기둥**[아루나찰라] 앞에서 낭패를 보았다는 옛 이야기가 그것을 잘 드러내 준다네.

사두 옴: 진아의 존재-의식이 오관을 통해서 밖으로 나갈 때만 우리가 별개의 개인적 존재성을 경험하므로, 오관을 제어한 다음 그 개인성을 진아 안의 것으로 가라앉히는 것이 최선이다.

44. 기관들의 정복

688. 원소들로 이루어진 몸-에고[몸을 자신과 동일시하는 에고]가 죽을 때, 저 몸 위의 원소들에 의해 일어나는 결함들에 무관심해져 그것을 내버리는 것이야말로 원소의 정복(bhuta-jayam)이라네.

---

[19] 즉, 네 가지 내적 지식기관(antahkaranas)인 마음·지성·찌땀·에고와, 다섯 가지 외적 지식기관(bahirkaranas)인 눈·귀·코·혀·피부를 말한다.

사두 옴: 이 연은 차라리 "원소의 정복"이라는 별도의 장 제목 아래 와야 할 것이다.

많은 사람들은 5대 원소의 정복(bhuta-jayam)이, 어떤 싯다들이 이 원소들을 제어하고 다루는 능력, 예컨대 물 위나 불 위, 혹은 공기 중을 걷는 능력을 얻은 것을 의미한다고 믿는다. 그러나 **스리 바가반**은 이 연에서, 5대 원소에 대한 참된 정복은 5대 원소로 이루어진 몸을 '나'와 동일시하지 않는 것일 뿐이라고 선언한다.

689. "마음(chittam)이 나다"라는 번뇌적 관념이 사라지고, 다양성과 결합하는 지성(buddhi)의 광기가 그치며, 속박과 해탈의 관념들이 소멸하여 얻게 되는 확고한 지知인 **진아성취**(Atma-siddhi)를 체험하는 것이 마음의 정복(chitta-jayam)이라네.

사두 옴: 마음의 정복은 우리가 욕망하는 무엇이든 성취하는 능력을 얻는 것, 남들의 마음을 매혹하는 능력, 자기 자신의 이기적 동기에 따라 남들의 마음을 몰아가는 능력을 의미한다고 여기는 많은 사람들의 믿음은 잘못된 것이다. **스리 바가반**은 이 연에서, 우리 자신의 마음을 소멸하는 **진지**(Jnana)의 힘이 참된 '마음의 정복'이라고 선언한다.

45. 자세(Asanas)

690. "우주는 높은 경지이자 **참된 지**知의 허공인 **진아**만을 토대(asana)로 하여 존속한다"는 지知(bodham)에서 미끄러지지 않고 힘을 얻는 것이, 수승한 **삼매**를 위한 부동의 확고한 자세(asana)라네.

사두 옴: 스리 바가반은 이 연에서, 다리를 접고, 등을 펴고, 눈을 코끝으로 향하고, 나무토막처럼 있는 것이 요가 자세(yoga asana)라는 거친 이해를 가지고 있는 오늘날의 사람들을 위하여, 지知-요가(jnana-yoga)를 위한 올바른 요가 자세를 가르친다.

46. 요가의 힘

691. 날뛰는 에고-마음의 대상지(知) 장난을 없애 기만적 감각기관들을 통해서 보려는 마음을 가라앉히고, 심장 속의 빛 없는 빛[진아의식 (prajna)]과 소리 없는 소리["내가 있다"는 진아 스푸라나(Atma-sphurana)]를 아는 것이야말로 (참된) 요가의 힘이라네.

692. 전생에 자기가 한 노력이 성숙하면 발현업이 되므로, 이전에 그런 노력을 한 우리 자신이 (진아 쪽으로 돌아서는) 희유한 노력을 통해서 그 발현업을 바꾸는 것도 가능하다네.

여기서 스리 바가반이 사용하는 "희유한 노력"이라는 말은 마음을 진아 쪽으로 향하게 하는 노력만을 뜻한다고 이해해야 한다. 왜냐하면 개아들은 이런 노력을 좀처럼 하지 않고, 그래서 모든 노력 중에서 가장 희유한 것이기 때문이다. "발현업을 바꾼다"는 말은 "발현업을 초월한다"는 뜻으로 이해해야 한다. 왜냐하면 우리는 자기주시의 노력으로 우리의 개인성을 잃고(이와 함께 개인성에 내재된 '행위자 의식'과 '경험자 의식'도 잃고), 그래서 더 이상 발현업을 경험하지 않을 수 있기 때문이다. 이런 관념이 다음 연에서도 확인된다.

693. 어떤 좋고 나쁜 행위들[선업과 악업]이 각기 과보로 어떤 즐거움과 고통을 안겨주더라도, 그대 자신의 **참된 성품**인 지고한 **실재** 안에 익사한(합일된) 마음으로 그 두 가지 행위의 힘을 쳐부수라.

사두 옴: 마음이 진아 안에서 익사하면 행위자 의식과 경험자 의식이 상실된다. 그럴 때는 발현업을 경험할 자가 아무도 남아 있지 않으므로, 발현업이 정복되었다고 이야기된다. 또한 「실재사십송」, 제38연과 「실재사십송 보유」, 제33연을 참조하라.

694. 세간사를 보더라도 그대가 치열한 열의(shraddha)로 힘써 노력하지

않으면 성공할 수 없듯이, 무한한 **지고자**와 하나가 될 때까지는 (수행의) 열의가 결코 식지 않아야 한다는 것을 알라.

695. 과거에(전생에) 지은 죄가 아무리 크다 해도 "나는 죄인이다"라고 생각하면서 스스로 한탄하기보다, 그렇게 생각하는 자신의 참된 성품을 붙들고 내면으로 뛰어드는 사람은 이내 **지복**을 얻어서 즐거워할 것이네.

사두 옴: 이 연은 「나는 누구인가?」에서 스리 바가반이 다음과 같이 말하는 것과 같은 가르침을 전달한다. "어떤 사람이 아무리 큰 죄인이라 하더라도, '나는 죄를 지은 사람이다! 어떻게 구원받을 수 있겠는가?' 하고 한탄하기보다는 자기가 죄인이라는 생각을 아예 내버리고 확고히 **자기주시**를 하면, 틀림없이 구원될 것이다."(『라마나 마하르쉬 저작 전집』, 50쪽.)

696. 하느님의 은총의 힘을 통해 자기 노력 없이도 결점 없는 '고양이 방식'으로 금생에 속박을 벗어나 **냐나-싯디**(*Jnana-siddhi*)[지知의 성취]를 얻은 사람들은, '원숭이처럼' 전생에 (자신의 노력으로 신에게) 헌신한 사람들이라네.

'고양이 방식'은 새끼 고양이가 아무 노력을 하지 않아도 어미가 그것을 이리저리 물고 다닌다는 뜻이고, '원숭이처럼'은 새끼 원숭이가 자신의 노력으로 그 어미에게 매달린다는 뜻이다.

697. 걸림이 없고, 도처에서 번영하며, 광대한 (물리적) 허공으로 에워쌀 수 없는 **의식-공간**(*chitrambalam*)을 부단히 명상하는 수행자들에게는 발현업이 없다는 것이, "천상을 추구하는 사람들에게는 운명이 존재하지 않는다"는 경전 말씀의 의미라네.

사두 옴: 이 연에서 우리는 "천상을 추구하는 사람들에게는 운명이 존재하지 않는다"는 경전 말씀에서, '천상'이라는 단어는 어떤 즐거움의 세계가 아

니라 단지 해탈의 상태를 뜻한다는 것을 이해해야 한다.

698. 어김없이 육신 마음[몸을 '나'로 여기는 마음]을 감돌며 회오리바람처럼 휘몰아치는 발현업은, (진아를) 분명하게 알고 순수한 (의식의) 허공으로 빛나는 마음을 동요시킬 힘이 없다는 것을 알라.

사두 옴: 이 연의 취지는, 진인에게는 발현업이 없다는 것이다.

699. 행위(karmas)의 바다 밑바닥으로 (개아를) 가라앉히는 행위자 의식(kartrutva)인 삿된 지성을 불태워 재로 만들어 버릴 수단으로, 우리 자신의 실재로서 끊임없이 일어나는 **진아-내관**(swarupa-dhyana) 외에 무엇이 있는지, 마음이여 말해 보라.

이 연에서는 **진아내관**[자기주시] 외에는 마음, 곧 에고를 소멸할 어떤 수단도 없다는 것을 힘주어 가르친다.

47. 호흡 제어

700. 존재, 의식, 지복, 혹은 이름과 형상으로 출현하는 세계에서 형상과 이름을 포기하는 것이 호식呼息(rechaka)이고, **존재-의식-지복**을 깨닫고 (그 상태에) 확고히 안주하는 것이 흡식吸息(puraka)과 지식止息(kumbhaka)이라네.

사두 옴: 조식調息(pranayama)은 호흡을 조절하는 행법이다. 라자 요가에서 숨을 내쉬는 것을 호식呼息(rechaka), 숨을 들이쉬는 것을 흡식吸息(puraka), 숨을 폐 안에 붙들어 두는 것을 지식止息(kumbhaka)이라고 한다. 이 연에서는 지知의 길(jnana marga)에 따라 참된 조식의 의미를 묘사한다. 또한 같은 관념이 나오는 스리 바가반의 저작 「자기탐구(Vichara Sangraham)」, 제10장의 '지知의 8단계'를 참조하라(『라마나 마하르쉬 저작 전집』, 83-84쪽.).

스리 무루가나르: 브라만의 다섯 가지 측면, 즉 존재, 의식, 지복, 이름과 형

상(sat, chit, ananda, nama, rupa) 중에서 세계의 두드러진 면모는 이름과 형상이고, 그래서 이 두 가지를 완전히 포기하는 것이 호식(rechaka)이다. 이처럼 거짓된 이름과 형상이 하나의 신기루 혹은 상상으로 간주되어 포기되면, 남는 것은 참된 측면(satya amsas), 즉 존재, 의식, 지복이다. 진아의 두드러진 면모인 이 세 가지는 세계의 실체이고, 그것들을 깨닫는 것이 흡식(puraka)이며, 그 깨달음 안에 항상 안주하는 것이 지식(kumbhaka)이다. 즉, 세간습(loka-vasanas)[세상 쪽을 향하는 원습]을 소멸하고, 진아를 깨달아 그것으로 항상 안주하는 것이 지知-조식(Jnana-pranayama)의 취지이다. 존재, 의식, 지복은 마치 서로 다른 세 가지처럼 이름 붙여졌지만, 체험 속에서는 진실로 똑같은 하나이다. 이런 맥락에서, 또한 본 저작의 제**979**연을 참조하라.

701. "몸이 나다"라는 관념을 완전히 포기하는 것이 호식呼息이고, 면밀하게 "나는 누구인가?"라고 탐구하여 내면에 합일되는 것이야말로 흡식吸息이며, (실재와) 하나가 되어 "내가 **그것이다**"로서 안주하는 것이야말로 지식止息이라는 생기의 제어[조식(pranayama)]라네.

사두 옴: 앞 연에서는 세계의 이름과 형상들을 포기하는 것이 호식이라고 했다. 그리고 끊임없이 진아에 주의를 기울이는 것이 곧 세계와 우리 자신의 실재인 존재, 의식, 지복을 깨닫는 것이므로, 여기서는 "나는 누구인가?"를 탐구하여 내면에 합일되는 것이 올바른 흡식이라고 말한다. 존재, 의식, 지복은 실은 서로 다른 세 가지가 아니라 하나인 진아일 뿐이므로, 여기서는 진아로서 항상 안주하는 것이 올바른 지식止息이라고 말한다. 이처럼 이 연은 스리 라마나의 길에 따라 지知-조식을 더 실제적으로 설명하고 있다.

702. 미혹되어 자신이 전적으로 마음이라고 여기고 (생사를 겪으며) 헤매던 사람이, 꿈같은 미망의 소견을 포기하고 그 자신의 **생명의 거주처**[진아]로 들어가서 그 **생명**[진아]으로서 안주하는 것이야말로 참된 생기(생명)의 제어[조식]라는 것을 알라.

이 연에서는 자신의 꿈같은 미망의 소견을 포기하는 것을 호식(*rechaka*)으로, 그 자신의 거주처인 **진아**를 탐구하는 것을 흡식(*puraka*)으로, 항상 **진아**로서 안주하는 것을 지식(*kumbhaka*)으로 이해해야 한다.

48. 행위의 비밀

B11. "행위[욕망 있는 행위], 비非헌신(*vibhakti*)[헌신의 결여], 비非요가(*viyoga*)[신과의 분리], 무지(*ajnana*) 이런 것[결함들]이 누구에게 있는가?"라고 탐구하는 것 자체가 **행위**(욕망 없는 행위)요, 헌신이요, 요가요, 지知라네! 탐구해 보면 '나'가 없고, 그런 것들[네 가지 결함]도 결코 없다네. **진아**로서 안주하는 것만이 **진리**라네.

이 연은 「실재사십송 보유」의 제14연이기도 하다.

사두 옴: 위 네 가지 결함을 제거하기 위해 설정된 네 가지 요가(행위·헌신·요가·지知의 각 요가)의 모든 이익이 "나는 누구인가?"의 **자기탐구**의 길을 통해 성취되므로, 만일 우리가 **자기탐구**를 하면 네 가지 요가의 어느 것도 필요치 않다고 이해해야 한다. 또한 『스리 라마나의 길』, 제1부를 참조하라.

703. "행위를 수행하기 시작하는 행위자인 나는 누구인가?" 하고 탐구하여 자신의 **실재**를 아는 것이 행위의 진리라네. 행위의 원인자인 **자기**를 탐구하여 (자신의 참된 성품을) 깨달아 (에고가) 없어지지 않으면, 행위의 종말인 완전한 고요함이 성취될 수 없다네.

사두 옴: 이 연의 취지는, 행위 요기(*karma yogi*)가 해야 할 가장 위대하고 가장 중요한 행위는 그 자신을 탐구하여 에고를 소멸하는 일이라는 것과, 따라서 **자기탐구**가 적절한 행위 요가라는 것이다.

704. 행위자인 자신의 진리를 안 사람만이 (해야 할) 행위(*karmas*)로 규정된 모든 것을 하나도 빠짐없이 수행한 사람이네. 매일 거행하는

의식儀式 행위(karma-anushtana)라는 힘든 따빠스로 얻는 결실이 (탐구에 의한 에고의 소멸로써 성취되는) 지고의 **지복** 말고 무엇인가?

사두 옴: 이 연은, **자기탐구**를 통해 에고를 절멸하는 것은 행위 요가의 정신으로 하는 사회적 봉사일 뿐만 아니라, 매일 거행하는 의식 행위들도 완벽하게 수행하는 것이라는 비밀을 드러낸다.

705. 결함 없고 비이원적인 **참된 지**知 하나야말로 모든 다르마(dharmas) 준수의 거주처로서 빛나므로, 진인이야말로 모든 다르마를 준수해 온 사람인 것이네.

사두 옴: 여기서 스리 바가반은 『바가바드 기타』, 제3장 제35연에서 스리 크리슈나가 행위(karmas)와 다르마(dharmas)에 대해 가르치면서 사용한 스와다르마(svadharma)['자기 자신의 다르마']라는 말의 바른 의미를 설명한다. *Sva*는 진아, *dharma*는 그 안에 자리 잡는 것을 뜻한다. 그래서 진아안주야말로 참된 '스와다르마'이고, 모든 사람에게 적합하다. 이처럼 본 장에서는 행위와 다르마의 비밀을 가르치고 있다.

49. 염송(Japa)

B12. 지知로써[지知의 길을 통해서] '나'가 있는 곳[근원]에 도달하지 못하는 사람들은, 염송(japa) 중에 **지고의 말**(vak parai)이 빛나는 곳을 (탐구하여) 아는 것이 좋다네.

사두 옴: 스리 바가반은 스리 무루가나르가 지은 (4행짜리 벤바(venba) 운의) 다음 연을 본 뒤에 (2행짜리 꾸랄벤바(kural venba) 운의) 위 연을 지어, 같은 관념에 더 간명한 형태를 부여했다.

706. "'나'가 일어나는 근원은 무엇인가?"라고 탐구하면서 미세한 의식인 **침묵**을 통해 내면으로 뛰어들 수 없는 사람들은, 마음속으로

해 나가는 염송(*japa*) 속에서 그 **지고의 말**(*para-vak*)이 어디 있다가 나오는지를 탐구하는 것이 좋다네.

사두 옴: 위 두 연에서 스리 바가반은 당신이 1907년 11월 18일에 까비야깐타 가나빠띠 사스뜨리(Kavyakantha Ganapati Sastri)에게 베푼 두 가지 가르침 중 두 번째의 이면에 있는 비밀을 설명하고 있다.

가나빠띠 사스뜨리가 **스리 바가반**께 다가가서 참된 따빠스의 본질에 관해 가르침을 간청했을 때, **스리 바가반**은 처음에 침묵을 지키면서 그를 약 15분간 조용히 응시했다. 그러자 가나빠띠 사스뜨리가 다시 간청했다. "그런 침묵의 가르침(*mouna-upadesa*)에 대해 경전에서 읽었지만, 저는 그것을 이해할 수 없습니다. 부디 언어를 통해서도 가르쳐 주시기 바랍니다." 그러자 스리 바가반이 베푼 첫 번째 가르침이 당신의 기본적 가르침(*yathartha upadesa*)인 "나는 누구인가?", 즉 '나'가 일어나는 근원에 주의를 기울이라는 것이었다. 그러나 처음 듣는 이 가르침에 어리둥절해진 가나빠띠 사스뜨리가 다시 여쭈었다. "그 상태를 염송(*japa*)을 통해서도 성취할 수 있습니까?" 그래서 이 헌신자가 염송을 매우 좋아한다는 것을 아신 **스리 바가반**이 그에게 두 번째 가르침을 베풀었다. "만일 그대가 만트라를 염하면서 그 만트라의 소리가 어디서 시작되는지를 지켜보면, 마음이 그곳으로 가라앉을 것입니다. 그것이 **따빠스**입니다."

아버지가 어린아이에게, 한 면에는 사람 머리가 새겨져 있고 다른 면에는 꽃 한 송이가 새겨진 1루피 동전을 보여주면서 "머리가 있는 동전과 꽃이 있는 동전 중에서 어느 쪽이 좋으니?"라고 물을 때, 아이는 머리를 원하든 꽃을 원하든 아버지에게서 똑같은 동전을 받게 될 것이고, 아이는 자기 좋을 대로 어느 쪽이든 그냥 동전을 뒤집어 볼 수 있다. 그렇게 해서 아버지가 자기 아들을 즐겁게 해 주듯이, **스리 바가반**도 같은 가르침을 두 번째에는 다른 형태로 베풀어 가나빠띠 사스뜨리를 즐겁게 해 주었다. 어째서 그런가? 만트라의 소리가 그것을 염하는 그 사람에게서가 아니면 달리 어디서 나오겠는가? 그래서, 그 만트라의 소리가 시작되는 근원을 지켜본다는 것은 그 염송을 하는 1인칭 '나'에게 주의를 기울이는 것을 의미할 뿐이다. 이처럼 스리 바가반은 당신의 두 번째 가르침이 첫 번째 가르침과 같다는 사실을 부드럽게 숨기고, 마치 염송 수행(japa-sadhana)을 권장하는 것처럼, 당신의 헌신자에게 같은 루피 동전을 면만 뒤집어서 준 것이다.

이 주석에서 설명하듯이 스리 바가반이 당신의 두 번째 가르침에서도 자기탐구만을 간접적으로 권했다는 사실은, 이 연에 나온 '지고의 말(para-vak)'이라는 구절에 의해 확인된다. 왜냐하면 제715연에서 스리 바가반은 '지고의 말'이 "나-나"를 의미할 뿐이라고 설명하기 때문이다.

707.   그대 자신이 염송의 형상이므로, 그대가 누구인지를 탐구하여 그대의 성품을 확인하면, 아 놀라워라, 전부터 힘써 해 온 염송이 심장 안에서 애씀 없이, 또렷하게 일어난다는 것을 알 것이네.

사두 옴: 신의 모든 이름 중에서 1인칭의 단일한 의식인 소리 없는 이름 '나'가 으뜸이다. 신은 모든 산 존재들 안에서 평등하게 하나로서 빛나고, 모든 산 존재들은 자신을 '나'라고 지칭하므로, '나'가 신의 참된 성품인 것이 분명하다. 그래서 스리 바가반은 "그대 자신[진아의식]이 염송의 형상"이라고 말한다. "나는 누구인가?"의 탐구를 통해 우리 자신의 성품을 면밀히 탐색하면 노력의 형태를 한 행위자 의식이 소멸되므로, 이때 애씀 없이 지속되는 **본연염송**(sahaja japa)[항상 빛나는 진아의식 '나']이 곧 이 연에서 "**심장 안에서 애씀 없이, 또렷하게 일어난다**"고 선언하는 그것이다.

708.   대상들이 주체 안에서 소멸되고, 진아의 확고한 진리를 '이러하다'라고 자기 스스로 분명하게 알기 전에는, "저 신이 나다, 신이 나다"라고 헛되이 입으로 말하는 것이 무슨 소용 있는가?

사두 옴: 진아를 알기 전에는 우리가 자신을 몸과 동일시하므로, 만일 우리가 "나는 신이다"라고 말한다면 그것은 몸을 신이라고 하는 것과 마찬가지

다. 그것은 사실이 아닐 뿐더러 위험하기까지 하다. 그것이 거짓된 에고성의 느낌을 키울 것이기 때문이다. 따라서 우리가 몸과의 동일시를 포기하기 전에 "나는 브라만이다", "내가 그다"와 같은 큰 말씀(Mahavakyas)을 염하는 것은 무의미하고 쓸데없다. 더욱이 진아를 알고 나면 우리가 브라만으로서만 안주하므로, "나는 브라만이다, 나는 브라만이다"라고 염할 필요가 없다. 이는 인간이 "나는 인간이다, 나는 인간이다"라고 염할 필요가 없는 것과 같다. 그래서 진아 깨달음을 얻기 전에 큰 말씀의 염송을 하는 것은 위험하고, 진아 깨달음을 얻은 뒤에는 그것이 불필요하다.

709. "나는 지고자다"라고 염하면서 돌아다니기보다 지고자로서 고요히 안주하라. "내가 그것이다"로서 안주함이 없이 계속 많이 외치는 것으로는 (탄생과 죽음의) 불행들이 사라지지 않을 것이네.

710. 약을 먹지 않고 약의 이름을 염하기만 해서는 고질병이 사라지지 않듯이, "시보함(Sivoham)"["나는 시바다"] 등 많은 큰 말씀을 염하는 것만으로는 탄생(과 죽음)의 속박이 줄어들지 않을 것이네.

"약을 먹음"이라는 구절이 의미하는 내용이 이 연에서 언급되지는 않지만, 앞 연에서 "지고자로서 고요히 안주하라"고 가르치므로, 우리는 "약을 먹는 것"이 "지고자로서 안주함"을 의미할 뿐이라고 이해해야 할 것이다.

50. 참된 사원

711. 신이야말로 개아 자신과 세계의 사원[거주처 혹은 기반]이라는 도리를 예리하게 이해하지 못하는 사람들은, 신을 숨기기 적합한 사원들을 지어 (무한한) 신을 (일개 신상으로) 축소시키고 장엄한 숭배를 한다네.

이 연에서 말하려는 의도는 사원에서의 숭배를 비난하거나 구도자들에게 사원의 일개 신(deity) 형태를 한 신을 숭배해서는 안 된다고 가르치려는 것이 아니다. 이 연의 목표는 그들이 그런 숭배의 한계를 이해하고, 나아가 자신의 주의를 **진아** 쪽으로 돌리도록 돕기 위한 것일 뿐이다. 본 저작의 제208연을 놓고 볼 때, 스리 바가반은 사원에서의 숭배를 비난하지 않는다. 구도자가 자신의 몸을 '나'와 동일시하는 한, 그런 숭배도 나름의 가치가 있다는 것이 분명하다.

51. 성스러운 이름

712. **심장**(ullam)이라는 **실재**는 늘 **의식**으로서 **심장**에서 서서히 퍼져나간다네. 저 **실재**에게 무수한 이름이 붙는데, 잘 살펴보면 그 이름들 중에서도 '나'라는 것이 으뜸이네.

사두 옴: 심장을 의미하는 타밀어 단어 '울람(ullam)'은 '있다'―**실재**인 '나'의 빛남―를 뜻하기도 하므로, '나' 곧 **실재**를 '울람'이라는 이름으로도 부른다. 이것을 「아루나찰라 5보송(Sri Arunachala Pancharatnam)」, 제2연에서 "당신은 심장 안에서 '나'로서 빛나시므로, 당신의 이름 자체가 심장입니다"라고 한 스리 바가반의 성스러운 말씀과 비교해 보라.

713. (신의) 수많은 이름들 중 앞에서 말한 저 첫 번째인 '나(I)'와 함께 **실재**의 빛남으로서 늘 '내가 있다(I am)'라는 것이 존재하므로, 저 '있다(am)'라는 것도 (신의 똑같이 위대한) 이름이라네.

714. (신에 대한) 수천 가지 이름 중에서 어떤 이름이 참으로 적절한가 하면, 생각을 제거하고 **심장**과 합일해 있는 **하느님**에게 이 이름 ['내가 있다']만큼 실로 아름다운 것은 아무것도 없다네.

스리 무루가나르: 서로 다른 많은 종교들에서, 그리고 서로 다른 많은 언어로 숭배되는 신의 수천의 이름들 가운데서, 이 "있다"만큼 실로 아름답고

참으로 적절한 다른 어떤 이름도 없다. 히브리어에서 '신'의 의미로 사용되는 '여호와(*Jehovah*)'도 이것을 뜻할 뿐이다.

715. '나'[진아]에 주의가 향해 있는 사람들에게는 알려진 많은 이름들 중 '나-나'라는 신의 이름이, 에고가 소멸되는 저 **심장-공간** 속에서 말없는 **지고의 말**(*mouna-para-vak*)로서 당당히 빛난다네.

사두 옴: 이 연으로 볼 때 스리 바가반이 "지고의 말(*para-vak*)"이라는 단어를 쓴 것은 진아의 맥동(*atma-sphurana*)인 '나-나'를 의미하는 것이 분명하므로, 독자들은 바가반이 본 저작 **B12**에서 "지고의 말이 빛나는 곳을 아는 것(*vak parai ar tanam terdal*)"이라고 한 것도 "'나-나'가 빛나는 근원에 주의를 기울이는 것", 즉 자기탐구법을 의미한다는 것을 알 수 있을 것이다. 그래서 본 연은 제706연의 주註에서 표현된 관념을 확인해 준다. 또한 제1197연을 참조하라.

716. '나-나'라고, 자신을 주시하며 저 이름을 놓치지 않고 명상해도, 그것이 몸에 뿌리 내린 에고를 소멸하고, 생각이 일어나는 근원으로 우리를 데려다 줄 것이네.

사두 옴: 이 연에서는 스리 바가반이 「나는 누구인가?」에서 "'나, 나' 하고 부단히 생각하기만 해도 그것이 (우리를) 그곳[마음의 근원]으로 데려갈 것이다"(『라마나 마하르쉬 저작 전집』, 47쪽)라고 한 것과 같은 가르침을 전한다.

717. '나'라는 말의 직접적 의미인 몸을 가진 영혼(에고) 그 자체는 일어나고 가라앉는 것이므로, 면밀히 살펴보면 몸을 가진 영혼에게 상주하는 토대인 **진아**야말로 그 (말의) 온전한 의미라는 것을 알게 된다네.

사두 옴: 또한 「가르침의 핵심」, 제21연을 참조하라.

52. 헌신

718. 단어일 뿐인 '그대(twam)'의 의미인 공空한 자신[에고]을, '그것(tat)'이라는 단어의 의미로 빛나는 영원한 **사다시밤**(Sadasivam)인 의식(Chit) 안에서, '있다(asi)'라는 단어가 뜻하는 수승한 **평안**(진아안주)을 통해 소멸하는 사람이야말로 최상의 헌신자(bhaktiman)라네.

사두 옴: 자신을 몸과 동일시하고, "나는 이러이러한 사람이다"라고 느끼는 자가 개아, 곧 에고인데, "그대(twam)"라는 단어가 뜻하는 것이 이 에고이다. "나는 이러이러한 사람이다"에서 "이러이러한 사람"이라는 에고 부분을, **사다시바**, 곧 지복스러운 **진아의식** 안에서 소멸한 뒤에 남는 것이 "그것(tat)"이라는 단어가 뜻하는 "내가 있다"이다. 그래서 이 연에서는 베단타의 '지知의 길'에서 말하는 "그대가 그것이다"라는 큰 말씀이 싯단타(Siddhanta)의 '헌신의 길'의 견지에서 설명된다. 따라서 '지知의 길'의 목표인 에고의 소멸은 '헌신의 길'의 목표이기도 하다는 것을 알아야 한다.

719. 물거품 같은 생각들의 형상인 에고를 면밀히 탐색하여, 이해 불가능한 **고요함**[진아]의 바다에서 그것의 거짓된 성품을 소멸해 버리는 대장부야말로 최상의 헌신자라네.

사두 옴: 위의 두 연으로 볼 때, **본연진인**(Sahaja Jnani)만이 신의 완벽한 헌신자인 것이 분명하다.

720. 헌신을 통해 비상하게 성숙된 마음으로 헌신의 정수를 한껏 마신 사람들은, 새로운 감로수로서 헌신 중의 헌신의 열매로서 차오르는 지고한 헌신(parabhakti)만 열망한다네.

사두 옴: 드높은 수준의 헌신자들은 이 세상에서나 다음 세상에서 그들의 헌신의 과보로서 결코 싯디(siddhis)나 쾌락을 얻고 싶지 않을 것이다. 그들은 헌신의 정수를 맛보았기 때문에, **하느님**에 대해 헌신이 갈수록 커지게

하는 은택을 달라고 그에게 기도할 것이다. 스리 바가반은 「아루나찰라 아홉 보주화만(Sri Arunachala Navamanimalai)」, 제7연 마지막 행에서 "오, 저의 주님이시여, 저에게 당신의 두 발에 대한 사랑이 갈수록 커가는 것만을 허락해 주소서"라고 하여, 이 미묘한 비밀을 드러낸다.

721. 공격적인 에고가 소멸한 **침묵이야말로 해탈**이라네. 몹쓸 망각 자체가 비헌신(*vibhakti*)이고, 마음이 (진아와 별개로) 나뉨이 없이 가라앉는 그것 자체 하나만으로도 참된 **시바 헌신**(*Siva-bhakti*)이라는 것을 알라.

53. 헌신과 지知는 다르지 않음

722. 지고한 헌신(*para-bhakti*)과 **지**知(*Jnana*)는 면밀히 조사해 보면 **참된 성품**(*swarupa*) 안에서 하나로서 빛난다네. 그 둘 중 하나가 다른 하나의 수단일 뿐이라고 말한다면, 그 어느 하나도 참으로 알지 못하는 것이네.

지고한 헌신의 상태는 개인성이 상실된 상태이므로, 그것은 **진지**(*Jnana*)의 상태일 뿐이다.

723. (헌신과 지知가 똑같은 하나임을 아는) **진인**들조차도 사람들의 근기를 파악한 뒤에는, 하나가 다른 하나보다 우월하다고 말하네. 이는 하나가 더 낫다고 여겨 그것을 계속해 온 사람들이 (다시) 그것을 버리고 다른 하나로 바꾸지 않게 하기 위해서라네.

54. 헌신과 탐구

724. 영혼의 영혼이고 우리 자신의 실체인 저 **하느님**(*Isan*)이 베푸는 신성한 은총 곁에서만, 열망하는 **참된 지**知에 대한 탐구(*vichara*) 수행

의 최종 결실인 **실재**에 안주하는 **삼매**가 성취된다네.

진아는 사이비 영혼, 곧 개아의 진정한 생명 혹은 영혼이므로, 진아가 진정한 하느님이다. 따라서 진아에 대한 큰 사랑을 가지고 하는 **자기주시인 탐구**야말로 하느님에 대한 참된 숭배이다. 이처럼 하느님, 곧 **진아의 은총**을 통해서만 탐구자가 삼매 안에 확고히 자리 잡게 된다.

725. 내면에 거주하는 하느님이 은총의 힘으로 마음을 내면으로 끌어당기지 않는다면, 누가 기만적인 마음의 활동력만으로 밖으로 나가는 그것의 속성을 제어하고 **심장**에 도달하여 평안 속에 안식할 수 있겠는가?

726. 스승의 은총으로써가 아니면 여덟 가지 형상인 신의 **은총**을 얻을 수 없네. 은총은 학식에서도 오지 않고 다른 무엇에서도 오지 않으며, (스승에 대한) 헌신에 의해서만 저절로 온다네.

신 자신이 스승으로서 화현하므로, 스승의 은총 없이는 신의 은총이 없다고 선언된다. 스승에 대한 헌신(Guru-bhakti) 자체가 신에 대한 헌신(God-bhakti)이므로, 오직 그것만이 우리가 신의 은총을 얻을 수 있게 해 줄 것이고, 달리 어떤 것도 그럴 수 없다.

727. 큰 지지물인 하느님의 풍성한 **은총**이 자신에게 오고 있는지 오지 않는지 의심하지 말아야 하네. 속박을 벗어나려고 열망하여 탐구(vichara)로 마음이 달려가는 것 자체가 (은총의) 충분한 증거라네.

728. 하느님의 신성한 **은총**과 "나는 누구인가?" 하고 탐구하여 내면에 안주하는 수단을 놓고 보자면, 그 둘은 각기 서로 도움을 주면서 지고아와 하나 되는 상태로 우리를 이끌어준다네.

729. **실재** 자체가 심장 안에서 그 자신을 드러내지 않는다면, 세계라는 꿈의 **마야**[미혹]가 끝나지 않을 것이네. "이 꿈을 보는 나는 누구

인가?"라고 탐구하는 숭배(*upasana*)야말로 이런 드러냄을 가져오는 방법이라네.

사두 옴: 따라서 자기탐구가, 우리가 신의 은총을 얻어 이 세계라는 꿈에서 깨어나기 위해 해야 하는 적절한 숭배이다.

730. 자기 자신의 **참된 성품**(*swarupa*)에 주의를 기울이는 것이, 마음 등이 미칠 수 없는 **하느님**(Mahesan-시바)에 대한 지고한 헌신이라고 말해지네. (왜냐하면) 이들은 **성품** 안에서 하나이기 때문이네.

사두 옴: 참된 성품 · 진아 · 신 · 스승 · 은총은 모두 같은 실재를 뜻하는 다른 단어들이다.

731. 지知의 길과 사랑[헌신]의 길, 그 두 가지는 불가분의 관계임을 알고, 서로 다르다는 망상으로 하나를 다른 하나와 나눔이 없이, 두 길을 심장 속에서 동시에 결합하여 닦으라.

B13. 진아에 주의를 기울이는 그것이 지고한 **하느님**에 대한 헌신이니, (왜냐하면) **하느님**은 진아로서 존재하기 때문이네.

732. **하느님**[시바]의 은총을 열망하는 자기가 누구인지를 보면 아만我慢(*anava*)[에고]이 제거되고, 신의 은총이 드러날 것이네. 그 자체 하느님인 저 은총의 허공 안에서 아만이 제거되어 소멸한 뒤에는 어떤 불순물(*mala*)과의 연관도 없을 것이네.

733. 다른 두 가지 불순물[업(karma)과 마야]은 (그것이) 결합하는 아만我慢, 곧 집착에 의존해서만 확산되므로, 집착인 저 아만이 소멸되면 저 두 가지도 도저히 살아남을 수 없다네.

샤이바 싯단타(*Saiva Siddhanta*)에 따르면 아만我慢(*anava*)[에고], 업(karma), 마야(*maya*)의 세 가지 불순물이 있다. 에고를 의미하는 '*anava*'라는 단어는 원자를 뜻하는 '*anu*'에서 온 것인데, 그것이 그렇게 불리는 이유를 스리 무루가나르는 다음과 같이 설명한다.

스리 무루가나르: 자기가 아닌 몸을 '나'라고 여기는 미망이 내적 집착 혹은 첫 번째 집착이다. 이 미망은 우리로 하여금 실은 끊임없는 의식인 진아를 몸 안에 있는 하나의 원자 같은 것으로 느끼게 하기 때문에, 그것을 '아나밤(*anavam*)'이라고 하는 것이다.

55. 일념 헌신

734. (나침반의) 바늘이 늘 북쪽을 가리키듯이 하느님의 두 발을 사랑하며 살아가는 오롯한 마음의 소유자들은, 집착의 바다인 이 세계에서 마음이 헷갈려 당혹해 하지 않을 것이네.

735. 시바를 온 마음으로 끌어안고 세상을 살아가는 사람들은 기둥을 꽉 붙들고 빙빙 도는 사람들[아이들]과 같네. 그들은 요지부동이고 (시바라는) 지지물을 꽉 붙들고 있어서 아만인我慢人(*anavar*-에고에 지배되는 사람)일 수 없고, 세상에 말려들 수 없는 사람이라네.

736. 모든 활동에 다 편재해 있는 당당한 지고의 실재에 마음이 확고히 고정되면, 적절한 일로서 하는 그 활동이 수천 가지라 하더라도, 그는 아무 영향도 받지 않을 것이네.

사두 옴: 영화의 모든 화면에 편재해 있는 바탕인 스크린은 불이 난 화면에도 불타지 않고, 홍수가 난 화면에도 물에 젖지 않듯이, 모든 활동에 편재해 있는 바탕인 지고의 실재, 곧 진아는 아무리 많은 활동에도 영향을 받지 않는다. 따라서 진아에 주의를 기울이는 사람은 진아 그 자체로 남아 있고, 그가 하는 것처럼 보이는 아무리 많은 활동에도 영향을 받지 않는다.

스리 무루가나르: 1) "모든 활동"이라는 말은 세간적 활동과 종교적 활동을 공히 포함한다. 2) 실재[진아] 안에 안주하는 사람은 그의 행위자 의식을 상

실하므로, "그는 영향을 받지 않는다"고 하였다. 따라서 비록 그가 일체를 하(는 것처럼 보일지 모르)지만, 사실 그는 아무것도 하지 않는다.

737. 맷돌에 채워 넣은 벼의 무더기 중에서 이리저리 움직이는 것들만 완전히 빻아질 것이고, 회전축 곁을 떠나지 않고 있는 것들은 빻아지지 않을 거라는 것을 알라.

그와 마찬가지로, 세상의 모든 사람들 중에서 신의 두 발에 대한 생각을 떠나 세속적 욕망 속으로 헤매고 들어가는 사람들만이 **마야**에 의해 망쳐질 것이고, 그의 두 발을 떠나지 않는 사람들은 그렇게 되지 않을 것이다.

56. 명상과 탐구

738. 자신을 존재-의식-지복으로 빛나는 **지고의 실재**로 삼아 마음속으로 상상하는 것이 명상이고, (에고라는) 거짓된 미망迷妄의 씨앗을 소멸하고 마음을 **진아** 안에 자리 잡게 하는 것을 일러 **탐구법**이라고 하네.

사두 옴: 명상(*dhyana*)은 마음 활동, 곧 마음에 의한 하나의 상상 행위인 반면, **탐구**는 심멸心滅(*mano-nasa*) 상태이다. 이 연에서 표현된 관념은 「나는 누구인가?」에서도 산문 형태로 발견된다(『라마나 마하르쉬 저작 전집』, 52쪽).

739. 어느 누가 어떤 관법觀法으로[어떤 심상心像이나 관계의 감정으로] 명상하든, 그 사람은 그 관법으로만[한정된 곧 형상 있는(*saguna*) 방식으로만] **진아**를 성취하네. 어떤 관법도 생각함이 없이 고요히 있는 평안인들은 속성 없는 수승殊勝한 **까이발리야**(*Kaivalya*)의 상태에 도달한다네.

사두 옴: 이 연에서는, 이름과 형상으로 신에 대해 명상하면 그 이름과 형상으로만 신을 성취한다는 것과, 생각하거나 명상함 없이 (자기탐구를 통해)

고요히 있음으로써만 속성 없는(*nirguna*) 신의 상태, 곧 **하나됨**(*Kaivalya*)의 상태에 도달할 수 있다는 것을 강조한다. 이 연에서 독자들은 「실재사십송」, 제8연의 올바른 취지를 이해할 수 있다.

740. 에고인 자기를 완전히 소멸한 뒤에야 얻어지는 것이 **자기**의 근원[진아]인데, 에고로써 "내가 **그것**이다"를 어떻게 명상할 수 있는가? '나'[에고]가 소멸되면 **진아** 안에 고요히 머무르는 것이 좋다네.

사두 옴: 「실재사십송」, 제32연을 이 연과 함께 공부해야 한다. 앞 연에서 스리 바가반은 이름과 형상으로 신을 숭배하는 것은 속성 없는 상태, 곧 최종적 성취를 안겨주지 않을 거라고 가르쳤다. 이 연에서는 "나는 **브라만**이다" 같은 **큰 말씀**에 대한 명상 수행조차도 — 많은 사람들은 이제까지 그것이 속성 없는 것에 대한 명상(*nirguna-upasana*)이라고 잘못 믿어왔지만 — 최종적 상태를 안겨주지 않을 거라고 가르친다. 왜냐하면 그것은 한갓 마음의 상상 행위에 지나지 않기 때문이다. 스리 바가반은 자기탐구의 올바른 기법인 고요한 진아안주만이 최종적 성취를 안겨줄 거라고 역설한다.

741. 의식으로서 형상 없이 빛나는 **시바**를, 감각기관으로 지각되는 감각대상인 양 명상하다가 "여기까지인가"라고["그의 형상이 사라졌다"고] 한탄한다면, 이는 "나는 누구인가?" 하고 자기를 탐구하여 알아내지 않는 과오 때문이네.

여기서 본 저작의 제1070연, 1072연, 1073연을 참조하라.

어떤 구도자들은 특정한 형상으로 **시바**에 대해 명상한다. 그 명상의 힘(*bhava-bala*)을 통해 그들이 그 형상으로, 곧 시각의 한 대상으로 **시바**를(즉, 시바의 환영幻影을) 볼 때, 그들은 자신이 **시바** 친견(*Siva-darshan*)을 성취했다고 믿는다. 그러나 한때 무엇이 나타난다 해도 그것은 시간이 지나면 반드시 사라질 것이고, 그래서 그 구도자는 자신이 사랑하는 **시바**의 형상이 사라질 때 한탄할 수밖에 없다. 그렇지만 **시바**는 실은 내면에서 '**나**'로서 빛나는 형상 없는 순수한 의식이므로, 만일 구도자가 결코 사라지지 않을 **시바**의 친견親見을 성취하고 싶다면, 내면에서 "이 환영을 보는 자인 나는 누구인가?"를 탐구하여 **진아**를 깨닫기만 하면 된다.

57. 진아에 대한 명상

742. 의식(*arivu*)인 자기를 잘 내관해 가는 사람은, **진아**인 **시바**에 합일하게 될 것이네.

58. 허공에 대한 명상

743. (우리가) 얻고자 하는 어떤 위대함도 (우리가) 얻고자 하는 방식으로 쉽게 이룰 수 있게 해 주는 것은, 얻어지는 대상으로서 생겨나지 않는 위대함을 지닌, 저 나뉘지 않은 **허공**에 대한 내관이라네.

사두 옴: 어떤 사람들은 욕망하는 어떤 결과를 얻을 목적으로, 신의 어떤 이름이나 형상에 대해 명상하는 것이 아니라, 광대한 **허공**에 대해 명상한다. 그런 수행으로도 욕망들이 충족된다.

744. **허공**에 대해 내관한 뒤에 ("허공을 내관하는 나는 누구인가?"라고 물으면서) 저 나뉘지 않은 **허공**에 대한 내관에서 빠져나오는 사람들만이 불생不生이라는 위대함을 얻을 것이고, 다른 사람들은 나고 죽음에 떨어질 것이네.

사두 옴: 앞 연에서 사용된 "얻고자 하는 어떤 위대함도"라는 구절은 세간적 욕망들(*kamyas*)의 충족만을 뜻하는 반면, 본 연에서 사용된 "불생이라는 위대함을 얻는다"는 구절은 해탈의 성취를 의미한다.

허공은 신의 그것과 같은 이름과 형상은 아니지만, 그 나름의 한 이름['허공']과 형상[광대함]을 가지고 있다. 게다가 그것은 하나의 2인칭 대상이다.

따라서 이 연에서는 우리가 그런 명상의 대상을 포기하고, "이 허공을 아는 나는 누구인가?"라고 물으면서 진아 쪽을 향하라고 조언한다. 진아가 불생불사不生不死라는 지고한 상태를 하사해 줄 유일한 명상의 표적이다.

745. 지知의 참된 형상인 진아, 곧 하느님을 붙듦으로써 결함 없는 진아 안주(nishta)를 닦은 사람이 정신이상이 되어 헤매고 미혹되었다고 말하는 것은, 어떤 사람이 불멸의 감로를 마시고 죽었다고 말하는 것과 같다는 것을 알라.

사두 옴: 세간 사람들이 가끔 말하듯이, 어떤 사람이 **자기탐구**의 길을 따르다가 미쳐 버렸다고 말하는 것은 잘못이다. 이 연에서 스리 바가반은, 누가 이 길을 따르다가 그런 어떤 정신장애를 겪는 일은 일체 없을 것이며, 오히려 더 큰 명료함과 마음의 힘을 성취할 것임을 우리에게 보증해 준다.

이 연은 **자기탐구**에 관한 장에 나오는 연들과 함께 읽어야 한다.

59. 시간에 대한 명상

746. 탄생과 죽음이라는 결함이 없는 불멸의 영원한 위대함을 성취하고 싶다면, 나타남과 가라앉음의 변상變相이 결코 없는 시간[현재]을 전적으로 명상하는 것이 적절하다네.

사두 옴: 우리가 이 연의 의미를, 「실재사십송」, 제15연에서 "과거와 미래는 현재에 의존해서만 존재한다네. 일어날 때는 그 둘 다 현재일 것이네. 따라서 (세 가지 시간 중에서) 현재만이 존재한다네."라고 한 것에 비추어 면밀히 살펴본다면, 여기서 "나타남과 가라앉음의 변상이 결코 없는 시간"이라는 구절이 의미하는 것은 현재뿐이라는 것을 알 수 있다. 이처럼 이 연은, **진아수행**(atma-sadhana)이 (세 가지 인칭 중에서) 1인칭에 주의를 기울이는 형태로 뿐만 아니라 (세 가지 시간 중에서) 현재에 주의를 기울이는 형태로도

할 수 있다는 희유한 단서를 우리에게 준다. 이 두 가지 형태 중에서 어느 것을 하든, 1인칭과 현재라는 시간 둘 다 참으로 존재하지는 않음이 발견되면서 사라질 것이고, 탄생과 죽음이 없는 영원한 위대함이 성취될 것이다. 또한 이 관념이 더 자세히 설명되는 『스리 라마나의 길』, 제1부 제8장도 참조하라.

747. (현재에 주의를 기울여) 시간이 진아에 지나지 않음을 본 다음, 그 소견[시간의 관념]마저 이미 놓아 버린 사람들이 이 지구상에서 불사不死를 성취한 현자들(진인들)이고, 다른 모든 사람들은 죽음[시간]의 검劍에 쓰러질 것이네.

사두 옴: 이 연에서는 현재의 시간과 1인칭이 성품상 비슷하다는 것을 말한다. 우리가 '나' 혹은 현재를 면밀히 탐색하거나 명상하면, 에고와 현재가 사라져 존재하지 않음을 발견할 것이고, 시공을 초월하는 우리의 진정한 **존재-의식**(*sat-chit*), 곧 "내가 있다"만 남게 될 것이다. 이것이 이 연에서 스리 바가반이 사용한 "그 소견마저 놓아 버린"이라는 구절의 의미이다.

여기서 **스리 바가반**이 「실재사십송」, 제16연의 다른 버전에서 "우리가 없이 시간이 어디 있는가? 우리 자신을 면밀히 살피지 않고 몸을 우리로 착각하면, 시간이 우리를 집어삼킬 것이네."라고 한 경고에 주목할 가치가 있다. 같은 관념이 본 연에서는 "다른 모든 사람들은 죽음[시간]의 검에 쓰러질 것이네."라는 문장으로 표현되었다.

748. 이미 그들 자신의 상태에 자리 잡은 사람들은 그들 자신[즉, 자신의 진아] 외에 시간이라는 그 어떤 것도 보지 않고, 단 하나의 전체적인 **실재**(*tattva*)가 세 가지 시간[현재·과거·미래]으로 된다고도 보지 않을 것이네.

사두 옴: 여기서 「실재사십송」, 제16연을 읽고 이해해야 한다.

60. 수행

749. 탐구하지 않을 때만 존재하고 탐구할 때는 존재하지 않게 되는, 지구 등으로 이루어진 바깥의 우주에 주의를 기울이지 말고, 내면에 실재하는 것을 알기 위해 주의를 기울여 그것을 알게 되면, 탄생에 대해서는 생각할 필요도 없을 것이네.

사두 옴: 이 연에서 세 가지 점을 추론할 수 있다. 즉, 1) 세계는 아무 실제적 존재성이 없고, 무無탐구(avichara)로 인해 존재하는 것처럼 보일 뿐이다. 2) 탄생과 죽음은 생각에 불과하다. 3) 우리가 진아를 깨달으면, 그것 자체가 탄생과 죽음의 바다를 건너는 것이다.

이 연의 후반부는 『띠루꾸랄』의 '포기에 대하여' 편의 '진리를 알기' 장에 있는 한 연(제357연)이다. 『띠루꾸랄』의 이 연을 스리 무루가나르가 본 연에서 다룬 방식은 능숙하고도 아름답다.

750. 누가 무엇을 끊임없이 생각하든, 그는 그 생각하기의 힘에 의해 그것이 된다네. 사랑과 애착으로 (진아를) 명상하여 (세간적) 집착을 깨트리고 수행으로 (그것을) 다시 절멸하면, 속박을 안겨주던 불행이 (더 이상) 속박하지 않을 것이네.[20]

스리 무루가나르: 경전에서는, 생명이 몸을 떠날 때 우리가 무엇을 생각하든 우리는 그것이 된다고 말한다. 따라서 이 연에서는, 해탈을 원하는 사람들은 환생의 원인이 되는 다른 생각들을 밀어내기 위해 진아에 대해서 생각해야 한다고 가르친다. 죽음은 언제 어느 때에도 닥쳐올 수 있으므로, 우리 삶의 어느 순간도 죽음 직전의 순간일 수 있다. 그래서 우리는 매 순간 진아에 대한 명상을 해야 한다는 것이 스리 바가반의 견해이다.

751. 완전하고 평화로운 **명료함**(진아의식)의 상태야말로 따빠스의 궁극적

---

20) T. 제750연 후반부 "애착으로" 이하도 『띠루꾸랄』의 제359연에서 가져온 것이다.

목표라고 베다에서는 선언하네. 그러니 (어떤 따빠스를 통해) 아무리 풍부하고 한량없는 이익을 얻는다 해도, 조금이라도 (마음의) 동요가 남아 있다면 그런 따빠스는 그만둬야 한다네.

752. 꼭 있어야 하는 거라는 생각이 일어나는 한, 그것을 갖고 향유해도 될 것이네. 그러나 어떤 쓰라린 경험을 통해 그것을 버려야겠다는 생각이 일어나면, 즉석에서 바로 버려야 한다네.

753. 공덕행의 결과로 여러 가지 (좋은) 과보를 얻은 것으로만 하느님의 특별한 은총을 판단하지 말라. (진아에 대한) 망각으로 인해 들러붙는 마음의 근심이 없는, 평화로운 **의식의 명료함**으로써 (하느님의 은총을) 판단하는 것은 예외라네.

사두 옴: 무지한 사람들은 흔히 부富와 건강 같은 여러 가지 세간적 행복을 얻은 것만으로 자기가 신의 은총을 얻었다고 생각한다. 그러나 그런 것들은 신의 은총의 올바른 표지가 아니다. 왜냐하면 그것은 우리 자신의 공덕행(*punyas*) 때문에 얻은 것, 즉 발현업의 결과일 뿐이기 때문이다. 우리가 **진아**를 알고, 그럼으로써 불행이 없이 단절 없는 평안에 안주하는 **진지**(*Jnana*)의 상태만이 신의 은총의 참된 표지이다. 여기서, 제751연에서 "따빠스의 궁극적 목표"라고 한 평화로운 **진아의식의 명료함**이 이 연에서는 **신의 은총**의 참된 표지로 이야기된다는 점도 유념해야 한다.

754. 그대가 생각하는[욕망하는] 것을 생각하는 대로 뭐든 성취할 수 있게 해 주는 강력한 산깔빠-싯디(*sankalpa-siddhi*)를 얻기보다, 존재-의식 안에 자리 잡음으로써 단 하나의 생각[혹은 욕망]도 일어나지 않는 내적 평안의 상태를 얻는 것이 훨씬 뛰어나다네.

사두 옴: 우리가 욕망하는 것을 뭐든 성취하는 것보다, 전혀 어떤 욕망도 갖지 않는 것이 완전한 행복의 상태이다. 바꾸어 말해서, 모든 욕망은 하나

의 생각에 지나지 않으므로, 생각하지 않기(non-thinking)의 힘이 우리가 생각한 그 무엇이든 성취하는 힘보다 더 위대하다.

61. 유일한 수행

755. 헛되이 날을 보내지 않고 **자기탐구**를 닦는 개아들에게는 삶이 매우 위대해질 것이네. (그러면) "이 비참한 몸 형상이 나다"라는 느낌이 끝나고, **지고한 지복**의 바다가 내면에서 솟아오를 것이네.

756. 수승殊勝한 **자기탐구** 외에는 마음을 가라앉히는 데 적합한 다른 수행이란 전혀 없다네. 다른 수행법으로 가라앉히면, 마음은 한동안 가라앉은 듯하다가 다시 일어나고 만다네.

757. 호흡 제어로도 마음은 가라앉겠지만, 그 가라앉음은 호흡이 제어되는 동안만 지속될 것이네. 호흡이 밖으로 나오면 마음도 빠져나가, 원습에 추동되어 바깥으로 헤맬 것이네.

사두 옴: 위 두 연에서 표현된 관념은 「나는 누구인가?」에서도 산문 형태로 찾아볼 수 있다.

62. 탐구의 보조수단

758. '보는 자', '보이는 대상', '봄'으로서 바깥으로 솟구쳐 나오는 마음의 활동을 가라앉히는 최상의 길은, 마음이 그 자신의 성품을 보도록[자기주시를 닦도록] 그것을 훈련하는 것이네.

759. 자기 자신 안에서 **실재**[진아]가 자기 자신["내가 있다"]으로서 빛나므로, **그것** 자체를 자기 자신이 알 수 있다네. 진아의 형상을 있는 그대로 내면에서 탐구하는 데 (도움 되는) 친밀한 벗은, 저 물리칠

수 없는 진아의 빛 그 자체라네.

어떤 사람들은, 우리가 자기 자신을 안다는 것은 마치 눈이 그 자신을 볼 수 없듯이 불가능한 일이라고 말한다. 그러나 본 연에서 스리 바가반은 그런 관념이 틀렸음을 증명한다. 눈은 지각력 있는 마음이 그것을 통해 다른 것들을 아는, 지각력 없는 하나의 도구일 뿐이다. 항상 스스로 빛나는 진아를 눈에 비유하는 것은 적절치 않다. 진아, 곧 실재(Sat)는 의식(Chit) 그 자체로서 빛나므로, 그것은 "내가 있다"로서의 그 자신을 알기 위해 다른 어떤 의식도 필요로 하지 않는다. 그래서 실재하는 진아의 빛[진아의식]이, 우리가 진아를 탐구하여 알기 위해 필요한 유일한 보조수단이다.

760. 두 생각 사이에서 마음이 존재하는 방식이 어떤 것이든, 그 방식 자체가 지고한 실재의 참된 성품(Paramartha Swarupam)이라는 것을 탐구하여 알고 나서, 심장에 명료하게 안주하는 것이 바로 그 (지고의) 상태라네.

761. 넘치는 염송(japa)과, 기쁨을 주는 신의 형상에 대한 생각[명상], 음식 조절과 함께 끊임없이 그들이 하는 수행에 의해, 마음은 일념이 되고, 과거의 원습들이 사라지면서 (그것이) 힘을 얻을 것이네.

762. 코끼리의 요동하는 코에 쇠사슬을 쥐여 주면 그것을 들고 있느라고 그 동요가 가라앉듯이, 비천하고 더러운 마음도 (신의) 이름과 형상에 의해 그 미혹된 동요가 제거되어 소멸할 것이네.

사두 옴: 위 두 연에서 표현된 관념은 「나는 누구인가?」에서도 발견된다.

763. 이런 식으로 내직 일념집중의 힘을 얻은 마음에서만 올바른 자기 탐구가 성취될 것이네. 근기가 되지 않는 무지한 마음은 지知-탐구(jnana-vichara)의 불길 속에 집어넣은 대추야자 생나무 같을 것이네.

764. 욕망에 의해 갈수록 많은 번뇌가 일어난다는 것을 깨달은, 저 욕망을 완전히 버린 진보된 영혼들은, 자신이 착수한 **자기탐구**라는 곧은길을 밟아서 끝없이 위없는 **진아**의 정수 체험을 얻을 것이네.

63. 수행의 한계

765. 3요소의 차별이 있는 한['아는 자-앎-알려지는 것'이 다름을 경험하는 한], 어떤 식으로든 수행(*sadhana*)이 없으면 안 된다네. 3요소를 통해서 [3요소 차별의 경험을 통해서], 상상의 미망인 에고가 아직 소멸하지 않았음을 판단할 수 있다네.

이 연으로 볼 때, 3요소(*triputis*)가 존재할 수 있는 토대는 에고임이 분명하다. 따라서 독자들은 「실재사십송」, 제9연에서 사용된 '하나(*ondru*)'라는 단어가("둘과 셋들은 늘 하나에 매달려 존재한다네.") 에고만을 뜻하지, **진아**를 뜻하지 않는다는 것을 알아야 한다. 여기서 『스리 라마나의 길』, 제2부 **부록 4(c)**를 참조하라.

766. 다른 두 가지 몸[조대신과 미세신] 안에서 그대를 속박하는 3요소가 별개의 셋으로 경험되는 한, 원인신原因身인 '미혹의 몸'의 속박이 소멸하지 않은 것이고, 따라서 환적인 탄생이 끝나지 않았음을 알아야 하네.

767. 수행으로 저 에고가 소멸되면 그 뒤에는 아무것도 '딴 것'(타자)으로 보이지 않을 것이네. 이전까지 기만 행렬을 벌이던 '딴 것'들로 알려졌던 모든 것은, **비이원론**(*Advaita*)에서 선언하듯이 **지**知(의식)인 **진아**의 **참된 형상**(*Atma-swarupa*)이라네.

768. 세계를 환적인 겉모습으로 보는 이들은, 에고라는 (모든 이름과 형상들의) 배아胚芽[토대]가 사멸되어 항상 **실재**를 보는 사람들이네.

그들은 무한한 허공으로 항상 빛나는 **진아**이므로, 그들 자신의 **성품**(*tanmaya*) 전체가 **의식**이라네.

64. 진아안주와 분별

769. 결함 없이 스스로 빛나는 **진아안주** 하나만이 비진아인 모든 속박을 소멸할 것이네. (한편) 우리 자신의 성품인 **실재**와 비실재를 구분해 주는 **분별**(*viveka*)은 순수한 무욕을 위한 보조수단이라네.

770. 그대가 자기 자신이라고 여기면서 (그것을 가지고 윤회하며) 고통 받아 온 그것[몸]은, 탐구해 보면 그대가 아니라는 것을 알 것이네. (그러니) 그대가 무엇인가라는 탐구로써 **심장** 속으로 가라앉아, 그대가 **그것**으로서 직접 자리 잡으라.

771. 단 하나의 **실재**로서만 남아 있는 것 외에는 어디에도 영구적 기반이 없다는 것을 깨닫고, 일체에 대한 욕망을 소멸하되 어떤 것에 대한 혐오도 없이, 지고한 **존재-의식**(*Sat-Chit*)과 하나가 된 생명으로 **심장** 속에 안주하라.

772. **의식**(*arivu*)의 명료함으로 무지를 소멸하고 **진아안주**에 확고히 자리 잡은, 마음이 아주 죽어 버린 사람들은, **시바**의 두 발 아래서 그들의 마음을 **생삼매**生三昧(*jiva-samadhi*)[생매장]해 버린 영원한 **해탈자**로서 살아갈 것이네.

이 연에서 사용된 "마음이 아주 죽어 버린(*chintai ara setthu*)"이라는 구절은 **심멸**(*mano-nasa*)의 상태를 뜻한다. 이렇게 마음이 죽으면 그것이 **진아**로서 빛나고, 영원해진다. 살아 있는 동안에 죽어 있는 그런 상태가 "생삼매"라는 단어로 표현된다. 마지막 연의 "영원한 **해탈자**로서 살아갈 것"이라는 구절은 이처럼 마음이 마음으로서 죽고 **진아**로서 살아남는 상태를 뜻한다. 그리스도의 십자가형과 부활의 의미가 바로 이것이다. 제365연을 참조하라.

65. 고요히 있기

773. 우리 주님[스리 라마나]께서 고준하고 강력한 따빠스로서 (우리에게) 명심하여 따르라고 확고하게 말씀하신 것은 단 하나, 즉 "고요히 있음(Summa irutthal)"뿐이니, 그 외에 생각하거나 마음으로써 해야 할 다른 무엇[명상, 요가 등]도 없다네.

사두 옴: 환생은 마음·말·몸으로 한 행위(업)에 기인하므로, 해탈은 이 세 가지 도구로써 하는 최소한의 행위도 없이 그냥 고요히 있음으로써만 성취될 것이다. 「진아지」, 제4연에서 스리 바가반이 "마음·말·몸의 최소한의 행위도 없이 고요히 머물러 있으면, 아, 얼마나 놀라운가, 진아의 광휘를 체험할 것이니…"라고 하는 것을 참조하라. 따라서 위 연에서 말해주듯, 스리 바가반이 우리에게 권장한 유일한 임무는 '그냥 있는' 것이다. 『마하르쉬의 복음』, 제1권 제6장에서 스리 바가반이 "그대가 해야 할 일은 존재하는 것(TO BE)"[21]이라고 말하는 부분을 참조하라(『마하르쉬의 복된 가르침』, 52쪽).

774. 고요히 있으면서 빛나는 게으름이 스와루빠(swarupa)의 상태이니, 저 위대한 상태가 그대가 그것인 상태라네. 아주 대단하고 희유한 따빠스가 아니고서는 성취할 수 없는 그 게으른 상태를 성취한 이들을 더없이 덕스러운 존재로 존경하라.

사두 옴: 위 두 연에서는 '고요히 있음'이 최고의 상태라고 가르친다. 이 상태를 게으르고 지각력 없는 상태라고 비웃는 사람들을 점잖게 조롱하기 위해, 스리 바가반은 유머러스하게 "그 게으른 상태를 성취한 이들을 더없이 덕스러운 존재로 존경하라"고 말한다.

---

21) 이 문장의 타밀어 원문을 더 문자적으로 옮기면 "고요히 있는 것(summa irupadu)만이 그대의 임무"가 될 것이다.

66. 개인적인 '나'

775. "나야말로 나다"라는 올바른 지知 없이 아무개라는 육신만을 자기로 알고 행동하는 사람은, 몸이 죽어갈 때 헛되이 고통 받으면서 (자신이 죽는다는) 꿈과 같은 속박의 미망 속에 가라앉는다네.

사두 옴: "나는 이 몸이다, 나는 아무개다"라는 앎은 자기 자신에 대한 올바르고 참된 지知가 아니다. 그것은 에고, 곧 거짓된 개인성 의식일 뿐이다. 자기 자신을, '이것'이나 '저것'과 같은 어떤 부가물도 없는 "내가 있다가 곧 나이다(I am is I am)"로서만 아는 것이 참된 지知이다. 모세가 불길의 형태를 한 하느님을 보고 그에게 그가 누구인지 물었을 때, 하느님은 "나는 내가 있다는 것이다(I AM THAT I AM)"라고 대답했다. 스리 바가반은 『구약』에 나오는 이 문장을 종종 지적하시곤 했는데, 이것은 성경 전체에서 대문자로만 표기된 유일한 문장이다.

776. 결함 없는 참된 지知인 지고의 실재는 단 하나의 완전한 전체로서 상주하는 미덕을 가졌기에, (하느님을) 숭배하기 위한 경우라 할지라도 "그는 이런 분이다"라고 규정될 수 없는 하느님과 별개의 한 개인(에고)으로서 일어나는 것은 잘못이라네.

사두 옴: 둘이 없는 결합이 완전한 사랑의 상태이고, 분리는 사랑에 결핍이 있음을 보여준다. 그래서 우리가 자신을 하느님과 분리한 뒤에 한 개인으로서 그를 아무리 많이 숭배한다 해도, 그런 모든 숭배는 그에 대한 우리의 사랑에 어떤 결핍이 있음을 보여준다. 따라서 신에 대한 참된 사랑은 그의 안에서 자신의 별개인 개인성을 상실하고 그와 하나가 되는 것이다.

777. 단절 없는 참된 지知의 허공인 실재와 다른, 날뛰고 고통 받는 거짓된 '나'로서 일어나는 것은, 그것을 ('나와 신의) 둘로 쪼개어 최고의 덕(*dharma*)을 망치는 죄를 짓는 것이라네.

사두 옴: 단 하나의 단절 없는 브라만을 '숭배하는 개아'와 '숭배 받는 신'의 둘로 나누는 것을, 여기서는 '브라만 살해(Brahma-hatti)'의 흉악한 죄를 저지르는 것으로 이야기한다.

778. (다른 것들에 대한) 지知와 움직임(chalana) 없이 **하나**로서 빛나는 진정한 세계[진아]에서, 어떻게 다른 것(움직이는 개아의식)의 지배가 일어날 수 있는가? 그것은 우리가 공허한 상상을 하여 **신**[진아]과 다른 하나의 심적인 세계로 들어가 머무르기 때문이네.

사두 옴: 진아의 상태만 실재하며, 그것은 지知와 무지 없이 존재하고 빛난다. 왜냐하면 그것은 알거나 모르는 '다른 것'이 없고, 움직임이 없으며, 단절 없는 **전체**이기 때문이다. 반면에 다수성(다수의 이름과 형상들인 세계)으로서, 그리고 그 다수성을 알고 그 안에서 움직이는 개아로 나타나는 것은 하나의 심적인 미망일 뿐이고, 실재하지 않는다. 그래서 이 연은 불생不生(ajata)인 단 하나의 **진아**만이 **실재**라는 것을 우리에게 가르친다.

779. 자기가 **실재**를 떠나 별개로 존재하는 듯이 보이게 만드는 파괴적 생각이야말로 속박의 성품이라네. 확실히 우리가 **실재**를 떠나서 별개가 되기는 불가능하므로, 그런 생각이 일어날 때마다 그것을 배격하라.

사두 옴: 우리가 "이것은 벵골만이다"라고 판정하는 것은 인도양이라는 나뉘지 않은 바다에 하나의 상상적 경계선을 생각해서가 아닌가? 이 선은 하나의 생각에 지나지 않는다. 실은 그 바다는 결코 나뉜 적이 없지만, 그 생각에 의해 경계가 판정되는 하나의 상상적 형상이 벵골만이 된다. 마찬가지로, 존재-의식인 '나'를 두고 "나는 이 몸에 한정되어 있다"고 잘못 상상하기 때문에, "나는 진아와 별개인, 한정되고 속박된 한 개인이다"라는 느낌이 생겨나는 것뿐이다. 이 속박은 하나의 생각 혹은 상상에 불과하지 않은가? 그래서 속박에서의 해탈이란 "나는 몸이다"라는 첫 번째 생각을 없애는 것일

뿐이므로, 이 연에서는 그 생각이 일어날 때마다 탐구로써 그것을 없애야 한다고 가르친다.

780. 진아의 상태(즉, 자각)를 떠나서는 어떤 생각도 하지 말라. 만일 생각을 했다면 그것을 후회하고 돌아서서 같은 어리석음을 다시 범하지 말라. "나중에 후회할 어떤 일도 하지 말라. 만일 했다면, 그런 일을 다시는 하지 않는 것이 낫다네."

사두 옴: 이 연의 후반부는 『띠루꾸랄』의 제655연인에, 여기서 띠루발루바르는 인간이 범하는 잘못에 대해 이야기하고 있다. 그러나 모든 잘못은 "나는 한 인간이고, 아무개라고 불리는 한 개인이다"로서 일어나는 원초적 잘못을 범한 뒤에야 범해지므로, 스리 바가반은 다른 잘못을 교정하는 방법을 권장할 뿐만 아니라, 우리가 "나는 한 인간이다"라는 생각이 전혀 일어나지 못하게 해야 하며, 만약 그 생각이 일단 일어났다면, 최소한 그것을 후회하고 그것이 다시 일어나지 않게 해야 한다고 가르친다. 이처럼 스리 바가반은 문제의 뿌리 자체를 다루면서, 그 독毒을 초기 상태에서 제거하는 법을 우리에게 보여준다.

781. "언제 나는 진아의 상태라는 요가의 지복을 성취할 것인가?" 하고 생각하면서 낙담하지 말라. 영원히 하나인 **실재-지**知, 곧 **진아의 상태**는 (과거와 미래 같은) 시간이나 멀고 가까움 같은 공간 없이 항상 똑같이 빛나고 있기 때문이네.

스리 무루가나르: 진아가 곧 신이므로 진아안주 그 자체가 지고한 요가이다. 의식의 **지복**(chit-ananda), 곧 **은총**이라는 지고의 부富를 얻기 위해 일체를 포한 사람들에게는 과도한 열망의 형태를 한 생각 자체가 그들이 그것을 성취하는 데 하나의 장애가 된다. 과거와 미래 같은 시간과, 멀고 가까움 같은 공간의 차이는 심적인 상상의 세계 안에만 존재하며, 실재하는 진아의 세계에서는 존재하지 않는다. 그래서 스리 바가반은 "아, 언제 나는 **진아와**

하나가 될까? 하면서 한탄하지 말라"고 하였다. 왜냐하면 그런 한탄에 시간을 쓰기보다는 자기주시에 시간을 쓰는 것이 더 낫기 때문이다.

사두 옴: "항상 똑같이"에 사용된 타밀어 단어들은 "항상 결합되어 있는" 혹은 "항상 성취된"을 의미할 수도 있다. 시간과 공간의 비실재성을 드러내는 「실새사십송」 제15연과 16연도 여기서 참조해 볼 수 있다.

67. 근원으로 물러나기

782. "우리의 출생지는 어디인가?"라고 물어서 그대의 출생지를 알고 거기에 도달하는 것이야말로, 그대가 들어간 곳 외에는 존재할 수 없는 불행을 뿌리 뽑는, 적합한 길들 중 으뜸이라네.

사두 옴: 이 연을 통해서 우리는 다음과 같은 것을 이해해야 한다. 즉, 진아의 상태가 우리의 출생지이고, 몸·마음·세계가 그 안에서 나타나는 개인성(jivatman)의 상태가 우리가 들어간 곳이다. 진아의 상태에서는 어떤 불행도 없다. 탄생과 죽음 같은 온갖 불행과, 욕망 같은 온갖 악덕이 존재할 수 있는 것은 개인성의 상태에서일 뿐이다. 그런 모든 불행과 결함들을 뿌리 뽑기 위해서는 자기탐구가 최상의 길이다.

처녀는 결혼을 해서 들어간 자기 남편의 집에서만 삶을 즐길 수 있는 자신의 모든 권리와 모든 가능성을 가지므로, 그녀에게는 "너의 출생지를 떠나서 네가 들어간 곳[남편의 집]으로 가라"고 조언하는 것이 보통의 세간적 관습이다. 그러나 이 연에서 **스리 바가반**은 그런 세간적 조언과 사뭇 반대되게, 구도자들에게 이렇게 조언한다. "불행들은 그대가 들어간 곳에만 존재할 수 있다. 그러니 모든 불행을 없애려면 그대의 출생지로 돌아가라."

783. 왔던 길로 돌아가면 그 길을 통해서 끝없고 완전한 행복의 해탈을 얻게 될 것이네. 자신의 권리인 해탈의 상태를 모른 채 (행복을) 찾아 헤매면서 고통 받는 마음이여, (이것을) 분명히 알라.

사두 옴: 우리는 우리 자신의 진아의 상태가 해탈, 곧 영원한 행복이고, 그것은 항상 우리 자신의 권리라는 것을 알아야 한다. 우리가 불행을 경험하는 것은, 우리가 진아를 떠나 바깥으로 주의를 돌리기 때문일 뿐이다. 따라서 우리가 잃어버린 것처럼 보이는 행복을 성취하는 수행은, 우리가 한 개아로 일어나서 나온 근원인 진아 쪽으로 주의를 다시 돌리는 것뿐이다.

784. 중심인 심장을 가득 채우는 의식을 체험할 때까지는 오관의 의식이 조금도 가라앉지 않을 것이고, 미망迷妄인 오관의 의식이 완전히 소멸할 때까지는 참된 의식인 지복을 얻지 못할 것이네.

사두 옴: 제604연의 주석도 여기서 읽어 봐야 한다. 무지의 제거와 진지의 밝아옴은 별개의 두 행위가 아니라 똑같은 하나이다. 그것이 별개의 두 행위라고 생각하여, 어느 것이 먼저일지 궁금해 하면서 헷갈리면 안 된다.

개아는 늘 개인성, 곧 에고의 상실을 욕망할 자유가 있다. 따라서 에고가 일어나지 않는 것을 좋아하는 마음이 우리의 심장 속에서 일어나는 것으로 족하다. 그 좋아함이 은총에 의해 성취될 거라는 것을 확신하라.

785. 상상된 것[세계]을 바라보며 미혹되지 말고, 마음이여, 그대의 근원을 향해 ("나는 누구인가?"를 탐구하며) 심장으로 들어가라. 그 지고한 의식 속에서는 일체가, 진아로서 빛나는 단 하나의 비이원적 사랑일 뿐인 그대의 참된 성품이라네.

68. 수행자의 처신

786. 자신이 해야 할 일(*dharma*)[참된 진아안주 따빠스]을 하기 시작한 사람들에게는 비이원성의 드높은 경지를 체험하는 진아의 상태에서 미끄러지는 것만도 죄라고 하는데, 곰곰이 성찰해 본다면 그들이 남의 일에 관여하는 것이 적절한 일이겠는가?

사두 옴: 『띠루꾸랄』 제266연에서 띠루발루바르는 "따빠스를 하는 사람들만이 자신이 해야 할 일을 하는 사람들이네."라고 말한다. 따라서 구도자의 으뜸가는 임무, 곧 다르마(dharma)는 진아에 주의를 기울이고 진아에 안주하는 참된 따빠스를 하는 것이다. 그래서 자기주시가 느슨해지는 것은 자신의 임무, 곧 다르마에서 미끄러지는 것이다. 바꾸어 말해서, 다른 것들에 주의를 기울이는 것은 비非다르마(adharma)의 죄이다. 그럴진대, 구도자가 남의 일에 관여한다면 얼마나 더 큰 죄가 되겠는가?

787. 어떤 결점에도 주목하지 않고 남들에게서 늘 좋은 점들만 본다면, 개아의 삶이 어떤 혐오의 여지도 없이 아주 즐거워질 거라는 것을 알아야 하네.

788. 교정할 필요가 있는 것은 자기 자신의 마음뿐이라는 원리를 고수하지 않는다면, 남들의 결점만 보는 마음을 통해 자기 자신의 정신이 더욱 더 오염될 것이네.

789. 마음이여, 네가 설탕처럼 달고 에고 없는 성품을 성취해서 **위대한 분들**(진인들)이 너에게 사랑을 베풀어 주는 것이 아니라, 축적된 너의 모든 결점을 저 **뛰어난 분들**(uttamar)이 도외시하고 용서하는 아량 때문임을 알라.

사두 옴: "나는 아주 고매한 성질과 공덕들을 성취했다. 그래서 **위대한 분들**조차도 나에게 아주 친절하다"—이렇게 생각하면서 자신의 공덕과 성숙도를 높이 평가해서는 안 된다. **위대한 분들**이 우리에게 늘 친절한 것은 그들이 우리의 모든 나쁜 성질들을 도외시하고 우리를 용서할 수 있기 때문이다. 따라서 우리도 그분들처럼, 남들이 우리에게 잘못하더라도 그들을 용서하고, 늘 그들에게 친절해야 한다.

790. 잘못을 범하는 것이 인간의 본성이라 할지라도, 덕 있게 행동하는 강한 사람들이 잘못을 범했다면, 위신을 유지하려고 그것을 감

추지 말고, 자기 잘못을 인정하고 자신을 적절히 바로잡는 것이 좋다네.

791. 집성된 권계勸戒들(niyamas)은 장기적으로 도움이 되는 행위이므로, 온전히 지켜가는 것이 적절하다네. 그러나 (그것이) 수승한 **참된 지**知에 대한 **탐구**의 수행을 방해한다면, 그것을 그만두라.

사두 옴: 모든 권계勸戒는 마음의 순수한 성질을 계발하기 위해 제시되어 있을 뿐이다. 순수성의 마음을 통해서만 **자기탐구**야말로 진정한 수행이라는 것을 이해할 수 있으므로, 권계는 그 한도까지만 우리에게 도움이 될 것이다. 그러다가 구도자가 **자기탐구**의 수행을 할 때, 어떤 권계가 **탐구**에 방해된다고 느끼면, 그것을 즉시 단념해야 한다. 권계를 지키려면 '나'의 일어남이 필요한데, **탐구**에서는 이 '나'가 전혀 일어나지 않게 해야 하므로, (탐구에 매진하면) 권계들은 나무에서 떨어지는 시든 잎처럼, 저절로 그 구도자를 떠날 것이다.

792. 바라던 것이 바라던 대로 얻어질 때, 그것이 그대가 한 따빠스를 통해 결집된 힘 때문이라고 생각하고 자만하지 말라. 그것은 그대를 향해 흐른 **신의 은총** 때문이라는 것을 알고, 더욱 더 (겸허하고 감사한 마음으로) 그의 두 발을 받들라.

793. 일어나는 일은 일어나는 대로 일어나라 하고, 조금도 그것을 거스르려고 하지 말라. 어떤 새로운 일도 시작하지 말고, 고요하게 **심장**에 합일하여 (보는) 눈을 보는 자(진아)와 하나가 되라.

794. 싯디(Siddhi)[진아지의 성취]가 스승의 은총에 의하지 않고는 자기 자신의 노력으로 얻어지지 않는 것임을 알게 하고, 스승이 베푸는 서늘한 **은총**을 구하도록 준비시키는 것이야말로, 실패로 끝나는 노력이 가져다주는 이익이라네.

사두 옴: 에고의 절멸이 모든 수행의 목표이다. 그러나 성공이 마치 구도자의 노력에 달린 것처럼 보인다면, 에고가 다시 싹터서 최소한 "나는 대단한 따빠스를 했고, 성공했다"는 형태로 더 강하게 부풀 여지가 있지 않겠는가? 따라서 그런 어떤 일도 일어나지 않게 하기 위해, 설사 구도자가 진지하게 노력했다 해도, 스승의 은총에 의해 실패가 여러 번 일어나게 된다.

795. 아뜨리(Atri-고대의 진인)의 아들[닷따뜨레야(Dattatreya)]처럼, 모든 것에서 교훈을 배울 수 있는 사람들은 비뚤어진 마음이 없어 본성에 합치하므로, 세간의 삶 자체가 구루꿀람(*gurukulam*)[스승의 집, 배움터]에서의 삶이 될 것이네.

사두 옴: 『스리마뜨 바가바땀(*Srimat Bhagavatam*)』에서 말하기를, 진인 닷따뜨레야는 이 세상에서 만난 24가지 사물에서 24가지 좋은 원리들을 배웠다고 한다. 마찬가지로, 만일 우리가 이 세상에서 추구하는 모든 것에서 한 가지씩 좋은 교훈을 배울 수 있다면, 전 세계가 우리의 구루꿀람(*gurukulam*)이 될 것이고, 우리의 삶 전체가 스승의 두 발 아래 사는 삶이 될 것이다.

"그것이 저를 떠나지 않도록, 부디 제가 보는 모든 중생 안에서 적어도 한 가지 좋은 성질은 제 안에서보다 그들 안에서 더 빛나는 것을 보고, 그럼으로써 그들에 대해 겸손하고 유순하게 되는 덕 안에 저를 붙들어 주소서." ―『스리 라마나 사하스람(*Sri Ramana Sahasram*)』[22], 제31연.

69. 고요함

796. 고요함보다 더한 부(富)가 없고, 고요함보다 더한 힘이 없고, 고요함보다 더한 수승한 따빠스가 없고, 고요함보다 더한 **불멸의 삶**이 없다네.

---

[22] *T.* 스리 사두 옴이 스리 바가반에게 기원하는 내용의 벤바(*venba*) 운으로 지은 1,000연의 작품. 그의 시적 걸작품으로 평가된다.

스리 무루가나르: 여기서 '고요함(amaithi)'이란, 마음이 고요한 상태이다. 이것은 끊임없는 탐구에 의해서만 성취될 수 있다. 실은 배척하거나 받아들일 수 있는 것이 아무것도 없다는 것을 알 때, 마음은 움직임(chalana)을 잃고 지고한 평안(parama-shanti)에 안주할 것이다. 그것이야말로 본연本然(sahaja) 상태의 씨앗이므로, 여기서 그것을 "**불멸의 삶**"이라고 하였다.

797. (마음의) 활동이야말로 괴로움을 겪게 하는 적이고, 활동이야말로 죄와 허물을 짓게 하며, 활동이야말로 취하게 하는 술이고, 마음의 활동이야말로 어둠의 구덩이라네.

스리 무루가나르: 아주 미세한 생각들의 급속한 움직임 자체가 불행이므로, 그런 활동[들뜬 동요]을 여기서는 '취하게 하는 술', '적' 등으로 묘사하고 있다. 욕망·분노·자부심 같은 모든 내면의 적들은 생각의 미세한 움직임에 불과하기 때문에, 그런 움직임을 소멸해 버린 사람에게는 그때부터 온갖 적들, 죄, 불행, 무지의 구덩이가 없을 것이다.

70. 제자의 처신

798. 무욕, 포기 등 뛰어난 덕德[신적 자질]의 산봉우리로 빛나는 스승이 제자를 책임지고 있네. 그렇기는 하나 그의 불멸의 체험에서 나온 수승한 길[가르침]을 확고히 붙들고, 꿈속에서조차도 견지하는 것이 제자의 임무라네.

사두 옴: 이 연에 나온 "그렇기는 하나"라는 단어는 「나는 누구인가?」의 다음 구절에 나오는 '그렇기는 하나'와 같은 의미이다. "호랑이의 아가리 안에 떨어진 먹이가 도망칠 수 없듯이 스승의 은총의 시선 아래로 들어온 사람들은 확실히 구원 받을 것이고, 결코 버림 받지 않을 것이다. 그렇기는 하나 우리가 스승이 보여준 길을 어김없이 따라야 한다."

제284연을 보라.

799. 구원의 길을 확고하게 따르는 이들이 (어쩌다) 망각이나 다른 이유 [가난·질병 등]로 인해 베다적 규범(veda neri)에서 벗어난다 하더라도, 스승의 말씀을 결코 거슬러서는 안 된다는 것을 알라.

스리 무루가나르: '베다적 규범'은 베다에서 규정한 의식 행위(acharas) 등을 의미한다. 베다의 규범을 벗어난 사람들에게는 속죄가 있을 수 있으나, 스승의 명을 위반하는 사람들에게는 속죄가 있을 수 없다. 따라서 베다의 규범은 위반할지라도, 스승의 명은 결코 위반해서는 안 된다.

사두 옴: 하느님 자신이 베다를 베풀기는 했으나, 무수한 생을 통해 베다를 따랐던 사람들과 그렇게 해서 마음의 성숙을 이룬 사람들을 위하여, 그는 결국 자신의 은총으로 스승의 형상을 취하여 자기탐구의 길을 가르침으로써, 그들이 신과 비이원적 합일을 성취하고 그를, 곧 지고한 지복을 즐길 수 있게 한다. 이렇게 신이 스승의 형상으로 올 때, 제자는 스승의 말씀을 베다의 말씀보다 더 중요하고 더 신성하게 여겨야 한다. 왜냐하면 스승의 말씀은 제자가 성숙한 상태에서 베풀어지는 가르침인 반면, 베다의 말씀은 아직 미성숙하던 때의 상태에 맞추어 베풀어진 가르침이었기 때문이다. 그래서 이 연에서는 베다의 어떤 규범이 자기탐구에 장애물이 된다면, 베다의 말씀조차도 포기해야 한다는 것을 시사하고 있다.

800. 어떤 사람이 신에게 잘못을 범한다면 스승이 바로잡아 줄 수 있지만, 스승에게 잘못을 범하면 신조차도 바로잡아 줄 수 없다는 것이 진인들의 말씀이라네.

스리 무루가나르: 따라서 신에 대한 헌신보다 스승에 대한 헌신이 더 강조된다.

801. 행위를 하되 늘 자신의 마음속에서 비이원성(advaita)을 닦지, 행위 속에서는 결코 그것을 닦지 말라. 구원을 얻기 위해서는 비이원성

으로 삼계三界도 품을 수 있으나, 뛰어난 **스승**에게는 (그런 태도가) 부적절하다네.23)

스리 무루가나르가 제801연을 스리 바가반께 보여드리자, 당신은 같은 의미를 담은 시 한 수를 몸소 지으셨다. 스리 바가반의 그 시가 뒤의 **B14**이고, 「실재사십송 보유」에도 제39연으로 포함되었다. 이 두 시는 아디 샹까라의 저작인 「따뜨오빠데샤(*Tattvopadesa*)」의 제87연을 번역한 것이다.

B14. 비이원성(*advaita*)을 늘 **심장** 속에 간직하되 결코 비이원성을 행위 속에서 실천하지는 말라, 아들이여. 비이원성을 삼계에 대해서는 쓴다 해도, 스승에게는 비이원성을 쓰면 안 된다는 것을 알라.

삼계三界는 브라마 세계(Brahma Loka), **비슈누** 세계(Vishnu Loka-바이꾼타), **시바** 세계(Siva Loka-카일라스)이며, 이 세 세계에 대해 비이원성을 적용한다는 것은 "나는 브라마와 다르지 않고, 비슈누나 시바와 다르지 않다"는 심적인 태도를 갖는 것을 의미한다. 그러나 우리의 에고, 곧 개인성이 존속하는 한, "나는 스승님과 다르지 않다"는 태도를 가져서는 안 된다. 그런 태도는 한낱 상상 행위에 불과할 것이고, 우리의 에고를 한층 더 부풀게 할 것이다. 그래서 이 연에서는 제800연과 같은 관념, 즉 우리가 신에게 어떤 잘못을 범한다 할지라도 스승에게는 결코 어떤 잘못도 범해서는 안 된다는 것을 강조한다. 스승이 신보다 더 신성한 존재로 간주되어야 하기 때문이다.

71. 개아들에게 친절함

802. 그 자신을 스스로 구원해 낸 **진인**만이 세간의 존재들에게 이익을 줄 수 있다네. 자신의 어둠[무지]을 몰아내지 못한 다른 사람들은 (도움을 얻으러) 찾아온 장님들을 도우려는 장님과 같다네.

---

23) *T.* 영어판에서는 제801연과 **B14**의 의미가 동일하다는 이유로 제801연을 생략했는데, 여기서는 제801연을 되살렸다

4행으로 된 이 시를 **스리 바가반께** 보여 드리자, 당신은 같은 의미를 담은 2행시를 한 수 지었다. 그것이 아래와 같다.

B15. 구원을 얻은 그 사람이 세간의 존재들을 구원하는 자이며, 다른 사람들은 장님에게 장님이 도움이 되지 않는 것과 같네.

803. '나'[에고]를 소멸하고 **진지인 진아**의 상태에 안주하는 **진인**이, 고통 받으면서 찾아온 믿음 가진 이들의 '몸 미망'("몸이 나다"라는 관념)을 소멸하여 그들에게 **진아체험**을 얻게 하는 것이야말로 존재들에 대한 자비이며, 다른 것들(다른 형태의 자비행들)은 결함이 있다네.

사두 옴: 이 연에서는 **진아지**를 하사하는 것만이 자비라는 이름에 걸맞은 진정한 자비이며, 박애 곧 널리 개아들에게 베푸는 자비(*jiva karunya*)는 설사 그것이 세계를 천국화하는 것이라 해도 전혀 진정한 자비가 아니라는 것을 분명하게 강조한다. 개아인 상태 그 자체가 최대의 불행이므로, 개아들에 대한 진정한 자비는 **참스승**이 그들에게 **진아지**를 하사하고, 그리하여 그들의 개아성(jivahood)을 제거하면서 그들에게 **시바 지위**(Sivahood)를 부여하는 것이다.

어떤 사람이, 자신과 동지들이 호랑이에게 공격당하는 꿈을 꾸고 있다고 하자. 그의 동지들 중 일부는 부상했고, 호랑이가 다시 그들을 공격하려고 한다. 그래서 이 사람은 꿈속에서 어떤 사람에게 총과 구급함을 갖다 달라고 외친다. 깨어 있던 한 친구가 그가 외치는 소리를 듣는다. 그러면 깨어 있는 그 친구가 꿈을 꾸고 있는 그 사람에게 베풀 수 있는 참으로 친절하고 유용한 도움이 무엇인가? 총과 구급함을 가져온들 무슨 소용이 있겠는가? 그 사람을 툭툭 건드려서 깨우기만 하면, 그것이 꿈을 꾸는 그 사람과 부상당한 그의 친구들에게 가장 좋은 도움 아니겠는가?

804. 의사들은 먼저 본인에게 의사여야 한다고 하니, 우리의 병을 진단하고 치료해 주기 전에, 의사여! 먼저 그대 자신의 병을 치료한

뒤에 우리에게 오라.

사두 옴: 이 연은 "의사여, 먼저 본인을 치유하라(Physician, heal thyself)"는 영국 속담을 풀어서 말하고 있다. 겉보기에 이 연은 의사에게 말하는 것처럼 보이지만, 경전만 읽고 나서 바로 대중 앞에서 강단에 올라 가르침을 펴기 시작하는 구루 지망생들에게 간접적으로 말하고 있다. 그런 사람들에게 "본인이 구원을 성취하지 못한 채 남들에게 가르침을 주러 오는 설교사들이여, 우리에게 생사라는 병을 없앨 약을 처방하기 전에 먼저 그대 자신들의 그 병을 치유한 다음 우리를 치유하러 오라"고 충고하는 것이다.

스리 무루가나르: 진아지가 모든 사람의 생사라는 병을 치유하는 유일한 약이고, (생사라는) 그 병 없이는 어떤 신체적 질병도 존재할 수 없으므로, 우리는 먼저 그 병을 치유해야 한다.

72. 조상들에 대한 의무

805. 오호라 세상의 본성은, 부모 살아생전에는 자식들이 (부모를 잘) 돌보지 않다가, 부모가 세상 떠난 뒤에야 저 자비로운 자식들이 성대하게 제사를 지낸다네.

73. 남들에게 선행을 하기

806. 남들을 속이는 사람은 자신이 그 자신에게 적이 되어 자신을 망치게 된다네.

807. 어떤 사람이 남들에게 베푸는 모든 이익은 자기가 자기 자신에게 베푸는 것이라는 진리를 이해한다면, 관대함이라는 친절을 누가 멋지게 베풀지 않겠는가?

사두 옴: 이 연에서 표현된 관념은 「나는 누구인가?」에서도 산문 형태로 찾

아볼 수 있다.

808. 일체가 자신의 **참된 성품**대로 번영하므로, 누가 누구에게 무엇을 하든 (그것은) 그 자신에게 하는 것일 뿐이네.

809. 마하발리(Mahabali)는 (비슈누에 의해) 빠딸라(Patala-지하 세계)로 밀려났음에도, 스리다라(Sridhara)[주 비슈누]께 보시를 함으로써 위대해졌다네. 그러니 "베풂으로써 그에게 재앙만 닥쳐온다 해도, 자신을 팔아서라도 베푸는 것은 가치 있는 일이네."

이 연의 뒤쪽 두 행은 『띠루꾸랄』 제220연이다.

스리 무루가나르: 이 세상에 자신을 주고 바꿀 수 있는 것은 실로 아무것도 없다. 그렇기는 하나, 베풂을 위해서는 그것[자신을 파는 것]이라도 해야 한다. 이처럼 베풂은 대단히 찬미된다. 베풂으로써 잃는 것은 전혀 손해가 아니다. 『띠루꾸랄』 제117연에서는 이렇게 말한다. "어떤 사람이 남들에게 베풀다가 삶 속에서 전락해도, 세상 사람들[좋은 사람들]은 그것을 재앙으로 여기지 않을 것이네."

74. 산 존재들에 대한 자비

810. 한 중생도 자신을 보고 두려워함이 없게, 보호하는 말을 해주면서 기쁨에 넘쳐 돌아다니는 사람은, 평등함의 상태에 자리 잡아 **진아**(tanmaya)의 소견을 얻었으므로[일체를 자기로 보므로], **야마**[죽음의 신]를 만나도 두려움이 없다네.

사두 옴: 모든 사람은 자신의 몸을 '나'라고 여기면서 크게 집착하는데, 죽음이 그를 몸과 분리시키므로 모두가 죽음을 두려워한다. 그러나 **진인**은 몸 안에 살아 있는 동안에도 자신이 몸과 분리되어 있음을 체험하기 때문에, 그만이 죽음에 대해 아무 두려움이 없을 수 있고, 그래서 누구에게나 피난

처를 베풀 수 있다.

811. 힘센 사람이 약자들을 자신의 강한 힘으로 괴롭힐 때 그것을 시비하거나 흥분하지 않고, 약자들을 연민하는 신이 (그 괴롭히는 자들에게) 합당한 벌을 내릴 것임을 알고, 자비심에 충만하여 행동하는 것이 (구도자들이 지켜야 할) 다르마라네.

사두 옴: 이 연에서는 우리가 강하고 사악한 사람을 공격하는 라자스적 성품보다는 고통 받는 사람들을 돕는 사뜨와적 성품이 구도자에게 더 어울린다는 것을 가르친다. 이런 맥락에서, 스리 바가반이 한때 당신을 때린 도둑들을 어떤 헌신자가 공격하지 못하게 말렸고, 그 도둑들에게 맞은 헌신자들과 개들의 타박상에 연고를 발라주신 일은 기억할 만하다.

812. 몸을 떠난 생명을 그 몸에게 되돌아가게 해줄 능력이 없는 사람은, 어떠한 이유로도 어떤 몸에서 그것을 살아 있게 하는 생명을 제거할 권리가 없다네.

813. 남을 해치는 사악한 습習으로 인해 올바름에 반하는 무지하고 형편없는 사람들은 오호라, 쉿 소리를 내는 독사와 같은 가엾고 죄 많은 중생들을, 오싹하는 자기 마음 때문에 때려죽인다네.

사두 옴: 이 연에서 말하는 '올바름'은 중생들(bhuta daya)에 대한 자비심을 뜻하며, 그것은 제310연에서 말한 두려움 없음, 즉 죽음 앞에서조차도 두려움이 없는 것의 결과로서만 참으로 존재할 수 있다. 이 두려움 없음은 "나는 몸이다"라는 무지가 소멸할 때만 우리 안에서 밝아올 것이다. 이 무지가 소멸되지 않은 사람들은 뱀처럼 독이 있는 중생들을 보면 몸에 대한 집착으로 인해 당연히 두려움을 경험할 것이고, 따라서 그들에 대해 증오심을 느끼고 그들을 때려죽일 것이다. 그렇게 하는 것은 잘못이라는 것을 가르치기 위하여 이 연에서는 그런 습習을 "사악한 습習"이고 "올바름에 반한다"고 묘사하고, 그런 습을 가진 사람들을 "무지하고 형편없다"고 묘사한다. (뱀과

같은) 그런 중생들의 성품 자체가 독이 있고 남을 해치는 것이므로, 그들은 죄가 많고 가엾다고 이야기된다. 따라서 비록 그들이 우리에게 해를 끼친다 해도, 그들을 죽이는 것은 올바른 행위가 아니다.

스리 무루가나르: 독사와 같은 중생들뿐만 아니라 죄가 되는 행위를 하는 사람들도 타고난 증오심에 따라 무의식적으로 행동한다. 따라서 그들이 아무리 죄스럽다 해도 우리는 그들에게 화를 내서는 안 되고, 그들의 무지에 대해 그들을 연민하기만 해야 한다.

814. 연이어 닥쳐오는 모든 불행에도 흔들리지 않는 가장 강한 마음[진인의 마음]도, 그를 찾아오는 헌신자와 여타 사람들이 괴로움을 겪을 때는 한없는 연민으로 눈물을 흘린다네.

사두 옴: 스리 바가반은 어떤 도둑들이 당신을 때릴 때나, 말벌 수백 마리가 당신의 허벅지를 쏠 때, 그리고 마침내 당신 왼팔에 난 종양이 참을 수 없는 통증을 열 한 달 동안이나 계속해서 안겨줄 때도 동요가 없었고, 당신의 얼굴이 여느 때와 같이 쾌활하셨다는 것은 잘 알려져 있다. 하지만 헌신자들이 당신을 찾아와서 자식이나 친족들의 죽음을 슬퍼하거나, 불치병으로 고통 받고 있을 때는 연민의 마음으로 눈물을 흘리실 경우도 있었다. 이처럼 스리 바가반은 이 연에서 표현된 관념의 모범을 보이셨다.

다음 연은 스리 무루가나르가 스리 바가반께 한 질문이다.

815. 푸른 잎이 무성하게 뒤덮인 덤불이라 생각하고 들여놓은 (당신의) 다리를 말벌들이 쏘아 부어오르게 했을 때, 실로 벤까따(Venkata)[스리 라마나]시여, 우연히 일어난 일을 마치 일부러 범하신 잘못인 양 당신의 마음이 아파하며 후회하신 것은 어째서입니까?

스리 무루가나르: 어느 날 스리 바가반이 아루나찰라 위를 거니실 때, 당신의 허벅지가 푸른 덤불 속에 숨겨져 있던 말벌집을 스쳤다. 그러자 즉시 말벌들의 한 무리가 당신의 다리 주위를 맴돌더니 그 다리를 마치 바늘로 찌

르듯이 쏘기 시작했다. 스리 바가반은 한동안 선 채로 그 다리를 움직이지 않으면서 말씀하셨다. "문제(*himsa*)를 야기했으니 이 벌이 필요하지. 그것을 받아들여." 그리고 그 다리는 부어올랐다. 이 연과 그 다음 연은 이 사건과 관련된 질문과 답변이다.

B16. 푸른 덤불 속에 가려져 있던 그들의 둥지를 망가뜨리며 들여놓은 다리를 말벌들이 쏘아서 부어올랐는데, 우발적으로 일어난 잘못이기는 하나 최소한 후회도 하지 않는다면, 그의 심성은 실로 어떤 것이겠는가?

75. 평등함의 상태

816. 올바른 길을 걷고자 하는 사람들이 평등함의 상태를 버리고, 모두가 똑같이 얻지는 못하는 몇 가지 권리를 자신들만 가지려 한다면 그것은 도덕적 타락이라네.

사두 옴: 여기서 우리는, **바가반 라마나가 당신이** 사시던 아쉬람 안의 모든 사람에게 제공되지 않고 **당신 자신을** 위해서만 베풀어지는 어떤 특별한 음식, 편의 혹은 대우도 받지 않으셨다는 것을 기억해둘 만하다. 이처럼 **당신은** 이 연에서 **당신이** 가르친 것을 솔선수범하여 실천하셨다.

817. 몇 가지 권리가 다른 사람들에게도 있을 때, 그럴 때만 우리가 그 권리를 누려야 하네. 몇 가지 권리를 다른 사람들은 누리지 못하는데 우리만 그것을 누린다면, 도덕적 타락이 있을 뿐이네.

사두 옴: 한번은 어느 외국인이 인도의 관습을 모르는 채 회당에서 스리 바가반 쪽으로 두 다리를 뻗고 앉아 있었다. 한 아쉬람 상주자가 그에게 그러면 안 된다고 하면서 "어떤 사람 쪽으로도 다리를 뻗고 앉으면 안 됩니다. 부디 다리를 접으세요."라고 했다. 그러자 **당신의** 침상 위에서 헌신자들 쪽

으로 두 다리를 뻗고 앉아 계시던 스리 바가반이 다리를 접으셨다. 이 사건은 스리 바가반이 당신 자신을 위한 어떤 특별한 권리도—만일 그것이 남들에게 허용되지 않는다면—받아들이지 않았음을 보여준다.

818. 평등함의 상태를 거부하는 사람들은, 평등함 그 자체인 **하느님**을 거역하는 사람들이네. 비록 **하느님**을 법도에 맞게 숭배한다 하더라도, 그들은 그 숭배를 사실상 말살하고 있는 것이네.

사두 옴: 평등함(samatvam)은 신의 성품이므로, 신-체험을 삼매(samadhi)[마음이 평형을 이룬 상태]라고 하는 것이다. 그래서 남들에게 평등성을 부정하는 사람들은 **하느님**을 거역하고 있는 것이다.

스리 무루가나르: 해나 비가 그런 것처럼, **하느님**은 누구도 배제하지 않는다. 스리 라마링가 스와미(Sri Ramalinga Swami)는 "오, 선한 사람들과 악한 사람들에게 공히 불편부당한 **평등함**이시여."라고 말한다. 따라서 헌신자들도 평등함의 상태에서 벗어나면 안 된다. 만일 벗어나면 신에 대한 그들의 숭배는 무효이다.

76. 양심

819. 우리가 행위해 온 기준인 양심이 우리에게 (외관상) 좋은 공동체 (good society)[24])에서 살지 말라고 하면, 자신의 순수한 양심을 저버리고 그 공동체에서 사는 것보다 홀로 사는 것이 더 낫다네.

사두 옴: 이 연은 스리 무루가나르처럼 아쉬람이 자신들의 영적 진보를 위해 더 나은 환경이라고 믿어 살려고 왔다가, 이내 이런저런 이유로 이곳이 적합한 환경이 아님을 발견하고 **아쉬람**을 떠나 밖에서 혼자 살아야 했던 몇몇 좋은 헌신자들에게 준 가르침이다. 이처럼 외관상으로는 좋은 공동체가

---

24) *T.* 이것은 다른 헌신자들과 함께 진인 곁에 머무르는 환경, 즉 아쉬람을 뜻한다.

진보된 구도자가 보기에는 (자신의 수행에) 부적합할 때, 그는 자기 양심을 따라 홀로 살아야지, 어떤 식으로도 그 공동체에 계속 의존해서는 안 된다.

그러나 이 연에서 '양심'이라는 단어는 진보된 구도자의 양심만을 뜻하고, 그래서 그것이 '순수한 양심'으로 지칭된다는 데 유념해야 한다. 미성숙인들의 마음은 그들의 나쁜 습習에 저항하지 못할 때가 많으므로, 그들의 양심은 때에 따라 좋은 것을 나쁘다고 판단하거나 나쁜 것을 좋다고 판단할 수 있다. 따라서 여기서 말하는 것은 그런 사람들의 양심이 아니다. 그런 사람들은 자신의 잘못된 분별에 오도되기보다 윗사람들의 조언을 따르는 것이 나을 것이다.

스리 무루가나르: 만일 발현업(*prarabdha*)에 추동되는 우리의 양심이 우리를 좋은 공동체와 분리시키고 거기서 살지 못하게 한다면, 지혜로운 구도자는 자신의 순수한 양심을 버리면서 그런 사람들의 집단 속에서 살기보다는 혼자 사는 것이 낫다.

77. 거짓을 말하지 않기

다음 연은 두 가지 방식으로 번역될 수 있다.

820. a) 진아에 대한 지고의 진리를 비非근기자(*anadhikari*)[수행을 하기에 적합지 않은 사람]에게 간곡하게 설하는 것만큼이나(*tannil*) 잘못된 일은, 앞서 어떤 사람에게 주겠다고 약속한 것을 주지 않는 것이네.

b) 진아에 대한 지고의 진리를 비非근기자에게 간곡하게 설하는 것은 잘못하는 것이네. 왜냐하면 그것은 앞서 그에게 가르쳤던 것과 모순되어, 그가 그것을 받아들이지 않을 것이기 때문이네.

사두 옴: 이 연에서 사용된 '딴닐(*tannil*)'이라는 단어는, 1) '-만큼이나 (잘못된)', 2) '우리가'의 두 가지 방식으로 옮길 수 있다.

821. 하느님은 모두의 심장 속에서 늘 (모든) 덕의 근원인 진리의 형상으로 빛나므로, 목[목숨]을 내놓을 상황에서도 자신이 한 말(약속)을 어겨서는 안 되며, 어기면 어김없이 괴로움이 따를 것이네.

78. 무집착

822. 배가 물 가운데 있어도 별 일이 없지만 물이 배 안으로 들어오면 큰 재앙이 되듯이, 바다로 둘러싸인 세상에 그냥 살고만 있으면 해가 없지만, 세상이 사람(의 마음) 속에 자리 잡으면 그의 삶 전체가 불행이라네.

스리 무루가나르: 세상 자체가 아니라 세상에 대한 집착이 세간적 삶의 속박(*samsara-bandha*)을 가져온다. 집착은 바깥에 있는 것에 의해 야기되지 않고 마음에 의해 야기된다. 세상 속에 그냥 살고만 있으면 어떤 해도 닥쳐오지 않겠지만, 세상을 즐기려는 우리의 욕망 때문에 모든 불행이 생겨나는 것이다.

823. 물을 담는 항아리는 물에 가라앉지만, 물을 흡수하지 않는 나무 토막은 가라앉지 않네. (마찬가지로) 마음속으로 세상에 집착하는 사람들은 미혹되지만, 그렇지 않은 사람들은 세간 활동을 한다고 해도 미혹되지 않을 것이네.

824. (그들이) 아무리 많은 것과 접촉한다 해도, 마음속에 아무 집착이 없는 사람은 결코 어떤 위험에도 처하지 않을 것이니, 이는 그 마음이 시바로 충만한 상태로 움직이기 때문임을 분명하게 알라.

825. 마법처럼 출현하는 이 공空하고 거짓된 세계를 피난처로 알고 스스로 집착하다 전락하지 말고, 마치 타마린드가 익으면 (깍지와) 분리되듯, 마음으로 포기하고 잊어버리는 것이 현명하다네.

타마린드 열매는 깍지 속에 있을 때도 자신을 깍지와 분리하여 깍지에 들러붙지 않는 상태로 있다. 마찬가지로, 세상 속에 있을 때에도 마음이 자신을 세상과 분리하여 세상에 집착하지 않는 상태로 있어야 한다. 그러지 않고 세상에 집착하면서 행복을 얻으려고 세상에 의존하면, 그 마음은 물을 담는 항아리처럼 세상에 빠져 죽을 것이다.

826. 튼튼하게 놓지 않은 기초 위에 세운 무거운 건물은 무참히 무너져 비웃음을 살 것이네. 그러니 열심히 수행하는 구도자들은 처음부터 예비적 규율(charyas)을 무슨 일이 있어도 엄격히 준수해야 하네.

스리 무루가나르: 여기서 "예비적 규율"은 헌신(bhakti)과 무집착(vairagya)을 의미한다.

사두 옴: 구도자가 바로 처음부터 감관을 제어하는 것을 닦아 필요한 인격의 힘을 계발하지 않고 바로 경전이나 스승에게서 **비이원적 진리**를 배우면, 진지를 얻기도 전에 세속적 욕망에 동요되어 전락을 경험하게 될 것이다.

스리 무루가나르: 처음에는 구도자들이 마음의 상相(chitta-vrittis)[마음이 감각 대상들을 쫓아가는 것]을 제어하는 노력을 하는 것이 필수적이다. 만약 초심자가 자신은 집착에서 자유로운 양 세간적 대상들 사이를 밀착해서 돌아다니면, 결국 실망을 경험하게 될 것이다.

827. 어떤 사람이 **실재**를 놓치지 않고 확고하게 붙들어 (참된 지知의) 명료함을 성취하면, 하늘의 푸름 같은 덧씌움에 의해 생기는 감각대상에 대한 집착들이 순수해져서 저절로 사라질 것이네.

79. 포기의 위대함

828. 미끄러운 땅에 속하는 포기(thurabu)의 길에서는 마음으로라도 미

끄러지면 큰 손해를 볼 것이네. 그러니 미끄러운 땅인 포기의 길을 걷는 사람은 음흉한 망각이 자기 심장 속으로 비집고 들어오지 않게 자신을 잘 지킬 임무가 있다네.

사두 옴: 포기(renunciation)의 길을 걷기 시작하는 사람들에게는 여기서 사용된 '망각'이라는 단어가 감각제어, 품행과 인격의 제어 같은 규율에 대한 망각을 의미하겠지만, 이 길에서 멀리 나아간 사람들에게는 그것이 진아에 대한 망각을 의미할 것이다.

829. 몸과 세계에 대한 혐오를 느끼는 순간, 즉시 포기(출가)하는 것이 (생사를 끝내겠다는) 확고한 결의를 한 사람에게 최선이니, 자신의 수명이 끝날 때를 알지 못하기 때문이네.

스리 무루가나르: 무욕(vairagya), 곧 탄생과 죽음을 끝내겠다는 결의가 성숙됨의 올바른 표지이므로, 우리의 내면에서 몸과 세계에 대한 혐오가 일어난다면 자신이 네 인생단계(ashramas) 중 어디에 속하든 관계없이, 바로 포기(sannyasa-출가)를 해야 한다. 순차적으로 올라가며 인생단계를 밟는 것은 보통의 구도자들에게만 해당되며, 강렬한 무욕을 가진 성숙된 구도자들에게는 해당되지 않는다.

830. 나무에서 익은 열매가 떨어지듯, 근기가 무르익은 구도자는 발현업(prarabdha)이 장애물로서 간섭하지 않는 한, 마치 간이 되지 않은 죽처럼 자신의 가정생활을 확실히 포기할 것이네.

사두 옴: 만일 그런 성숙한 구도자의 발현업(운명)이 가정에 머물러 있는 것이라면 외적인 출가가 방해 받겠지만, 그는 완전한 내적 무집착을 가지고 가정에 남게 될 것이다. 발현업이 우리의 외적인 삶을 제어하기 때문에, 인생단계들은 발현업에 따라서만 다가온다. 그러나 발현업은 우리의 내적인 포기를 방해할 수 없기에, 우리가 어떤 인생단계에 속하든 참된 무집착이 일어날 수 있다.

831. 꿈처럼 자신의 안에서 나타나는 (외적인 우주로 보이는) 온갖 것들이 상상물[심적인 개념들]에 불과하다고 여겨 거기서 벗어난 사람들만이 기만적인 **마야**라는 결함을 끊어낼 것이고, 다른 사람들은 이 결함을 소멸하는 방법을 모른다네.

사두 옴: 이 세계라는 겉모습이 하나의 꿈과 같은 자기 자신의 심적 투사물 혹은 개념이라는 것이 이해될 때까지는, 그것에 대한 실재감(*satya-buddhi*)이 우리에게 남아 있을 것이고, 그래서 완전한 포기를 성취할 수 없을 것이다. 세계가 실재하지 않는 하나의 심적 망상에 불과하다는 사실은 다음 연에서도 강조된다.

832. 비이원의 **참된 지**知인 **진아**의 **참된 성품**(*Atma-swarupa*)을 탐구하여 깨달은 순수한 진인들은, 이 이원적 모습[세계라는 겉모습]을 실재한다고 여겨 미혹되지 않고, 그것을 실체가 없는 환적인 기만술로 알고 스스로 포기할 것이네.

833. (이 세계의) 찰나성을 보고 깨달은 마음으로 **붓다**는 다함없는 부를 포기했네. 감각기관에 보이는 세계의 찰나성을 이해한 사람은 세속인(*laukika*)[세속적 성향의 사람]이 되기가 불가능하다네.

834. 두려움을 돌아보지 않는 큰 용기로 세계를 비천하게 여겨서 포기한 사람들만이 **진리**인 **실재**를 보는 **진인**들이며, 그 밖의 다른 사람들은 거짓된 것들(세계와 몸들)만 보는 무지한 이들이라네.

835. 존재하지 않음에도 존재하는 듯이 보이는 세계를 항상 부존재하는 것으로 알고 치워 버리는 것이야말로, 존재하지 않는 듯이 빛나는(존재하는) **의식**인 **실재**로서의 **진아**를 성취하는 것이라고, **진인**들은 말하네.

사두 옴: 여기서 "진아를 성취하는 것"이란 무엇을 의미하는가? 진아만이 항

상 존재하는 **실재**인 반면, 세계는 항상 부존재하는 것이다(「영적인 가르침 (*Upadesa Manjari*)」, 제2장, 다섯 번째 질문에 대한 답변 참조). 그러나 세계가 마치 존재하는 것인 양 알려지는 한, 진아는 숨겨져 있거나 성취되지 못한 것처럼 보일 것이다. 따라서 세계라는 겉모습을 실재하지 않는 것으로 알고 포기하는 행위 자체가 지고의 실재인 **진아**를 성취하는 것이 될 것이다.

836. 포기할 수 있는 모든 것을 포기해 버린 뒤에 포기할래야 할 수 없는 어떤 것이 수승한가? 포기할 수 없이 존재하는, **심장**으로서 **심장** 안에서 빛나는 **참된 성품**[진아]인 **실재**야말로 충만한 지복의 산물이라네.

837. 에고를 포기하는 가장 희유한(혹은 어려운) 포기를 한 사람들에게는 그밖에 아무것도 포기할 것이 없다네.

사두 옴: 여기서 「실재사십송」 제26연을 참조하라.

838. 사두의 마음은 항상 **사다시바**(Sadasiva)로서 빛나므로, (그들에게는) 원하는 것이 아무것도 없다네.

839. 하나도 가진 것이 없고 무엇도 원치 않으면서 늘 돌아다니는 저 당당한 마음의 소유자[사두]는, 어지러운 마음의 번뇌로 인해 큰 연민을 받을 왕의 지성을 당혹케 한다네!25) 아, 얼마나 놀라운가!

80. 참된 포기

840. "나는 일체를 버려서 벗어났다"고 마음속으로 생각하는 것보다 더 나은 포기는, 자신이 몸에 속박되고 가정에 얽매여 있다고 생각하지 않는 것이라는 것을 알라.

---

25) T. "왕의 지성을 당혹케 한다"는 것과 관련해서는, 『스리 라마나스라맘에서 보낸 편지』, 제2권 제95장(1949년 6월 3일자)에 나오는 한 사두와 왕의 이야기를 참조하라.

사두 옴: 산야시(*sannyasi*)가 "나는 일체를 포기했다"고 느끼는 한, 그에게는 "나는 이러이러한 사람이다"라는 몸과의 동일시 느낌과, "내가 포기했다"라는 행위자 의식이 있다는 것이 분명하다. 따라서 그의 포기는 참된 포기가 아니다. 반면에, 재가자가 "나는 재가자다"라거나 "나에게는 가족이 있다"고 느끼지 않는다면, 그는 '나'와 '내 것'이라는 느낌에서 벗어나 있지 않은가? 따라서 그런 사람이 참된 포기자이다. 이처럼 이 연에서는 에고, 즉 '나'라는 느낌을 포기하는 것이 참으로 일체를 포기하는 것이라고 가르친다.

81. 마음의 단일성

841. 마음을 (좋은 마음과 나쁜 마음의) 두 가지로 말하는 것은, 그에 영향을 주는 좋거나(*subha*) 나쁜(*asubha*) 습習과 관련해서만이라네. 좋거나 나쁜 것으로 서로 다르게 작용하는 마음이, **의식인**意識人 (의식인 진아를 깨달은 자)에게는 실로 단 하나라는 것을 알라.

사두 옴: 같은 관념이 「나는 누구인가?」의 다음 구절에도 산문으로 표현되어 있다. "좋은 마음과 나쁜 마음의 두 가지 마음이 있는 것이 아닙니다. 마음은 단 하나입니다. 원습(*vasanas*)에만 좋은 원습과 나쁜 원습의 두 종류가 있습니다. 마음이 좋은 원습의 영향 아래에 있을 때는 그것을 좋은 마음이라 하고, 나쁜 원습의 영향 아래 있을 때는 나쁜 마음이라고 합니다."

842. 나의 마음이라든가 너의 마음이라든가 하는 것과 가까이하는 '나'야말로 속박의 원인이라네. 분명하고도 확실한 **지고아**(*Paramatma*)가 **의식의 힘**(*Chit-sakti*)으로서 빛날 때 존재하는 마음은 단 하나라는 것을 알라.

843. 단 하나인 참된 '나'가 갖가지 '나'들로 보이는 것은 몸 소견[각 몸을 '나'로 여기는 그릇된 소견] 때문이네. 소멸됨이 없는 단 하나의 **존재**

-의식으로서 일어나는 참된 성품[진아]의 소견을 통해서, 그것들 모두가 뭉뚱그려 하나임을 알라.

82. 에고의 절멸

844. 슬픔을 낳는 미혹(*moha*)인 에고를, 잘 탐구하여 예리한 지知로써 걸러내라. 이 매듭(*granthi*)이 절단된 심장 속에서가 아니면 참된 지복의 평안이 차오를 수 없다네.

845. 지知-탐구(*Jnana-vichara*)의 수행으로 심장에서 일어나는 침묵이라는 은총 검劍의 예봉銳鋒으로 몸-에고의 뿌리를 파내어 던져 버려서 말라죽게 하는 것이, 지복이 흘러넘치게 하는 수단이라네.

846. 몸-의식["몸이 나다"라는 느낌]을 절멸하는 것 외에 달리 어떤 실질적이고 확고한 노력도 하지 말라. 몸-에고 자체야말로 모든 윤회고 輪迴苦(*samsara-dukha*)[삶의 불행들]의 유일한 원인이라는 것을 알라.

847. '성취하기 힘든 위대한 지복의 해탈', '뛰어난 포기', '죽음이 도망치는 죽음', '지혜'는 모두, 미혹된 "몸이 나다"라는 망상의 소멸이라는 똑같은 하나의 의미를 가질 뿐임을 알라.

848. 학습(경전 공부)과 청문, 성찰과 안주安住[일여내관], 은총의 확보와 침묵, 천상계, 평안, 희생제(*yaga*), 헌신(*bhakti*), 보시(*danam*), 따빠스, 다르마(*dharma*), 요가가 모두 그것(망상 소멸 혹은 그것을 얻기 위한 것)이라네.

B17. 보시, 따빠스, 희생제, 다르마, 요가, 헌신, 천상天上, 부富, 평안, 진실됨, 은총, 침묵의 상태, 죽음 없는 죽음, 지知, 포기, 해탈과 지복은 '몸이 나라는 느낌'을 없애는 것임을 알라.

사두 옴: 위에서 언급한 것들은 모두 **자기탐구**를 통해서 "나는 몸이다"라는 그릇된 관념이 소멸되기만 하면 성취될 것이다. 따라서 **자기탐구**가 제일이라는 것을 알아야 한다.

849. 뛰어난 다르마[올바른 행위]의 특징들은 금 장신구처럼 다양하게 지각될 수 있지만 그 장신구들의 실체는 금일 뿐이듯이, 단 하나인 자기희생(*tyaga*)이야말로 저 다르마들의 유일한 실체라네.

여기서 *tyaga*라는 단어는 '자기희생'을 뜻하며, 일반적으로 '내 것'이라는 관념(*mamakara*)을 희생한다는 의미이다. 그러나 이 연은 '에고의 절멸'이라는 장명 아래 있으므로, 이러한 맥락에서는 *tyaga*가 '나'라는 관념(*ahankara*)의 희생, 즉 에고의 포기를 의미한다고 이해해야 한다.

스리 무루가나르: 공통인자(*samanyam*)인 금만이 (금으로 만든) 장신구들의 모든 다양성(*visesham*)의 실체이듯이, 공통인자인 자기희생만이 저 다르마들의 다양성의 실체이다. 금이 없으면 장신구들의 다양성이 존재할 수 없듯이, 자기희생 없이는 다르마들의 다양성이 존재할 수 없다.

850. 욕망의 형상을 한 모든 불행의 문인 '내 것'이라는 관념(*mamakara*)을 포기한 뛰어난 대장부가, 탐구를 통해 '나'라는 관념(*ahankara*)을 완전히 포기하는 데 성공하는 것이야말로 특별한 다르마의 성과라네.

851. '나'[별개의 개아]로서 의기양양하게 일어나서 **하느님**[시바]의 참된 온전함을 망치지 말고 내면으로 가라앉는 것이, **지**知(의식)의 친존인 **시바**의 지성소至聖所에 들기 위한 올바른 권계勸戒(*niyama*)이자 따빠스라네.

사두 옴: 이 연에서는 **시바**의 지성소(sanctum sanctorum)에 들어가려면 어떤 종류의 **따빠스**나 권계勸戒가 필요한지를 우리에게 가르친다. "나는 몸이다"

라는 형태로 에고가—마치 그것이 진아, 곧 주 시바와 다른 하나의 실체인 양—일어나는 것 자체가 시바의 단일성을 망치고 있다. 따라서 만약 에고가 이렇게 일어나지 않고 진아 안에 가라앉으면, 그것이 곧 시바의 지성소에 들어가는 데 필요한 올바른 **따빠스** 혹은 권계勸戒일 것이다. 그래서 여기서는 그런 **따빠스**를 하지 않는 사람은 그들이 누구든 그 사원, 곧 주 시바의 지성소에 들어갈 자격이 없다는 것을 간접적으로 암시한다. 왜냐하면 그들은 최악의 불순물, 곧 '일어나는 에고'라는 불순물을 가지고 있기 때문이다.

스리 무루가나르: 두 번 태어난 사람, 즉 몸이 태어났을 뿐 아니라 "태어난 영혼인 나는 어디서 왔나?"라고 탐구하여 진아로서 다시 태어난 사람들 외에는, 누구도 주 시바의 가장 순수한 친존에 들어가서 그의 신성한 형상을 보거나 접촉할 자격이 없다. 따라서 여기서 제시하는 사원 진입에 필요한 권계는 '에고 없음'이다.

사두 옴: 여기서 진아가 곧 시바이고, 심장이 그의 지성소이며, 진아를 깨달은 진인이 두 번 태어난 사람[참된 브라민]이라는 것을 이해해야 한다.

852. 지고자에 어울리는 참된 완전성(*Paripurnam*)을 축소하는["나는 몸이다"라는 관념으로써 그것을 몸 안에 국한시키는] 에고를 몰아내는 것이야말로, 지고자에게 잘못함이 없이 빛나면서 얻는 진정한 숭배라는 것이 진인들의 이해(견지)라네.

853. 신에게 스스로 밥이 되지 않고 저 신을 그들의 밥으로 만들려고 마음속으로 생각하는 미친 사람들은, 결국 에고라는 문간(출입구)을 통해 야마(*Yama*)의 밥으로 잡아먹히게 될 것이네.

사두 옴: 많은 아수라들(*asuras*)이 그들 자신의 이기적 목적을 이루기 위해 신을 숭배함으로써 신을 복속시키려고 하지 않았던가? 이 연에서는 신에 대한 이러한 태도를 "신을 그들의 밥으로 만들려고 생각하는"으로 묘사하고 있다. 그런 사람들은 이기적 숭배(*kamya upasana*)를 통해서 사실 그들 자신

이 파괴되는 것을 자초하고 있는 것이다!

854. 대상적 앎을 통한 저 감각지각들과 그것을 인식하는 사악한 에고라는 겉모습이 죽어서, 지고한 **의식**의 상태로 빛나는 **시바**의 음식이 되지 않으면, 지고의 **실재**에 다가갈 수 없다네.

855. 부동의 고요함인 진정한 **자아**의 **참된 성품** 상태를 비천한 마음이 인식할 수 있겠는가? 의식과 지각력 없는 것(몸) 사이의 매듭인 에고-의식이 절멸되지 않으면, 진정한 성품을 성취할 수 없다네.

856. '나'라는 것 하나가 (의식과 지각력 없는 몸의) 중간에서 솟아나는 것 때문에 하나뿐인 **평안**이 소멸되지 않는가? (그러니) '나'라고 하는 저 헛된 에고인 브리띠라 아수라(Vrittira Asura)26)를 죽이지 않으면 **까이발리얌**(*Kaivalyam*)[단일성의 상태]을 성취할 수 없다네.

857. 마음-의식인 개아(*jiva*)라는 달빛이 **진아**라는 풍요로운 의식인 참된 햇빛 속으로 들어가서, 거기서 죽어 사라지고 **그것**(진아의식)으로 충만해지는 그날이 상서로운 아마바시야(*Amavasya*)[그믐날 밤]라네.

858. (에고가) 죽어야 **해탈**의 세계에 들어갈 수 있고 다른 어떤 수단으로도 들어가 합일될 수 없지만, '죽어서 소멸되는 것이 무엇이냐?'라고 한다면, 그것은 '나'와 '내 것'을 죽이는 것일 뿐이며, 그와 달리 이 몸을 죽이는 것(자살)은 악이라네.

사두 옴: 몸의 죽음은 우리의 진정한 죽음이 아니다. **스리 바가반**은 이렇게 말하곤 했다. "우리의 에고를 죽임이 없이 우리의 몸을 죽이는 것은, 의자에 앉아 있는 범죄자를 벌하지 않고 의자를 때려 부수는 것과 같다." 즉, 몸은 아무 죄가 없고, 의자처럼 지각력이 없다. 모든 불행을 야기한 잘못은

---

26) *T*. 브리띠라 아수라는 천신들의 왕 인드라의 주된 적이었고, 인드라를 많이 괴롭혔다. 여기서 *vritti*는 마음의 '변상', 즉 마음의 '움직임'이라는 의미를 함축하고 있다.

우리의 마음, 곧 에고에게 있다. 따라서 에고만 벌을 받고 소멸되어야 한다.

859. 광대한 미혹의 이 파노라마(세계)에 대한 욕망이 완전히 죽어 있는 사람들만이 (그들의) 삶을 시바로 변모시킬 것이네. 신선한 진아의 순수한 체험이 밝게 빛나는 것 외에 달리 어떤 수단으로도 참된 행복이 없을 것이네.

사두 옴: 여기서는 참된 행복이 욕망의 충족에 있지 않고 욕망의 소멸에 있을 뿐이라는 것이 강조된다.

860. "죽음으로 이어지는 무수한 탄생들을 소멸하는, 탄생으로 이어지지 않는 크고 위대한 죽음은 어떤 것인가?"라고 그대가 묻는다면, 그 답은 무지로 이어지는 '나'와 '내 것'이 죽어 버리는 것이라네.

사두 옴: 몸이 죽는 외관상의 모든 죽음은 다른 몸으로 다시 태어날 하나의 기회에 지나지 않는다. 따라서 육신의 죽음(자살)을 추구하기보다 '나'와 '내 것'의 죽음이라는 아주 위대하고 영광스러운 죽음을 추구하는 것이 가장 현명하다. 그러면 하찮은 몸의 탄생과 죽음이 영원히 끝날 것이기 때문이다.

861. "나는 누구인가?"라는 자기에 대한 참된 탐구에 의해서만, 몸과 결부된 에고의 되살아남이 사라질 것이네.

862. 지知(*arivu*-의식) 안에서 자신의 거짓된 에고를 소멸하고 (그 지知 안에) 몰입하는 것이야말로 **실재로서 빛남**[깨침]이라네.

863. '나'라는 거짓된 미혹의 관념의 소멸을 통해서가 아니면 **참된 지**知에 대한 어떤 체험도 없다는 것을 알라.

864. 의식인 실재 안에 미혹된 에고가 가라앉아 그것과 하나가 된 사람은, (어떤 행위를) 시작하려고 애쓰기를 그치고 **심장 속에서** 평화롭고 본래적인 **지복**의 상태로서 빛날 것이네.

83. 실재에 대한 지知

865. 막강한 권위로 대단한 행위들을 하는 책략가인 마야 안에서 일어나는 개인성 의식(*jiva-bodha*)인 에고라는 미망이 사라져야만, 지고아 의식(*Paramatma-bodha*)의 체험이 일어날 것이네.

사두 옴: 거짓인 마야에서 외관상 실재하는 듯한 개인성 의식, 곧 "나는 하나의 개아다"라는 거짓된 관념이 일어난다. 이 거짓된 개인성 의식이 소멸될 때에만 실재에 대한 지知가 얻어질 것이다. 마야가 마치 자신이 큰 권력과 권위를 가진 것처럼 개인성 의식을 창조하기는 하지만, 마야는 사실 '없는 것(*ma-ya*)'이다. 따라서 만일 실재에 대한 지知가 밝아오면, 마야와 그의 모든 창조계는 존재하지 않음이 발견될 수밖에 없다. 이는 마치 밧줄을 실제 있는 그대로 알게 되면 뱀이 존재하지 않음을 발견하게 되는 것과 같다.

866. "몸이 나다"라는 관념이 사라지면 (마음의) 들뜸과 결부된 미혹과 번뇌가 끝날 것이네. 아하! 차별상 없이(*nirvikalpas*) 전적으로 빛나는 의식인 지고자야말로, 탐구의 결과로 심장 안에서 출현하는 (참된) '나'라네.

사두 옴: 모든 차별상(*vikalpas*)의 근본원인은 "몸이 나다"라는 관념이고, "몸이 나다"라는 관념(*deha-atma buddhi*)은 탐구에 의해 소멸하므로, 탐구의 결과로 심장 안에서 빛나는 것은 차별상 없는 사뜨-찌뜨-아난다이다.

867. 없는 것처럼 보이는 지고자(진아)만이 존재하고, 있는 것처럼 보이는 자기라는 어떤 사람[개아]은 존재하지 않는다네. 이처럼 자기가 없음(*sunyata*-공함)을 스스로 인식하는 자신의 성품만을, 진인들은 지고한 지知(*Para-jnana*)라고 이야기한다네.

868. 사뜨와(*Sattva*)의 침묵인 본연삼매本然三昧(*Sahaja Samadhi*)야말로 따뜨와 지知(*Tattva Jnana*)[실재지]의 아름다움이라네.

사뜨와는 마음의 세 가지 구나(gunas), 곧 성질의 하나다. 그러나 『해탈정수』와 같은 일부 경전에서는 사뜨와가 마음의 본래적 혹은 원초적 성품이라고 한다. 그래서 이 연에서는, 본래적 상태[본연삼매]에서는 이 사뜨와―마음의 원초적 성품―조차도 침묵하고 있다고 말한다.

스리 무루가나르: 본연삼매가 세 가지 구나[사뜨와·라자스·따마스] 모두를 초월하는 상태이기는 하나, **사뜨와**만이 마음의 원초적 성품이므로 여기서는 "**사뜨와의 침묵**"이라는 구절이 사용되고 있다.

84. 보기

869. 찬연한 의식-허공(chidakasha)의 태양인 진아에게 (대상들을) 보는 역할을 귀속시키는 것은 무지인들의 상상 속에서일 뿐이네. 부동의 진아 안에는 (대상들을 보는) 공^空한 어둠(무지)인 마야가 없고, 진아는 둘이 없다네.

사두 옴: 진아는 실은 모든 역할과 모든 성질을 초월하는 것이고, 그것은 둘이 없는 하나로서 존재하므로, 그것을 '모든 것의 주시자(sarva-sakshi)'나 '모든 것을 아는 자(sarvajna)'라고 찬미하는 것은 무지한 사람들의 어리석은 짓에 불과하다.

870. "내가 세계를 본다"고 느낀다면 그것의 비밀(진리)은 무엇인가? 결함 없는 참된 빛이자 지^知의 완전한 허공이 내 안에서 감각 대상들의 세계와 그것을 보는 자로서 일어나는 것임을 알라.

사두 옴: 다섯 감각지식으로 이루어지는 이 세계라는 겉모습과, 그것을 보는 개아는 실재하지 않는다. 그것들은 진아를 그 토대로 가진 신기루 같은 거짓된 겉모습에 불과하며, 진아의 빛의 도움이 있어야만 나타난다. 더욱이 진아는 이 세계라는 겉모습을 보지도 않으며, 그 자신 진아의 일부인 개아

만이 그것을 본다. 여기서 「실재사십송」, 제7연에서 **스리 바가반**이 이렇게 말하는 것을 참조하라. "세계[보이는 대상들]와 마음[그것을 보는 개아]은 함께 일어나고 가라앉지만, 세계는 (진아에 의해서가 아니라) 마음에 의해서만 보인다네. 세계와 마음이 일어나고 가라앉는 터전인 **전체성**, 일어나지도 않고 가라앉지도 않는 **그것 자체**만이 **실재**라네."

871. 겉모습(세계)만이 참되다는 결론은, 감각기관들이 만들어낸 그릇된 확신이라네. 겉모습을 지각하는 감각기관과, 지각하는 자[개아]는 겉모습과 같은 정도의 실재성을 가졌다는 것을 알라.

사두 옴: '아는 자[개아]', '알려지는 것[세계라는 겉모습]', '앎[오관을 통해 세계를 지각하는 행위]'이 3요소(*triputi*)를 구성하는데, 그 모두가 동등하게 거짓이다. 바꾸어 말해서 눈에 보이는 개아와 그의 보는 행위조차도 세계라는 겉모습의 일부이기 때문에, 둘 다 그 겉모습만큼이나 실재하지 않는다. 이 점을 잘 보여주는 예로서, 어떤 영화를 보고 있는 왕을 영화로 찍는다고 하자. 이 영화를 영사하면, 그 왕과 그가 영화를 보는 행위 둘 다 그 영화 안에 있지 않은가? 여기서 제160연과 그 주석을 참조하라.

872. '보는 자를 보는 자(*kankani*)'[진아] 자신을 누가 보든 그는 저 '보는 자를 보는 자'가 자기일 뿐임을 알고 (그것으로) 빛날 것이네. (즉) '보는 자를 보는 자'와 다르지 않은 **자기**라는 어떤 사람이 (자신이 그것과) 다르다는 차별감을 소멸하고 자신의 그 **성품**(*swarupa*)을 성취할 것이네.

사두 옴: 이 연의 중심 관념은, 진아를 본 사람은 자신의 개인성을 소멸하고 비이원적 **지**知(*advaita jnana*)를 성취한 뒤 진아로서 빛날 거라는 것이다. 본 저작의 제869연과 다른 연들에서 스리 바가반은 진아에게 '보는' 기능을 귀속시키는 것은 잘못이라고 말하는데, 본 연에서는 진아를 '보는 자를 보는 자'라고 지칭한다. 외관상 이런 모순이 있는 이유는, 당신이 여기서는 보통

의 이해 수준―『능지소지분별(*Drik-Drisya Viveka*)』과 같은 대다수 옛 경전들이 가르침을 펴는 수준과 같은 수준―에서 이야기하고 있기 때문이다. 따라서 독자들은 '보는 자를 보는 자'라는 표현이 비유적인 것이지 문자적인 것은 아니라는 것을 알아야 한다.

873. '보는 자를 보는 자'[진인]는 업業의 속박(*karma-bandha*)을 보지 않을 것이고, **지고한 빛**[의식]으로 충만한 허공을 자신의 소유 영토[나라]로 갖게 될 것이네. 그는 자신의 **진아**(*swarupa*) 소견을 통해, 보이는 모든 것이 온통 자신의 진아임을 보면서 지배할 수 있다는 것을 알라.

874. 지고한 허공인 자신의 **참된 성품**의 시각으로 보자면, 태어남은 하나의 환幻, 곧 상상적 겉모습일 뿐인 이 거짓 세계에서 생겨나는, 몸과 하나가 되어 행위하는 에고의 무지일 뿐이라네.

사두 옴: 한 몸을 '나'로 여기는 집착(*abhimanam*)이 곧 태어남이고, 이 집착을 끊임없이 양육하는 것이 이 세간의 삶이다. 이 집착을 일시적으로 잊는 것이 죽음이고, 이 집착을 영구히 소멸하는 것이 **진지**(*Jnana*), 곧 **해탈**이다.

875. 하찮은 '나'가 아닌 무한한 '나'를 통해서 보면, 일체가 진정한 지고자인 **진아** 안에 존재할 뿐임을 알게 되네. 꿈속에서 서로 다른 많은 대상들이 출현하듯이, **진아** 자체가 다른 것들(세계와 그 안의 무수한 대상들)인 양 나타난다는 것을 알라.

사두 옴: 꿈속에서 보이는 것은 잠을 자는 그 사람에게만 나타난다. 보이는 모든 것이 그 꿈을 꾸는 사람과는 다른 대상들로 보이지만, (꿈꾸는 그 사람을 포함한) 그것들 모두가 그 잠자는 사람과 다르지 않다. 마찬가지로, 생시의 상태라는 이 꿈속에서 개아[보는 자]와 세계[보이는 많은 대상들]로 나타나는 것들도 우리[진아]일 뿐이다.

876. 거짓된 뱀의 겉모습이 사라질 때까지는 그 바탕인 실재하는 밧줄을 우리가 알지 못하듯이, 거짓으로 생겨나는 세계라는 겉모습이 소멸할 때까지는 그 바탕(adhistana)인 실재하는 **진아**가 출현하지 않을 것이네.

사두 옴: 같은 관념을 스리 바가반은 「나는 누구인가?」의 다음 구절에서도 표현하고 있다. "상상적 덧씌움인 뱀에 대한 앎이 사라지지 않으면 그 바탕인 밧줄에 대한 앎이 얻어지지 않듯이, 상상적 덧씌움인 세계에 대한 지각이 그치지 않으면 그 바탕인 **진아**에 대한 깨달음도 얻어지지 않을 것이다." (『라마나 마하르쉬 저작 전집』, 47쪽). 제46연과 877연을 참조하라.

877. 세계에 대한 지知가 그칠 때에만 **지고아**의 빛이 빛날 수 있을 것이네. 빛나는 **진아**의 빛과 합일된 삶만이 개아에게 본래적이고 충만한 삶이며, 그 밖의 모든 삶들은 하찮은 것이라네.

스리 무루가나르: 이 연에서 사용된 '세계(loka)'라는 단어는 문자적으로 '보이는 것'이라는 뜻이고, "세계에 대한 지知"는 대상적 지知, 곧 3요소의 차별['보는 자', '봄', '보이는 것'의 차별]과 함께 나타나는 봄의 지知(seeing-knowledge)를 의미한다. 여기서 "진아의 빛과 합일된"은 무제약적 지知로서의 **실재**의 빛남[부가물 없는 의식인 "내가 있다"]을 뜻한다.

제3부

진리의 체험

1. 직접지

878. 진아만이 실재하는 눈이므로, 그 자체에 의해 알려지는 진아만이 진정한 **직접지**直接知라네. 그러나 **진아**의 소견이 없는 지각력 없는 사람들은 낯선 감각대상들에 대한 지知가 직접지라고 주장한다네.

사두 옴: 스리 바가반은 여기서 진아의 눈을 통해서 보지 못하는 사람들을 "지각력 없는 사람들"이라고 묘사한다. 왜냐하면 그들은 지각력 없는 신체적 눈을 통해서만 보기 때문이다. 그런 사람들은 이 세계의 대상들에 대한 지知가 직접지直接知(pratyaksha aparoksha jnana)라고 말한다. 그러나 목전에 보이는 세계는 직접 지각되는 것이 아니다. 그것은 마음과 오관이라는 매개를 통해서만 알려지기 때문이다. 진아, 곧 자기 자신의 존재에 대한 지知가 어떤 낯선 대상에 대한 지知보다 더 실제적이고 더 직접적인 지知이다. "내가 있다"는 최초의 지知가 있고 난 뒤에야 "세계와 기타 모든 것이 존재한다"는 지知가 생겨날 수 있고, 따라서 "내가 있다"를 제외한 어떤 지知도 직접지일 수 없다. 진아만이 항상 직접적인 지知이다.

879. (단 하나의) 한계 없는 눈으로 존재하며 빛나는 **진아**에게, 3요소의 출현이 있을 수 있는가? 강력한 '지知의 불'이라는 눈이 바라봄으로써 목전에 나타나는 다른 모든 것들이 불태워지면, 일체가 **진아**일 뿐이라네.

880. 선과 악의 이원적 소견과 시간, 공간, 원인, 결과, 행위 이런 것들이 없고, 다른 어떤 것도 알지 못하며, 분리가 없는 실재인 의식(*arivu*)이야말로 (앞 연에서 말하는) 무한한 **눈**이라네.

2. 항상 직접적인 체험

881. 내적 탐구로 얻게 되는 이익은 기만적인 '나'라는 관념[에고]의 소멸이 전부라네. 그것을 두고, 분명하게 늘 성취되어 있는 진아라는 **실재**를 얻는 것이라고 말한다면 잘못이네.

사두 옴: 『마하르쉬의 복음』, 제1권 제6장에서 스리 바가반은 이렇게 말한다. "공간을 만들려면 거추장스런 물건들을 치우기만 하면 됩니다. 공간을 다른 데서 들여오지 않습니다." 또한 『대담』의 **대담 245**(두 번째 답변)를 보라. 에고가 소멸되면 그것만으로 족할 것이다. 왜냐하면 그것은 진아를 성취하는 것과 동일하기 때문이다.

882. 순수하고 직접적인 명료함인 자신의 **참된 성품**은 열 번째 사람 자신의 경우처럼 (진아에 대한) 거짓된 망각이 제거되면 성취되며, 이때 경험하는 이익은 새로 얻은 것이 아니라는 것을 알라.

사두 옴: 열 명의 바보가 강을 건넌 뒤 모두 무사히 건너왔는지 알려고 자신들을 세어보기 시작했다. 그러나 세면서 각자 자신을 세는 것을 잊어버렸고, 그래서 각기 아홉 명밖에 세지 못했다. 그들은 한 명이 강에 빠져 익사했다고 믿고 슬퍼했다. 그것을 본 한 나그네가, 그들이 슬퍼하는 것은 그들 자신을 세는 것을 잊어버렸기 때문일 뿐이라는 것을 이해하고, 이렇게 말했다. "내가 한 사람을 한 번씩 때릴 테니까 각자 맞을 때마다 큰 소리로 숫자를 세시오." 열 번째 사람이 맞고 "열"이라고 세자마자, 그들은 모두 외쳤다. "그래, 어쨌거나 우리는 열 명이군. 잃어버렸던 사람을 찾았어." 그러나

실은 열 번째 사람이 새로 얻어진 것은 아니고, 그를 결코 잃어버린 적이 없었다. 마찬가지로, 진아의 체험도 새롭게 얻어지는 것이 아니다. 수행의 열매는 진아에 대한 외관상의 망각을 제거하는 것일 뿐이다.

883. 장신구의 형태가 (녹임에 의해) 사라질 때만 금 장신구가 금이 되고, 장신구 형태로 나타날 때는 금이 아닌가? 장신구처럼 마음이 만들어내는 세 가지 개체[세계·영혼·신]도 존재-의식에 지나지 않는다는 것을 분명하게 알라.

사두 옴: 세계, 영혼, 신은 서로 다른 여러 가지로 보일 때조차도 실은 단 하나의 진아일 뿐이다. 그것들의 다양한 형상들이 사라진 뒤에야 진아가 된다고 생각하는 것은 잘못이다. 실은 그 다양한 형상들의 바탕 혹은 실체인 진아만이 실재하며, 그 형상들 자체는 항상 실재하지 않는다.

884. 목걸이가 자기 목에 걸려 있는데도 그것을 (어디선가) 흘렸다고 착각한 여자가 자기 목을 더듬어서 목걸이를 되찾듯이, **심장 안에서 진아를 탐구하고 성취하는 것도 그와 같다네**.

그 여자가 실은 자기 목걸이를 잃어버린 적이 없듯이, **진아도 실은 결코 알려지지 않는 적이 없다**. 따라서 **진아지를 새롭게 성취해야 할 어떤 것이라고 생각하는 것은**, 그 여자가 자기 목을 더듬어 보고서야 목걸이를 되찾았다고 생각하는 것만큼이나 어리석다.

885. 불가사의한 느낌('나'라는 느낌)을 탐구하는 길 외에는 행위(karma) 등 다른 길을 통한 어떤 노력으로도 심장 안에서 빛나는 진아라는 보물을 얻고 즐길 수가 없다네.

사두 옴: 이 연에서 스리 바가반은 우리가 행위(karma), 요가, 헌신(bhakti) 혹은 지知(jnana)와 같은 다른 어떤 길에서 아무리 노력해도, "이런 다른 길들에서 노력하는 나는 누구인가?"라고 탐구하기 전까지는 진아의 지복을 성

취할 수 없다는 당신의 판정을 분명하게 힘주어 내린다.1) 여기서 「실재사십송 보유」, 제14연을 비교해 보라.

886. 평온(*sama*) 등의 형태를 띤 따빠스를 통해서 우리가 훗날 체험하게 될 그 비할 바 없는 상태가 실재하는 상태라면, 그것은 그때 (미래에 그것을 체험할 때)나 마찬가지로 바로 지금도 존재해야 한다네.

사두 옴: 만일 우리가 지금 진아를 체험하지 못하고 있고, 미래의 어느 때에 그것을 체험할 거라고 말한다면, 그것은 진아가 어느 때에는 존재하지 않고 다른 때에는 존재한다고 말하는 것과 마찬가지다. 만일 어떤 것이 어느 때에는 존재하지 않다가 다른 때에 생겨난다면, 그것은 불가피하게 다시 한 번 상실되지 않겠는가? 따라서 그것은 세 가지 시간[과거·현재·미래] 모두에서 존재하지 않는데, 어떻게 그것을 실재물(*sat vastu*)이라고 할 수 있겠는가? 그런데 진아지는 실재이므로, 그것은 지금 여기에서 항상 성취되어 있고(*nitya-siddha*), 직접 체험된다(*pratyaksha*)는 것을 알아야 한다. 같은 관념이 다음 연에서도 표현된다.

887. 그 상태가 지금은 없고 다른 때에야 얻어질 상태라면, 그 상태는 우리 자신에게 존재하는 본래적 성품일 수 없기 때문에, 우리에게 머무르지 않고 (언젠가는) 우리에게서 사라질 것이네.

스리 무루가나르: 앞 연에서 언급된 마지막 논지를 보라. 한때는 오고 다른 때에는 사라지는 상태는 최종적 상태가 아니므로, 그것이 아무리 찬란하고 지복스럽다 해도 그것은 영원하지 않을 것이다. 만일 우리 자신의 본래적 성품 자체가 최종적 상태라면, 그것에게는 어떤 소멸도 없을 것이다. 우리 자신의 본래적 성품 아닌 어떤 상태도 어느 때인가는 우리를 떠날 거라는 것은 지극히 당연한 일일 뿐이다.

---

1) *T.* 행위, 요가, 헌신, 지知의 네 가지 전통적 길은 공히 이원적 행법이라는 한계를 보였다. 반면에 탐구하는 주체와 대상이 나뉘지 않은 바가반의 '자기탐구의 길'은 이와 다르다.

888. 저것[브라만]도 전체(purnam)일 뿐이고 이것[세계라는 겉모습]도 전체일 뿐이네. (이) 전체가 (저) 전체에 다시 합일될 때에도 전체이고, (이) 전체가 (저) 전체에서 나올 때에도 전체만이 남아 있다네.

이 연은 (『이샤 우파니샤드』의) 유명한 베다적 시구 "뿌르나마다하 뿌르나미담 (Purnamadah purnamidam)···"을 각색한 것인데, 그 시구는 스리 바가반이 가끔 인용한 것이다. 스리 바가반의 가르침에 대한 어떤 주석에서는 이 베다적 시구가 "브라만만 실재하고 (이름과 형상들의) 세계는 실재하지 않는다고 확언하는 것은 거짓이기도 하고 부질없기도 하다"는 견해를 뒷받침하는 것으로 잘못 해석되고 있다(『실재직견소實在直見疏(Sat-Darshana Bhashya)』, 원서 11판, 39쪽 참조). 그러나 이 시구에서 "저것도 전체이고 이것도 전체이다"라고 할 때, 그것을 브라만은 실재하고 세계 그 자체도 실재한다는 의미로 여겨서는 안 된다. 스리 바가반의 가르침은, '(밧줄상의) 뱀이 뱀으로서는 실재하지 않지만 밧줄로서는 실재하듯이, 전체 세계는 세계로서는 실재하지 않지만 브라만, 곧 전체(purnam)로서는 실재한다'는 것이다. 따라서 이 연은 다음과 같은 견지에서 이해되어야 한다. "저것[밧줄]은 밧줄이고, 이것[외관상의 뱀]도 밧줄이다. 이 뱀이 저 밧줄 속으로 합일될[사라질] 때에도 그것은 밧줄이다. 이 뱀이 저 밧줄에서 나올 때에도(밧줄이 뱀으로 착각되어 보일 때에도) 밧줄만 남아 있다." 바꾸어 말해서, 실은 (뱀은 없고) 밧줄만 존재하듯이 실은 전체인 브라만만 존재하며, 외관상의 뱀이 겉모습이듯 외관상의 세계도 하나의 겉모습이라는 것이다. 이 세계라는 겉모습이 나오는 것[현상계의 출현]도, 그것이 다시 브라만 속으로 합일되는 것도 모두 실재하지 않는다. 브라만은 불변의 전체로서 항상 남아 있다.

889. 그것[브라만]은 지고한 허공이고, 그대도 지고한 허공이며, "그대가 그것이다"라고 가르치는 그것[큰 말씀]도 지고한 허공이네. ('요가', 곧 '합일'에 의해서) 새로운 그 무엇도 거기에 보태지지 않고, 그

무엇도 거기서 제거되지 않는 그것이, 보편적 허공으로서 존재하고 빛나는 저 실재하는 전체라네.

스리 무루가나르: 이 연에서는 「가르침의 핵심」, 제29연에서 표현된 관념을 설명한다. 우리는 실은 어떤 해탈의 성취도 없다는 것을 알아야 한다. 속박이 하나의 거짓된 심적 관념이므로, 해탈도 하나의 거짓된 관념에 불과하다. 진아와 별개로 어떤 진인(*jnani*)도 없고 어떤 무지인(*ajnani*)도 없다. 절대적 진리의 상태에서는 어떤 지知-가르침(*jnanopadesa*)이나 큰 말씀(*Mahavakya*)도 없다! (자신이) 진아의 본래적 상태를 상실했다는 생각조차도 거짓이고, 그 생각에 의해 야기되는 불행들을 없애기 위해서 하는 따빠스도 거짓이며, 그 안에서는 누구도 (따빠스를 통해) 안주를 다시 성취한 적이 없는 진지의 상태조차도 거짓이다! 이 가르침은 진아만이 항상 존재한다는 것이다.

890. 비이원적 전체[진아] 외에는 '이것'이나 '저것'으로 덧붙여진 세간적 다수성 전체가 실재하지 않으며, 그것들은 모두 그 전체 위에 덧씌워진 하나의 완전한 환幻이라는 것이야말로 (모든 진인들의) 최종적 판정이라네.

891. 하나[진아]가 (외관상) 다수[세계의 대상들]로 되기는 하나 (실은) 그것은 어떤 것도 되지 않는다고 할 것이고, 누구나 처음부터 그 하나로 존재하므로, (우리의 본래적 상태는 늘 직접 체험된다고 하는) 참된 지知와 합일하는 것(*yoga*)이 해탈임을 알라.

892. 진아의 참된 성품은 둘이 없음을 탐색하여 그 진리를 이해한 뒤 그 진아의 실제 체험을 얻으려 애쓰면서 거듭거듭 비틀거리다가 (결국 낙담하여) 모든 노력이 가라앉을 때, 그럴 때 심장 안에서 빛나는 의식이 (우리가 얻으려고 한) 그 참된 성품이라네.

사두 옴: 이 연은 구도자의 실제 체험을 분명하게 묘사한다. 진지한 많은

구도자들이 청문(*sravana*)과 성찰(*manana*)을 통해 진아의 참된 성품에 대해 알고 난 뒤에, **자기주시의 수행**[일여내관(*nididhyasana*)]을 열심히 하지만, 거듭거듭 실패하다가, 결국 자신의 능력이 미치지 못함을 알고 지치고 낙담하는 경험을 하지 않는가? 이 연은 그런 구도자들에게, 모든 노력의 근본원인인 마음이 이처럼 극도로 지쳐서 완전히 정지하는 바로 그 순간, **진아**가 아무 장애물 없이 명료하게 빛날 거라고 하면서 그들을 격려한다. "꼰잠 뽀루(*Konjam Poru*)"라는 타밀 노래(이것은 "잠깐 기다려"라는 제목으로 영역되어 『스리 라마나 기땀 노래 선집(*A Selection of Songs from Sri Ramana Gitam*)』[2])에 '노래 제15번'으로 수록되어 있다)가 이 상태에 도달하는 구도자의 마음 상태를 생생하게 묘사하면서 격려해 준다.

3. 무상삼매無相三昧

893. 바깥 세계에서 차별상(*vikalpas*)이 지각되지 않는 것 자체가 진정한 무상삼매(*nirvikalpa samadhi*)의 빼어남은 아니네. 짐(원숭)이 떨어진 마음 속에서 차별상의 일어남 자체가 없는 것이 **지고한 무상삼매**(본연무상삼매)라는 것을 알라.

사두 옴: 많은 사람들은 무상삼매에 든 사람은 자기 몸도, 세계도 알지 못하는 가운데 지각력 없는 나무토막처럼 꼼짝 않고 있어야 한다는 그릇된 인상을 가지고 있다. 목석무상삼매(*kashta nirvikalpa samadhi*) 혹은 합일무상삼매(*kevala nirvikalpa samadhi*)라고 하는 그런 상태에 한동안[며칠, 몇 달, 심지어 몇 년 동안] 머물러 있다가 몸-의식이 돌아오면, 마음이 바깥으로 향하게 될 것이고, 과거의 원습(*vasanas*)으로 인해 정욕·분노와 같은 모든 악덕이 일어날 것이다. 어떤 수행들의 초기 단계에서 일어날 수 있는 이런 종류의

---

2) T. 스리 사두 옴이 타밀어로 지은 송찬, 찬가, 노래, 헌가 등을 수록한 『스리 라마나 기땀(*Sri Ramana Gitam*)』이라는 저작집에서 일부 작품들을 가려 뽑아 영역한 책.

삼매는 마음의 일시적 정지(심잠心潛, mano-laya)일 뿐이다. 그러나 올바른 종류의 무상삼매는 마음의 절멸(심멸心滅, mano-nasa), 즉 "나는 몸이다"라는 원초적 분별의 영구적 소멸일 뿐이다. 이것이 참된 지知의 상태이며, **본연무상삼매**(sahaja nirvikalpa samadhi)라고 하는 것이다.

목석무상삼매는 밧줄에 묶여 우물물 속에 매달려 있는 항아리의 상태에 비유될 수 있다. 물속에 잠겨 있는 항아리처럼, 마음은 심잠心潛(laya)에 잠겨 있다. 그러나 그 항아리는 언제든지 밧줄로 끌려 올라올 수 있다. 마찬가지로, 소멸되지 않은 마음은 원습에 의해 언제든지 끌려나오고 원습의 지배하에 이리저리 헤매게 되어 있다. 그러나 **본연무상삼매**에서는 마음이 진아 안에서 해소되어, 마치 바다에 잠긴 소금인형처럼 그 형상, 곧 개인성을 상실한다. 그래서 그 마음은 다시 일어날 수 없다. 마음이 소멸되는 **본연무상삼매**만이 진정한 삼매이다.

894. "내가 있다"는 우리의 성품을 자각하면서 머무르는 것이야말로 삼매라네. 아만我慢(에고)과 결합되는 부가물과 연관된 자각["나는 아무개다", "나는 몸이다", "나는 인간이다", "나는 이것 또는 저것이다" 등]을 버리고 저 무한한 상태에만 안주하라.

895. '나'라는 것[에고]이 없는 (잠과 생시의) 중간 상태야말로 지知의 정점인 **침묵삼매**(mauna samadhi)라고 위대한 진인들이 말하네. 그대가 그것인 그 **침묵삼매**에 도달할 때까지는 나의 소멸만을 목표로서 추구하라.

896. '나'라는 자아가 뜨고 지는 것과는 달리, **진아**(tan)라는 것은 항상 빛난다네. 따라서 '나'라는 거짓된 자아를 무시하여 그것을 소멸하고, 진아라는 참된 자아로서 빛나라.

사두 옴: "나는 아무개다", "나는 이것이다" 혹은 "나는 저것이다"로서 일어나는 혼합된 자각은 거짓된 1인칭, 곧 에고이다. 그러나 순수한 "내가 있

다"로서 홀로 빛나는 **존재-의식**은 참된 **진아-의식**이며, 그것은 1인칭, 2인칭, 3인칭의 세 가지 인칭 모두가 없다. 그래서 스리 바가반은 우리에게, 에고를 소멸하고 **진아**로서 머무르라고 가르치는 것이다.

897. "나는 개아다"라고 생각함으로써 성품을 저버린 나의 마음이여, 네가 만일 "나는 신이다"["나는 브라만이다", "나는 시바다"]라고 우쭐해 하면 다시 속을 것이네. 지고의 상태에서는 '나'["나는 이것이다, 저것이다"]라고 하는 그 무엇도 없고, 심장인 **진아**라고 하는 것 하나만 있다네.

사두 옴: "나는 한 인간이다"라는 느낌은 하나의 생각일 뿐이다. 그것이 에고의 형상이다. 따라서 만일 우리가 "나는 브라만이다", "나는 시바다" 또는 "내가 그다"를 생각하거나 명상하기 시작하면, 그 또한 하나의 생각, 즉 똑같은 에고의 또 다른 형상에 불과할 것이다. 이것은 또 다른 종류의 생각일 뿐이므로, 그것으로는 우리가 생각에서 벗어나 단순한 **존재**(*sat*)를 형상으로 하는 진아의 상태를 성취할 수 없다. 그래서 스리 바가반은 "나는 브라만이다"를 명상하는 사람은 결국 속게 될 거라고 경고하는 것이다.

898. 고요한 마음[무념의 마음]이 (순수한 의식에 대한) 끊임없는 체험을 확립한 상태 그 자체야말로 **삼매**라네. 고요해져서 한계 지우는 것 ("나는 이것이나 저것이다" 등의 관념)이 없는, **지고아**(*Paramatma*)를 성취한 그 마음이 곧 **하느님**(Kadavul)의 진리라네.

사두 옴: 파도는 움직이는 한 파도이지만, 파도가 움직임 없이 가라앉으면 그것은 바다이다. 마찬가지로, 마음은 움직이고 한계가 있는 한 마음이지만, 그 마음이 고요하고 무한해지면 그것은 신 곧 브라만이다. '까다울(*Kadavul*)' [하느님]이라는 타밀어 단어는 문자적으로 '까단두-울라바르(*kadandu-ullavar*)', 곧 '초월하여 존재하는 자'라는 의미이다. 그래서 우리 자신의 진정한 상태, 곧 '이것'이나 '저것'과 같은 모든 부가물을 초월하는 진아가 바로 하느님

(*Kadavul*)인 것이다.

899. 의식(*arivu*)에게 의식인(아는 자신의 성품을 아는) 의식이 실재에 합일하는 참된 단서를 (이야기할 테니) 잘 들어 보라. 대상을 아는 의식[마음]으로써 의식 자체를 면밀히 조사하여 앎으로써 그것이 실재에 합일하게 하는 것이 그 수단이라네.

사두 옴:「아루나찰라 8연시」, 제5연의 둘째 단에서 스리 바가반이 이렇게 노래하는 것을 참조하라. "보석을 연마하듯, 마음을 마음이라는 숫돌 위에서 연마하여 흠이 없게 하면, 그것이 당신의 은총의 광채로 빛날 것입니다." 즉, 마음이 그 자신에게 주의를 기울일 때만 그것이 흠이 없게 될 것이고, 그리하여 실재, 곧 순수한 "내가 있다"로서 빛나게 될 것이다. 2인칭과 3인칭에만 주의를 기울이면 마음이 불순물만 수집할 것이다. 따라서 자기주시(Self-attention) 아닌 어떤 활동이나 수행을 하는 것으로는 마음이 결코 죽지 않을 것이다. 마음은 그 자신의 형상에 주의를 기울여 "나는 무엇인가?"나 "나는 누구인가?"를 알아낼 때만 죽을 것이다. 스리 바가반은 이 진리를 당신 자신의 죽음의 체험을 통해 발견했다. 마음 아닌 어떤 것을 명상하거나 면밀히 분석하는 것은 '안으로 향하기(內向, *antarmukham*)'도 아니고, 실재를 아는 수단도 아니다. 자기주시―곧, 마음이 1인칭인 단 하나의 '나'라는 느낌에 주의를 기울이는 수행―만이 마음을 진아 안에 익사시키고, 그렇게 해서 마음을 소멸할 것이다. 따라서 이것이 실재를 성취하고 실재로서 안주하는 유일한 길이다.

900. 의식이 동요 없이 고요해져 진아인 자기로서 존재하는 것이 시바의 지위를 성취하는 것(*Sivatva siddhi*)이고, 의식 안에 다른 아무것도 없는, 실재의 충만함에 다름 아닌 것이야말로 순수한 **시밤**(시바의 상태)이라네.

901. 안팎이 일치하는 자각의 형상으로 빛나는 의식-**지복**(*chidananda*)의

광휘야말로, 물리칠 수 없는 참된 지知의 최종적 상태라고 진인들이 선언하는, 지고한 지복으로 충만한 침묵의 형상인 저 원초적 실재라네.

사두 옴: 시간과 공간에 한정된 몸이 '나'로 오인되기 때문에, 모두가 "나는 몸 안에 있을 뿐, 몸 바깥에 있지 않다"는 느낌을 가지고 있다. 몸을 이처럼 '나'로 여기지 않는다면, '안'과 '밖'이라는 차이의 느낌이 있을 여지가 없을 것이다(제251연 참조). 그런 상태에서, '안'과 '밖'이 없는 단 하나의 의식으로서 빛나는 "내가 있다"는 자기자각은, 그 자체 참된 지知(mey-jnana)이고, 전체적이고 완전한 원초적 실재이다.

902. 침묵으로 충만한 완전한 존재가 "내가 그것이다"라고 생각하면서 고통 받는 것은 왜인가? 침묵으로 충만한 상태에 도달하는 것이야말로 진아안주(nishta)인데 그것은 '나'가 없는 것이네. '나'가 없는데, (그런) 생각을 할 여지가 어디 있는가?

사두 옴: 실재는 사실 생각의 범위를 넘어선 전체적이고 완전한 침묵일 뿐인데, 왜 헛되이 "내가 그것이다"라고 생각하고 그것을 성취하려고 하면서 고통 받아야 하는가? "나는 브라만이다", "내가 그다", "나는 시바다"를 명상하는 것은 부질없고, 전혀 적합한 지知-수행(jnana-sadhana)이 아니다. 스리 바가반에 따르면 유일하게 참된 지知-수행은 "나는 누구인가?"라는 자기탐구를 통해서 '나', 곧 에고를 상실하는 것이다.

4. 불변성

903. 아주 위대하고 지혜로운 사람들이여, 이 모든 것들은 실제로 계속해서 나타나고 사라지는가, 아니면 (불변의 실재 안에서) 지각되었다가 소멸하는 것일 뿐인가? 이런 변화들의 성품은 무엇인가?

사두 옴: 본 저작의 제63, 64, 65연과 제91연을 여기서 다시 참조하라. 우리들 중 어떤 사람들은 이 세계가 창조·성장·쇠퇴·소멸 등 무수한 변화를 겪기는 하지만, 그것은 하나의 항존하는 실재이며, 따라서 이 모든 변화가 참되다고 잘못 믿고 있다. 스리 바가반은 그런 사람들에게 그런 믿음은 잘못된 것이라고 이야기하고, 그들이 그런 잘못된 믿음을 가지고 있는 이유는 그들이 항상 불변인 진아를 무수한 변화를 가진 우주로 보는 그릇된 소견을 가졌기 때문이라고 설명한다. 본 장 전체에 걸쳐서 스리 바가반은 많은 논변으로 그들의 잘못된 믿음을 계속 논박한다. 그래서 이 연들은 그들의 잘못된 철학에 대한 하나의 적절한 질책이 되고 있다.

904. (하나의) 결함인 더러운 몸의 탄생과 죽음에 의한 (또 다른) 결함인 세계의 출현과 가라앉음(즉, 변화들)이 지知의 허공인 진아에게도 해당된다고 말하는 것은, 구름의 생성과 소멸이 하늘에도 해당된다고 하는 망상과 같다네.

사두 옴: 세계가 나타나고 사라지는 상태는 보잘것없고 실재하지 않는다. 왜냐하면 그런 변화들은 몸과 함께 나타나고 사라지는 보잘것없는 에고에게만 보이기 때문이다.

905. 지각되는 세계를 지각되지 않는 것으로 몽땅 내버려야 할 진아를, 변화가 지각되는 것(즉, 세계 속에서 변화를 겪는 것)이라고 착각하며 헤매는 미망보다 더한 다른 어떤 미망이 있겠는가?

사두 옴: 여기서 스리 바가반이 「실재사십송」 제4연에서 이렇게 말하는 것을 참조하라. "… 보이는 모습[보이는 대상]이 눈[보는 자] 아닌 다른 것일 수 있겠는가? 진실로 진아가 눈이고, 무한한[따라서 불변의] 눈이라네." 바꾸어 말해서, 눈이 있어야 보이는 대상이 있다. 따라서 만약 결함 있고 변화무쌍한 육안을 통해서 보는 대신 무한하고 불변인 진아의 눈을 통해서 본다면, 우주는 사라지고 단 하나인 진아만 내내 존재하고 있다는 것을 알 것이다. 진

리가 이와 같은데, 항상 불변하는 실재인 진아를 이 보잘것없고 변화무쌍한 세계로 보는 것보다 더한 미망이 있을 수 있겠는가? 이것이 스리 바가반의 반문이다.

906. (개아의) 활동이 야기하는 문제들이 털끝만큼도 불변의 진아에 붙지 않을 것임은, (다른 네 원소인) 지·수·화·풍의 결합이 털끝만큼도 광대한 허공에 붙지 않는 것과 같다는 것을 알라.

사두 옴: 스리 바가반이 비슷한 관념을 표현하고 있는 「나는 누구인가?」도 참조하라(『라마나 마하르쉬 저작 전집』, 52쪽).

907. 여러 사람이 보는 입장에 따라서 같은 여자가 아내, 시누이, 며느리, 동서, 어머니 등으로 여겨지지만, 실은 그녀는 그 형상에서 전혀 어떤 변화도 겪지 않는다네.

마찬가지로, 개아의 무지한 소견으로는 진아가 세계·영혼·신과 같은 서로 다른 많은 이름과 형상으로 되는 변화를 겪은 것처럼 보이지만, 실은 **그것은 항상 변함없이 그대로 있다.**

5. 홀로 있음

908. 해체되지 않는(불멸의) 해탈을 얻으려는 이들에게 필요한 많은 자질이 무엇인지를 면밀히 살펴보면, 확고한 홀로 있음을 열망하는 성향이야말로 그들이 마음속에 즐거이 확립해야 할 성품이라네.

사두 옴: 스리 바가반은 "홀로 있음(*ekantam*)은 하나의 장소가 아닙니다. 그것은 마음의 내적인 태도입니다."라고 자주 말씀하셨다(『마하르쉬의 복음』, 제1권 제2장 참조). 해탈열망자(*mumukshu*)의 마음은 늘 모든 원습이나 생각에서 벗어난 행복의 상태에 있기를 좋아해야 한다. 여기서 제912연과 비교해 보라.

6. 무집착

909. 마음이여, 네가 존재하는 힘에 의하여 모든 범주들(tattvas)[마음·감관·몸·세계 등 실재하지 않는 원리들]이 한데 모여 어울리며 춤을 추어 대지만, 그것을 초월한 집착 없는 진아지知(swarupa-jnana)의 체험을 통해 내적으로 휘둘림 없이 주시자로서 (그것들을) 보라.

이 연이 마음을 상대로 이야기하기는 하나, 그것은 진아로서의 참된 성품의 마음에게 이야기하는 것으로 이해해야 한다. 다시 말해서, 이 연은 마음에게 간접적으로 이렇게 말한다. "너는 실은 이 모든 범주들(tattvas)의 영향을 받지 않는다. 너는 집착 없는 진아이며, 그의 친존에서, 그의 친존에 의해 이 모든 범주들이 작동한다. 따라서 실제 있는 그대로의 너로서 있으라 (즉, 진아로서의 너의 참된 성품 안에 안주하라)." 또한 이 연에서 스리 바가반은 마음에게, 실재하지 않는 이 모든 범주들에 대해 집착 없는 주시자로 머무르는 법도 가르친다는 점을 유념해야 한다. 마음이 자신을 그것들에 대한 집착 없는 주시자로 상상하면, 결코 그것들에게 참으로 집착하는 상태로 있을 수 없다. 집착 없는 진아지의 체험(asanga swarupa-jnana anubhava)에 의해서만, 즉 실재하고 항상 집착이 없는 진아를 알고 그 진아로 있음으로써만, 실재하지 않는 모든 범주들에 대해 우리가 집착 없는 주시자로 남을 수 있다.

910. 그 무엇이 아무리 많이 오거나 가더라도, 그것들을 아는 자로 머무르면서, 바람에 날리는 지푸라기와는 달리 그것들에 영향을 받지 않고 머무르는 것이 지知(arivu)라네.

본연진인(Sahaja Jnani)에게 그 어떤 좋거나 나쁜 일이 닥쳐와도, 그는 그런 것들에 영향 받지 않고 상관하지 않으면서 그 자신으로 남아 있다. 그는 자신이 좋거나 나쁜 것의 경험자가 아닌 진아임을 알고 있다. 그의 상태는 영화의 스크린이 불이 난 화면에 의해 불타지 않고, 물의 화면에 의해 젖지 않으면서 그 모든 화면들의 지지물인 것에 비유될 수 있다. 완전히 집착이 없고 상관하지도 않는 참된 지知의 이 상태는 스리 바가반의 삶에서 잘 드러났다. 당신 주위에서 수많은 나쁜 일들이 일어났고, 수많은 좋은 일들이 일어났다. 나쁜 일로는, 어떤 사이비 사두들이 당신의 스승 행세를 했고, 질투심에서 당신에게 바위를 굴려 당신을 죽이려 하기도 했으며, 불성실한 일부 헌신자들은 당신을 사랑하는 척했지만 당신의 뒤에서 못된 짓을 하기도 했고, 어떤 사람들은 당신에게 방(bhang-대마에서 얻는 인도식 마약)과 같은 도취성 약제를 드리기도 했고, 당신의 이름으로 유서가 (임의로) 작성되기도 했고, 당신을 상대로 소송이 제기되기도 했고, 당신을 비방하는 책이 저술되기도 했고, 스리 무루가나르와 같은 당신의 좋은 헌신자들이 푸대접을 받고 욕을 먹기도 했으며, 일부 소위 제자들이 당신의 가르침을 잘못 번역하고 그 가르침에 대해 잘못된 주석들을 저술하여 의도적으로 가르침을 잘못 해석하려 한 것 등이다. 좋은 일로는 진지한 헌신자들이 당신을 찾아와서 당신을 지고의 주님으로 찬양하기도 했고, 당신의 자얀띠(탄신일), 입산 50주년 기념일, 기타 행사들이 아주 성대하게 거행되기도 했으며, 당신의 이름과 명성이 전 세계에 퍼져 나간 것 등이다. 그럼에도 불구하고 당신은 늘 그 모든 일에 상관하지 않고, 단순한 주시자로만 머무르셨다.

911. 안팎으로 존재하면서 일체에 편재하지만 그 어느 것에도 털끝만큼도 집착하지 않는 허공처럼, 집착이 없는 진아가 자기 자신임을 깨닫지 않으면, 미혹에 지배되지 않을 수 없다네.

사두 옴: 진아지가 없으면 누구도 집착 없이 이 세상을 살아갈 수 없다.

912. 심장 속의 원습은 진실로 경멸하고 내버려야 할 집착(sangam)이네. 기만적인 마음을 잘 제어하여 명예를 얻은 사람들은 어떤 사회(sangam)에서 살더라도 오명汚名이 없을 것이네.

7. 마음 제어

913. 마음이 어지럽게 여기저기 헤매는 사람들에게는 모든 일이 잘못 될 것이네.

사두 옴: 마음을 제어하여 가라앉게 해야 하고, 그것이 원습에 의해 여기저기 끌려 다니게 해서는 안 된다.

914. 바람도 겁낼 만큼 빠른 속도로 온 데를 쫓아다니는 마음을, 어디도 가지 못하는 완전한 절름발이처럼 불구로 만들고, 그렇게 해서 그것을 소멸하는 것이 참된 중심(실재)인 불멸을 성취하는 것이네.

스리 무루가나르: 생사윤회는 실은 마음에게만 있고 **진아**에게는 없으므로, 만일 우리가 마음과 함께 마치 그것의 형상이 자신의 형상이기라도 한 듯 돌아다니기보다, 마음은 자기 자신이 아니라는 것을 앎으로써 마음을 소멸하면, 불멸의 상태가 바로 우리 자신의 **실재**임을 분명하게 알게 될 것이다.

915. 잡초처럼 자라는 정욕 등 세 가지[정욕·혐오·무지]가 싹트기 전에 그것을 뜯어내고, 바람에 흔들려 출렁이지 않는 바다같이 마음이 제어되어 있게 하는 것이 **지**知라네.

916. 사람을 찢어 놓는 슬픔의 토대인 그 어떤 감각기관을 통해서도 마음이 추호도 헤매지 않고, 완전히 가라앉아 고요해진 격랑의 바다처럼 마음이 가라앉아 있는 것이 **지**知라네.

917. 구름이 뒤덮인 하늘에서는 밝은 해가 나타나지 않듯이, 어두워진 생각의 구름장에 덮인 마음-허공에서는 자기 자신[진아]의 **참된 성품**을 볼 수 없다네.

918. 마음을 소멸한 사람은 지고한 **지**知라는 코끼리의 목에 앉아 왕으로서 타고 간다네. 마음의 번뇌야말로 사악하고 잔인한 탄생(과 죽음)이라는 불행한 속박의 원인임을 확실히 알라.

스리 무루가나르: 마음의 번뇌(chitta-chalana)가 탄생이라는 불행의 뿌리이므로, 여기서는 생각이 곧 속박이라고 이야기된다. 생각들이 소멸되자마자 우리 자신의 성품[진아]이 빛을 발하므로, 이렇게 마음이 소멸된 사람을 지知라는 코끼리를 타고 가는 왕에 비유하여 칭송하고 있다.

919. 마음의 번뇌가 지멸止滅된 고요한 명료함이 해탈에 필수적인 삼매라네. 열심히 노력하여 심장의 명료함인 평화로운 의식으로 안주하여 기만적인 번뇌를 소멸하라.

920. 진아 깨달음이 없으면 에고 자체의 죽음이 없을 것이고, 마찬가지로 마음[에고]의 장렬한 죽음이 없으면 고통스런 꿈의 세계라는 장면들도 소멸하지 않는다는 것을 알라.

사두 옴: 삶의 모든 불행이 끝나려면, 마음이 죽어야 한다. 마음이 죽으려면 진아 깨달음을 성취해야 한다. 따라서 진아 깨달음만이 모든 불행을 없애줄 것이다.

921. (마음이라는) 성품을 없애보려 하면 누구도 그것을 없앨 수 없으니, 그 성품이라는 물건을 없는 것으로[거짓된 겉모습으로] 무시하라. 그 성품의 바탕인 자기(진아)를 알고 의식적으로 그 안에 안주하면, 점차 그것의 활동이 소멸할 것이네.

사두 옴: 발리(Vali-『라마야나』의 등장인물)는 어떤 적과 마주하든 그 적의 힘 절반을 얻는 은택을 (신에게서) 받았다. 그래서 람(Ram-라마)은 그를 직접 대면하지 않고 죽여야 했다. 마찬가지로, 우리가 마음이라는 마야(mind-maya)를 직접 상대하여 죽이려고 한다면[마음의 성품인 생각들을 제어하려고 애쓰면], 사실 마음에게 새로운 힘을 안겨주게 될 것이다. 마음은 우리에게 알려지는 하나의 대상이므로, 우리는 그것을 하나의 2인칭으로 취급하고, 주의를 1인칭인 '나'라는 단순한 느낌 쪽으로 돌리면서 마음을 무시해야 한다. 그러면 마음이 (진아에서 나오는) 은총의 힘(anugraha-sakti)을 잃을 것이고, 그리하여 점차

가라앉아 제풀에 죽을 것이다. 이 점에 대한 더 자세한 설명은 『스리 라마나의 길』, 제1부 제7장을 참조하라.

922. 마음의 작용이 일어나지 않게 (그것을) 소멸하는 수단을 전혀 알지 못한 채 한탄하며 슬퍼하는 사람들이여, '보이는 것들'[세계]과 '보는 자'[개아]가 자기[진아]에 지나지 않음을 체험하는 것이 그 방법이라네.

우리가 '보는 자'와 '보이는 것' 간의 차이를 경험하는 한, 마음은 결코 제어될 수 없다. 그리고 우리가 자신의 참된 성품을 알기 전까지는 '보는 자'와 '보이는 것'이 자기 자신에 지나지 않고, 그래서 아무 차이가 없다는 것을 체험할 수 없다. 따라서 마음을 소멸하고 효과적으로 제어할 유일한 수단은 우리 자신의 **참된 성품**을 아는 것이다.

어떤 번역에서는 이 연이 마음의 들뜸을 끝내기 위해서는 우리가 "지각 가능한 모든 것과 그 지각자를 진아로 보아야" 한다는 의미로 번역되었다(『진어화만절요(Guru Ramana Vachana Mala)』, 제207연). 그러나 이 번역은 잘못된 것이다. 왜냐하면 우리가 자기의 참된 성품을 알지(체험하지) 못하면, 모든 것을 진아로 보기가 불가능하기 때문이다. 일체가 진아라고 상상해 보려고 하는 것은 하나의 심적인 관법(bhavana)일 뿐이고, 따라서 그것은 마음의 들뜬 성품을 가라앉힐 효과적 수단이 되지 못할 것이다. 참된 진아지의 체험이 마음의 들뜸을 끝낼 유일한 수단이다.

923. 금으로 된 장신구들처럼, 신기루의 물처럼, 꿈속의 도시를 에워싼 성채처럼, 눈에 보이는 모든 것은 자기(진아)에 지나지 않는다네. 그것들을 자기 아닌 것으로 여기는 것은 잘못이네.

자세히 살펴보면 갖가지 (금) 장신구들이 금에 지나지 않고, 신기루의 물이 아지랑이에 불과하며, 꿈속의 도시가 잠자는 사람의 상상에 지나지 않음을 알게 되듯이, 진리를 깨달으면 거짓된 세계라는 겉모습이 자기(진아)일 뿐임을 알게 된다.

8. 죽은 마음

924. 생각으로서의 마음이 더 이상 작동하지 않고 소멸했을 때도 어떤 실재가 존재한다고, 나는 선언하네. 진리인 시간 그 자체로서 숨겨진 채 작용하며, **냐나난다**(*Jnanananda*)[참된 지知의 지복]의 거주처로서 (영구히) 남아 있는 것이 그것이라네.

사두 옴: 여기서 스리 바가반은 이제까지 "나는 이 몸이다"로서 빛나던 최초의 생각이 절멸된 뒤에도, **사뜨-찌뜨-아난다**로서, 곧 "나는 나다"로서 빛나는 진아가 존재한다고 주장한다. 어떤 불교 학파에서는 "최종적으로는 자아로서 아무것도 남지 않을 것이고, 공空(*sunya*)만이 있게 될 것이다"라고 말한다.[3] 그러나 스리 바가반은 이런 그릇된 믿음을 논박하고, 당신 자신의 체험을 토대로 힘주어 이렇게 선언한다. "확실히 어떤 **실재**(*sat-vastu*)가 존재하는데, 그것이 **냐나난다**(*Jnanananda*)이다. 그 상태는 (단순한) 공空이 아니라 하나의 완전한 **전체**(*purna*)이다." 여기서 「가르침의 핵심」, 제20연의 "'나'[에고-자아]가 죽는 곳에서 저 **하나**[진아]가 '나-나'로서 자연발로적으로 빛을 발하니, 그것이야말로 **전체**(*purna*)라네."와 「실재사십송」, 제12연의 "진아가 참된 지知이니, 그것은 공空이 아니라네."를 본 연과 비교해 보라.

925. '지금'이니 '그때'니, '없다'느니 '있다'느니, '여기'니 '저기'니 하는 생각[차별상]이 조금도 없는 마음, 곧 단 하나이고 영원하며 도처에 충만해 있고 스스로 빛나며 성취되어 있는 것이야말로 순수한 시밤(Sivam)이라네.

---

[3] *T.* 여기서 말하는 '불교 학파'는 남방의 소승불교이다. 이와 달리 '불성' 또는 '법신'을 인정하는 대승불교/선불교는 베단타의 진아 사상과 사실상 궤를 같이한다. 대승불교에서는 '공空' 개념도 단순히 아무것도 없는 공空이 아니라 일체를 내장한 진아의 상태를 의미한다.

9. 전지全知

926. 자기 아닌 어떤 존재물도 알지 못하기에 분리 없이 빛나는 절대적 지知만이 드높은 지知[전지全知]이며, 그렇지 않고 세 가지 시간 [과거·현재·미래] 속의 모든 것을 아는 지知는 드높은 지知가 아니라는 것을 알라.

사두 옴: 사람들은 과거·현재·미래의 사건과 같은 다른 모든 것을 아는 능력과, 64가지 기예技藝 모두에 통달하는 능력을 '전지全知' 혹은 '일체지一切知(sarvajnatvam)'라고 찬미한다. 그러나 스리 바가반은 「실재사십송」, 제13연에서, "다수성에 대한 지知는 무지"라고 말하고, 제26연에서는 "진실로 에고가 모든 것"이라고 하기 때문에, '전지'라고 찬미되는 그 모든 것들은 실은 에고의 대상지對象知일 뿐이며, 무지에 지나지 않는 것으로 이해해야 한다. 「실재사십송」, 제12연에서는 스리 바가반이 "(다수성 혹은 타자성을) 아는 것은 참된 지知일 수가 없다"고 말한다. 왜냐하면 실은 (무엇을) 알거나 알려질 수 있는 다른 어떤 것도 존재하지 않기 때문이다. 따라서 다른 어떤 것도 앎이 없이 전체로서 스스로 빛나는 비이원적 진아지만이 참된 전지全知 혹은 일체지一切知이다.

927. 마음이 가라앉지 않은 사람들에게는 내적 미망에서 일어나는 모든 번뇌가 그들의 적은 지知 자체만으로도 이미 가득하므로, 설사 그들이 전지全知를 얻는다 해도 전혀 아무런 이익이 없고, 이전에 존재하던 미망의 어둠만 더 짙어질 뿐이네.

사두 옴: 마음이 가라앉지 않은 구도자는 그가 수집한 모든 대상지對象知에 이미 미혹되어, 자신의 동요하는 생각들이라는 무거운 짐을 견디지 못할 것이다. 그러니 그가 모든 시간과 모든 장소에서 일어난 사건들에 대한 지知와 같은 더 많은 지知를 얻으면, 훨씬 더 미혹되고 더 많은 생각들의 파도에 짓눌리지 않겠는가? 그래서 모든 생각에서 벗어나 진아에 평화롭게 안주

하기가 불가능하지 않겠는가? 따라서 그런 소위 전지全知는 쓸모가 없을 뿐 아니라 매우 해롭기까지 하다.

928. '존재하는 자'인 자신을 아는 대신, 자신을 (다른 것들을) 아는 자로 착각하여 속임수인 (이 세계의) 하찮은 모습을 보는 자에게만 (상대적인 지知의) 홍수인 전지全知가 실재하고, 그런 미망이 없는 진인에게는 그것이 미친 지知에 다름 아니라네.

929. 미혹되어 자기를 (대상들을) 아는 자로 여길 때에만 "나는 보잘것없는 지知를 가졌다"고 한탄하지만, 참된 지知가 밝아오면 전지全知는 보잘것없는 지知처럼 소멸되어 완전히 끝이 난다네.

사두 옴: 지知-해체(*Jnana-pralaya*), 곧 모든 것이 소멸되는 큰 해체가 있고 난 뒤, 우리의 단순한 존재에 대한 본래적 지知로 남아 있는 것이 **실재**이다. 따라서 그때는 보잘것없는 지知와 마찬가지로, 다양한 종류의 전지全知도 소멸될 수밖에 없다. 이처럼 지고한 진아지의 상태에서는 유일하게 실재하는 지知, 곧 "내가 있다"는 1인칭의 독특한 느낌 외에는 아무것도 남지 않을 것이다.

930. 베다에서 하느님(Isan)을 '전지全知하다'고 찬미하는 것은 자신을 보잘것없는 지知를 가진 사람으로 여기는 이들을 위한 것일 뿐이네. (그러나) 예리하게 살펴보면, 하느님은 성품상 실재하는 전체이므로[즉, 그것과 별개로 그가 알 어떤 타자도 존재할 수 없으므로], 그는 하나도 아는 것이 없다네.

931. "해탈자들에게는 봄(seeing)의 경험들이 모두 하나인 위대함이 있는데, 그들은 봄을 통해서 나타나는 많은 차별상을 즐기는 경험을 통해 (그런 차별상 속에서도) 무차별을 견지한다"고 말하는 것은 잘못된 것이네.

사두 옴: 사람들은 진인 곧 **생전해탈자**(*Jivanmukta*)의 상태에 대해 많은 그릇된 관념을 가지고 있는데, 그런 오해 하나를 여기서 논박하고 있다. "사람들이 물로 보는 것을 **생전해탈자**도 물로 보고, 그들이 음식으로 보는 것을 그도 음식으로 본다. 따라서 감각대상들에 대한 그의 경험에서는 **생전해탈자**도 다른 사람들과 똑같다. 그러나 이처럼 **생전해탈자**가 이런 차별상을 볼 때도 그는 그것들에서 무차별을 본다." 그들 자신은 비이원성에 대한 어떤 체험도 없고 책에서 그에 대해 읽기만 하고서도, 이와 같이 이야기하고 글을 쓰는 학자와 강연자들이 많이 있지 않은가? 그러나 **생전해탈자**의 실제 체험이 어떤 것인지 말해 줄 진정한 권위자는 누구인가? 진짜 **생전해탈자**뿐이다! 그래서 **실재**를 실제로 체험한, 참된 '**세계의 큰 스승**(*Loka Maha Guru*)'이신 **바가반 스리 라마나**가 이 연에서 그런 진술들은 틀렸다고 선언하는 것이다. 그리고 다음 연에서 당신은 그것이 어떻게, 왜 틀렸는지를 설명한다.

932. 미혹된 시각을 통해 많은 차별상을 보는 사람들의 견지에서만 해탈자도 마치 많은 형상들을 보는 것처럼 보이지만, (실은) 그는 '보는 자'가 아니라는 것을 알라.

사두 옴: 본 저작의 제119연을 여기서 다시 읽어봐야 한다. 우리가 자신을 세계의 차별상들을 보는 한 개인으로 보는 한, 진인에 대해서도 마찬가지로 차별상을 보는 한 개인이라고 볼 수밖에 없다(「실재사십송」, 제4연의 "보이는 모습이 눈 아닌 것일 수 있는가?"를 보라). 그러나 진인은 실은 몸이 없고 개인성이 없는 **진지** 그 자체일 뿐이므로, 그를 한 사람의 '보는 자'로 보면서 그도 우리 자신처럼 차별상을 본다고 믿는 것은 무지인들의 소견에서만 참될 뿐이다. 그러나 절대적 진리는, 진인은 보는 자가 아니며, 그는 결코 어떤 차별상도 보지 않는다는 것이다. 왜냐하면 스리 바가반이 「실재사십송」 제13연에서 "다수성(세계의 다양한 차별상)에 대한 지(知)는 무지일 뿐"이라고 말하기 때문이다.

이처럼 위 두 연에서 스리 바가반은 『실재직견소(Sat-Darshana Bhashya)』의 머리말 끝부분에 있는 주註에서 표현된 그릇된 관념, 즉 진인 혹은 해탈한 영혼은 에고가 소멸되었음에도 불구하고 개인성을 보유하며, 그는 "단일성 속에서 다양성을 지각하고, 다양성 속에서 단일성을 경험한다"고 한 관념을 분명하게 논박한다(여기서 『마하 요가』(한국어 2판), 177-180쪽과 비교해 보라 (이 『마하 요가』 제2판은 본서보다 뒤에 출간될 것이다. —옮긴이). 그릇된 차별상-비차별상(bheda-abheda), 곧 다양성 속의 단일성 이론에 대해 스리 바가반은 만일 털끝만큼이라도 차별상이나 다양성이 지각된다면, 그것은 에고, 곧 개인성이 있다는 것을 의미하고, 그래서 만약 차별상이 경험된다면 무차별상 혹은 단일성은 하나의 이론적 명제에 지나지 않고 실제적 체험이 아닐 것이라고 말하곤 했다. (『입산 50주년 기념집(The Golden Jubilee Souvenir)』, 제2판, 295쪽과 「마운틴패스(The Mountain Path)」, 1981년 10월호, 224쪽을 보라.)

933. 미혹되어 자신이 보잘것없는 지知를 가졌다고 느끼는 것은 2인칭에 집착하는 의식에서 나오는 결함[그릇된 습관]일 뿐이네. 그 집착하는 의식을 버리고 **탐구**(vichara)를 통해 자신의 진리를 깨달으면, 보잘것없는 지知는 죽고 온전한 것[온전한 지知 혹은 참된 전지全知]이 빛날 것이네.

934. (개아의) 그릇된 소견 때문에 온갖 형상들이 에워싼 전체인 현상계를 수용하는 것일 뿐인 비이원적 **진아**를 직접 아는 것이 곧 전지全知이며 달리 (전지라고 할) 무엇도 없다네.

사두 옴: 세계는 신이 잘못 창조한 고통과 쾌락의 혼합물이라고 생각하는, 그래서 모종의 요가를 통해 고통을 근절하고 쾌락을 확립하려 하고, 그렇게 해서 세계를 천국화하려고 하는 미혹된 사람들이 더러 있지 않은가? 그들의 사고방식이 잘못되었고, 그들의 목표는 순전히 어리석은 것임을 말하기 위해 스리 바가반은 이 연을 "그릇된 소견 때문에"라는 말로 시작하며, 이는

다음과 같은 의미를 갖는다. "이 세계가 그대에게 그런 식으로 보이는 것은 그대의 그릇된 소견 때문일 뿐이다. 신은 세계를 결코 그렇게 창조하지 않았고, 그대가 세계 안에서 보는 잘못된 점들은 소견 결함(drishti-dosha)의 결과이지, 현상계 결함(srishti-dosha)[신의 창조계 안의 결함]의 결과는 아니다." 그래서 스리 바가반은 참된 전지全知나 일체지는 지견知見(Jnana-drishti)의 성취를 통해 우리의 그릇된 소견을 제거하는 것일 뿐이라고 가르친다.

935. 꿈속의 모든 것이 자신의 개념으로서 자신 안에 존재하지 않았다면 그것들이 (꿈에) 보일 수 없었을 것이네. 생시의 모든 것이 (그 안에서) 하나인 **진아체험**을 성취하는 것 자체야말로 (참된) 전지全知라네.

꿈속에서 우리가 보는 모든 것은 이미 우리 안에 존재하는 원습들의 한 투사물일 뿐이다. 마찬가지로, 바로 이 생시의 상태에서 우리가 보는 모든 것은 우리 자신의 원습의 한 투사물일 뿐이다(제84연을 보라). 따라서 우리가 모든 것을 알기 위해 필요한 것은 자기 자신을 아는 것뿐이다. 그러나 자기 자신[진아]만이 참으로 존재하고, 이른바 '모든 것'은 실로 존재하지 않고 실재하지 않기 때문에, 자기 자신을 알 때는 알아야 할 '모든 것'이란 없을 것이다. 스리 바가반이 「진아지」, 제3연 둘째 행에서 말하듯이, "자기 자신을 알고 나면 알아야 할 것으로 (달리) 무엇이 있는가?"라는 것이다.

936. 현대 문명의 미혹에 집착하지 않고, 세간의 낮은 지식에 대한 욕망을 물리치며, **시바**[지고아]와 **자기**[개인아]의 차별 관념을 없애면, **시바 냐나 보담**(Siva Jnana Bodham)의 참된 뜻이 빛을 발할 것이네.

여기서 '시바 냐나 보담'이라는 어구는 두 가지 의미를 내포한다. 즉, 그것은 그런 제목의 비이원론적 저작4)을 의미한다고 볼 수도 있고, 지고의 **실재**인

---

4) *T.* 메이깐다 데바(Meykanda Deva, 12세기 말~13세기 초?)가 12가지 경구를 2개 장, 4개 절로 나누어 요약하고 주석한 남인도 샤이바 싯단타(Saiva Siddhanta) 파의 타밀어 저작.

시바에 대한 지知를 의미한다고 볼 수도 있다.

10. 네 번째를 초월하는 상태

937. 아만我慢(에고)을 소멸한 진인에게서는 이전에 보이던 세 가지 상태[생시·꿈·잠]가 모두 사라질 것이고, 위대한 뚜리야(*turiya*)['네 번째' 상태]가 그들 안에서 뚜리야띠따(*turiyatita*)['네 번째'를 초월한 상태]로서 찬연히 빛날 것이네.

938. 순수한 존재-의식(*sat-chit*)인 뚜리야의 스와루빠(*swarupa*-진아) 상태가 곧 비이원적 초월 상태(*atita*-뚜리야띠따)라네. 세 가지 상태를 한낱 (거짓된) 겉모습으로 드러내면서도 그것들을 지지하는 토대가 진아라는 것을 알라.

939. 다른 세 가지 상태가 실재한다면, 순수한 지知인 '생시-잠'이 네 번째가 되지 않겠는가? 다른 상태들[세 가지 상태]은 뚜리야 앞에서 거짓이 되므로, 그것[뚜리야]이 곧 단 하나의 상태인 뚜리야띠따라는 것을 알라.

위 세 연에서 표현된 관념들을 스리 바가반은 다음 연에서도 요약하고 있는데, 이것은 「실재사십송 보유」, 제32연이기도 하다.

B18. 생시·꿈·잠을 경험하는 사람들에게 그것을 넘어선 생시-잠의 상태는 뚜리야라는 이름으로 불린다네. 그 뚜리야만이 실재하고 외관상의 세 가지 상태는 존재하지 않으므로, 뚜리야 자체가 곧 아띠따(*atita*)라는 것을 알라.

사두 옴: '뚜리야(*turiya*)'는 문자적으로 '네 번째'를 뜻한다. 생시·꿈·잠의 세 가지 상태만이 모든 사람들이 경험하는 것이므로, 이 세 가지 중 어느

것도 아닌 **진지**, 곧 생시-잠(*jagrat-sushupti*)의 상태는 경전에서 '네 번째'라고 불린다. 그러나 스리 바가반은 여기서 이렇게 묻는다. "네 번째, 곧 뚜리야라고 불리는 이 상태를 체험할 때, 즉 **진아 깨달음**의 영원한 상태에서는 다른 세 가지 상태가 실로 존재하지 않는다는 것이 발견되는데, 왜 그 상태를 뚜리야라고 불러야 하나?" 그때는 이 상태를 맨 첫 번째라고 여겨야 하지 않는가? 아니, 그것을 첫 번째라고 여기는 것조차도 잘못일 것이다. 왜냐하면 이 상태 이후에는 어떤 두 번째 상태도 존재하는 것을 경험하지 못할 것이고, 유일하게 실재하는 그 상태만 경험할 것이기 때문이다. 따라서 그것을 첫 번째나 네 번째라고 부르기보다는, 실로 '**아띠따**(*atita*)'[모든 것을 초월하는 상태인 뚜리야띠따]로만 불러야 한다. 이것이 본 연에서 베푸는 가르침(*upadesa*)이다.

생시·꿈·잠이라는 개아의 세 가지 상태조차도 실제로는 세 가지가 아니라 단 두 가지, 즉 사깔라(*sakala*)[마음이 기능하는 상태]와 께발라(*kevala*)[마음이 기능하지 않는 상태]이다. 이 두 가지조차도 상대적인 실재성(*vyavaharika satya*) 밖에 가지고 있지 않다. 실은 잠만이 뚜리야 혹은 뚜리야띠따의 성품을 가지고 있다. 더 자세한 설명은 『스리 라마나의 길』, 제1부 제8장을 읽어 보라. 또한 본 저작의 제**460**연과 **567**연, 그리고 「영적인 가르침」, 제4장의 9번째 질문을 참조하라.

940. (그것을) 깨어남이 없는 큰 잠이라고 하든, 망각에 빠지는 잠과는 무관한 단 하나의 생시라고 하든, 그것은 존경할 말한 참된 **지**知(*Jnana*)인 뚜리야에 아주 적절하다는 것을 알라.

사두 옴: 이 실재하는 상태는 '깨어 있는 잠(wakeful sleep-생시-잠)', '잠자는 생시', '깨지 않는 잠', '잠자지 않는 생시', '탄생 없는 죽음', 혹은 '죽음 없는 탄생' 등 여러 가지 방식으로 적절히 묘사될 수 있을 것이다.

11. 부절상不絶相

941. 상相(vritti)이 모두 단절된 것(khanda)이라고 한다면, 위대한 **부절체**不絶體(Akhanda)[단절 없는 실재]는 니브리띠(nivritti)[움직임 없음]의 상태일 뿐이네. **지고의 상태** 안에 부절상不絶相(Akhandakara-vritti)이 있다고 말하는 것은 (강이 바다로 들어간 것에 대해) 바다 형상의 강을 말하는 것과 같네.

사두 옴: 미성숙한 마음들의 빈약한 이해력에 맞춰 주려고 경전에서는 많은 부적절한 용어들을 사용한다. 이따금 스리 바가반은 몇 가지 경전 용어들이 얼마나 부적절한지를 지적하곤 했다. '부절상不絶相'이 그런 용어들 중 하나인데, 이것은 문자적으로 단절 없는 혹은 끊어짐이 없는 형상 안의 움직임(相, vritti)이라는 뜻이다. 이 용어는 최종적인 완전한 **진아안주**의 상태라는 의미로도 사용되고, "나는 **브라만**이다"라는 큰 말씀에 대한 명상과 같은 일정한 수행법의 의미로도 사용된다. 그러나 스리 바가반은 본 연에서, 이 용어가 수행의 상태에도 적합하지 않고 성취의 상태에도 적합하지 않다는 것을 밝힌다. 수행의 상태는 단절(khanda-자기주시에 단절이 있는 것) 상태이고, 성취의 상태는 니브리띠(niviritti-마음활동이 없는 것)의 상태이기 때문이다. 지고한 **부절체**不絶體(Akhanda)[비非단절]의 상태에서는 어떤 움직임, 곧 상相(vritti)의 여지도 있을 수 없다. 강이 바다에 합일되면 강으로서의 별개의 정체성 혹은 개인성을 상실하고 바다와 하나가 된다. 따라서 그것을 '바다 형상을 한 강(samudrakara nadi)'이라고 부르는 것은 부적절할 것이다. 마찬가지로, 최초의 상相인 아상我相(aham-vritti), 곧 '나'라는 생각을 포함한 모든 상相이 단절 없는 **진아지**의 상태에 합일되면, 상相으로서의 별개의 정체성을 상실하고 그 끊어짐 없는 상태와 하나가 된다. 따라서 그 끊어짐 없는 상태를 단순히 '**부절체**(Akhanda)'라고 부르지 않고 '상相'이라는 용어를 유지하려고, 그 상태를 '부절상相(akhandakara-vritti)'이라고 부르는 것은 부적절하다.

12. 매듭의 절단

942. 내적인 고통으로 마음이 동요되지 않고, 쾌락에도 마음이 몰두하지 않는 상태, 마음이 (고락에) 똑같이 무관심하고 평화롭게 머물러 있는 상태가, 매듭절단(granthi-bheda)[몸과의 동일시라는 매듭의 절단]의 표지라네.

943. 지난 일을 생각하지 않고, 앞으로 일어날 일을 생각하지 않으며, (현재) 진행되며 일어나고 있는 일에 대해서도 (단순한) 주시자로서 늘 고요함으로 기뻐하는 것이 매듭절단의 표지라네.

944. 어떤 생각이 그대와 결합하든, 필수불가결한 진아 없이는 그 생각들이 존재할 수 없다네. (따라서) "아, 도중에 진아의 상태를 놓쳐 버렸어"라고 하면서 망각(pramada)[주의력 없음]을 겪지 않는 것도 그 것[매듭절단의 표지]이라네.

진인[매듭이 절단되어 있는 사람]은 설사 생각들이 일어난다 해도, 그의 확고한 진아체험을 통해서, 그 생각들이 진아 없이는 존재할 수 없다는 것을 안다. 그래서 아무리 많은 생각이 일어나도, 그는 자신이 자기주시나 진아안주에 대한 장악을 놓쳤다고 느끼지 않을 것이다. 파도가 바다와 다르다고 생각하는 사람이 파도를 보면 파도가 바다를 가리고 있다고 느끼겠지만, 파도가 바다에 다름 아니라는 것을 아는 사람은 결코 그렇게 느끼지 않을 것이다. 마찬가지로, 생각들이 자기 자신과 다르다고 느끼는 무지인(ajnani)은 생각 때문에 자신의 주의가 진아에서 벗어난다고 느끼겠지만, 생각이 그 자신에 다름 아니라는 것을 아는[즉, 생각들은 독립적 존재성이 없고, 그 자신의 존재성에 의존해서만 존재하는 것처럼 보인다는 것을 아는] 진인은 결코 생각 때문에 자신의 주의가 진아에서 벗어났다고 느끼지 않을 것이다.

13. 해야 할 일을 한 것

945. 어떤 것을 통해서 어떤 존재들이 어디 어디서 어떤 경험들을 하든, 잘 살펴보면 그 경험들은 모두 **진아체험**의 (반사된) 부분이라는 것을 알 것이네.

사두 옴: 모든 대상적 경험들은 단 하나인 참된 **진아체험**, 곧 "내가 있다"의 거짓된 한 반영(반사물)에 지나지 않는다. 여기서 본 저작의 제**1074**연과, 「영적인 가르침」, 제2장의 6번째 답변, 그리고 『스리 라마나의 길』(한국어 초판), 제2부, 254-256쪽을 참조하라.

946. 경험의 산출자인 머리가 잠을 떠나는 순간인 첫 번째 생각[마음]을, **진아**가 안으로 끌어당겨 **심장** 속에 익사시켜 그것이 머리를 쳐들지 못하게 하므로, 그것의 형상은 순수한 **수카띠따**(sukhatita)[행복을 초월한 것]이며, 그것을 행복의 형상(sukha-swarupa)이라고 부르는 것은 잘못이네.

사두 옴: '행복과 불행(sukha-duhka)'의 이원자二元者를 아는 것은 마음일 뿐이다. 진아는 모든 이원자들을 초월하고 그것들에 영향을 받지 않는다. 진아 깨달음이 일어날 때는, 일어나서 "이것은 행복이다"거나 "이것은 불행이다"라고 분류할 마음이 털끝만큼도 머리를 쳐들 수 없다. 그것은 내면으로 끌려가 **진아지**[단순한 존재인 절대적 의식]의 바다에서 익사한다. 따라서 **진아**를 '행복의 형상(sukha-swarupa)'이라고 하기보다 '행복을 초월한 것(sukhatita)'이라고 부르는 것이 더 적절하다.

947. 자기가 그것[행복을 초월한 것]일 뿐이라고, 저 **진아**를 탐구하여 알고 나면, 그 참되고 위대한 **진인**이 (자신과) 별개로 무슨 즐거움을 누구를 위해 욕망하여 마음의 번뇌를 얻겠는가?

스리 무루가나르: 진인은 실로 진아, 곧 끊어짐 없는 **지복**(akhanda-ananda)이

고, 어떤 행복이나 어떤 개아도 그 자신과 별개로는 존재하지 않으므로, "무슨 즐거움을 누구를 위해"라고 하였고, 욕망 없이는 어떤 고통도 출현하지 않을 것이므로 "욕망하여 마음의 번뇌를 얻겠는가?"라고 하였다.

948. (무지의) 어둠 속에서 확산되는 행위자 의식(*kartritva*)이 사멸한 위대한 참된 진인에게 "이것을 해야 한다"는 베다의 명령은 해당되지 않네. 베다적 다르마(*vaidika dharma*)를 수호하기 위해 진인들도 행위를 해야 한다고 ('행위 장章'에서) 말하는 것일 뿐이네.

어떤 학파에서는 진인들조차 선한 행위(*karmas*)를 해야 한다고 믿는다. 예컨대 세상 사람들의 행복을 위해 희생제(*yajnas*)를 거행하거나, 신이 우주를 다스리는 것을 도와야 한다고 말이다. 베다의 '행위 장(Karma Kanda)'[욕망의 성취를 위한 의식儀式 행위들을 가르치는 부분]에도 그런 이야기가 나오지만, 그렇게 이야기하는 이유는 무지한 사람들의 마음을 누그러뜨리고 그들에게 행위의 길을 따르도록 권장하여, 사회에 무절제가 만연하지 않도록 하기 위한 것일 뿐이다. 그러나 진인에게는 어떤 행위자 의식도 없으므로, 그가 때로는 그런 선한 행위들을 하는 것처럼 보인다 해도 그것은 무지인들이 볼 때 그런 것일 뿐이다. 미성숙한 헌신자들이 스리 바가반에게 진인들이 모종의 일이나 행위를 해야 하느냐고 여쭈면, 당신조차도 어떤 때는 "예, 어떤 진인들은 일[행위]을 맡을 수도 있지만, 모두가 그런 것은 아닙니다"라고 답변하곤 했다(『마하르쉬의 복음』, 제1권 제7장 참조). 그러나 당신이 그런 답변을 한 것은, 그런 헌신자들의 미성숙한 이해력에 맞추어 주면서 그들의 마음을 누그러뜨리려고 한 것일 뿐이다.

949. 이미 성취한 것 이상으로 성취할 것이 아무것도 없기에, 에고가 없는 **행복초월자들**(*Sukhatitars*)에게는 달리 해야 할 일이 아무것도 없다네. 그들의 성품이 그러하므로, 그들이야말로 (해야 할 모든) 일을 완수하고 목표에 도달한 사람들이네.

사두 옴: 여기서 「가르침의 핵심」, 제15연의 "마음 형상이 소멸한, **실재**를 성취한 위대한 요기에게는 (해야 할) 단 하나의 행위도 없다네"와, 「실재사십송」, 제31연의 "그 자신[마음, 곧 에고]을 소멸함으로써 일어난 **진아**의 **지복**을 향유하는 사람에게, 무엇 하나 할 일이 있겠는가?"와 비교해 보라.

스리 무루가나르: 에고 없음의 상태만이 순수한 **침묵**이며, 그것만이 '**아난다띠따**(anandatita)'[지복을 초월한 것], '**뚜리야띠따**(turiyatita)'라고 불리는 그것이다. 그 상태, 곧 **빠라뜨빠라**(paratpara)[높은 것 중에서 가장 높은 것]를 성취한 사람에게는 노력으로 성취할 수 있는 더 높은 상태가 없으므로, 그들만이 "해야 일을 다 한 사람들(krita-krityars)"로 불린다. "꽉 찬 항아리에 물을 더 담을 수 있습니까? (마찬가지로) 잘 확립된 **침묵**을 성취한 사람들이 어떻게, 무엇 때문에 노력을 합니까?"라고 따유마누바르(Tayumanuvar)[5])는 노래한다.

950. 자신의 참된 성품인 **사다시바**(Sadasiva) 안에 자신의 행위 하나 없이 가라앉는다면, 그는 이미 모든 일을 다 했고 더 이상 할 일이 없는 사람으로서 평화로운 **지복**에 머무를 것이네.

951. 온전함인 **진아**체험을 얻은 저 **진인**들이 달리 어떤 것을 알겠는가? 외관상 이원성이 없는 그들의 지고한 **지복**을, 미혹되고 한계 있는 마음이 어떻게 상상할 수 있겠는가?

사두 옴: 여기서 「실재사십송」, 제31연의 "그는 **진아** 아닌 어떤 것도 알지 못하는데, 그의 상태가 어떤 것인지, 누가 어떻게 헤아릴 수 있겠는가?"와 비교해 보라. **진인**의 상태를 판정하기란 불가능하며, 그렇게 하려는 것도 잘못이다. **수카띠따**(sukhatita)[행복초월 상태]인 지고한 **지복**에 대한 그들의 체험은 아주 예리한 지성을 가진 사람들조차도 가늠할 수 없다. 마음이 소멸한 뒤에만 빛나는 **지복**의 상태를, 마음이 어떻게 판단할 수 있겠는가?

---

5) *T.* 남인도 타밀 지역의 성자(1705-1744).

14. 불행의 부존재

952. 심장으로서 모두의 내면에서 빛나는 우리 자신의 **실재**야말로 거짓 없는 **지복**의 바다라네. 따라서 거짓으로 존재하는 하늘의 푸름처럼 텅 빈 상상 속 외에는 불행이란 실로 존재하지 않는다네.

사두 옴: 본 장에서는 진인 아빠르(Sage Appar)가 선언한 "**지복만 존재하며 불행은 결코 존재하지 않는다**"는 진리가 잘 설해지고 있다. 실제로 존재하는 것은 **지복**, 곧 우리의 진정한 성품뿐이다. 과거·현재·미래에 '불행' 같은 것은 결코 존재한 적이 없고, 앞으로도 결코 존재하지 않을 것이다. '쾌락과 고통'이라는 이원자는 하나의 환상 혹은 상상인데, 그것이 존재하는 것처럼 보이는 것은 에고의 결함 있는 소견 때문일 뿐이고, 에고의 일어남 자체가 실재하지 않는다. 따라서 불행은 에고만큼만 실재할 수 있다. 에고, 곧 개아는 아무런 실제적 존재성이 없는 하나의 거짓된 겉모습이므로, 에고의 결함 있는 소견 속에서 나타나는 불행들도, 마치 무색인 하늘에서 보이는 푸른색이라는 겉모습 같은 하나의 거짓된 겉모습이다.

953. 어둠인 미혹과 결부되지 않는 **지**知의 태양인 우리 자신의 실재는 그 자체가 행복으로서 빛나므로, 불행이라는 미혹은 실재하지 않는 개아 의식(*jiva-bodha*) 때문에 나타날 뿐이지만, 실은 누구도 그런 것[불행]을 겪은 적이 없다네.

사두 옴: 배불리 식사를 하고 나서 행복하게 잠을 자고 있는 사람이, 자신이 굶주림으로 고통 받으며 헤매고 있는 꿈을 꾼다고 하자. 그가 깨어나면, 자신이 꿈속에서 경험한 그 굶주림과 불행이 실은 실제가 아니고 존재하지 않는다는 것을 깨닫지 않겠는가? 마찬가지로, 우리의 현재의 삶이라는 꿈이 그 속에서 일어나고 있는 **진아망각**의 잠에서 깨어나면, 우리가 개아로서 경험한 모든 불행이 실은 실제가 아니고 존재하지 않는다는 것을 깨달을 것이다(「진아 5연시」, 제1연을 보라). 또한 스리 바가반이 「실재사십송 보유」,

제30연에서 "여기 (자신의 침상에) 꼼짝 않고 누워 있는 사람이 (꿈속에서는) 산을 올랐다가 절벽에서 떨어지듯이"라고 한 비유를 참조하라. 스리 바가반의 가르침은, 불행이란 실재하지 않고 심적일 뿐이라는 것이다.

본 장 전반에 걸쳐 스리 바가반이 불행은 존재하지 않는다고 설하는 것은, 구도자들이 그들의 삶 속에서 일어나는 다양한 불행들 때문에 낙담하여 수행을 포기하지 않도록, 그들의 인내(titiksha)[불행을 견디는 감내력 혹은 능력]를 강화해 주기 위해서이다.

954. 상서로운 물건인 자신의 **참된 성품**을 면밀히 탐색하여 (그것이 무엇인지를) 알면, 삶 속의 상서롭지 않은 불행이 없을 것이네. 몸이라는 것은 **자기**가 아닌데도 "몸이 나다"라는 관념에 의해 고통 받는 것은, 그 삿된 미혹과 일체가 되었기 때문이네.

955. 단 하나인[비원적인] **자기**[진아]를 자각하지 못하는 사람들은 두려워하면서 매일 헛되이 망가질 것이네. (따라서 불행의) 맹아인 몸-에고["몸이 나다"라는 저 관념을 소멸하려면 그대의 **진리**[참된 성품]에 대한 확고한 **자각**을 통해 비이원적 **상태**(advaita)를 성취하라.

956. **의식**(bodha)만을 진정한 피난처로 여겨 붙들면, 무지로 인해 야기되는 고통스러운 탄생이 없을 것이네.

15. 잠의 편재성

957. 꿈속의 (깨어 있는) 잠을 얻지 못했다고 생각하여 낙담하고 마음의 굳셈을 잃지 말라. '현재 생시의 잠'의 힘을 얻으면, 꿈속의 잠도 얻게 될 것이네.

사두 옴: "현재 생시의 잠(anavum nanavil sushupti)"이라는 말은 '깨어 있는 잠(jagrat sushupti)'의 상태인 **뚜리야**, 곧 생시 동안 어떤 차별상도 경험하지

않는 상태를 뜻한다. 이 상태를 성취하기 위해서는 구도자들이 생시 상태에서 노력을 해야 한다. 그러나 어떤 구도자들은 스리 바가반에게, "저희가 꿈속에서조차도 아무 차별상을 경험하지 않는 상태를 성취하려면, 꿈속에서도 그런 노력을 해야 하지 않습니까?"라고 질문하곤 했다. 스리 바가반은 이 연에서 그 의문에 답한다.

"나는 몸이다"라는 느낌(dehatma-buddhi)이 꿈을 꾸는 동안 미세신微細身 안에서 일어나는 것은 생시에 조대신粗大身(육신)을 '나'와 동일시하는 습襲 때문일 뿐이다. 그러니 우리가 생시 상태에서 **자기탐구**를 닦고, 그리하여 "나는 몸이다"라는 느낌[몸을 '나'와 동일시하는 습]을 이 상태에서 뿌리 뽑으면, 그것 자체만으로도 꿈속에서 "나는 몸이다"라는 느낌을 뿌리 뽑기에 족할 것이다. 그래서 스리 바가반은 다음 연에서, "나는 몸이다"라는 느낌이 꿈속에서조차 완전히 뿌리 뽑힐 때까지는 생시 상태에서 **자기탐구**를 그만두면 안 된다고 조언한다. 여기서 스리 바가반이 「자기탐구」, 제1장의 네 번째 문단에서 이렇게 말하는 것을 참고하라. "다섯 껍질로 이루어진 세 가지 몸[조대신·미세신·원인신] 모두가 '나는 몸이다'라는 느낌 안에 포함되어 있다. 만일 그 하나[조대신과의 동일시]가 제거되면 모든 것[다른 두 몸과의 동일시]이 자동적으로 제거될 것이다. 다른 두 몸은 조대신에 의존해서만 살아남기 때문에, 그것들을 하나하나 제거할 필요가 없다."

이 연의 첫 행과 마지막 행에서 사용된 "꿈속의 잠(kanavil sushupti)"이라는 말은 "꿈 없는 잠"을 의미한다고 해석할 수도 있는데, 이 경우에는 다음과 같은 대안적 의미로 옮길 수도 있다. "꿈 없는 잠을 아직 얻지 못했다고 생각하여 낙담하고 마음의 굳셈을 잃지 말라. 현재의 생시에 잠의 힘을 얻으면, 꿈 없는 잠도 얻게 될 것이네."

958. 생시의 잠[깨어 있는 잠, 곧 생시-잠(jagrat-sushupti)]이 작동할 때까지는 **자기**를 묻고 탐구하는 것을 그만두면 안 되네. 나아가 꿈속에 잠이 편재하며 빛날 때까지 그 **탐구**를 하는 것이 원칙이라네.

위 두 연의 관념들을 스리 바가반이 다음 연에서 요약했다.

B19. 생시의 잠[생시-잠]이 작동하는 것은 **자기**를 묻고 탐구하는 것에 의해 일어날 것이니. 생시와 꿈속에 잠이 편재하며 빛날 때까지는 끊임없이 그 **탐구**를 하라.

16. 의식하는 잠

959. 세간의 위험한 덫에 걸리고 잔인한 불행의 예리한 화살에 맞아 부들부들 떨면서 지고한 **지복**을 찾아 헤매는 사람들이여, **의식**의 상실이 없는 잠[깨어 있는 잠]만이 불멸의 행복이라네.

사두 옴: "의식의 상실이 없는 잠(*arivu-azhiya tukkam*)"이란 **진아지**의 상태를 의미할 뿐이다. 여기서 **의식**(*arivu*)은 **쁘라냐**(*prajna*-반야), 곧 자기 자신의 존재에 대한 **지**知를 의미한다. 다른 것들을 아는 것은 참된 **지**知가 아니다 (「실재사십송」, 제12연을 보라). 우리가 잠이라고 부르는 상태는 우리가 다른 것들을, 심지어 자신의 몸조차도 모르는 상태이다. 우리가 생시라고 부르는 상태는 우리 자신의 존재["내가 있다"]에 대한 **지**知와 함께 다른 것들에 대한 **지**知도 있는 상태이다. 생시에서와 같이 우리 자신의 존재만 의식하고 있고, 잠 속에서와 같이 (다른 것들을 아는 자인) 마음이 일어나지 않는 상태를 '의식하는 잠' 혹은 '깨어 있는 잠'이라고 한다. 이 상태에서는 우리가 다른 어떤 것도 알지 못하기 때문에, 그것은 하나의 잠이다. 또 이때는 우리 자신의 존재가 명료하게 빛나고 있기 때문에, 그것은 **의식**의 상태, 곧 하나의 생시이다.

960. 기만적 감각기관의 습을 포기하고 **심장연꽃** 안에 자리 잡고 잠든 사람들은 참된 **지**知의 집에서 깨어 있는 사람들이고, 여타 사람들은 거짓된 세계라는 짙은 어둠 속에 들어가 잠들어 있다네.

17. 비이원적 지知

961. '**시바야 나마하**(*Sivaya Namah*)'[주 시바에 대한 완전한 귀의]에 의해 '나'가 죽고, 걸림 없는 강렬한 헌신의 불길이 타오를 때, **진아체험**의 눈이 무적의 **시보함**(*Sivoham*)["내가 시바다"라는 체험]이라는 참된 명료함으로 빛날 것이네.

사두 옴: '**시보함**'은 에고의 죽음에서 일어나는 최종적 체험의 상태이다. 그러나 에고는 "시보함, 시보함"["나는 시바다, 나는 시바다"]을 염하거나 명상하는 것만으로는 결코 죽지 않을 것이다. 에고가 죽도록 하기 위해서는 "**시바야 나마하**"[주 시바, 곧 지고의 실재에 대한 완전한 복종] 수행이 필요하다. 그리고 에고가 **주 시바**에게 복종하도록[즉, 그 자신에게 순복하도록] 하기 위해서는 에고의 근원에 주의를 기울이고, 그렇게 해서 에고가 일어나지 않게 해야 한다(「실재사십송」, 제27연에서 "'나'가 일어나지 않는 상태가 '우리가 **그것**'인 상태라네. '나'가 일어나는 근원을 면밀히 탐색하지 않고, '나'가 일어나지 않는 에고 없음의 상태를 어떻게 성취하며…"라고 한 것을 보라). 따라서 참된 "**시바야 나마하**" 수행인 **자기탐구**만이, 에고를 소멸함으로써 참된 '**시보함**'의 체험이 일어나게 할 수행법(*sadhana*)이다.

962. 불순물이 없는 마음을 꽉 붙들고 "나는 누구인가?" 하면서 (그것을) **심장**이라는 돌 가운데서 연마하고 연마함으로써 내면에서 점화되는 밝은 빛이야말로, "**아날 하크**(*Ana'l Haqq*)"["내가 실재다"]라는 **참된 지**知라네.

사두 옴: 본 저작의 제341연에서 표현된 관념을 여기서 유념해야 한다. 만일 어떤 종교가 참된 종교라면, 그 종교의 경전에서 **진아**의 초월적 성품을 드러내는 신성한 **큰 말씀**의 언구가 최소한 하나는 발견되어야 한다. 그런 큰 말씀이 그 경전에서 발견되지 않는다면, 그것은 참된 종교가 아닐 것이다. 예컨대 스리 바가반은 성경에서 말하는 "나는 내가 있다는 것이다(I am that I am)"라는 비할 바 없는 큰 말씀을 종종 언급하시곤 했다. 마찬가지로, 당신은 이슬람교에도 "아날 하크(*Ana'l Haqq*)"라는 신성한 언구가 있음을 지적하셨다. (알-하크(*al-Haqq*)는 알라의 99가지 이름 중 하나로, '실재' 혹은 '진리'라는 뜻이다. 아날-하크는 "내가 실재다"라는 의미이고, 유명한 수피(Sufi) 진인 할라즈(Hallaj)가 말한 신성한 언구이다.) 스리 바가반은 이 모든 종교들의 최종 목표는 우리가 진아를 알게 하는 것이라고 설명하곤 했다. (또한 제663연을 참조하라.)

963. 비이원적 지知에 확고히 자리 잡는 것이야말로 참된 장부丈夫다움인 반면, 거짓된 이원성 세계의 소란함에 동요되는 마음이 자신의 적을 제압하려 드는 것조차도, 숙고해 보면 큰 두려움에 사로잡혀 있다는 징표임을 알라.

사두 옴: 어떤 것이 자기 자신과 다르다고 느껴질 때에만 그것에 대한 두려움이나 욕망이 우리에게 일어날 것이다. 비이원적 진아지의 상태에서는 다른 어떤 것도 존재하지 않으므로, 그 상태에서는 어떤 두려움이나 욕망도 일어날 수 없고, 그래서 그 상태만이 참된 무외無畏(두려움 없음) 혹은 장부다움의 상태이다. 우리가 설사 자신의 힘으로 모든 강력한 적들을 정복하고 복속시킬 수 있다고 해도, 진정한 장부다움을 보유하고 있다고 말할 수는 없다. 그들을 정복하려고 하는 것은 그들이 우리에게 해를 끼칠지 모른다는 두려움 때문일 뿐이다. 우리가 적들을 정복하게 추동하는 유일한 원인은 두려움이며, 두려움의 유일한 원인은 이원성의 앎이다. 비이원성의 체험을 가진 진인만이 두려움이 없다. 왜냐하면 일체 아무것도 그 자신 아닌 것으로 존재하지 않기 때문이다. 그래서 진인만이 참으로 큰 대장부(*maha-dhira*)인 것이다.

964. 자신을 더럽히는 큰 미혹(*moha*)인 에고가 만들어낸 차별상이 없는 그것[그 상태]이야말로 단일성(*Kaivalya*)의 소견[깨달음]이라네. 일체를

꿰뚫고 초월하는 **침묵**과 신적 은총인 지고의 **의식**이 곧 위대한 진
인들이 체험하는 지고한 거주처라네.

18. 신의 은총

965. 그[신 또는 스승]를 생각하면서 그대가 한 걸음 나아가면, 엄마보다 더 그대를 생각하는 저 하느님이 그에 반응하여 몸소 아홉 걸음이나 와서 (그대를) 맞이할 것이니, 그의 은총이 그와 같다네!

966. '있다(ullam)'로서 (심장 안에서) 빛나는 **실재**가 곧 신성한 **은총**인데, 내면이 (사랑으로) 녹지 않고 그것을 생각하지 않는 개아들에게만 **실재**를 무시하는 과오가 있을 것이네. 자상한 **은총**을 하사하지 않는 허물이 어찌 그 실재에게 있겠는가?

사두 옴: 1인칭의 **의식**인 "있다(am)"는 모두가 경험하는 것이다. 우리의 존재에 대한 이 의식이 우리 안에 존재하는 것은 신이 그의 설명할 수 없는 **은총**으로 인해 진아로서 우리의 안에 거주하기 때문일 뿐이다. 그래서 신은 "있다"는 **의식**의 형상으로, 늘 모두에게 **은총**을 하사하고 있다. "있다"는 이 **의식**의 빛남이 개아들이 신을 성취하고 구원받을 수 있게 해 주는 가장 큰 도움이므로, 여기서는 이 **의식** 자체를 신의 신성한 **은총**이라고 말한다. 따라서 개아들이 신을 자신들에게 자비롭지 않다고 비난하는 것은 잘못이다. 오히려 개아들은 진아, 곧 "내가 있다"로서 빛나는 **존재-의식**에 결코 주의를 기울이지 않고 늘 2인칭이나 3인칭들에게만 주의를 기울이므로, 자비롭지 않다고 비난 받아야 할 사람은 개아들일 뿐이다.

스리 무루가나르: 개아들이 신을 알고 성취하는 데 조금도 어려움이 없도록 하기 위하여, 신은 그의 무한한 **은총**으로 모든 개아 각자의 안에 타자로서가 아니라 **진아**로서, 곧 그 개아들의 **실재**로서만 빛나므로, "'있다'로서 빛나

제3부 357

는 실재가 곧 신성한 은총"이라고 하였다. 또 신은 늘 모든 개아들의 심장 속에서 지속적인 '나-나'의 빛남으로서 밤낮으로 빛나고 있으므로, "자상한 은총을 하사하지 않는 허물이 어찌 그 실재에게 있겠는가?"라고 하였고, 만약 개아들이 그를 향해 내면으로 돌아서서 그에게 주의를 기울이지 않으면, 그들은 신이 항상 그들에게 은총을 하사하고 있다는 진리를 이해하지 못할 것이고, 그래서 그의 성품 자체가 은총인 신에게 주의를 기울이지 않는 개아들이 그가 자기들에게 전혀 은총을 하사하지 않는다고 비난하는 것은 큰 잘못이므로, "실재를 무시하는 과오는 내면이 (사랑으로) 녹지 않고 그것을 생각하지 않는 개아들에게만 있을 것"이라고 하였다. 심장 안에서 두 번째가 없는 하나로 존재하며 빛나는 단 하나의 실재인 진아가 그 자체 (외관상) 다수로 존재하듯이, 그것이 부가물들(upadhis) 때문에 (외관상) 다수인 모든 개아들 안에서 '나-나'로서 (외관상) 개인적으로 존재하므로, 여기서 1인칭 복수 동사인 '울람(ullam)'['울롬(ullom)'의 단축형]이 적절히 사용되고 있다. 심장은 이처럼 진아가 존재하고 빛나는 장소여서 타밀어로 '울람'이라고 불리므로 여기서는 이 '울람'이라는 단어가 이중적 의미로 사용되었고, 그래서 여기서는 두 가지 의미를 다 취할 수 있다.

967. 의식이 내면을 향해 있어 에고가 가라앉은 안주(의 상태)에서 넘치도록 빛나는 존재-의식(sat-chit)은 특징과 성질이 없고 마음을 넘어서 있지만, 그것이 (이름과 형상 등의 특징을 가진) 스승으로서 나타나니, (그것은) 진아인 하느님의 은총이라네.

사두 옴: 이 연에서는 진아야말로 스승이고, 진아야말로 신이며, 진아야말로 은총이라는 것을 분명하게 가르친다. 신인 진아는 아무 특징이나 성질이 없지만, 헌신자들에 대한 그것의 넘치는 은총 때문에, 진아는 그들을 구제하기 위해 특징과 성질을 취하여 한 스승의 형상으로 출현한다. 그래서 은총·신·스승·진아는 똑같은 하나이다.

968. 은총의 형상[또는 성품]을 본 참된 헌신자들의 '나(aham)'는 지고한 실재의 형상으로서 빛날 것이니, 이는 미망의 번뇌를 산출하는 거짓된 의식-몸 매듭(chit-jada-granthi)[의식하는 진아와 지각력 없는 몸 간의 매듭]인 에고가 심장 속에서 죽어 솟아나지 못하기 때문이네.

사두 옴: "은총의 형상[또는 성품]을 본 참된 헌신자들(arul vannam kanda mey anbar)"이라는 구절은 다음 중 어느 쪽 의미를 취해도 될 것이다. 1) (앞 연에서 설명한) 은총의 화신인 참스승을 만난 참된 헌신자들, 2) 자기탐구를 통해서 은총의 참된 성품인 진아를 깨달은 참된 헌신자들.

969. 은총이라는 감로의 홍수에 잠겨 있는 개아들이 미망인 환幻에 미혹되어 고통 받는 것은, 굽이치는 강가(Ganga-갠지스 강)의 물의 홍수 속에서 갈증을 해소할 줄 몰라 죽는 것같이 어리석은 일이네.

강가의 범람하는 물속에 목까지 잠긴 채 서 있는 사람이 물을 마셔 갈증을 해소하기 위해서는 몸을 굽히기만 하면 된다. 마찬가지로, 신이나 스승은 우리의 내면에서 "내가 있다"로서 빛남으로써 늘 그의 은총을 하사하고 있으므로, 우리가 그의 은총을 마셔서 갈증을 해소하기 위해서는 우리의 주의를 내면의 "내가 있다" 쪽으로 돌리기만 하면 된다.

970. 모두에게 자애로운 시선을 하사하는 공평무사한 하느님이 왜 사악한 사람들을 저버리겠는가? 일체로서 솟아오르는(존재하며 빛나는) 그 눈은 누구도 저버리는 일이 없지만, 그들이 (어떤 사람들은 배제된다고) 희미하고 결함 있는 소견으로 망상한다네.

사두 옴: 눈을 뜻하는 타밀어 단어 '깐(kan)'은 '참된 지知', 곧 '진지(jnana)'를 뜻할 때도 있다. 따라서 "일체로서 솟아오르는 그 눈(ellamay pongum kan)"은 일체로서 빛나는 "내가 있다"는 지知를 뜻하기도 한다. "내가 있다"는 지知가 모두의 안에서 은총의 참된 형상으로 빛나고 있으므로, 그 은총의 눈이

누군가를 배제한다고는 결코 말할 수 없다.

우리가 "아무개는 나를 보지 못했다"고 말하려면, 우리가 그 사람을 찾아보고 난 뒤에야 그럴 수 있지 않은가? 마찬가지로, 신이 우리에게 자애로운 시선을 하사하지 않는다고 그를 비난하려면, 우리가 내면을 향해 그를, 곧 우리의 내면에서 "내가 있다"로 빛나는 진아의식을 바라본 뒤에야 그럴 수 있지 않은가? 따라서 우리가 진아에 전혀 주의를 기울이지 않고 늘 밖으로만 향하고 있을 때는, 신이 우리에게 은총을 하사하지 않는다고 그를 비난하는 것은 옳지 않다. 스리 바가반은 「아루나찰라 문자혼인화만」, 제44연에서 "안으로 돌아서서 내면을 향한 시선으로 그대 자신을 보면, (그가 늘 은총을 하사하고 있다는 것을) 알 것이네"라고 노래한다. 결코 내면으로 향하지 않는 무지한 사람들의 외향적 시선이, 본 연에서는 "그들이 희미하고 결함 있는 소견으로 망상한다(avar mangun kan malai mayakku)"고 묘사된다.

스리 무루가나르: 신은 진아의 참된 성품(atma-swarupa)으로서 모든 개아의 안에 거주하면서 끊임없이 늘 그들 모두를 그 자신(tanmaya)으로 알지만, 만일 개아들이 그를 알지 못하면 신이 그들에게 은총을 하사하고 있다는 사실을 알 수 없다. 그래서 "그들이 희미하고 결함 있는 소견으로 망상한다"고 하였다.

19. 존재-의식-지복

971. 다른 것들을 아는 지성(buddhi)인 미혹된 명지明知(vijnana)[6]가 (방향을) 바꾸어서 그 성품이 올바름인 심장에 도달하는 것이야말로 진리인 존재-의식-지복(mey-arivu-ananda)이라네.

972. 의식(Chit)으로서의 마음(chittam)의 모든 장난이 가라앉으면 그것이

---

[6] T. 보통 Vijnana는 1) 대상들을 분명하게 아는 명료한 지知, 2) 에고가 소멸한 뒤의 깨달은 지知라는 두 가지 의미로 사용된다. 여기서는 전자의 의미이다.

실재(Sat)로서 스스로를 드러낼 것이네. (이렇게 하여) 의식의 힘(Chit-sakti)이 실재와 하나가 될 때, (브라만의 세 측면 중) 남은 하나인 지고한 지복(Paramananda)이 그 진아 아니고 무엇인가?

사두 옴: 자기 자신이 실재(sat)임을 아는 것(chit)이 곧 지복(ananda)이다. 진아인 자기 자신을 몸이라고 아는 것이 미혹된 지知, 즉 '마음(chittam)'이라고 하는 것이다. '불행' 같은 것이 생겨나는 듯이 보이는 것은 이 그릇된 지知 때문이다. 그러나 우리가 자신을 진아로 알 때는 이 찌땀(chittam)이 움직임의 성품을 잃고 의식의 성품(chit-rupa)을 성취하므로, 그것은 자신이 실재임을 안다. 실재와 의식의 이 결합이 지복의 충만함이기에, 불행은 결코 존재하지 않으며, 진아만이 존재·의식·지복이라는 진리가 빛을 발할 것이다. 의식의 힘과, 존재의 성품을 가진 하느님[시바]이 이와 같이 하나가 될 때 체험되는 지고한 지복의 상태가, 아르다나리스와라(Ardhanariswara)[시바이자 샥띠인 하느님]의 형상이 갖는 참된 의미이다.

973. 찌뜨-자다(chit-jada)[의식과 몸의 결합체]인 개아, 곧 지각력 없는 에고가 죽으면 그는 의식의 성품(chit-swarupa)으로서 빛날 것이네. 거기서는[그 상태에서는] 의식의 성품이 존재(sat)로서만 머무르므로, 진아인 지복만 있을 뿐이네.

사두 옴: 에고, 곧 개아는 의식(chit)인 진아와 지각력 없는(jada) 몸을 한데 연결하는 하나의 거짓된 매듭으로 작용하는 거짓된 지知이다. 이 에고가 죽을 때, 즉 지각력 없는 몸과의 그릇된 동일시가 자기탐구를 통해서 소멸될 때, 그것의 무지각적 성품(jada-swarupa)만 제거되고, 그래서 그것은 의식의 성품(chit-swarupa) 자체로 빛나면서 남아 있게 된다. 이 의식 외에 달리 어떤 존재도 있을 수 없으므로, 이 의식 자체가 단 하나의 단순한 존재, 곧 진아로서 남게 된다. 그 상태는 비이원성의 상태이므로, 거기서의 지복 체험도 진아 그 자체일 뿐이다. 그래서 진아, 곧 자기 자신의 존재에 대한 지知 그

자체가 **지복**이다.

스리 무루가나르: 지각력 없는 에고의 죽음이 의식-몸 매듭(*chit-jada-granthi*)의 절단이다. 의식-몸 매듭의 절단은 무지를 통해서 한데 결합되어 있던 몸과 **진아**를 **자기탐구**를 통해 분리하는 것을 의미한다. "이 산의 주님께서는 춤을 추셨고, (그럼으로써) 몸과 진아를 분리하셨네"라고 스리 순다라무르띠 나야나르(Sri Sundaramurthi Nayanar)[7]는 노래한다. 여기서[본 연에서]는 그 매듭 절단(*granthi-bheda*)의 열매가 "진아인 **지복**만(*tan-mattira-inbam*) 있는 것"이고, 그것[매듭 절단]의 결과인 의식의 성품은 "존재로서만(*sat-mattiram*)"으로 묘사된다.

974. 망각이 없는 **지**(*bodham*)가 이울지 않는 참된 **사랑**의 관계인 헌신(*bhakti*)의 길이네. 왜냐하면 분리 없는[비이원적인] 지고의 **지복** 자체로서 빛나는 **진아**에 대한 참된 **의식**은 **사랑**의 성품으로서 솟아나기 때문이네.

사두 옴: 본래적으로 늘 빛나는 진아에 대한 참된 **지**는 비이원적 **지복**의 충만함이다. 왜냐하면 그것은 **사랑**의 진리로서 빛나기 때문이다. 존재(*sat*), 의식(*chit*), 지복(*ananda*)은 실제로는 셋이 아니라 똑같은 하나이다. 우리는 우리 자신의 존재를 의식하는 것(*chit*) 자체가 **지복**이라는 것을 알아야 한다. 여기서 제**979**연을 참조해야 한다. 자기 자신에 대한 사랑이 모든 개아들 안에서 빛나는 것은 **자기사랑**(self-love)이 진아의 성품이기 때문이다. 따라서 사랑은 진아의 성품이고, 진아는 지고한 **행복**의 형상 자체이므로, 행복을 사랑의 결과로 여기는 것은 잘못이다. 우리는 그와 같이 **사랑**과 행복을 원인과 결과로 간주하지 말고, **사랑** 그 자체가 **행복**이라는 것을 알아야 한다. 우리는 **진아**를 사랑함으로써 **진아**를 알고, **진아**를 앎으로써 **진아**를 사랑하므

---

7) *T*. 남인도 타밀 지역의 시인-성자(8세기). 흔히 순다라르(Sundarar)라고 불리며, 시바를 찬양하는 3,800수의 10연시(*pathigams*)를 지었고, 그 중 100수가 지금까지 전해진다.

로, 더더욱 **사랑** 그 자체가 행복이라는 것을 알아야 한다. 우리는 **진아**를 사랑함으로써 **진아**를 알고, **진아**를 앎으로써 **진아**를 사랑하므로, 또한 앎 자체가 **사랑**, 즉 **행복**이라는 것을 알아야 한다. **진아**는 우리 자신의 존재 곧 '있음'이므로, 그것은 결코 알려지는 대상이 될 수 없고, 따라서 **진아**를 안다는 것은 **진아**가 되는 것일 뿐이다. 그래서 우리는 있음(*sat*) 자체가 앎(*chit*)이고, 그것은 **행복**(*ananda*)이자 **사랑**(*priyam*)이라는 것을 알아야 한다. 그러므로 "사랑 혹은 행복의 형상인 우리만이 존재한다"는 참된 지知가 곧 완전한 비이원적 **지복**의 상태이다.

975. 영구히 존재하는 듯 보이는 모든 세계들의 영구성 없이 존재하는 작용인作用因(*nimittam*)[8]인 육신의 에고라는 결함이 소멸했을 때, 그 상태에서 의지할 것으로 남아 있는 것은 단 하나 **존재**(*sat*)라네.

사두 옴: 여기서 에고는 무상하고 실재하지 않는 육신적인 것으로 묘사된다. 왜냐하면 그것은 무상하고 실재하지 않는 육신을 '나'와 동일시하기 때문이다. 에고는 실재하지 않으므로, 에고에 의해서만 보이는 세계의 이름과 형상들도 실재하지 않는다. 그러나 에고가 실재하는 것처럼 보이는 이유는, 그것이 몸의 실재하지 않는 이름 및 형상과, 실재하는 **진아**의 의식이 혼합된 것이기 때문이다. 따라서 세계의 실재하지 않는 이름과 형상들이 실재하는 것처럼 보이게 만드는 것은 **진아**, 곧 에고의 그 실재하는 측면이다. 그래서 **진아**가 이 외관상의 세계라는 겉모습의 유일한 실체이다.

976. 의식(*arivu*)이 있는 듯이 보이면서 파편화되어 존재하는 모든 산 존재들에게 의식 없이 존재하는 하나의 미친 영혼인 에고의 미망이 벗겨졌을 때, 그 상태에서 남아 있는 것은 단 하나 **의식**(*chit*)이라네.

---

8) *T*. 철학에서, 작용인(*nimitta hetu*, efficient cause)은 변화나 운동을 일으키는 독립적 원인을 가리키는 개념이다. 53쪽의 각주 7 참조.

977. 행복이 있는 듯이 보이는 모든 대상적 즐거움에 (그 자체) 행복 없이 존재하는 단 하나의 원인인 비참한 에고라는 자부심이 소멸했을 때, 그 상태에서 흐르며 남아 있는 것은 **지복**이라네.

사두 옴: 여기서 에고는 모든 불행을 야기하는 자부심으로 묘사된다. 왜냐하면 그것은 행복이 전혀 없는 몸을 '나'와 자랑스레 동일시하기 때문이다.

제975연부터 977연까지의 위 세 연은 모두 함께 읽고 성찰해 보아야 한다. 이 세계는 마치 하나의 항존하는 실재(sat)인 것처럼 나타나고, 세계 안의 모든 개아들은 마치 지각력이 있는(chit) 것처럼 보이며, 세계 안의 모든 대상들은 마치 그것들이 우리에게 행복(ananda)을 안겨주는 것처럼 보이지 않는가? 이 모든 것 이면의 비밀이 이 연들에서 드러난다.

몸은 무상하고[따라서 실재하지 않고(asat)], 지각력이 없고(jada), 질병 등과 같은 모든 불행의 원천인 반면, '나'라는 의식은 **사뜨-찌뜨-아난다**의 빛남이다. 이 몸을 '나'와 동일시하는 그릇된 앎이 에고이다. 이 세계가 실재하는 것으로(sat) 보이고, 그 안의 산 존재들이 지각력이 있는(chit) 것으로 보이며, 그 안의 대상들이 행복(ananda)의 한 원천인 양 보이는 것은, 이와 같이 실재하지 않고, 지각력이 없고, 비참한 몸을, 실재하고, 지각력이 있는, 행복의 한 원천이라고[즉, 사뜨-찌뜨-아난다라고] 착각하는 에고가 작동하는 동안에, 그 에고의 소견 안에서만 그러할 뿐이다. 그래서 이 세 연은, 이름과 형상들(nama-rupa)[브라만의 두 측면]이 마치 실재하고, 지각력 있고, 행복의 원천인 것처럼[브라만의 세 측면인 사뜨-찌뜨-아난다처럼] 보이게 만드는 유일한 원인은 에고라는 것을 분명하게 역설한다. 실재하는 **존재·의식·지복**을 실재하지 않는 이름과 형상들에 부과하고, 그렇게 해서 그 이름과 형상들을 실재한다고 보는 것이 바로 에고의 그릇된 소견(dosha-drishti)이다. **자기탐구**를 통해서 이 에고가 소멸할 때, 세계에 부과된 외관상의 **사뜨-찌뜨-아난다**는 사라질 것이고, 실재하는 **사뜨-찌뜨-아난다**, 곧 세계라는 겉모습의 기반 혹은 지지물인 진아만이 빛날 것이다. 이렇게 에고가 소멸할 때에만, 세계의 이름과 형상들이 마치 실제로 '존재성'을 가진 듯 보였던 것은 진아의 존재(*sat*) 때문일 뿐이었고, 세계의 이름과 형상들이 마치 실제로 '의식'을 가진 듯 보였던 것은 진아의 의식(*chit*) 때문일 뿐이었으며, 세계의 이름과 형상들이 마치 실제로 '행복'을 안겨주는 듯 보였던 것은 진아의 행복(*ananda*) 때문일 뿐이었다는 진리를 알게 될 것이다.

이 연들은 이런 심오한 진리를 드러낼 뿐만 아니라, 매우 아름다운 방식으로 그렇게 한다. 각 연의 첫 번째 단어와 마지막 단어들은 각기 **사뜨, 찌뜨, 아난다**를 의미한다. 첫 번째 연에서는 에고가 (실재와는 대조적으로) 실재하지 않고, 결함이 있고, 육신적인 것으로 묘사되고, 둘째 연에서는 그것이 (의식과는 대조적으로) 지각력이 없고, 미혹되어 있고, 미친 것으로 묘사되며, 셋째 연에서는 그것이 (지복과는 대조적으로) 비참하고, 자부심이 있고, 행복이 없는 것으로 묘사된다. 이 세 연에서는 다른 많은 문학적·언어적 아름다움을 지적할 수 있는데, 그 모두 여기서 드러나는 심오한 진리를 강조하는 것을 돕는다.

978. "행복의 참된 형상(*sukha-swarupa*)인 지고의 **실재**로서 안주하는 사람들에게는 **지복**의 향유가 있을 수 없다"고 말하는 사람들은, 행복의 참된 형상이 설탕같이 지각력 없는 대상에 불과하다고 주장하는 사람들이네.

사두 옴: 어떤 사람들은 이원적 헌신에 도취되어 이렇게 말하곤 한다. "나는 설탕 그 자체가 되고 싶지 않다. 나는 설탕 가장자리에 앉아서 그 단맛을 보는 개미로 남아 있는 쪽을 선호한다." 다시 말해서, 일부 헌신자들 사이에서는 우리가 거기에 합일하여 **브라만**과 하나가 되는 비이원성(*advaita*)의 상태는 지복(*ananda*)이 없는 건조하고 공허한 상태라는 그릇된 믿음이 있다. 완전한 헌신(*sampurna-bhakti*)의 체험을 성취하지 못한 사람들만이 이와 같

이 믿거나 이야기할 수 있다. 『스리 라마나의 길』, 제2부에서 완전한 헌신자(sampurna-bhaktiman)는 '타자 없는 사랑(ananya-priti)'을 가진 사람뿐이라고 설명하는 부분을 참조하라(『스리 라마나의 길』(한국어 초판), 361쪽).

설탕은 지각력 없는 사물(jada-vastu)인 반면, 개미는 지각력이 있고, 설탕의 단맛을 즐길 수 있다. 그러나 브라만은 이와 다르다. 그것은 설탕처럼 지각력 없는 사물이 아니다. 브라만, 즉 실재(sat)는 의식이기도 하고, 그래서 그것은 그 자신을 알 수 있다. 브라만은 지복, 즉 의식의 성품 자체이기도 하므로, 브라만의 지복을 경험하기 위해 다른 어떤 지각력 있는 사물(chit-vastu)도 필요하지 않다. 따라서 지복일 뿐만 아니라 지복을 아는 의식이기도 한 진아를 설탕 같은 지각력 없는 사물에 비유하는 것은 어리석다.

일부 사람들이 그러듯이, 이 비유는 스리 라마크리슈나가 가르친 것이라고 말하는 것도 완전히 잘못이다. 사뜨-찌뜨-아난다에 대한 완전한 체험을 가지고 있던 스리 라마크리슈나는 결코 그와 같이 브라만을 설탕 같은 지각력 없는 사물에 비유하지 않았을 것이다. 스리 라마크리슈나가 이와 같이 브라만을 설탕에 비유했다고 사람들이 말할 때, 우리는 그의 가르침에 대한 그 기록의 정확성을 의심해 봐야 한다.

979. 존재 · 의식 · 지복이 서로 다른 것처럼 이야기되지만, 그것을 체험하고 알 때는 그 셋이 하나라네. 마치 유동성 · 단맛 · 차가움이라는 세 가지 조화로운 성질이 한 가지 물에 들어 있듯이.

20. 실재의 위대함

980. 존재[문자적으로, '존재하는 것']는 진아의 성품이니, 그 하나[진아] 외의 모든 것들은 기만적인 상상물(kalpanas)의 집결체라네. (실제로는) 존재할 수 없는 그 모든 것은 진아를 떠나겠지만 이 하나[진아]는 결코 떠남이 없을 것이네.

사두 옴: 여기서 '존재(*uladadal*)'라는 단어는, 몸과 마음이 없는 우리의 참된 존재-의식[우리가 존재한다는 느낌]을 뜻한다. 마음·몸·세계는 실재하지 않아서 잠·죽음·(우주의) 해체 때 사라지지만, 불멸의 존재-의식으로서 빛나는 우리[진아, 곧 브라만]만은 있다.

981. 의식의 형상으로서 존재하는 그[진아]는 없어지지 않을 것이네. 만일 다른 것들에 대한 지知(대상지)가 사라져 없다면, (즉) 의식 위에 (덧씌워진) 속임수인 거짓된 이원적 상상들이 제거되면, 의식으로서 존재하는 우리 자신에게 어떤 소멸도 없을 것이네.

사두 옴: 마음에 의해 대상들로 알려지는 것들만 쉽게 소멸될 수 있고, 존재-의식인 우리는 결코 소멸될 수 없다. "내가 있다"는 순수한 의식은 대상들을 아는 자인 에고가 소멸된 뒤에도 빛나므로, 우리에게는 어떤 소멸도 결코 있을 수 없다.

982. 지고의 실재(*para-sat*)인 우리 자신의 **지고아**(*para-swarupa*) 위의 덧씌움[부가물들(*upadhis*)]으로 인해 '나'가 조금이라도 일어나면, 진아(*swarupa*)를 살해하는 망각(*pramada*)에 지배되는 이들에게는, 진아인 **완전한 전체성**(*paripurnam*)이 한갓 공空으로만 보인다네.

망각(*pramada*), 곧 우리 자신의 존재인 진아에 대한 부주의(inattentiveness)는 "내가 있다"는 순수한 의식 위에 '이러이러한 사람'이라는 부가물이 덧씌워지면서 에고, 즉 "나는 이러이러한 사람이다"라는 실재하지 않는 느낌이 일어날 때에만 생겨난다. 이 부가물의 덧씌움이 진아, 곧 순수한 "내가 있다"의 참된 성품을 은폐하여 그것이 부존재하는 것처럼 보이게 하므로, 망각은 진아를 살해한다고 말해진다.

스리 무루가나르: '나'라는 생각이야말로 에고이므로, 그것이 조금이라도 일어나면, "나는 몸이다"라는 느낌으로 인해 속박이 생겨나고, 망각(*pramada*)—즉, 진아(진아안주)에서 미끄러짐—이라고 하는 무지(*ajnana*)가 태어난다. 실

은 바로 이것이 '브라만 살해죄(brahma-hatya dosha)'라는 것을 알라. 이렇게 망각의 지배하에 있는 속박된 개아들에게 **전체**(purna)라는 상태는 알 수 없는 어떤 것으로 보이고, 마치 **공**空(sunya), 즉 존재하지 않는 것처럼 보일 것이다.

983. 알아서[적절한 분별을 통해] 여덟 가지 싯디(siddhis)에 대한 욕망을 잃어버리고 평안의 충만함(santa padam)을 얻은 사람은, 자신을 바깥 대상들을 보는 자로 오인하지 않고 존재인 상태(unmai nilai)의 위대함으로 자신을 아는 사람이라네.

사두 옴: 이 연은 '대상적 주의의 단절' 장에 있는 제645~649연과 함께 읽어볼 수도 있다.

미혹되어 바깥에 존재하는 대상들이 실재한다고 생각하는 사람들만 여덟 가지 싯디(ashta-siddhis)가 경이롭고 성취할 만한 가치가 있다고 여길 것이다. 그러나 자신이 **진아**, 곧 **존재-의식**임을 아는 사람과, 그렇게 해서 대상 지知를 포기한 사람은 모든 싯디가 가치 없고 실재하지 않는다는 것을 이해할 것이고, 따라서 그것들을 하찮은 것으로 배격하고 유일한 **실재**인 **진아**의 **지복** 안에 머무를 것이다.

984. 실재를 (늘) 꽉 붙드는 힘 있는 사람들은 전혀 어떤 것에 대해서도 마음의 동요로 인한 두려움이 없을 것이네.

사두 옴: 우리가 미혹되어 우리 자신 아닌 어떤 것이 실제로 존재한다고 생각하는 한 두려운 느낌이 일어날 수 있다. 그러나 **진아안주**의 힘(nishta-bala)을 성취한 **대장부**는 자신, 곧 진아만이 존재한다는 확고부동한 체험을 가지고 있다. 따라서 그의 소견에서는 다른 어떤 것도 존재하지 않으므로, 그에게는 두려움도 혼란도 일어날 수 없다.

21. 모든 것이 브라만이다

985. 거짓된 의식(반사된 의식인 마음)으로서 모든 차별상(*vikalpas*)이 나타나게 하는 것은 단 하나의 순수한 의식인 진아(*swarupa*)일 뿐이네. (따라서) 조화로운 의식인 자기(진아)를 알고 (그것을) 성취한 사람에게는 다른 모든 것이 그 하나인 진아의 성품(*tanmaya*)이라네.

이름과 형상, 시간과 공간, 주체와 대상 등의 모든 차별상은 마음에 의해서만 나타나게 되는데, 이 마음은 진정한 자아 속의 실재하지 않는 한 겉모습일 뿐이기에 실로 존재하지 않는다. 실재하는 밧줄을 볼 때는 (그 밧줄에서 보이던) 실재하지 않는 뱀이 밧줄에 지나지 않음을 발견하게 되듯이, 실재하는 진아를 알 때는 실재하지 않는 마음과 그 마음의 모든 산물[전체 세계라는 겉모습]이 진아에 지나지 않는다는 것을 발견하게 된다. 실재하지 않는 세계라는 겉모습이 단 하나인 진아 혹은 브라만의 성품을 가졌다고 하는 것은 이러한 의미에서일 뿐이다.

986. 확실히 존재하는 진아만이 유일한 실재이니, 달리 무엇도 없고 이것 하나 외에는 무엇도 존재하지 않네. 존재-의식으로 항상 빛나는 지고자인 저 시바[유일한 실재] 안에서만 알려지는 모든 것은 저 지고자일 뿐 달리 아무것도 아니라네.

987. 진실이든 아니면 비非진실이든, 지성으로 수집한 지知이든 아니면 무지이든, 마음(*chitta*)에 즐겁든 아니면 즐겁지 않든, 모두 브라만일 뿐 달리 무엇도 아니라네.

988. 신심信心(*sraddha*), 비非신심(*asraddha*), 생각(*chinta*), 무념(*achinta*), 무욕無慾(*virakti*), 비非무욕(*avirakti*), 학學(*vedam*), 비학非學(*avedam*), 수승殊勝함(*varam*), 하열下劣함(*avaram*), 존경할 만함(*vanthiyam*), 경멸할 만함(*avanthiyam*)—모두 브라만일 뿐 달리 무엇도 아니라네.

사두 옴: 본 장의 네 연은 모두 **진아** 혹은 **브라만**이 유일하게 존재하는 실재임을 강조한다. 우리는 이 연들에서 언급하는 모든 이원자, 곧 상대물의 쌍들(pairs of opposites)이 실은 존재하지 않는다는 것과, 단 하나의 **브라만**만이 존재한다는 것[제985연의 주석을 보라]을 이해해야 한다. 우리는 이 연들이, 이원자들조차도 브라만일 뿐이므로 그런 이원적 소견도 가치 있다는 의미라거나, 우리가 그런 이원자들에 몰두해 있어도 아무 잘못이 없다는 의미라고 여겨서는 안 된다.

22. 종교들 간의 조화

989. 지知의 정점(bodhanta-지知의 한계 혹은 가장자리)인 **침묵**이 공통된 본질이므로, 모든 종교들(matas)은 영적인 지知와 일체인 **베단타**에 적대감이 없고, 순수하게 홀로 빛나는 참된 **비이원성**(Advaita)에 이르는 수단으로서 적합하다네.

사두 옴: 어떤 지知가 어떠한 종교에 의해 최종적 목표나 성취라고 선언되든, **침묵**만이 모든 지知의 한계 혹은 가장자리이므로, 그 각 종교의 최종적 지知는 **침묵** 속에 들어 있다. **비이원적 베단타**(Advaita Vedanta)는 침묵을 그 목표로 하는 하나의 공통된 원리이므로, 각 종교는 베단타에 이르는 수단으로서 적합하다. 여기서 제1176~1179연, 1235연, 1242연을 참조하라.

990. 협소하고 비천한 의식을 가진 사람들이 (기존의 종교들에 대한) 시기심에서 다른 종교를 만들어낸다 해도, 나뉘지 않은 **명료함**의 형상으로 빛나는 **시바**에게는 그것조차도 받아들여질 수 있다는 것을 알라.

991. 어떤 종교를 신앙하든 그대의 그 종교를 참된 사랑으로 신행하라. 자신의 종교에 대한 아만[집착]으로 인해 다른 종교들에 대해 논

쟁하지 말고 내면을 향해서만 돌아서라.

자신의 종교에 대한 집착(*matabhimana*)을 포함한 모든 집착(*abhimana*)은 에고, 곧 우리 자신의 몸을 '나'라고 여기는 '몸-집착(*dehabhimana*)'에 뿌리를 두고 있을 뿐이다. 따라서 자신의 종교에 대한 집착으로 인해 우리의 주의를 바깥으로 돌려 다른 종교들에 반대해 논쟁한다면, 우리의 몸-집착, 곧 몸과의 동일시 관념을 강화할 뿐이다. 모든 종교의 궁극적 목표는 몸-집착을 소멸하는 것이므로, 우리는 내면을 향하여 자신의 **참된 성품**을 알고, 그렇게 해서 에고를 뿌리 뽑아야 한다.

992. 이원론(*dvaita*), 한정비이원론(*visishtadvaita*), 순수한 비이원론(*suddha advaita*)에 대한 다양한 방식의 논쟁을 그만두고, 따빠스를 성숙시키면서 명상하고 신을 숭배하여, 풍부한 신적 **은총**을 얻고 **실재**를 아는 것이 최선이라네.

993. 마음(*mati*)이 있는 한 종교(*mata*)가 존재하지만, 그 마음을 ("이 마음인 나는 누구인가?" 하고) 탐구하면서 내면으로 향하게 하여 심장 속에서 조복시키면, 그 풍부하게 평화로운 **침묵** 안에서는 그런 어떤 종교도 존립할 수 없다네.

산스크리트어와 타밀어에서 종교가 *mata*로 불리는 것은 그것이 마음(*mati*)의 영역 안에서만 존재할 수 있기 때문이다. 따라서 마음이 "나는 누구인가?"의 탐구를 통해 진아, 곧 **지고의 침묵** 상태에 합일되면 어떤 종교도 남아 있을 수 없다. 그래서 구도자들은, 서로 다른 다양한 종교에 의해 만들어지는 모든 차별상과 논란은 마음 속에만 존재하며, 그 차별상과 논란들은 마음이 안으로 향하여 진아인 **실재**, 곧 (제989연에서 드러났듯이) 모든 종교들의 조화로운 공통인자인 **침묵** 속에 합일됨으로써만 해소될 수 있다는 것을 알아야 한다.

23. 아이 같은 상태

994. 수많은 인간들의 부류 중에서 에고라는 마음의 장난이 없는 아이들[아이 같은 진인들]만이, 괴로움이 없도록 **어머니-아버지**[신]에 의해 늘 일념으로 보호받을 것이네.

995. 변화무쌍한 마음(*vikara manas*)이 조금도 일어나지 않는 순수한 아이들[마하트마들]만이 복 있는 사람들이니, 왜냐하면 행복의 원천인 어머니의 무릎에 내내 앉아서 노는 즐거움이 그들의 완전한 체험이기 때문이네.

사두 옴: 신이 늘 자발적으로 모든 사람에게 그의 **은총**을 하사할 만큼 자비롭다고는 하나, 에고인 우리가 일어나서 짓궂은 활동을 함으로써 그의 은총을 가로막는다. 에고의 짓궂은 활동이 없는 **진인**들은, 부모가 그들을 보호하려고 하는 노력을 가로막지 않는 어린아이들과 같아서, 늘 신의 **은총**이라는 지고한 **지복**을 즐기는 복을 가진 사람들이다.

24. 진아와의 합일

996. '나'라는 관념이 떨어져 나가 버리면 참된 지知의 허공인 **진아**라는 신랑과 하나가 되니, '자기'와 '그'라는 두 가지 말[이원적 분별]이 없는 그 상태가, 시바와 하나가 된 정숙함의 영광이라네.

사두 옴: 여기서 본 저작의 제73연도 함께 읽어 보면, "**시바**와 하나가 되어 있는 정숙함의 영광"이라는 표현이 분명하게 이해될 것이다.

997. '나'와 '그'라고 말하는 이원적 소견이 단일성에 합일되는 **침묵**의 결합 안에, 말과 호흡이 있을 수 있겠는가? '나'가 소멸하고 눈과 눈의 시선이 만날 때, 입으로 하는 말은 아무 쓸모가 없다네.

사두 옴: 이 연의 (타밀어 원시) 마지막 두 행("눈과 만날 때…" 이하)은 『띠루꾸랄』, 제1100연이다(『띠루꾸랄』의 같은 연이 사용된 앞의 제286연을 보라). 『띠루꾸랄』의 그 연은 두 연인의 눈이 만나는 것을 묘사하지만, 본 연에서 스리 무루가나르는 같은 연을 영적인 맥락에서 사용한다.

에고가 소멸할 때는 '시바와 개아(Siva-jiva)', '스승과 제자(Guru-sishya)' 같은 모든 이원적 감정도 완전히 소멸할 것이고, 그래서 **침묵**만 남을 것이다. '시바와 개아'의 차별상이 존재할 때만, 찬가를 부르는 것 등으로써 신을 숭배하기 위해 말의 힘이 사용될 수 있고, '스승과 제자'의 차별상이 존재할 때만, 제자에게 가르침(upadesa)을 전수하기 위해 말의 힘이 사용될 수 있다. 그러나 헌신자들이 부르는 찬가나 **스승**이 베푸는 가르침같이 입으로 하는 모든 말의 목적은 에고를 소멸하고, 그럼으로써 '나'와 '그'의 차별상이 지고한 **침묵**의 상태에서 단일성 속으로 합일되게 하는 것이므로, 그 최종적 상태에서는 입으로 하는 말이 더 이상 아무 소용이 없을 것이다.

'눈'의 타밀어 단어 '깐(kan)'은 지知 또는 의식이라는 의미도 있으므로, "눈과 눈의 시선이 만날 때"라는 구절은, 여기서는 유한한 개인적 의식[에고]의 주의가, 마치 강이 바다를 만나 바다에 합일되듯이 무한한 지고의 **의식**[진아] 속으로 합일될 때를 뜻한다고 이해해야 한다. 에고가 이와 같이 **진아** 속으로 합일될 때, 그것은 개인성을 상실하고 완전히 소멸하며, 그리하여 그 에고가 만들어냈던 모든 이원성과 차별상도 소멸한다. 그런 완전한 **침묵**의 상태에서, 털끝만큼의 말이나 호흡인들 어떻게 있을 수 있으며, 같은 맥락에서 달리 무엇이 있을 수 있겠는가?

998. (진아와) 결합한 사람의 성품은 (진아와) 결합한 사람(만)이 알 수 있는데, (진아와) 결합하지 않은 사람들이 어떻게 알 수 있겠는가? (진아와) 결합한 사람의 성품은, 마치 꿀을 빤 꿀벌처럼 자신의 진아 외에는 아무것도 모르는 대단함을 가졌다네.

꿀벌이 꿀을 빨았을 때는 워낙 도취되어 달리 아무것도 모른다. 마찬가지로, 진아와 하나가 되고 난 진인은 진아 외에는 아무것도 모른다. 그래서 그의 상태의 성품은 그 상태를 성취하지 못한 다른 사람들이 알 수 없다. 여기서「실재사십송」, 제31연과 비교해 보라.

스리 무루가나르: 실재와 결합한 사람들의 성품은 꿀을 빤 꿀벌과 같이 워낙 대단해서, 남들은 그것을 알 수 없다. **실재**를 아는 이들은 타자성을 모르기 때문이다. 결합한 사람들만이 결합한 사람들의 성품을 알며, 결합하지 못한 사람들은 그것을 알 수 없다.

999. (진아와) 결합한 사람들은 그것을 체험하는 것 외에는, 그 결합의 행복을 생각해볼 수 없다네. (진아와) 결합한 사람들은 그 지복초월 상태(*anandatitam*)에서 에고-의식을 절멸했으므로, 그들이 **침묵**을 성취한 방법도 생각해볼 수 없다네.

진아와의 결합을 성취한 사람들만 그 결합을 성취한 사람들의 성품이나 상태를 알 수 있지만, 그들조차도 그것을 남들에게 표현하지는 못하고 그것을 체험할 수만 있다. 그럴 때 만약 "그들이 그것을 남들에게 표현하지 못하는 것은 그들에게 남들이 없기 때문이지만, 그들 자신이 그 상태를 생각해 보고, 자신이 어떻게 그것을 성취했는지 생각해 볼 수는 있지 않은가?"라고 묻는다면, 그 답은 그것마저도 불가능하다는 것이다. 왜냐하면 그들에게는 생각하는 마음, 곧 에고가 완전히 소멸되었기 때문이다.

더욱이 **진인**들이 체험하는 절대적 **실재**의 상태에서는 무지의 상태가 결코 존재하지 않는다는 것을 깨닫게 되므로, 그들이 결코 존재하지 않는 무지의 상태에서 **진지**의 상태―항상 존재하는 유일한 **실재**의 상태―로 건너온 방법을 생각해 보는 것이 불가능하다. 그래서 본 저작 제413연에서 **진인**들이 **진아**에 도달한 길을 추적하기란 불가능하다고 한 것이다. **진아**만이 존재하므로, **진아** 바깥에는 거기서부터 **진아**에 도달할 수 있는 (무지와 같은) 어떤 장소나 상태도 있을 수 없고, 따라서 도달할 수 있는 어떤 길도 없다. 하늘을 나는 새에게는 하늘에 도달할 수 있는 어떤 길도 없고, 물속에서 헤엄치는 물고기에게는 물에 도달할 수 있는 어떤 길도 없다. 우리는 진실로 항상 진아이고 진아일 뿐이므로, 우리가 진아에 도달할 수 있는 어떤 길이나 방법도 있을 수 없다. 그러나 우리 자신이 진아, 곧 유일한 실재라는 것을 모르는 한, 진인들은 우리에게 우리가 실제로 누구인지, 혹은 무엇인지 알아내려고 노력하라고 조언한다. 그래서 우리가 "나는 누구인가?"를 발견하기 위해 주의를 우리 자신 쪽으로 돌릴 때, 우리는 늘 진아일 뿐이라는 것과, 우리가 잘못 '나'라고 여기고 있는 외관상의 에고, 곧 개인성은 결코 존재하지 않았다는 것을 발견할 것이다. 그 상태에서 우리는 자신이 어떤 길이나 방법을 따랐다는 생각을 할 수가 없고, 우리가 항상 있는 그대로 있다는 것과, 우리가 털끝만큼의 어떤 변화나 움직임도 결코 겪은 적이 없다는 것을 깨닫게 될 뿐이다.

25. 의식의 위대함

1000. 에고인 대상지知를 통해 마치 (자신에게) 낯선 것처럼 세계를 보는 지知는 지각력이 없는 것(*jada*)일 뿐이네. (이) 에고가 죽으면 마음 근원의 지知인 순수한 비이원성의 불길이 빛을 발할 것이네.

에고, 곧 세계를 자신과 다르게 보는 대상지知는 지각력이 없고(*jada*) 실재하지 않는다(*asat*). 왜냐하면 그것은 지각력 없고 실재하지 않는 몸을 '나'와 동일시하기 때문이다. 따라서 순수하고 비이원적이며 실재하는 지知는 이 지각력 없는 에고, 곧 실재하지 않는 지知가 소멸될 때만 빛을 발할 것이다.

1001. 존재(*sat*)야말로 의식(*chit*)으로서 빛나므로, 절대적 존재-의식(*kevala sat-chit*)이 될 때까지, 마음이 완전히 소멸할 때까지는, 의식의 반사물(*chit-abhasa*)이자 상상물(*kalpana*)인 하찮은 마음이 비이원적인

지고의 의식인 **실재**를 보기란 불가능하다네.

1002. 동쪽 지평선에서 해가 떠오를 때까지만 이 세상에서 저 달이라는 자만심이 빛나듯이, 의식으로 충만한 **지**知(*chinmaya-unarvu*)[진아지]가 기만적 지知인 에고를 소멸하고 나타날 때까지만, 개아의 지知라는 자만심이 빛난다는 것을 알라.

개아의 지知란, 개아의 지적인 지知와, 다양한 기예技藝와 학문에서의 솜씨를 말한다.

1003. 뜨고 짐이 없는 **의식-허공**(*chidakasha*)인 **심장**은 **진아**라는 큰 태양이고, **진아를 아는 자**(진인)의 마음은 이 드넓은 세계(현상계)에서 밝은 한낮에 보이는 달과 같다네.

밤에는 달이 우리가 세상을 어렴풋하게 볼 수 있게 하는 데 어느 정도 쓸모가 있을지 모르나, 해가 뜨고 나면 달이 하늘에 떠 있다 해도 그것은 더 이상 쓸모가 없다. 마찬가지로, 무지의 상태에서는 순수한 진아의 빛의 한 반사물에 불과한 마음이 세계를 비추는 데 어느 정도 쓸모가 있어 보일지 모르나, **진아지**(*atma-jnana*)라는 해가 뜨고 나면 그 마음은 한낮의 달이 무용한 것만큼이나 쓸모가 없다.

1004. 밝은 거울에 비치는 햇빛처럼 미혹의 세계(미혹에서 일어나는 세계)를 비추는 것이 마음이네. 빛나는 해의 빛살처럼 **보는 힘**[9])인 저 마음의 **실재**로서 떠오르는 것이 위대한 **진아의 빛**(*anma oli*)이라네.

이름과 형상들의 이 환적인 세계는 진아의 참된 빛의 희미한 한 반사광에 불과한 마음의 빛(mind-light)에 의해서만 비추어진다. 밝은 햇빛이 나타나면 엷은 달빛이 삼켜지듯이, 밝은 진아의 빛(Self-light)이 쏟아지면 엷은 마음의 빛이 삼켜진다(제857연 참조). 이와 같이 마음의 빛이 삼켜지면 외관상의

---

9) *T.* 타밀어 단어 *kantir*는 '보는 힘을 가진 입자'라는 뜻인데, 여기서는 사물을 볼 수 있게 하는 빛과 같은 성품으로서의 의식, 곧 지각력의 근원인 진아라는 참된 빛을 의미한다.

존재를 햇빛에 의존하고 있던 환적인 이름과 형상들의 세계도, **진아-의식**의 실재하는 빛 앞에서 실재하지 않음이 드러나서 사라진다(제114연 참조).

26. 무한자의 위대함

1005. 그 상태에서는 우리가 어떤 대상물[2인칭 대상]도 보는 것이 없고, 그 상태에서는 어떤 대상물도 듣는 것이 없으며, 그 상태에서는 어떤 대상물도 아는 것이 없는, 그 상태야말로 **무한자**(*bhuma*)라는 것을 알라.

이 연에서 **스리 바가반**이 베푸는 가르침은 『찬도갸 우파니샤드』, 7.24.1에서 사나뜨꾸마라(Sanatkumara)가 베푸는 다음 가르침과 동일하다. "우리가 타자인 것을 보지 않고, 타자인 것을 듣지 않고, 타자인 것을 모르는 그 상태가 **무한자**이다(*Yatra nānyat paśyati nānyac chrnoti nānyat vijānāti sa bhūma*). 우리가 타자인 것을 보고, 타자인 것을 듣고, 타자인 것을 아는 그 상태는 유한하다. 무한한 것만이 불멸이고[영원하며 실재하고], 유한한 것은 필멸이다[찰나적이고, 비실재한다]." 같은 우파니샤드, 7.25.1과 7.25.2에서는 무한자가 먼저 '나(*aham*)'와 동일시되고, 그런 다음 **진아**(*atma*)와 동일시된다. 따라서 이 연과 다음 연에서 '**무한자**(*Bhuma*)'라는 단어는 **진아** 혹은 **브라만**, 곧 우리 자신의 단순한 존재라는 참된 상태를 의미한다고 이해해야 한다.

본 연에서 우리는 어떤 2인칭이나 3인칭 대상에 대한 앎이 조금이라도 있는 상태는 참된 **진아**의 상태, 실재하는 생시가 아니며, 그것은 **자기망각**의 잠 속에서 일어나는 또 하나의 꿈일 뿐임을 이해해야 한다(여기서 『스리 라마나의 길』, 제1부 제8장을 참조하라). 따라서 우리가 어떤 상태를 체험하든, 설사 그것이 **시바 세계**(Siva-loka)나 **바이꾼타**(Vaikuntha-비슈누 세계)에서 사는 것과 같은 신적인, 천상적인 상태라 할지라도, "내가 있다"는 단순한 **진아-의식** 아닌 어떤 것을 체험하는 한, 우리는 "누가 이 다른 것들을 아는

가?"라고 묻고, 그리하여 우리의 주의를 다시 '나'라는 1인칭 느낌 쪽으로 돌려야 한다. 이렇게 주의가 1인칭에 점점 더 강렬히 고정될 때, 그 1인칭의 일어남이 점점 더 가라앉을 것이고, 결국 그 근원 속에 영구히 합일될 것이다. 그러면 "내가 있다"는 단순한 진아-의식이 아닌 그 무엇도 알지 못하는 진아의 참된 상태를 체험하게 될 것이다.

1006. 보이는 것과 들리는 것들을 지각하는 유한한 소견을 가진 망각(pramada)[에고가 가진 '진아에 대한 부주의'의 성품]이 떨어져 나갔을 때의 비이원적 지知(advaita jnana)인 광대한 **무한자**야말로 순수하고 평온한 행복이라네.

이 연에서 스리 바가반이 베푸는 가르침은 『찬도갸 우파니샤드』, 7.23.1에서 사나뜨꾸마라가 베푸는 다음 가르침과 동일하다. "무한한 것(bhuma)만이 행복(sukham)이고, 유한한 것(alpa)에는 어떤 행복도 없다. **무한자만이 행복이다**(bhumaiva sukham)." 그러나 본 연에서 스리 바가반은 그것만이 행복인 그 **무한자**의 본질을 더 드러낸다. 즉, 그것은 보이거나 들리는 어떤 것도 없고, 망각[진아에 대한 부주의]을 성품으로 하고 그것의 '대단함'이라고는 유한한 것들을 아는 것뿐인 에고조차도 없는, 비이원적 지知라는 것이다. 본 장의 두 연에서 우리는, 참된 **행복**은 아는 마음과 알려지는 대상 둘 다가 없는 무한하고, 영원하고, 실재하는 상태인 비이원적 지知에 있다는 것과, 대상들이 알려지는 유한하고, 찰나적이고, 실재하지 않는 상태인 이원적 지知에는 털끝만큼도 진정한 행복이 없다는 것을 이해해야 한다.

27. 지知-허공

1007. 세상을 쫓아다니며 성자들을 친견하고 숭배하면서 큰 사랑으로 진리를 찾아다니는 사람들이여, 만일 큰 고행자들(tapasvins)이 분

명하게 아는 지고의 **실재**를 면밀히 탐색하면, 그것은 툭 트이고 비어 있는 **지**知-**허공**(일 뿐임을 알 것)이네.

진인들이 체험하는 실재는 텅 빈 **지**知-**허공**, 즉 "내가 있다"는 단순한 의식일 뿐이다. 이 **지**知-**허공**은 앞 장에서 묘사된 **무한자**(Bhuma)와 같은 것이다. 여기서 그것을 툭 트이고 비어 있는 허공이라고 하는 이유는, 그것이 '아는 대상'과 '그것을 아는 마음' 둘 다가 전혀 없는 상태이기 때문이다.

1008. 세상을 급히 돌아다니며 스승을 찾는 제자들에게 **스승-아버지들**[아버지 같은 스승들]이 보여주고 베푸는 것들은, 면밀히 살펴보면 경이로운 **지**知-**허공**["내가 있다"는 단순한 의식]이라네.

1009. 여기저기 고단하게 헤매던 방황이 끝나고 안식하는 피난처인 저 영원한 것은, 결함 없는 존재-의식으로서 번영하는 **시바**라는 지고의 실재, 곧 **지**知-**스승**(Jnana-Guru)이 베푸는 경이로운 **뚜리야**의 허공이라네.

수많은 생에 걸친 고단한 방황은 물론이고 각 생에서 몸과 마음의 고단한 방황들이 끝이 난다.

1010. 허물을 벗는 뱀처럼, 욕망(sankalpas)의 속박을 소멸하고 동요됨 없이 **진아안주**(nishta)를 위해 끝까지 모든 노력을 다할 때, 떠오르는 것이 **지**知-**허공**이라네.

1011. 빽빽이 마른 숲 하나에 완전히 발화된 불이 사방으로 퍼져나가며 타오르듯이, 무한한 의식의 반사광(chit-abhasa)인 개아가 죽(어서 재가 되)는 화장터가 곧 **의식-허공**(chit-akasa)의 찬연함이라네.

개아, 곧 의식의 반사광이 여기서는 무한한 것으로 묘사된다. 왜냐하면 그것은 무한한 양의 원습(vasanas), 곧 모든 무지한 상상(ajnana-kalpanas)을 일으키는 씨앗의 근본 원인이기 때문이다. 이 개아가 완전히 소멸되어 그것의 모든 원습과 함께 참된 지知의 불(jnanagni) 속에서 타버릴 때, 이렇게 그것이 타는 화장터는 순수한 의식의 광대한 허공이며, 그 허공의 빛은 마치 발화되자마자 순식간에 메마른 나무들의 광대한 밀림으로 퍼져 나가 그 숲을 완전히 재로 만드는 타오르는 거대한 불길과 같다. 이 비유에서, 그 광대한 숲의 메마른 나무들은 개아의 무수한 원습과 같고, 그 개아는 자신의 원습들에 주의를 기울이지 않는 무욕(vairagya)의 결과로 바짝 말라 지知의 불이 붙기 좋은 땔감이 된 상태라고 이해해야 한다. (『스리 라마나의 길』, 제1부 제7장을 보라.) 여기서 사방으로 퍼져나가 에고와 그것의 산물들[세계라는 겉모습]을 순식간에 집어삼키는 그 들불은 「아루나찰라 문자혼인화만」, 제27연과 「아루나찰라 5보송」, 제1연에서 묘사된, "퍼져 나가는 밝은 빛살로 일체를 삼키는" 아루나찰라의 작열하는 해와 같다. (제114연을 보라.)

1012. '나'라는 (그릇된) 지知가 무지로서 죽어 버린 단순한 진아라는 침묵만이 (성취할) 가치가 있다는 것을 알라. "왜인가?"라고 한다면, (대상을) 욕망하는 것이 불행의 참된 원인이지만 (침묵은) 욕망할 것이 아무것도 없는 (의식의) 허공이기 때문이네.

욕망이 불행의 유일한 원인인데, 그것은 자기 자신 아닌 어떤 것이 존재할 때만 일어날 수 있다. 진아의 상태인 침묵은 자기 아닌 것이 아무것도 존재하지 않는 단순한 의식의 허공이므로, 그것만이 성취할 가치가 있다. 이 침묵을 성취하기 위해서는, "나는 몸이다"라는 그릇된 지知인 에고가 하나의 실재하지 않는 무지에 불과하다는 것을 발견하여 그것을 소멸해야 한다.

1013. 결함(에고)을 소멸하는 스승의 은총에 의해서가 아니면 다른 어떤 수단으로도 체험할 수 없는 것이, 달리 무엇도 그것의 위대함을 능가할 수 없는 참된 지知-허공이라는 성지聖地의 찬연함이라네.

1014. 광대한 (지知-)허공의 찬연함을 본 사람들은 위대한 지복이자 침묵인 시밤(Sivam)으로서 궁극에 이르러, 아만我慢의 미망['나는 몸이다'라

는 미망과 다른 미망['내 것'이라는 미망]에 의해 점점 늘어났던 탄생(과 죽음)을 소멸할 것이네.

1015. 맛보고, 냄새 맡고, 보고, 듣고, 접촉하는 오관에 의해 알려지는 모든 것을 목적어로 가지면서 술어로 존립하는 **빠라샥띠**(*Parasakti*)에게 주어는, 미묘한 상태인 **지**知-**허공**이라네.

사두 옴: 문장에서 목적어는 술어, 곧 본동사에 의존하고, 술어는 주어에 의존한다. 술어와 목적어 없이도 주어는 존립할 수 있으나, 주어가 없이는 술어와 목적어가 존립할 수 없다. 이 연에서는 오관을 통해서 습득된 지知로 이루어져 있을 뿐인 세계라는 겉모습 전체가 한 문장의 목적어에 비유된다. 이 세계라는 겉모습을 창조하는 **마야**의 힘인 **빠라샥띠**는 문장의 술어, 곧 본동사에 비유되고, **빠라샥띠**와 **마야**의 창조계가 외관상 존재하기 위해서 의존하는 진아의 참된 상태인 텅 빈 **지**知-**허공**은 문장의 주어에 비유된다. 이처럼 스리 바가반은 이 광대한 우주 전체와 그 우주의 강력한 창조주가, 툭 트이고 빈 하나의 **허공**에 의존해서만 존재한다고 유머러스하게 선언한다.

숨겨져 있는 또 한 가지 의미도 이 연에서 제시된다. '주어'의 타밀어 단어 '엘루바이(*ezhuvay*)'는 '일어나는 곳'이라는 뜻이 있고, '술어'의 타밀어 단어 '빠야닐라이(*payanilay*)'는 '쓸모없다'는 뜻이 있으며, '목적어'의 타밀어 단어 '세이얍빠두 뽀룰(*seyyappadu porul*)'은 '만들어진 것'을 의미한다. 그래서 스리 바가반은, "만일 그대가 **지**知-**허공**에서 일어나 수많은 것들을 창조한다면, 그것은 아무 쓸데없다"고 간접적으로 경고하는 것이다.

제1007연부터 1015연까지 본 장 전체에 걸쳐 **진지**眞知(*Jnana*)의 상태―수행자들이 수많은 수행을 닦고 수많은 생에 걸쳐 수많은 희생을 한 뒤에 마침내 성취되는 삶의 지고한 목표―가 아주 대단한 성취로 칭송되기보다는 "툭 트이고 빈 **허공**, 욕망하거나 성취해야 할 다른 어떤 것도 없는 단순한 **허공**, 절대적 **침묵**의 상태"로 묘사된다. 그러나 스리 바가반이 진지의 상태를 이런 식으로 겉보기에 별 것 아닌 듯이 묘사하는 이유는, 그 빈 허공 같은 상태의 진정한 위대함을 우리가 알 수 있도록 하기 위해서이다. 즉, 스리 바가반은 이 연들에서, 이 상상할 수 없이 크고 광대한 우주의 모든 무수한 대상들뿐만 아니라, 그것들을 창조하고 유지하는 빠라샥띠조차도, "내가 있다(I am)"는 단순한 의식인 진아지의 허공(atma-jnanakasa)에서 일어나고 퍼져 나갈 뿐이므로, 비할 바 없는 지고의 상태는 저 전능한 빠라샥띠를 지지하는 바탕인 우리 자신의 존재에 대한 단순한 앎인 진지의 상태일 뿐이라고 가르친다.

모든 개아들의 마음은 단순한 존재-의식[자신이 존재한다는 앎]의 상태에서 일어나 그것을 버린 채 늘 바깥으로 향하고 대상지知에 자부심을 가지므로, 그 마음들이 대상지知에 대한 애착을 포기하고 단지 있음(mere being)의 상태에 대한 큰 사랑을 얻고 거기서 완전한 만족을 발견하지 않는다면, 해탈(moksha), 곧 진지의 상태를 성취하기에 적합하지 않을 것이다. 스리 바가반이 본 장에서 진지를 단순히 툭 트이고 빈 허공으로 묘사하면서 그것을 찬미하는 것은, 이 진리를 가르쳐 헌신자들의 마음속에 확고한 무욕(vairagya)을 심어주기 위해서일 뿐이다. 또한 같은 이유로, 스리 바가반은 언젠가 이렇게 유머러스하게 말씀하신 적이 있다. "여기 오는 사람은 다 해탈을 얻기 위해서 왔다고 말합니다. 그러나 맛보기로 해탈을 조금만이라도 체험하게 해 주면, 그걸로 족하다고 여겨서 까마귀나 참새 한 마리도 여기 남아 있지 않고 다 날아가 버릴 것이고, 저 혼자 내내 여기 앉아 있게 되겠지요!"

28. 의식-공간

1016. 어디나 도처에 자기로서 존재하며 빛나는 의식-공간(chitrambalam)을 여기저기 찾아 헤매는 것은, 보름달의 밝음이 무색한 밝은 대낮에 횃불을 들고 해를 찾아다니는 것과 같다네.

스리 무루가나르: 의식-공간은 심장-공간(*daharakasa, hridayakasa*), 의식-허공(*chidakasa*), 지知-허공(*jnanakasa*)으로도 불리는 것이다. 그것이야말로 진아로서 빛나는 신의 참된 형상이다.

1017. '나(*aham*)'는 거짓되고, 그것['나'] 아닌 이것(*idam*)[세계]도 거짓되며, 저 '나'가 이것을 아는 지知도 완전히 거짓되고, 3요소(*triputi*)가 나타나게 하는 근본원인(*mula-prakriti*)도 거짓되며, 경이로운 의식-공간만이 참되다네.

여기서 말하는 '근본원인'은 마야, 곧 마음 혹은 에고이다. 그것만이 실재하는 의식-공간은 제1005, 1006연에서 묘사된 무한자와 같은데, 그것의 성품은 단순한 존재-의식이고, 그것은 실재하지 않는 3요소, 곧 '아는 자[에고], 아는 행위, 알려지는 대상'이 전혀 없다.

1018. 삼라만상의 많은 세계들이 그 위에서 나타나는 의식-공간인 그들 자신의 (진아의) 상태를 거짓되다고 젖혀둔 채, 오관을 통해 알려지는 것이 참되다고 생각하여 미혹되는 사람들은, (진아라는) 지고한 이익을 성취할 수 없다네.

1019. 마음의 불순물[원습]을 소멸하고 시밤 그 자체로 빛나는 진인들 외에 달리 어떤 이가, 살아가는 경험자의 어떤 결함이나 결핍과도 결부되지 않는 위대함으로 넘치는 의식-공간의 빼어남을 분명하게 알 수 있으랴.

29. 가르침

1020. "따라서 저 의식-공간만이 누구도 묘사할 수 없는 진정한 지고의 시밤(*Para-Sivam*)이다"라고, 시바로 충만한 진아 상태를 나에게 드러내신 분이 지고의 진인이신 신성한 주 라마나이시라네.

1021. 진아의 형상인 때에 진아의 형상인 곳에서, 진아의 형상인 그 자체를 진아가 기쁘게 성취하도록 하기 위해, 진아 그 자체가 진아를 드러내고 하사하여, 진아의 형상인 자기를 깨달았다네.

사두 옴: 위 두 연에서 스리 무루가나르는 그의 참스승, 바가반 스리 라마나의 은총으로 그에게 하사된 지고한 지知의 체험을 표현했다. 스리 무루가나르의 에고 없음(즉, 진아지)의 상태는, 여기서 그가 "내가 진아를 깨달았다"고 하지 않고 진아가 그 자체를 깨달았다고 말한다는 사실에서 분명하게 이해할 수 있다.

진실로, 어떤 개아도 진아를 깨달을 수 없고, 진아가 그 자체를 깨달을 뿐이다(『스리 라마나의 길』, 제1부 제7장 참조). 뿐만 아니라, 본 연에서 사용된 "진아의 형상인 때에 진아의 형상인 곳에서, 진아의 형상인 그 자체를"이라는 말에서, 우리는 진아가 어떤 특정한 시간에 어떤 특정한 장소에서 그 자체를 깨닫는 것이 아니라는 것을 이해해야 한다. 시간과 공간 둘 다 실재하지 않고, 진정한 자아 안의 거짓된 겉모습에 불과하므로, 진아인 그가 그 자신을 모든 시간, 모든 장소에서 항상 알고 있었다는 것이 진인의 체험이다. 그에게 무지란 어느 때에도 존재하지 않는 것이다. 그래서 남들이 보기에는 마치 그가 어느 특정한 시간과 장소에서 진지를 성취한 것처럼 보여도, 그 자신이 볼 때는 자신이 한때는 무지 속에 있다가 이제 진지를 성취했다고 참으로 느끼지는 않는다(제1085연을 보라).

30. 진아의 상태

1022. 세계를 현출하고 (그 자신을) 숨기는 에고(ahankara)가 자신의 빛나는 근원이 무엇인지를 물으면서 심장 속에 안주할 때, ('나-나'라는 스푸라나(sphurana) 형태로) 힘 있고 활기차게 빛을 발하는 실재지實在知(tat-bodham)가 끊임없는 진아의 참된 상태라네.

사두 옴: 에고의 성품 자체가 자신 아닌 다른 것들에게만 주의를 기울이는 것이다. 따라서 에고는 자신이 누구인지, 무엇인지 모른다. 자신의 성품에 대한 무지[즉, 자신이 어떤 존재성도 가지고 있지 않다는 사실에 대한 무지]가 여기서 "(그 자신을) 숨기는 에고(*olikkum ahankaram*)"라는 말이 의미하는 것이다. 그러나 "나는 이것이다", "나는 저것이다"라는 그릇된 앎의 형태로 일어나는 이 찰나적이고 실재하지 않는 에고가, 만일 "나는 누구인가"를 알아내기 위해 자신의 주의를 자기가 오관을 통해 투사하는 2인칭과 3인칭들의 세계로부터 돌려서 그 자신인 1인칭에게로 향하게 하면, 그 에고는 자신의 근원인 **심장**, 곧 **진아** 속으로 가라앉을 것이고, 그러면 영원하고 실재하는 **진아**가 "나는 나다"라는 참된 지知의 형태로 자연히 빛을 발하게 될 것이다.

1023. 대상적 주의로 인해 자기 앞에 나타나는 다른 것들을 대상지를 통해 열망하며 쏘다니는 대신, 그 삿된 마음이 "대상들을 아는 나는 누구인가?"라고 물으면서 자기에게 주의를 기울여 자신의 참된 성품인 **진아**에 안주하는 것이야말로 **실재**의 상태라네.

1024. 어떤 인생단계(*asrama*)에 들어갔든, 어떤 계급(*varna*)에 태어났든, **진아지자**眞我知者(진인)들은 항상 그들 자신의 (본래적 진아의) 상태에 머무를 것이니, 그들의 상태야말로 **참된 상태**이며, 다른 상태들은 모조리 거짓된 상태 아닌지, 말해 보라!

1025. 진아의 상태 하나만이 참되고 사랑스러운 상태인 반면, 하늘연꽃 같은 천상에서 사는 상태는 신기루의 물같이 상상에 의해 나타나고, 더 많은 망상을 주입하는 마음의 거짓된 상태일 뿐이네.

사두 옴: '하늘연꽃 같은(*van-murali pol*)'이라는 어구는 두 가지 의미, 즉 1) '브라마 세계(*Brahma-Loka*) 같은 (천상)'(왜냐하면 거주처가 천상에 있는 브라마의 옥좌는 연꽃이므로), 2) '하늘에 있는 상상의 연꽃 같은'의 의미를 갖는다. 하늘에서 보이는 상상의 연꽃처럼, 그리고 신기루에서 보이는 상상의

물처럼, 진아의 상태 외의 모든 상태는 마음의 망상일 뿐이고, 실로 존재하지 않는다. **브라마 세계** 같은 다양한 천상계에서 사는 즐거움조차도 하찮고 실재하지 않는다. 그래서 신기루의 물이 우리의 갈증을 해소해 줄 수 없듯이, 그런 것들은 온전하고 완전한 행복에 대한 우리의 열망을 충족시켜 줄 수 없다. 따라서 참으로 사랑하고 열망할 가치가 있는 유일한 상태는 진아의 상태이다.

1026. (우리의) 본래적 성품이 **진아**의 참되고 위대한 행복으로서 존재하지만, 미혹된 기만적 마음이 늘 타자인 것을 추구하면서 행복을 찾는 것 자체가, 행복인 그것(진아의 참된 성품)을 잃는 것이라네.

스리 무루가나르: 모든 사람이 그들 자신의 경험의 실제적 진리를 "나는 잠에서 깨어났다. 나는 행복하게 잤다"고 표현하므로, 누구나 마음이 비워져 있고 감각대상에 대한 집착이 없는 잠이라는 본래적 상태에서는 **자기**가 행복의 형상으로 빛난다는 데 동의한다. 그 상태에서 우리 자신의 성품으로서 존재한 그 **행복**이, 왜 잠이 끝나자마자 경험되기를 그치느냐고 누가 묻는다면, 그것은 감각대상을 쫓아가는 우리의 욕망이 우리 자신의 상태에서 분리되었기 때문이다. 따라서 우리는 미혹으로 인해 일어나는 감각대상에 대한 욕망에 마음이 흔들리지 않게 하고, 우리 자신을 알며, 생시의 상태에서도 잠 속에서처럼 평화롭게 머무르면서 부주의(*pramada*) 없이 빛남으로써, 우리 자신의 참된 체험인 비할 바 없는 **행복**을 성취해야 한다.

1027. **진아의 맛**(*atma-rasam*) 하나만이 최상의 맛(*ati-rasam*)이라는 것을 알고 **진아**의 상태에 안주하는 이들이 지知를 가진 사람(진인)이며, **진아의 행복**(*atma-sukha*) 하나가 위없는 이익임을 이해하지 못한 사람들이 안주해 있는 곳은 세간의 상태라네.

스리 사두 옴은 『진어화만—풀어옮김』의 부록에 **스리 바가반**의 별시別詩(각기 따로 지어 한데 모여 있지 않은 시) 11수를 포함시켰고, 각 시가 본문의 어디에 들어가야 하는지를 보여주는 주(註)들을 달고 있다. 이곳에 들어와야 할 그 부록의 제6연에서 스리 바가반은 다음과 같이 말한다.

1027a. ("나는 누구인가?"의 탐구를 통해) 우리가 심장 안에서 자신의 참된 성품을 알면, (그것은) 시작이 없고 끝이 없는 존재-의식-지복(이라는 것을 알 것)이네. ─ 바가반

스리 바가반은 「가르침의 핵심」, 제28연을 위와 같이 달리 표현하였다.

1028. 그들 자신의 형상[10]이 **지복**임을 이해하지 못하는 사람들은 사향 사슴처럼 미혹되지만, 그들 자신의 형상을 잘 이해하는 사람들은 세계를 추구하지 않고 그들 자신의 (진아) 상태에 안주할 것이네.

사향사슴은 좋은 향기를 발하지만 그 향기가 그 자신에게서 나온다는 것을 모르고, 그 향기의 원천을 찾아서 이리저리 내달린다. 마찬가지로, 무지한 사람들(ajnanis)은 그들이 즐기는 모든 행복이 그 성품 자체가 **행복**인 그들 자신의 **진아**에서 나온다는 것을 모른 채, 행복을 찾아서 세간적 대상들을 쫓아 달려간다. 여기서 본 저작의 제585연, 『스리 라마나의 길』, 제1부 제2장과도 비교해 보라.

1029. 행복이라는 것은 **진아**의 참된 성품(atma-swarupa)일 뿐이니, 행복 없이는 **진아**(swarupa)도 없다네. 행복이라는 것 하나만이 존재한다는 저 가르침을 이해하고 **진아**의 상태에 안주하면서, 항상 **지복**을 즐기라.

사두 옴: 「나는 누구인가?」에서 스리 바가반이 "행복이라는 것은 **진아**의 성품일 뿐이며, 행복과 진아는 다르지 않다. **진아행복**(atma-sukha)만이 존재하고, 그것만이 실재한다"고 한 것을 참조하라(『라마나 마하르쉬 저작 전집』, 51쪽).

---

10) T. "그들 자신의 형상"에서 '형상'은 육신을 말하는 것이 아니라, 그들의 존재의 실체인 의식을 의미한다. 모든 존재들의 진정한 형상은 몸과 마음을 포함하는 의식이다.

제3부 387

31. 진아의 힘

B20. 지知-존재로서 안주하는 **진아지자**眞我知者(atma-vid)는 누구나 **지**知로써 감각기관을 정복한 자이며, 그 자신이 **지**知의 **불**(arivu-agni)이고 **지**知의 번개를 휘두르는 자이니, **깔라깔란**(Kala-kalan)인 그가 바로 죽음을 살해한 대장부라네.

'**지**知의 번개를 휘두르는 자'는 천신들 중 가장 힘센 자인 **인드라**(Indra), 곧 일부 '**행위 장**章(Karma-kanda)'[베다에서 세간적 욕망의 충족을 위한 의식 행위들을 가르치는 부분] 추종자들이 우주의 지고한 주라고 믿는 신이다. 따라서 이 연에서 스리 바가반은 그런 '행위 장 추종자들(karma-kandis)'에게, 진정한 **인드라**, 곧 **지**知-**인드라**는 **진아지자**(Atma-jnani)뿐이라고 이야기한다.

'**깔라**(kala)'라는 단어는 '죽음' 또는 '시간'을 의미하고, 죽음의 신 **야마**의 한 이름이다. '**깔라깔란**'은 '죽음의 죽음' 또는 '시간의 정복자'라는 의미이고, 야마를 죽인 주 시바의 한 이름이다.

그래서 스리 바가반은 이 연에서, 진인은 단지 어느 특정한 신의 한 화현이 아니라는 것을 드러낸다. 진인은 **진지**(Jnana) 그 자체이고, 따라서 그는 인드라, 주 시바, 그리고 다른 모든 신들에 다름 아니다. 진인은 그것을 통해 전 우주가 투사되는 감각기관들을 정복했으므로, 실은 전 우주를 정복한 것이다. 따라서 전 우주 안에는 진인의 진아안주의 힘보다 더 큰 어떤 힘도 없다.

「실재사십송 보유」에도 제28연으로 들어가 있는 스리 바가반의 위 연은, 스리 무루가나르의 다음 두 연에서 표현되는 관념들을 요약하고 있다.

1030. (망각에 의해 조금도) 방해받지 않고 빛을 발하는 **진아안주**로써 오관을 모조리 죽인 '**지**知의 힘을 가진 자(진인)'야말로, 물러섬 없이 **야마**를 죽인 '**지**知의 번개를 휘두르는 자'이고, 질투의 출현을 없애버리는 **지**知의 태양이라네.

1031. 여섯 감각기관을 통해 모든 세계들을 창조하고 유지하는 힘을 가진 '나'라는 잔인한 수라빠드마(Surapadma)를, (자기주시를 통해) 심장 속으로 도로 몰아넣어 죽이는 그[진인]가, 지고한 지복 속에서 즐거워하는 **꾸마라**(Kumara)[주 수브라마니아]라네.11)

사두 옴: 우리가 다섯 감각기관을 통해 세계를 알 수 있는 것은 마음을 통해서일 뿐이므로, 때로는 마음을 감각기관의 하나로 꼽기도 하는데, 그래서 그 숫자가 여섯이 된다.

에고를 정복하여 소멸한 참된 진인은 신의 모든 형상들의 화신이고, 또한 스리 바가반이 「데비깔롯따람(Devikalottaram)」, 제6연에서 보여주었듯이 "그는 얼굴이 넷인 자[브라마]요, 시바요, 비슈누이고, 천신들의 왕[인드라]이고, 구하(Guha)[주 수브라마니아]이며, 그만이 모든 천신들의 스승이고, 큰 요기이고, 모든 따빠스의 부富를 소유한 자이다."

32. 진아의 본질

1032. 그림인[그림처럼 지각력이 없는] 이 몸을 '나'라고 하는 사람이여, 그림 자체가 어떤 것을 생각할 수 있는가? 생각하거나 잊어버리는 것은 영혼일 뿐이네. 그래서 그것[영혼]만을 '나'라고 하는 것이네.

사두 옴: 이 연에서 에고 혹은 개아, 곧 거짓된 '나'를 마치 그것이 진정한 '나'인 양 지칭한다. 왜인가? 스리 바가반이 처음에 목표하는 것은, 지각력 있는 존재는 생각하거나 잊어버리는 개아 혹은 마음일 뿐이라는 것을 증명하는 것뿐이기 때문이다. 그런 다음 당신은, 지각력이 없고 무엇을 생각할 수 없는 몸은 '나'가 아니라고 결론짓는다. 이어서 다음 연에서는 이 마음조차도 진정한 '나'가 아니라는 것을 드러낸다. 그래서 스리 바가반이 이 두 연

---

11) *T.* 수라빠드마 혹은 수라빠드만은 1,008개의 우주에 대한 지배력을 얻은 악마이고, 꾸마라 곧 수브라마니아(시바의 둘째아들)는 이 악마를 죽이기 위해 화현했다고 한다.

에서 채용한 가르침 방법은, 『해탈정수』, 제1장 제18연(한국어판 제25연)에서 "처음에는 땅 위의 몇 그루 나무를 보여주다가 초승달을 보여주고, 또한 하늘의 (큰) 별들을 보여주다가 (한결 작은) 아룬다띠(Arundhati) 별을 보여주듯이"라고 하는 것과 같다(『불이해탈의 등불』, 158쪽 참조).

1033. "몸이 나다"라는 영혼은 그 몸과 다르니, "몸이 나다"라고 여기는 그 영혼을 몸으로 하는, 그 영혼 안에서 춤추는 또 하나의 **영혼**이 있어야 하네. 그럴진대, **참된 영혼**인 그것 외에 다른 영혼들이 있을 수 있겠는지, 어디 말해 보라.

사두 옴: 앞 연에서 말한 생각하거나 잊어버리는 영혼은 개아(*jiva*)인데, 그것의 형상은 "몸이 나다"라는 생각이다. 그러나 그 연에서 몸이 '나'가 아니라고 결론지었으므로, 개아 곧 에고는 실제로 전혀 어떤 몸도 가지고 있지 않음이 발견된다. 바꾸어 말해서, 개아는 지각력 없는 몸도 아니고, "내가 있다"는 의식도 아니며, 서로 다른 이 두 가지가 똑같은 하나로 착각될 때 외관상 생겨나는 하나의 거짓된 연결고리일 뿐이므로, 우리는 개아에게 어떤 실제적 존재성도 없고, 따라서 그것은 '나', 곧 실재하는 영혼이나 생명일 수 없다고 결론지어야 한다. 그래서 우리는 그 지각력 없는 개아 안에서 내내 존재해 오면서, 그것을 살아 있게 하고 그것을 자신을 거주처로 삼는, 또 하나의 영혼[다른 지각력 있는 실체]이 있다는 것을 받아들여야 한다. 개아를 그 몸으로 삼는, 그리고 지각력 없는 개아가 마치 지각력이 있거나 살아 있는 것처럼 보이게 하는 **의식** 혹은 **생명**인 그 다른 영혼[진아]이야말로 진정한 영혼이다. 이와 같이 **진아**가 개아들["나는 몸이다"라는, 실재하지 않는 혼합된 의식]의 유일한 **실재**임이 발견되는데, **진아** 아닌 어떤 영혼이 참으로 존재할 수 있겠는가? 그래서 이 연에서는, 단 하나의 실재하는 **영혼** 혹은 **생명**인 진아 외에는, 어느 때 어느 곳에서도 어떤 영혼도 결코 존재하지 않는다는 것을 가르친다.

여기서 제1051연을 참조하라.

1034. 세계가 지각될 때뿐만 아니라 (잠 속에서와 같이) 그 세계가 지각되지 않을 때에도, 몸 없는 존재로서 고통 받지 않고 빛나는 **실재**가 그대의 진정한 형상이라네.

1035. (오관을 통해서) 지각知覺되는 세계가 실재하든, 아니면 (그것을) 아는 마음의 상상물로서 버려지든, 지각하는 **의식**의 형상인 그대가 거기에 존재하지 않는가? 순수한 **의식**인 그것이야말로 **진아**의 형상이라네.

1036. (대상들에 대한) 지知와 함께 무지가 소멸할 때 남아 있는 (자기 자신의 존재에 대한) 단순한 **의식**인 **실재**야말로 **진아**라네. 충만한 **진아자각**(*prajnana*)인 그 **브라마-스와루빠**(*Brahma-swarupa*) 안에는 단 하나의 무지도 없다는 것을 알라.

사두 옴: 사람들은 일반적으로, 다른 것들을 모르는 상태는 무지의 상태라고 생각한다. 그러나 이것은 옳지 않다. 실로 다른 것들을 아는 것 자체가 무지이다(「실재사십송」, 제13연). 무지에 지나지 않는, 이른바 다른 것들에 대한 지知가 없을 때에도, "내가 있다"는 순수한 **자기앎**을 누구나 경험하므로, 자기 자신의 존재에 대한 이 **지**知야말로 **완전한 지**知(*purna-jnana*)이다. 다른 지知들과 다른 이 지知를 이 연에서는 "단순한[혹은 '공한'] 의식인 **실재**", "**진아**", "**진아자각**", "**브라마-스와루빠**"라고 지칭한다.

1037. 그것[브라마-스와루빠]은 무지가 없는 것일 뿐만 아니라, 완전지完全知(*sujnana*)인 **스와루빠**(진아)라네. 그 **참된 지**知(*sat-bodha*)가 없다면 명지明知(*vijnana*)의 차별상이 어떻게 거기서 태어날 수 있겠는가?

사두 옴: '명지明知의 차별상(*vijnana-bheda*)'이라는 구절은 지성(intellect), 곧 지성껍질(*vijnanamaya-kosa*) 안에서 빛나는, 모든 개아들이 경험하는 차별상

[이원자와 3요소에 대한 지知]에 대한 지知를 의미한다. 이 한정된 지知(visesha jnana)는 실재하지 않지만, 그것이 외관상 일어나거나 태어나는 토대는 참된 지知 또는 의식일 수밖에 없다. 따라서 지성의 근원인 진아(atma)는 바로 지知(jnana)의 성품으로 되어 있다고 결론지어야 한다. 여기서 「실재사십송」, 제12연의 "진아는 지知이지 공空이 아님을 알라"고 한 것을 참조하라.

1038. 진아 자체에게 그 지知는 구나(guna)가 아닌데, 왜냐하면 진아의 형상은 니르구나(nirguna)이기 때문이네. (더욱이) 진아지는 (아는) 행위가 아닌데, 왜냐하면 행위자 의식이 없기(akartritva) 때문이네. 지知는 (진아의) 성품이라네.

진아는 비이원적 실재이므로 진아를 아는 다른 어떤 것도 없고, 그래서 진아만이 그 자신을 안다. 그러나 진아는 성품상 행위자 의식이 없고, 그래서 행위가 없으므로, 진아의 그 자신에 대한 지知는 아는 행위가 아니다. 진아는 아는 행위에 의해서가 아니라 그 자신으로 있음으로써 그 자신을 안다 (「가르침의 핵심」, 제26연의 "진아로 있음 그 자체가 진아를 아는 것이네. 왜냐하면 진아는 이원성이 없기 때문이네"를 보라.) 따라서 진아의 성품 자체가 지知인데, 다만 그것은 아는 행위가 없는 지知라는 이야기가 된다. 그래서 스리 바가반은 「실재사십송」, 제12연에서 "(대상들을) 아는 그것은 참된 지知일 수 없네."라고 말한다. 같은 진리를 스리 무루가나르도 「메이 따바 빌라깜(Mey Tava Vilakkam)」, 제831연에서 표현하여 말하기를 "진정한 '나'는 다른 것들도 알지 못하고 그 자신도 알지 못하는 지知이네"라고 한다. 진아지는 비이원적이므로, 그것은 (아는 자, 아는 행위, 알려지는 대상의) 3요소 없이 빛나며, 그래서 그것은 아는 행위와 관계되는 다른 종류의 지知들과 사뭇 다르다. 또한 『스리 라마나의 길』, 제2부 부록 4(c)를 참조하라.

1039. 다른 빛을 조금도 요하지 않고, 자기 스스로 어떤 장애도 없이 존재하며 "내가 있다"로서 내면에서 빛나는, 위대한 단 하나의 실재

지知인 저 부가물 없는 의식(*unarvu*)이야말로 확고한 우리 자신의 참된 성품이라네.

1040. 지知의 빛남으로서 존재하는 자기 자신의 실재를 다른 하찮은 감각대상들처럼 아는 방법은 무엇인가? '나'라는 거짓된 자기를 소멸하고 진아에 평화롭게 안주하면, 참된 자기가 스스로 빛을 발할 것이네.

1041. 3요소(*triputi*)로서 끌어안는 많은 그룹들 중에서 어떤 요소(*puti*)도 진아를 떠나서 존재할 수 없다네. 그렇게 존재하는 어느 하나도 진아가 아니며, 그 모든 것의 토대로 남아 있는 것만이 진아의 참된 상태라네.

사두 옴: 보는 자, 보는 행위, 보이는 대상이라는 세 요소의 그룹이 하나의 '3요소(*triputi*)'이다. "나는 보는 자다", "나는 봄이다", "이 대상들은 나에게 보인다"—이 세 가지 지知 중에서 어느 것도 '나' 없이는 존재할 수 없다. 그러나 '보는 자'인 이 '나'는 진아가 아니고 에고일 뿐이다. 따라서 이 연에서는 하나의 3요소를 이루는 세 요소 중 어느 것도 진아가 아니라고 한다. 봄(seeing)과 같은 행위 혹은 활동(*pravrittis*)은 진아의 성품이 아니다. "나는 보고 있다"는 에고의 '지知의 성품'이다. "내가 있다"는 자기 자신의 존재에 대한 지知만이 진아의 성품이다. 만일 "내가 있다"는 기본적인 지知가 존재하지 않는다면, "나는 보고 있다"와 같은 한정된 지知가 그 에고에게 일어날 수 없을 것이다. 그래서 이 연에서는 어떤 3요소의 한 요소도 진아를 떠나서는 존재할 수 없고, 대상지知는 진아에게 존재하지 않으므로, 그런 요소들 중 어느 것도 진아가 아니라고 하는 것이다.

1042. 영원성과 완전한 전체성(*paripurnam*)이라는 위대함을 가진 우리 자신의 진아는 결코 성취할 수 있는 이원성이 아니네. 진아와 결합한다는 것은 존재-앎(*sat-bodham*-존재를 아는 것)의 영역이며, 다른 것

이 하나도 없는 지知 그것이야말로 진아의 참된 형상이라네.

진정한 요가(yoga)는 다른 어떤 것을 아는 것이 아니라, 우리 자신의 존재를 아는 상태인 진아와의 합일이다. 우리가 어떤 것을 알기 위해서는 그것에 주의(attention)를 기울여야 하므로, 진정한 요가를 성취하는 유일한 길은 자기주시(Self-attention)이지 다른 어떤 것에 대한 주의가 아니다. 이처럼 자기주시에 의해 우리 자신의 진아와의 요가 곧 합일을 성취하면, 그러한 자기주시 자체가 진아의 진정한 형상 혹은 성품임을 발견하게 될 것이다.

1043. 미세함(sukshma)과 거칢(sthula), 비어 있음(sunya)과 충만함(purna), 의기소침과 태연한 의기양양 등으로 지각되는 모든 이원자들[상대물의 쌍들]이 출현하는 토대로서 존재하는, 단 하나의 끝이 없고 지고한 지知야말로 '나'[진아의 참된 형상 또는 성품]라네.

1044. 거짓된 많은 자아들이 일어나 (좋거나 나쁜) 행위들을 함이 없이 하면서 윤회고를 겪고, 마음이 번뇌로 고통 받음 없이 고통 받는 토대인, 단 하나의 실재하는 의식(chinmaya)이야말로 진아라네.

1045. "내가 있다"는 단순한 성품으로서, 그리고 몸에 대한 자부심이 없는 참된 (의식의) 명료함으로서, 해처럼 스스로 그 자체로서 존재하고 빛나는 심장의 허공이야말로 진아임을 알라.

1046. 아주 미세한 참된 의식의 빛으로서, '이것'이라고 목전의 것들을 대상적으로 아는 에고가 없는 것으로서, 그리고 마음이 (그것을 추구하다가) 지쳐서 "나는 모르겠어" 하면서 한탄하는 것으로서, 침묵에 몰입되어 존재하는 것이야말로 진아인 존재-의식이라네.

1047. 움직이는 장면들(겉모습)은 세계이고, 진아는 움직임이 없이 실재하는 의식이라네.

여기서 제1218연과 비교해 보라.

1048. 의식의 형상인 저 **실재**라는 스크린 위에 투사되는 것이 저 3요소라네.

1049. 일곱 가지 (변하는) 음들에게 필수불가결하게 존재하며 그것들과 결합되는 음인 (변치 않는) 스루띠(*sruti*)처럼, (전기의) 힘에 의해 움직이는 화면들에 대해 (움직이지 않는) 바탕인 스크린처럼, 결함 없이 존재하는 것이 **진아**라는 바탕이네.

(인도의 음악에서) 다른 음들은 늘 변하지만 (저변의 기조음인) 스루띠는 항상 변치 않고 그대로이다. 마찬가지로, 마음과 그것의 산물인 몸과 세계는 늘 무수한 변화를 겪지만, "내가 있다"는 기본적 의식인 **진아**는 늘 변치 않고 그대로이다. 그리고 스크린 위의 화면들은 영사기 안의 전력에 의해 추동되어 늘 변하지만, 스크린 자체는 늘 움직이지 않고 그대로이다. 마찬가지로, 마음과 그것의 산물들은 발현업(*prarabdha*)의 힘에 추동되어 늘 움직이고 있지만, 그것들이 나타나는 토대인 기본적 의식인 **진아**는 늘 변함없이 그대로이다. 그래서 **진아**는 스루띠나 스크린처럼, 그 안에서 일어나는 것처럼 보일 수 있는 어떤 변화나 움직임에 의해서도 전혀 영향을 받지 않는다.

1050. 거짓된 온갖 것들의 안에서 빛남으로써 서로 다른 많은 거짓된 것들이 실재하는 듯이 지각되게 하고, 거짓된 것들의 특징인 오고 감(생성과 소멸)이 없이 항상 도처에 영원히 존재하는 그것이야말로, **진아**인 **지고의 실재**(*para vastu*)라네.

1051. 각각의 존재(개아)들 안에 자리하고 있지만 (그들에게) 알려지지 않은 채, 그 모든 존재들을 자신의 몸으로 받아들여, 적절하게, 끊임없이, 지칠 줄 모르고, 움직이게 하는 그야말로, **불멸자인 내적인 진아**(*antar-atma*)라네.

여기서 제1033연과 그 주를 참조하라.

1052. 일어나고 떨어지는[가라앉는] 성품을 자신의 것으로 받아들여 항상 빙빙 돌아가는[고통 받는] 에고-영혼이라는 회전하는 바퀴살들이 아닌, 움직이지 않는 참된 중심인 굴대가 **진아**임을 알라.

사두 옴: 본 장에서 제**1033**, **1046**, **1051**, **1052**연과 **1057**연은 개아(*jiva*)와 진아(*atma*)의 차이점을 분명하게 보여준다.

샤이바 싯단타(Saiva Siddhanta)와 불교 같은 일부 종교 유파에서는 고통 받는 개아를 '아뜨마(*atma*)'(혹은 개인아(*jivatma*))라고 부르지만, **스리 라마나**와 많은 비이원론 경전들의 가르침에서는 '아뜨마'라는 단어가 개아[에고, 곧 실재하지 않는 영혼]라는 의미로는 사용되지 않고, 지고의 **실재**를 뜻하는 말로만 사용된다. 따라서 독자들은 이런 다양한 유파들의 차이가 '아뜨마'라는 단어에 부여된 의미에 있을 뿐, 개인적 영혼의 비실재성에 대한 최종적 결론에 있지는 않다는 것을 이해해야 한다.

1053. 나타나는 것은 나타나라 하고, 사라지는 모든 것은 사라지라 하라. 진아의 참된 성품에 대한 **지**知에 무엇[어떤 손해나 이득]이 있겠는가? 충만함으로서 차오르는 **시바**의 단일성(*kevalam*) 안에 일체가 들어가 사라진 뒤에 남아 있는 그것이야말로 자신의 참된 성품인 **진아**라네.

사두 옴: 나타나고 사라지는 모든 것은 에고의 그릇된 소견 안에서만 존재할 뿐, 진아의 참된 소견 안에서는 존재하지 않는다. 따라서 진아는 무엇이 일어나고 사라지든 조금도 영향을 받지 않는다. 그래서 이 연과 「아루나찰라 8연시」, 제6연에서 **스리 바가반**은 "그것들이 나타나든, 그것들이 사라지든"이라고 하였다. 이 우주가 출현하든 (잠 속에서처럼) 소멸하든 그 어느 것에도 전혀 영향을 받지 않고 남아 있는 것, 그리고 (우주의) 해체(*pralaya*) 시에 이 모든 겉모습이 소멸한 뒤에도 단 하나의 완전한 **전체**로서 빛나며 남아 있는 것—그것만이 진아이고, 그것만이 '우리'이며, 그것만이 **시바**이다.

1054. 기만으로 꽉 찬 저 에고를 (탐구를 통해) 면밀히 조사하여 소멸했을 때 나타나는, 시바의 춤에 대한 영광된 친견(darshan)이라고 우파니샤드에서 칭송하는, 신의 은총의 참된 명료함인 순수한 의식이야말로 진아의 형상이라네.

이 연에서 스리 바가반은 **나따라자**(Nataraja), 곧 춤추는 주 시바의 형상의 참된 의미는 '나-나'라는 **스푸라나**(sphurana)의 형상으로 진아가 빛을 발하는 것임을 드러낸다.

1055. 타자가 하나도 없는[비이원적인] **브라마-스와루빠**(Brahma-swarupa)의 특징은 태곳적의 **찬연함**이니, 공空(sunya)이 아닌데도 공空처럼 보이는 그것의 참된 성품은, 충만하고 참된 그 자체의 본성인 단 하나의 독특한 **존재-의식**(sat-chit)이라네.

또한 「실재사십송」 제12연도 참조하라.

1056. '나'라는 생각이 조금도 일어나지 않는 상태[또는 장소]가 **침묵**이자 **스와루빠**라고 현자(진인)들은 말한다네. (그) 침묵의 **스와루빠**야말로 하느님이고, **스와루빠**야말로 개아(jiva)이며, **스와루빠**야말로 이 오래된 세계라네.

사두 옴: 같은 관념을 스리 바가반은 「나는 누구인가?」의 다음 두 구절에서도 표현한다. "'나'라는 생각의 자취가 털끝만큼도 존재하지 않는 곳[또는 상태]이야말로 **진아**(swarupa)이다. 그것이야말로 **침묵**(mauna)이라고 불린다. 진아야말로 세계이고, 진아야말로 '나'이며, 진아야말로 하느님이다. … 모든 것이 **지고한 진아**(Siva-swarupa)이다." 또한 일체가 진아 혹은 브라만이라고 하는 것은 어떤 의미인지를 설명하는 제985연을 참조하라.

1057. 저 세계·하느님·영혼에게, 마치 모든 대상에게 허공이 그러하듯 (바탕으로서) 존재하는 **실재**야말로, 마음을 초월한 지고한 거주처

로 찬양받는 지고의 시밤이자 진아의 참된 성품이라네.

33. 진아의 위대성

1058. '보는 자' 자체가 '보이는 것'인 단일성(*kaivalyam*)의 성품이 위대하기에, 우리 자신의 **실재**[진아]가 곧 **마하뜨**(*mahat*)[가장 위대한 것]라네. '보는 자'인 1인칭의 에고가 완전히 소멸한 뒤에 묵연히 빛나는 1인칭이야말로, 지고한 의식인 **진아**라네.

사두 옴: 눈에 보이는 모든 대상은 그것을 보는 거짓된 1인칭인 에고의 한 확장에 지나지 않는다. 따라서 '보는 자'[에고]와 '보이는 것'[전 우주] 둘 다의 **실재**는 단 하나이다. 그 **실재**는 **진아**, 곧 우리 자신의 **존재-의식**에 지나지 않는데, 그것은 거짓된 1인칭인 에고가 완전히 소멸하는 **침묵**의 상태에서 눈부신 진아자각으로 빛나면서 남아 있는 진정한 1인칭이다. 따라서 에고, 곧 '보는 자'는 실재하지 않고, 하찮고, 원자 같은 **진아**의 한 반사물에 불과하므로, 진아야말로 모든 것들 중에서 가장 위대한 것이다.

1059. 마하뜨인 평안의 광대한 바다, 곧 의식-**지복**(*bodha sukha*)의 거주처인 진아에 마음을 고정하고 깊이 뛰어드는 사람들은, 끝없는 보물인 진아의 은총을 성취할 것이네.

1060. 진아야말로 **마하뜨**이니, 실로 진아보다 더 위대한 다른 어떤 **마하뜨**도 없네. 따라서 어떤 수단[또는 따빠스]으로도, 진아와 맞바꾸어 얻을 가치가 있는 그 무엇도 우리는 본 적이 없다네.

사두 옴: 진아를 성취하는 것보다 더 높은 어떤 성취도 없다. 따라서 8가지 싯디 같은 다른 어떤 것을 성취하기 위해 진아의 성취를 내버리는 것은 어리석은 일이다. 그러나 오늘날 **진아 깨달음**은 최고의 성취가 아니라거나, 그것을 성취한 뒤에도 어떤 특이한 종류의 요가를 닦아서 성취할 수 있는 더

위대한 많은 것들이 있다고 하면서 **진아** 깨달음을 우습게 여기는 몇몇 이른
바 **마하트마**들이 있다. 그래서 모든 고행자들 중에서도 가장 위대한 **스리 바
가반**은 그런 그릇된 믿음을 논박하기 위해, 이 연에서 당신이 당신 자신의
체험을 통해 깨달은 진리, 즉 우리가 어떤 종류의 따빠스를 아무리 많이 한
다 하더라도, **진아** 깨달음보다 더 위대한 그 무엇도 성취할 수 없다는 사실
을 힘주어 선언한다.

1061. 마하뜨인 **지고아**(Paramatma)의 영광스러운 성취 외에는 이 세간에
서 (가치 있는) 어떤 성취도 없다네. 심장 안에서 하는 탐구로써
그것을 알고 체험하여, 별 가치 없는 에고-자아를 소멸하라.

1062. 존재하며 빛나는 참된 **지**知이자 아름다운 보석인 **진아**란 희유한
부富를 ("나는 누구인가?" 하고) 탐구하여 심장 안에서 성취하면,
괴로움의 뿌리인 탄생(과 죽음)의 불행이 소멸하고 큰 미망이라는
가난이 죽을 것이네.

1063. 그 보석의 가치를 모르는 바보들은 무기력하게 죽는 사람들이지
만, 각자의 타고난 권리인 그것을, (자기탐구라는) 비법을 알아서
성취한 이들은 지고한 **지복**을 성취한 위대한 사람들이니, (그들을)
공경하라.

1064. "의식의 형상인 나는 누구인가?"라고 고요히 탐구함으로써 자기의
참된 성품-의식(swarupa-chit)에 합일되지 않고, 왜 (그 의식에서) 분
리되어 (자신을) 마음의 형상인 의식의 반사물(chidabhasa)로 착각
하고, 삿된 감각기관들을 통해 (밖으로 나가서) 고통 받는가?

1065. 세간의 무지한 사람들이 얻고 싶어 하는 아니마(anima)를 위시한
싯디(siddhis)를 풍부하게 완전히 성취했다 할지라도, 근본 매듭[의
식-몸 매듭]을 풀어서 **진아**라는 온전한 보석을 성취하지 못한 사람

이 배운 모든 학식은 공허하다네.

8가지 싯디 중 첫 번째인 아니마는 원자만큼이나 작아질 수 있는 능력이다.

1066. 길상스러운 **시바**에 대한 생각(내관)이 끊이지 않는 **침묵의 은총**이라는 부富가 진정한 부富라고 그들[진인들]은 말하네. 성취하기 힘든 그 드높은 보물은 (모든) 생각을 소멸하기 좋아하는 위대한 사람들만 얻을 수 있다네.

1067. (진주가) 숨겨진 바다 속으로, 일념의 마음으로 (허리에) 돌을 달고 잠수하여 귀중한 진주를 얻듯이, 무집착(vairagya)으로 **심장** 속으로 뛰어들어 **진아**라는 보물을 얻어 괴로움에서 벗어나라.

사두 옴: 같은 관념을 스리 바가반은 「나는 누구인가?」에서도 이렇게 표현하고 있다. "진주 잠수부가 허리에 돌을 달고 바다 속으로 잠수하여 바닥에 있는 진주를 캐듯이, 누구든지 무집착을 가지고 자신의 내면으로 깊이 뛰어들어 진아라는 진주를 얻을 수 있다."(『라마나 마하르쉬 저작 전집』, 50쪽.)

1068. 결함 없이 존재하는 단 하나의 밝은 **실재**인 자신의 **스와루빠**[진아] 안에, '나'와 '내 것'이라는 두 가지가 없이 묵연히 존재하는 극히 순수한 **자기체험**(sva-anubhava)의 **지**知(bodham)야말로, 드높이 탁월하게 빛나는 것이라네.

34. 진아의 지고성

1069. 결함 없이 빛나는 **존재-의식**(sat-bodha)이야말로 지성적 개아가 매혹되는, 마음을 초월한 **참된 성품**이라네. 지극한 평안(adi-shantam)의 무더기인 저 **은총의 지고자**야말로, (많은 것들을) 생각하는 마음을 평화롭게 만드는 약이라네.

1070. 많은 종류의 신의 형상들(*murtis*)을 보고 열광하며 한동안 마음속으로 몹시 기뻐하는 사람들은, 오래 가지 않는 비실재물인 몸만 (자기라고) 알지, 비실재물에 (조금도) 오염되지 않는 실재물인 진아를 모르는 이들이네.

1071. 다른 신[진아 아닌 어떤 신]에게 귀의하여 숭배하면 다른 모든 것[진아 아닌 모든 것]을 얻을 수 있겠지만, 영원하고 실재하는 **지고의 의식**(*chit-param*)인 신성한 **시바** 상태의 삶을, 어떤 하찮은 자[하찮은 신]가 개아에게 하사할 수 있는가?

사두 옴: 만일 우리가 부富 · 건강 · 명성 · 천상락天上樂 등 진아 아닌 것들을 성취하기를 바란다면, 진아 아닌 신들을 숭배하여 그것을 성취할 수 있다. 그러나 우리가 진아 깨달음, 곧 시바 상태인 지고의 의식을 성취하고 싶다면, 직접적인 길은 우리가 자기주시를 통해 진아를 숭배하는 것이다. 신의 어떤 이름과 형상을 숭배하는 것도 그 자체로 우리가 진아 깨달음을 성취할 수 있게 해 주지 않는다. 그래서 스리 바가반은 이 연에서, "영원하고 실재하는 지고의 의식인 신성한 시바의 상태에 있는 삶을, 어느 하찮은 신이 개아에게 하사할 수 있는가?"라고 말한다. 이름과 형상으로 신을 숭배하는 것은 마음을 정화해 주고, 그리하여 간접적으로 우리를 자기탐구의 길로 이끌어 줄 뿐이다.

이 연에서 독자들은 스리 바가반이 『실재사십송』, 제8연에서 '*peruruvil*' 이란 어구를 사용했을 때 의도한 것은 "이름과 형상으로"의 의미이지 "이름과 형상 없이"의 의미가 아니라는 것을 이해할 수 있을 것이다. 여기서 『스리 라마나의 길』, 제2부, **부록** 4(b)를 참조하라.

1072. (신의 환영幻影을) 얻었다 싶었는데 사라져서 당혹해 하는 사람들은, 잠 속에서 조금도 지각되지 않는 것과 생시의 상태에서 지각되는 것들 모두의 주시자로서의 그들 자신을 모른다네.

사두 옴: 생시의 상태에서는 세계의 사물들이 나타나고 잠 속에서는 사라지듯이, 신의 환영들도 한때는 나타나고 다른 때에는 사라진다. 따라서 그런 신의 환영들은 세계와 그 안의 사물들 이상의 어떤 실재성도 가지고 있지 않다. 그러나 ("내가 있다"는 자기자각의 형태로 대상들이 지각되는) 생시와 (대상들이 지각되지 않는) 잠 속에서 공히 늘 빛나는 것이 진아이다. 어떤 구도자들이 한때는 마치 자신이 신을 본 것처럼 즐거워하고, 다른 때에는 마치 신의 환영을 놓쳐 버린 것처럼 번민하는 것은, 항상 빛나는 있는 그대로의 진아의 성품에 그들이 주의를 기울여 그것을 깨닫지 않기 때문일 뿐이다. 그러나 나타나지도 않고 사라지지도 않는 진아를 알고 있는 사람들은 결코 그런 번민을 경험할 이유가 없을 것이다.

1073. 확신을 주는 관상觀想(upasana-이름과 형상으로 어떤 신을 명상하기)을 통해 다가오는 여러 신들은 나타남과 사라짐을 면치 못하므로, 확실하게 항상 존재하고 알려지는 우리 자신의 **성품**(존재-의식)이야말로 변함없이 (영구히) 머무르는 진정한 **지고의 신**이라네.

사두 옴: 실재의 성품은 변하거나 사라짐이 없이 항상 빛나는 것인 반면, 신의 환영들은 나타나고 사라진다. 그 신이 나타나기 전에도, 우리의 존재에 대한 앎[우리의 존재-의식]은 빛나고 있었고, 그 신이 나타나고 있을 때에도 우리의 존재는 "이 신을 보는 자인 내가 존재한다"는 형상으로 빛나고 있었으며, 그 신이 사라진 뒤에도 그 사라짐을 아는 우리가 존재함을 우리가 경험했다. 따라서 세 가지 시간 모두에서 변하거나 사라짐 없이 빛나고 있던 것이 우리 자신의 존재-의식이므로, 이 연에서는 진아인 저 존재-의식이야말로 **지고의 신**(para-deva)이고, **진정한 신**(nija-deva)임을 확언해 준다.

1074. 여기나 저기서 이것이나 저것으로서, 어느 때 바라보는 대상知를 통해, 어디서 무엇이 목전에 나타나든[2인칭으로 지각되든], 그 모든 곳의 그 모든 것은, 진아로서 존재하며 빛나는 우리 자신의 실

재인 순수한 **빛의 허공**[의식의 허공](일 뿐)이라네.

사두 옴: 「영적인 가르침」, 제2장 6번째 질문에 대한 답변에서 **스리 바가반**은 "우리가 어디서 어떤 대상들을 알든, 그것은 진아가 그곳에서 그 대상들로서 스스로를 아는 것입니다."라고 말한다. 또한 제945연과, 『스리 라마나의 길』, 제2부 19쪽(한국어판, 270-271쪽)을 참조하라.

1075. 이것 저것이 언제 대상적으로 알려지든, 그 어떤 것도 마음의 상상물이라는 것을 알고, 중립적인 것[어떤 2인칭이나 3인칭도 대상적으로 알지 않는, "내가 있다"는 중립적 의식] 안에 '나'로서 고요히 있을 때 빛나는 저 **실재**야말로, **진아인 존재-의식**이라네.

1076. 진아인 지고의 원리 아닌 다른 원리들을, 스스로 미혹된 채 탐구하다가 혼란에 빠지는 것은, 이발사가 버린 쓸모없는 쓰레기(머리털)를 몽땅 내버리지 않고 힘들게 낱낱이 살펴보는 것과 같다네.

사두 옴: 같은 관념을 스리 바가반은 「나는 누구인가?」에서도 이렇게 표현한다. "몽땅 내버려야 할 쓰레기를 자세히 살펴봐야 아무 쓸데없듯이, 자기 자신을 알아야 할 사람이 그 자신을 은폐하고 있는 범주들(*tattvas*)[세계·영혼·신을 구성하는 원리들]을 몽땅 내버리지 않고, 그 개수를 헤아리고 그 속성들을 자세히 조사해 봐야 아무 쓸데없다."(『라마나 마하르쉬 저작 전집』, 53쪽)

여기서 스리 바가반은, 학자들이 우주가 5대 원소에서 어떻게 창조되고, 생기生氣(*pranas*)·지식기관(*jnanendriyas*)·행위기관(*karmendriyas*)·나디(*nadis*) 등이 몸 안에서 어떻게 기능하는지와, 다양한 종류의 개아들에 대해, 그리고 경전에 나와 있는 다른 모든 무수한 분류들에 대해 책을 읽고, 암기하고, 논의하고, 끝없이 다투면서 시간을 낭비하는 방식을 힐난한다. 이 모든 원리 혹은 범주들은 2인칭과 3인칭, 곧 비진아(*anatma*)일 뿐이므로, 그것을 자세히 살피는 데 우리가 시간을 낭비해서는 안 되고, 유일하게 실재하는 원리인 진아를 "나는 누구인가?"의 탐구를 통해 면밀히 살펴보아야 한다.

1077. (진아에 대한) 사랑의 길을 택하여 내면에 안주하는 사람들에게는 지복이 더욱 더 차오를 것임을 알라. 지복·사랑·시밤(Sivam)·진아·은총·지知·평안과 해탈이라고 하는 것들은 모두 우리 자신의 참된 성품이라네.

35. 두려움 없음의 상태

1078. 차별의 느낌(bheda-buddhi)에 집착하는 마음의 무지로 인해 진아 안에서 큰 천신들도 두려움에 동요되네. (그러니) 부정(neti)["이건 아니다"]을 통해 우리 자신의 참된 성품인 실재를 성취하여, 지고한 비이원성의 상태에 두려움 없이 머무르는 것이 현명하다네.

사두 옴: 개아의 성품은 다른 어떤 사람이 자신과 함께 있을 때만 두려움이 없어질 거라고 생각하는 것이다. 그러나 이런 관념은 어리석다. 다른 어떤 것도 존재하지 않는 진아의 상태에서는 두려움의 원인이 어찌 있을 수 있겠는가? 자기 자신 아닌 어떤 것이 존재하는 상태에서만 우리가 그 사물에 대한 욕망을 갖거나 그에 대해 두려움을 갖는 것이 가능하다. 따라서 참된 '두려움 없음'은 다른 어떤 것도 존재하지 않는 비이원적 진아의 상태에서만 성취할 수 있다.

스리 바가반은 두려움 없음이 어떻게 우리가 진아의 상태를 성취할 때만 성취될 수 있는지를 보여주기 위해, 다음과 같은 이야기를 들려주곤 했다. 주 비슈누가 히라냐(Hiranya)를 죽인 뒤에, 히라냐의 아들 쁘랄라다(Prahlada)가 즐겁게 그 나라를 다스리고 있었다. 그러나 얼마 후, 쁘랄라다에게 두려움이 일어났다. "주 비슈누께서 나에게 친절하시니까 나는 안전하게 살고 있다. 그러나 만약 어느 날 당신이 나에게 화를 내시면, 당신이 내 아버지를 죽이셨듯이 나를 죽일 것이다." 쁘랄라다는 그렇게 생각했다. 주 비슈누의 대단한 헌신자였던 쁘랄라다는 달리 의지할 사람이 아무도 없었고, 그래서 그에게 기도했다. 하느님이 즉시 쁘랄라다 앞에 나타나자 쁘랄라다는 자신의 두려움을 설명하고, 두려움 없음의 상태를 얻게 해 달라고 기원했다. 주 비슈누가 말했다. "그렇지. 네 말이 옳다. 이와 같이 이름과 형상으로 나를 보아서는 네가 두려움에서 벗어날 수 없다. 너 자신 안에서 나를 보아야 한다. 그리하여 내가 너 자신과 다르지 않음을 깨달을 때만 두려움 없음의 상태를 성취할 것이다." 그런 다음 하느님은 그에게 **자기탐구**의 길을 가르쳤다. 하느님의 가르침을 따라서 **진아**를 깨달았을 때, 쁘랄라다는 두려움 없음의 상태를 성취했다. 이처럼 이 이야기는, 우리가 차별의 느낌(*bheda-buddhi*)을 간직하고 있는 한 신조차도 두려움을 벗어날 영구적 피난처가 될 수 없다는 것을 잘 보여준다. 비이원적인 **진아**를 성취함으로써만 우리가 참으로, 영구적으로 두려움에서 벗어날 수 있게 된다.

1079. **진아**라는 **자유**[진아 깨달음의 상태]를 성취할 때에만, 우리가 영구히 기뻐하며 합일될 마음의 풍요로운 **평안**을 얻게 될 것이네. 허공 같은 참된 비이원성인 저 지고한 **주권국**[진아의 왕국]의 체험 안에서는 어떤 이원적 욕망과 두려움도 없다네.

사두 옴: 이 비이원적인 **진아**의 상태에서만, 성자 아빠르(Saint Appar)가 "이제 두려워할 것은 아무것도 없고, 다가와서 두려움을 야기할 것도 아무것도 없을 것이네."라고 한 말의 진리성을 실제적으로 알게 될 것이다.

36. 비이원성

1080. 허공은 하나인데 항아리나 방 때문에 이런 저런 공간으로 보이듯이, 풍성한 **지복**인 **존재-의식**은 단 하나인데 개아와 신으로 보이므로, 그들의 실체(본체)는 서로 다를 수 없다는 것을 알라.

항아리 안의 공간(*ghatakasa*)과 방 안의 공간(*mathakasa*)이 서로 다르게 보이는 것은 항아리와 방이라는 한정하는 부가물들(*upadhis*) 때문일 뿐이고, 실제로 공간은 단 하나이다. 마찬가지로, 신과 개아가 서로 달리 보이는 것은 그들을 한정하는 부가물 때문일 뿐이고, 존재-의식-지복인 그들의 실제적 성품에서는 똑같은 하나이다. 「가르침의 핵심」, 제24연에서 스리 바가반이 이렇게 말하는 것을 참조하라. "존재로서 (빛나는 그들의) 성품상, 신과 영혼들은 단 하나의 본체(*vastu*)일 뿐이네. 부가물의 느낌만 서로 다르다네."

1081. 시바로 그리고 개아로, 실재 안에서 서로 다른 두 가지로 되는 일이 가능한가? 만일 불사의 감로(*amrita*)로써 만든 주인 인형과 하인 인형이 있다면, 그들 간에 무슨 차이가 있는지 말해 보라.

불사의 감로로써 만든 주인 형상의 인형과 하인 형상의 인형이 있다면, 그 두 인형 간의 유일한 차이는 이름과 형상뿐이다. 그것들의 바탕인 불사의 감로는 똑같은 하나이다. 마찬가지로, 신[시바]과 영혼[개아]의 바탕 혹은 실재는 단 하나인 불멸의 진아이며, 그들 간의 외관상 차이는 그들의 이름과 형상에 있을 뿐이다.

37. 무신론

1082. 자신을 존재하지 않는 것(*asattu*)이라고 [몸이라고] 착각하는 사람만이 당신[신]을 존재하지 않는다고 선언하지 않겠습니까? 자신의 실재(*mey*)를 있는 그대로 ["내가 있다"는 단순한 존재-의식으로] 아는 사람이 어떻게 저 실재일 뿐인 당신을 부인하면서 당신이 존재하지 않는다고 할 수 있겠습니까?

타밀 원문에 있는 주註에서는 이 연이 신에게 말하는 것이며, 신이 존재하지 않는다고 믿는 무신론자의 믿음과 관계된다고 말한다. '*asattu*'는 '존재하지 않는 것'이라는 뜻이고, '*mey*'는 실재라는 뜻이다. 다시 말해서, "자신이 존재한다는 것을 아는 사람이 어떻게 그 존재 혹은 **실재**와 다르지 않은 신이 존재하지 않는다고 말할 수 있는가?"라는 것이다.

사두 옴: 스리 바가반은 「실재사십송」, 제20연을 이렇게 마무리한다. "… 자기(진아)는 신과 다르지 않기 때문이네." 따라서 신의 존재를 부인하는 무신론자는 그러면서 그 자신인 **진아**의 존재를 부인하는 것이다. 누구도 그 자신의 존재를 참으로 부인할 수는 없으므로, 신의 존재를 부인하고 싶은 사람들은 먼저 그들 자신의 존재의 **참된 성품**을 탐구하여 알려고 해야 한다. "내 존재의 진실은 무엇인가? 나는 누구인가?" 만일 그렇게 하면, 자동적으로 신의 존재의 진실을 알게 될 것이다. 따라서 우리는, 그들 자신의 존재를 있는 그대로 깨닫는 사람들은 결코 신의 존재를 부인하지 않을 거라는 것과, 누구도 그 자신의 존재를 참으로 부인하지는 못하므로, 누구도 실제로는 무신론자가 아니라는 것을 이해해야 한다. 그러나 누가 진정한 유신론자인지는 제1084연에서 설명될 것이다.

38. 유신론

1083. (신이) 존재한다고 말하는 이들에게는 (그가) **심장** 속에 **의식**으로 존재하지만, 오염된 마음[신의 존재를 믿지 않는 마음]에는 (그가) 결코 존재하지 않을 것이네[그가 빛나지 않거나, 그를 알지 못할 것이네]. 오염된 마음을 바로잡아[정화하여] 망상 없이 보면, 순수하게 **빛나는 분**(진아인 신)이 당당히 존재할 것이네.

1084. "(내가) 성취한 **스와루빠**는 이거다"라고 분명하게 알았고 순수함인 **실재**[진아]가 빛나고 있는, **각자**覺者(Buddha)[진인]인 사람이야말로 참으로 '**유신론자**(Astika)'라는 이름에 값하는 존귀한 사람(Arhat)이라는 것을 알라.

사두 옴: 세계·영혼·신은 모두 동시에 나타나고, 존재하고, 사라지므로, 그들은 모두 같은 정도의 실재성(*sama-satya*)을 가지고 있다. 따라서 우리가 한 영혼, 곧 개아로서의 자신의 존재성을 받아들이면, 다른 두 가지 실체, 곧 세계와 신의 존재성도 받아들이는 것이나 마찬가지다. 그래서 제1082연의 주석에서, 누구도 참으로 무신론자는 아니라고 결론지은 것이다. 하지만 누가 진정한 유신론자인가? 신이 존재한다고 말하는 사람 모두가 진정한 유신론자는 아니다. 자신이 한 개인, 곧 개아라는 그릇된 앎을 포기하고, 자신이 지고의 진아임을 깨달은 진인만이 진정한 '유신론자'라고 불리기에 적합하다. 그래서 제1082연과 1084연의 묘미는 그 최종 결론, 즉 그 자신의 존재를 부인하지 못하는 사람은 누구도 무신론자가 아니고, 진아를 깨닫지 못한 사람은 누구도 (진정한) 유신론자가 아니라는 데 있다.

39. 시작 없이 불순물에서 벗어나 있음

1085. (의식의) 허공을 몸으로 하는 참된 지知의 태양인 자신의 진정한 성품을 깨달은 사람에게는 육신의 미혹[몸과 '나'의 동일시]이라는 어둠이 들러붙은 적이 없으므로, 몸에[몸과의 동일시에] 의해 눈이 먼 사람들에게만 그 어둠이 존재한다는 것을 알라.

사두 옴: 경전에서, 에고·마야·무지의 어둠 등과 같은 불순물의 형태로 속박이 존재하고, 해탈은 그런 속박이 수행(*sadhana*)과 신적 은총에 의해서 제거될 때만 성취될 거라고 말하는 것은, 개아, 곧 실재하지 않는 영혼의 소견에 따를 때에만 그러하다. 그러나 이 장에서는, 이 개아란 존재하지 않는 하나의 거짓된 개체일 뿐이므로, 진아인 여러분에게는 불순물, 마야 혹은 속박과 같은 그런 어떤 것도 결코 존재하지 않으며, 불순물에서 벗어나 있음(freedom from impurity)이 여러분의 시작 없는 진정한 성품(*anadi svabhava*)이라는 것이 드러난다.

1086. 해야 할 탐구와 성취해야 할 지知는 (몸이 '나'라는) 속박에 시달리는 개아에게만 남아 있다네. 미혹이 없고 무시이래로(시작 없는 옛적부터) 불순물에서 벗어나 있는 비이원적 진아[진인]에게는 불순수한 지知(mala bodham)의 미혹이 없다네.

1087. 진정한 본질(nija rasam)로서 도처에 편재하는 진아가 신기루의 물 같은 마야에 속박되겠는가? (그러니) 속박된 것처럼 동요하지 말고, 차분히 탐구하여 (이 진리를) 명료히 알라.

1088. 왜 그대는 자신을 부가물[몸]의 한계 범위라고 생각하여 쓸데없이 마음속으로 번뇌하는가? 들러붙는 부가물 없이 (그대가) 하나가 되는 잠 속에서도, 그대의 실재[진아]는 부가물 없이 존재한다는 것을 알라.

40. 실재와 부합하는 삶

1089. 잘 살아가고 싶다고 생각하는 사람들이여,
   (그렇게) 살아가는 법이 무엇인지 모르는 사람들이여,
  허공[마야]에서 싹터 나오는 미망(의 어둠)을 통해
   백일몽을 꾸면서도, 그대들은
  전락한 것[생시 상태라는 현재의 전락한 삶]이 (실재하는) 삶이라고
   생각하며 자부심에 도취되어 있네.
  ("내가 있다"는 진아-의식을 붙들어) 허공을 꿰뚫고
   실재하는 삶을 성취하라.

1090. 그릇된 마음의 환상(mana-maya)으로 인한 미혹이 소멸하도록, 삿된 분노와 욕망을 차단하여 일체에 대해 무관심한 태도를 견지하는 것이야말로 훌륭한 실재의 행行인 삶(sat-achara vazhkkai)이니,

(그런 삶을) 견지하라.

1091. 자신의 성품으로서 장애 없이 **심장** 속에 안주하는, 참되고 사랑으로 충만한 삶이야말로, 삿되고 거짓된 에고가 소멸된 **시바-성품의 향유**(Siva-swarupa bhoga)요, **지**知(Bodha)의 아름다움이라네.

1092. 자신의 짐을 모조리 **시바**의 두 발에 놓아두고 무관심(udasina)의 당당한 삶을 살면서, 강력한 **진아**의 행복으로 빛나는 진인들만이 참된 아름다움을 가진 이들이고 복이 있는 이들이네.

1093. 사랑으로 충만한 참된 **지**知의 체험에 잠겨 있는 **심장** 안에서는 지복의 충만함이 솟구칠 것이네. 불행을 만들어내고 미혹을 야기하는 욕망은 그곳에 존재하지 않을 것이니, 그 지극히 순수한 **진아**의 본연적 삶은 **평안**으로 충만한 것이네.

1094. 표적으로 삼아 견지해야 할 가치 있는 것은, 순수한 **지복**인 **지**知의 참된 성품(bodha-swarupa)이니, 망각 없는 일념내관["내가 있다"]을 통해 **심장** 속에서 그것을 숭배하는 것 자체가, 그것[진아]으로 올곧게 존재함인 삶의 완성(또는 완전함)이라네.

1095. (진아로서 안주하는) **은총**의 삶만이 지고한 **실재**의 삶인 반면, 미혹의 삶을 경험하는 세간의 삶, 두려움의 삶을 살아간다는 것은 얼마나 환상인가! 그것은 마음 환幻(mano-maya)의 유희에 빠져 드는 것일 뿐이지 않은가?

1096. 오관을 통해 지각하는 세계를 실재한다고 믿으면서 하찮은 감각 대상 위에서 솟구치는 주의로써 기만적인 이름과 형상들의 세계를 붙드는 개아의 장난 없이 나아가는(살아가는) 사람들에게는, 따빠스가 필요 없다네.

사두 옴: 이 연에서 "개아의 장난(uyir-chettai)"이라는 어구는, 오관을 통해

마음이 세계 쪽으로 나가는 외향적 활동(*pravritti*)을 의미할 뿐이다. 진정한 **실재**의 행行(*sat-achara*)은 마음이 이처럼 2인칭과 3인칭을 쫓아가지 못하게 하고, 그것이 실재하는 1인칭 의식인 **진아**에 안주하게 하는 것이다.

1097. 솟아오르는 에고의 삶을 상실하고, 고통과 쾌락 등 (상대물의) 쌍들을 정복하여, 일체를 **자기**(진아)로서 체험하면서[혹은 지배하면서] **은총** 안에 자리 잡고 사람들에게는 따빠스가 필요 없다네.

사두 옴: 어떤 따빠스를 하기 위해서는 에고, 곧 개인적인 '나'가 행위자로서 일어나야 한다. 그러나 모든 따빠스의 완전한 결실은 이 '나'의 소멸이다. 일단 '나'가 소멸하면 다른 무슨 따빠스를 해야 하며, 누가 그것을 하겠는가? 그래서 에고의 소멸 아닌 어떤 요가도 쓸모없다는 것을 확립하기 위해, 스리 따유마누바르(Sri Tayumanuvar)는 이렇게 노래했다. "그대가 고요히 있을 때는 **지복**이 차오를 텐데, 그럴 때 왜 그런 환적인 요가(*maya-yoga*)를 한단 말인가? 대상적 주의로써 그것[지복을 성취하는 것]이 가능한가? 오, 행위에 몰두한 자(*karma-nishta*)여, 더 이상 말을 말라, 어린아이여."[12]

41. 형상 없음

1098. 형상이 우리 자신이라면, **하느님**의 근원인 **참된 성품**도 그렇게 보일 것이네. 형상이 우리 자신이 아니라면 다른 것들에 대한 지知가 있을 수 없는데, (신에게 형상이 있다는) 그 말이 옳겠는가?

사두 옴: 이 장에서는 신에게 형상이 있는지 여부의 문제를 다룬다. 우리가 자신은 하나의 이름과 형상을 가지고 있다고 생각하는 한, 신도 하나의 이름과 형상을 가지고 있다는 것을 받아들여야 한다. "나는 몸이다"라는 에고-느낌을 상실한 뒤에야 우리가 신이 무無형상이라는 것을 알 수 있다. 그때

---

12) *T.* 이 시구는 『라마나 마하르쉬와의 대담』, 대담 646에서도 인용된다.

까지는 신에게 형상이 있다느니 형상이 없다느니 논쟁해서는 안 된다. 여기서 「실재사십송」, 제4연도 읽어 보아야 한다.

1099. 생각하고 생각하는 오랜 관상觀想(*bhavana*)에 의해 그[신]는 헌신자가 상상한 (어떤) 형상도 취한다네. (그와 같이) 그가 환적 부가물(*maya-upadhi*)을 통해 끝없는 이름과 형상들을 취한다 해도, 참된 무無형상물인 의식이야말로 하라(Hara)[시바, 곧 신]라네.

사두 옴: 개아는 자신의 찌땀(*chittam*-마음) 속에 저장되어 있는 원습(*vasanas*)들을 오관을 통해 투사하여, 바깥에서 그것을 이름과 형상들의 세계로서 본다. 이름과 형상을 가진 신의 환영幻影들도 같은 방식으로 눈에 보인다. 스리 바가반은 『바가바드 기타』에서 스리 크리슈나가 아르주나에게 보여준 보편상普遍相 친견親見(*viswarupa darshan*)[신의 우주적 형상의 환영]조차도 아르주나 자신의 원습의 한 투사물이었을 뿐이라고 설명하곤 했다. 즉, 스리 크리슈나는, 아르주나가 원습의 형태로 자신의 찌땀 안에 이미 저장해 두고 있던 신에 대한 상서로운 관념들(*bhavanas*)을 그의 안에서 볼 수 있는 신견神見(신적인 시력, *divya-drishti*)을 아르주나에게 부여했던 것이다. 이 신견神見은 —일부 주석자들은 이것을 잘못 서술했지만— 지견知見(*jnana-drishti*)이 아니라, 자신의 찌땀 속에 미세한 형태로 존재하던 어떤 상서로운 원습들을 투사하여 그것을 바깥에서 거친 대상들로 볼 수 있는 능력일 뿐이었다. 지견知見 속에서는 진지(*Jnana*)만 빛날 것이고, 어떤 이름과 형상도 빛나지 않을 것이다. 스리 크리슈나가 한 말은 "나는 그대에게 신적인 눈을 베푼다(*divya dadami te chakshuh*)"는 것뿐이었다(『바가바드 기타』, 11.8). 더욱이 그는 "내 안에서 그대가 보고 싶은 것은 뭐든지 보라(*yach chanyad drashtum ichchasi*)"고 했지(『바가바드 기타』, 11.7), "실제 있는 그대로의 나를 보라!"고 하지 않았다. 여기서 이해해야 할 것은, 스리 크리슈나는 아르주나에게 그의 찌땀 안에 저장되어 있던 신의 이름과 형상에 대한 과거의 관념들을 (밖으로) 투사하여

그것을 거친 형태로 볼 수 있게 해 주었을 뿐이라는 것이다.

1100. 고요히 있으면서 **심장이 말하는 지고의 말**(para-vak)['나-나'라는 단어]로써 지고의 **실재**를 내관하는 것(anusandhita)이야말로, 온통 거짓[환幻]인 '하늘의 푸름' 같은 거짓된 이름과 형상 없이 **심장** 속에 존재하는 빛인 실재하는 **지고의 근원**을 찬양하는 것이라네.

사두 옴: 진아내관(Atma-anusandhana), 곧 자기(진아)에게 주의를 기울이고 자기로서 안주하는 상태만이 신을 찬양하는 완전한 방식이다(자기내관이 신에 대한 지고의 헌신이라고 말하는 제730연과 **B13**을 보라). 왜인가? 모든 찬가나 송찬頌讚(stotras)의 목표가 무엇인가? 그것은 하느님의 위대함을 찬미하기 위한 것 아닌가? 하느님을 영구히 완전하게 찬미하는 유일한 방식은 에고를 **진아**에 합일시켜 그것이 다시는 일어나지 않게 하는 것이다. 즉, 신의 진정한 위대함은 그만이 존재한다는 사실에 있고, 에고의 일어남에 의해 단일성의 완전한 상태가 (외관상 영혼과 신이라는 별개의 두 개체로 나뉘면서) 손상되므로, 우리가 **진아**에 안주함으로써 에고가 일어나지 못하게 할 때에만 신의 진정한 위대함이 찬란하게 빛날 것이다. 따라서 신을 찬미하는 완전한 방식은 에고의 일어남이 조금도 없이 **진아**에 안주하는 것뿐이다.

1101. 저 내관이라는 지知의 행行(Jnana-achara)을 닦는 사람들[진인들]이 부르는 어떤 종류의 찬가(stuti)도 그 핵심은, 저 순수한 **지고의 실재**일 뿐, 이름과 형상인 그 무엇에도 국한되지 않는다네.

사두 옴: 진인들이 이름과 형상으로 신을 찬미하기는 하지만, 그들이 실제로 찬양하는 것은 이름 없고 형상 없는 **지고의 실재**인 **진아**일 뿐이라는 것을 이해해야 한다. 그들의 찬미가 어떤 특정한 이름과 형상에 국한된다고 생각해서는 안 된다. 이 연에 비추어 볼 때, 스리 바가반이 「아루나찰라 다섯 찬가」와 같은 저작에서 '안나말라이'나 '아루나찰라'라는 이름을 사용할 때는 언제나 당신이 사실상 **진아**를 지칭하고 있을 뿐임이 분명하다. 마찬가지로,

냐나삼반다르(Jnanasambandhar)와 같은 **시바파**派 성자들의 시에서 찬양되는 주 **시바**와, 알와르(*Azhwars*-남인도의 시인-성자들) 같은 **비슈누파**派 성자들이 찬양하는 주 **비슈누**도 진아 그 자체일 뿐이다.

스리 무루가나르: 진아안주(*Atma-anusandhana*) 형태의 지知의 행行을 닦는 진인들이 부르는 어떤 종류의 송찬頌讚도 그 참된 목적은 마음의 관념을 초월하는 저 지고의 **실재**일 뿐이고, 그들이 상징으로서만 다루는 어떤 특정한 이름과 형상이 아니다. 피상적 견지에서는 그 송찬들이 서로 다른 많은 종교들과 관련되어 있는 것처럼 보이지만, 깊은 통찰력으로 이해할 수 있는 사람들[진인들]은, 자신들이 그런 것[특정 종교와 관련됨] 없이 행동하는 불편부당함(impartiality)이라는 공통된 본질을 틀림없이 지각할 것이다.

1102. 달과 해가 두둥실 합쳐지는 것 같은 새롭고 경이로운 불가사의가 있다면, 그것은 자애로운 탐구를 춤추면서 헌신자들을 친밀하게 끌어안아 **심장**으로 이끄는 주 **나따라자**의 자비로운 **발**이 들어 올려짐이네.

헌신자가 큰 사랑을 가지고 하는 **자기탐구**는 그의 내면에 있는 **하느님**(주 나따라자, 곧 시바)의 **은총**의 작용일 뿐이다. 그래서 이 연에서는 **하느님** 자신이 자애로운 **자기탐구**를 춤춘다고 비유적으로 말하고 있다. 헌신자의 마음을 매혹하고 끌어안아 그것을 **심장**으로 이끄는 **스푸라나**(*sphurana*) '나-나'의 일어남이 여기서는 **하느님**이 그의 춤의 절정에서 발을 들어 올리는 것에 비유된다. 이 **스푸라나**의 일어남은 하나의 새롭고 경이로운 체험이며, 여기서는 달과 해가 합쳐지기 혹은 함께 맺어짐에 비유된다. 왜냐하면 헌신자의 마음은 달빛과 같은 하나의 반사광인 반면, **심장**은 햇빛과 같은 본래적 빛, 곧 의식이기 때문이다. 그래서 마음이 **심장** 속에 합일되는 것은 달빛이 햇빛 속에 합일되는 것과 비슷하다.

이처럼 이 연에서는 주 **나따라자** 형상의 참된 의미가 **스푸라나** '나-나'의 형상 없는 체험일 뿐임을 드러낸다. 또한 제1054연을 보라.

1103. 온 세상을 헤매고 돌아다니며 불행을 경험하면서 이 생生에서 미혹되는 것은 어리석다네. 에고가 야기하는 움직임들을 소멸하는 **사다시바**(Sadasiva), 곧 **침묵**인 지고한 시바의 두 발에 안주하라.

1104. 의식을 가지고[*"내가 있다"는 존재-의식을 자각하며*] **심장 속에 가라앉는 사람들** 외에는 누구도 결함을 없앤 **실재의 상태**를 성취할 수 없으니, (왜냐하면) 나머지 사람들은 생시와 잠 속에서 각기 마음의 망각과 생각으로 **진리**를 은폐해 버리기 때문이네.

42. 본연 상태에 안주하는 자

1105. (자신의) **활동**(*vyavahara*)과 **몰입**(*nishta*)과 잠을 알지 못한 채 몸 안에서 자연스럽게 자고 있는 **불변자인 진인**은, 세간에서 달구지가 움직이고, 가만히 멈추어 있고, (소들의) 멍에가 끌러질 때에도 그 안에서 자느라고 모르는 사람과 비슷하다네.

스리 무루가나르의 위 시를 스리 바가반이 다음과 같은 형태로 다시 지었는데, 이것은 「실재사십송 보유」에도 제31연으로 포함되어 있다.

B21. 달구지에서 자고 있는 사람에게 그 달구지의 움직임, 가만히 멈추어 있기, 달구지에서 소의 멍에가 벗겨짐이 그러하듯이, 달구지인 육신 안에서 잠든 **실재지자**(*mey-jnani*)에게도 그의 활동, 몰입, 잠이 그러하다네.

사두 옴: 진인의 신체적 삶은 남들이 보기에만 실재하는 것처럼 보일 뿐이다. 그래서 무지한 사람들은 생각한다. "이 진인은 여기 생시의 상태에서 활동을 하고 있다." 그러나 진인은 실은 몸이 없으므로, 그런 활동들을 알지 못한다. 그에게는 몸과 그 몸의 활동이 아예 존재하지 않는다. 이 연에서

말하는 가르침이 그와 같다. 황소 달구지 안에서 잠을 자고 있는 여행자가 그 달구지의 움직임을 알지 못하듯이, 그리고 잠자는 아이가 자신이 (자면서) 음식을 받아먹는 것을 모르듯이, 진인은 몸·감각기관·마음이 활동하는 상태를 알지 못한다(제1140연을 보라).

진인의 몸·감각기관·마음이 활동 없이 머물러 있을 때, 사람들은 "이 진인은 삼매에 들어 있다"고 생각한다. 이것은 황소들이 달구지에 멍에가 채워져 있지만 움직이지 않고 서 있는 상태와 비슷하다. 진인은 이 삼매, 곧 몰입상태조차도 알지 못한다. 그에게는 그것이 아예 존재하지 않는다.

사람들이 "이 진인은 자고 있다"고 생각할 때, 그의 몸·감각기관·마음이 무의식 상태처럼 보이는 이 외관상 잠의 상태는 황소들이 멍에가 끌러지고 달구지가 놓여 있는 것과 비슷하다. 달구지 안에서 자고 있는 여행자는 달구지가 멍에가 끌러진 채 놓여 있는 것조차 알지 못하듯이, 진인은 잠의 상태조차도 알지 못한다. 그에게는 이 상태가 아예 존재하지 않는다.

따라서 진인의 삶 속에서 이 세 가지 상태는, 몸이 없는 진인을 하나의 몸으로 보는 무지인들의 그릇된 소견에서만 존재하는 것처럼 보일 뿐이다. 진인에게는 활동의 상태[생시와 꿈], 삼매의 상태, 잠의 상태가 실은 전혀 존재하지 않는다. 그래서 스리 바가반은 「실재사십송」, 제31연에서 "그의 상태가 어떤 것인지 누가, 어떻게 헤아릴 수 있겠는가?"라고 말한다.

1106. 주시자로서 존재하고 빛나는 진인의 순수한 마음은, 남들의 편벽된 마음의 모든 결함 있는 생각들조차도 반사하는, (그래서) 그가 결함 있는 것처럼 보이게 다른 사람들의 마음을 미혹하는 하나의 맑은 거울이라네.

1107. 사뜨와(sattva)조차 넘어서서 살아가는 **본연진인**(Sahajan)은, 행위자 의식(kartritva)에 의해 미혹되는 사람들 눈에는 때로 대단히 기만적인 활동가처럼 보일 수도 있으나, (그의 **진지**를) 의심하지 말라.

1108. 순수함의 보물로 알려지고 빛나는 **생전해탈자**인 **위대한 자**에게 잘못을 범하는 사람은, 금생과 내생에 큰 비난과 죄악[금생에 겪어야 할 비난과, 내생에 과보를 받아야 할 죄악]의 짐을 짊어지게 될 것이네.

1109. 착유기搾油機와 **시바**-링감(Siva-lingam)이 서로 다른 줄 모르고 같은 방식으로 핥으며 살아가는 개처럼, 비천한 마음의 사람들은 나쁜 사람과 **진인**이 서로 다른 줄 모르고 똑같은 방식으로 그들에게 잘못을 범한다네.

예공(puja)을 하고 난 뒤에는 **시바**-링감의 표면에 기름이 남아 있을 것이다. 따라서 **시바**-링감의 신성함을 모르는 떠돌이 개들이 가끔 와서, 그들이 착유기 바깥에 흐른 기름을 핥는 것과 같은 방식으로 그 링감에서 기름을 핥을 것이다. 마찬가지로, **진인**의 위대함을 모르는 비천한 마음의 사람들은 그들이 나쁜 사람들에 대해 행동하듯이 잘못되고 불손한 방식으로 **진인**에 대해 행동할 것이다.

1110. 해를 보고 짖는 개가 저 해를 욕해도 해에는 영향이 없네. (마찬가지로) 저급한 사람이 비천한 말로 하는 비방은 해같이 힘찬 **참된 지**知의 빛인 위대한 사람을 건드리지 못할 것이네.

43. 순수한 의식으로서 확고히 안주하는 자

1111. 내향內向('나'를 봄)이 무엇이고 외향外向이 무엇이든 (시간 속에서) 일어나는 봄(시각) 없이, 존재의 시각 하나로서만 항상 머무르는 **찌담바란**(Chidambaran)['의식의 허공인 자', 곧 진인]만이 불변의 **반야안주자**般若安住者(sthita-prajna)[불변의 순수한 의식으로서 확고히 안주하는 사람]라네.

사두 옴: '안'과 '밖'이라는 두 가지 느낌 없이 빛나고, 내향(ahamukha)을 통해 성취한 몰입(samadhi) 상태와 외향(bahirmukha)의 결과인 활동(vyavahara)

의 상태 간에 차이가 있다는 느낌을 조금도 경험하지 않는 사람만이 **반야안주자**(*sthita-prajna*) 혹은 **부동지자**不動知者(*adridha-jnani*)[확고한 지知를 성취한 자]이다. 삼매의 상태에서만 지知를 체험하고, 삼매에 들어 있지 않을 때는 몸과 세계를 경험하는 자는 구도자(*abhyasi*)일 뿐 반야안주자가 아니다. 경험에서의 이런 차이가 반야안주자에게는 존재하지 않으므로, 그는 항상 **본연안주**本然安住(*sahaja-nishta*)[진아안주의 본연적 상태]에 머무른다.

1112. 누가 심장에 대한 참된 지知를 통해 '나' 없는 진아인 시바의 성품(Siva-*swarupa*)으로 빛나는가? 무엇에도 동요되지 않고 완전한 **침묵** 속에 자리 잡고 있는 **반야안주자**가 그 사람임을 알라.

사두 옴: 모든 움직임(*chalanas*와 *vrittis*) 중에서 에고가 "나는 이 몸이다"로서 일어나는 것이 첫 번째이다. 따라서 다른 모든 움직임(*chalana*)은 (에고가) 가라앉아 자신이 움직임 없는(*achala*) 시바, 곧 **진아**이자 "나는 이것이다"라는 에고가 조금도 일어남이 없는 자라는 것을 앎으로써 **침묵**의 상태를 성취한 자에게는 당연히 존재하지 않는다. 그런 확고한 지知의 상태야말로 **반야안주**(*sthita-prajnatvam*)[순수한 의식으로서의 확고한 안주]의 상태이다.

44. 매듭을 절단한 자

1113. 대상지知로 인해 마음이 소용돌이치는 무지한 사람들이 감각대상들의 다발인 세계를 도처에서 보듯이, 바탕인 의식, 곧 **진아**가 도처에서 존재하며 빛나는 것을 보는 자(진인)는, 매듭[의식-몸 매듭, 곧 에고]을 풀었고 (세계를) 포기한 **무니**(Muni)라네.

1114. 다양한 차별상으로 경이롭게 나타나는 이원적 세계라는 겉모습이, (진지의) 해로서 늘 존재하고 빛나는 그의 앞에서는 나타나지 않고 (아예) 존재하지 않는 자가, **각자**覺者(Buddha)[진인]라네.

1115. 항상 진아 안에서 몹시 즐거워하고 **심장** 안에 잘 자리 잡고 있는 참된 **지자**知者(mey-jnani) **자신**은 세계를 꽉 찬 미혹(미혹 덩어리인 세계)이라고 생각하지도 않고, 자신과 다른 것이라고 생각하지도 않는다는 것을 알라.

『스리 라마나 기타(Sri Ramana Gita)』, 제1장 제11연에서 한 말과, 본 연에서 되풀이한 말, 즉 진인은 세계를 실재하지 않는다고 여기지도 않고, 그 자신과 다르다고 여기지도 않는다는 것을, 어떤 사람들은 이름과 형상들의 세계가 그대로 실재한다는 그들의 그릇된 믿음을 뒷받침하는 것으로 잘못 해석해 왔다. 그러나 그런 해석이 잘못되었다는 사실은, 이원적 세계라는 겉모습은 각자, 곧 진인에게는 존재하지 않는다고 한 본 저작의 앞 연과, 다음의 두 연(제1116, 1117연), 즉 진인은 의식이 세계의 유일한 **실재**임을 안다고 하고, **진지**(Jnana) 곧 의식의 상태에서는 그 순수한 의식 외에는 아무것도 존재하지 않는다고 하는 데서 분명하다.

즉, 진인은 그 자신을 하나의 이름과 형상에 불과한 몸으로 경험하지 않고, 존재-의식-지복(sat-chit-ananda)인 진아로만 경험한다. 그래서 그는 「실재사십송」, 제4연에서 확립된 원리에 따라, 세계를 이름과 형상들로 보지 않고 그 자신으로, 즉 이름이 없고 형상이 없는 순수한 의식, 곧 **사뜨-찌뜨-아난다**(sat-chit-ananda)로만 본다. (「실재사십송」, 제18연의 "…**진아**를 아는 이들에게는 **실재**가 세계의 바탕으로서 형상 없이 빛난다…"를 보라.)

이처럼 진인은 **실재**인 그만이 존재한다는 것과, 실재하지 않는 이름과 형상들은 전혀 존재하지 않는다는 것을 알기 때문에, 그는 세계를 실재하지 않는 어떤 것으로나 그 **자신**과 다른 어떤 것으로 볼 수가 없다. 반면에 무지인(ajnani)은 세계를 이름과 형상들로 보기 때문에, 그로서는 실재하지 않는 이름과 형상들을 실재하는 **사뜨-찌뜨-아난다**와 구별하고, 이름과 형상들의 세계를, 그 자체 실재성이 없고 존재하지 않는 개체인 마음이 창조한 실재하지 않는 하나의 미혹으로 보는 것이 타당하고, 또한 필요하다. 여기서 『마하르쉬의 복음』, 제2권 제3장에서 스리 바가반이 "그대가 진리를, 오직 진리만을 추구한다면, 세계를 실재하지 않는 것으로 받아들이는 것 외에 다른 방도가 없습니다"라고 한 부분을 참조하라(『마하르쉬의 복된 가르침』, 82쪽). 또한 본 저작의 제50, 51연에서 스리 바가반이 '세계는 실재한다'는 말은 진인만이 올바르게 이해할 수 있고, 무지인은 그럴 수 없다고 말하는 부분을 참조하라.

1116. 세계 전체가 지知 안에서만 나타나고 순수한 지知(의식)의 성품을 가지고 있음을 아는 자인 진인은, 지知를 제하고는 세계에 어떤 실재성도 없음을 알고, 복 있는 사람으로서 (늘) 진아 안에 차분히 안주할 것이네.

1117. 비이원적 전체성(advaita purna) 안에 가라앉아 흡수된 마음을 가진 사람은 거짓된 이원성의 삶 속에서 결코 동요되지 않을 것이네. 순수한 의식이자 참된 성품[진아]인 지고한 은총의 상태에서는, 그것[진아, 곧 "내가 있다"는 순수한 의식] 외에 '나'와 '이것' 같은 그 무엇도 없다네.

마지막 구절은 "'나는 이것이다' 같은 그 무엇도 없다네"로 옮길 수도 있다.

순수한 의식의 상태에서는 "내가 있다"는 그 순수한 의식 외에 아무것도 존재하지 않는다. 따라서 항상 순수한 의식으로서 안주하는 진인의 참된 소견에서는 그 무엇도 '나'[에고]로서, 혹은 '이것'[세계]으로서 존재하지 않는다.

1118. 행위자 의식(kartritva)과의 관계를 절단한 진인은 해야 할 (어떤) 행위도 보지 않네. 지각력 없는 낯선 것은 원자 하나도 그의 지知 안에서는 나타나지 않으므로, (그에게는) 원자만큼의 의심이나 미혹도 일어나지 않을 것이네.

1119. (진인은 그가) 존재하면서 경험하는, 보고 듣고 감촉하여 인식하는 다섯 감각기관 안에서 이전처럼 (감각대상들과) 관계하는 것처럼 보여도, 강렬한 **자기탐구**의 확고함으로 그것을 절단하고 **존재의 빛**남에 매혹되어 있다네.

1120. **지**知의 삶을 **심장** 속에서 성취한 사람들은 하찮은 감각기관들과 결합된 육신의 삶에서 털끝만큼의 즐거움도 얻지 않을 것이네. **침묵의 삶**이 곧 저 끝임없는 **브라만**의 (지복에 대한) 무한하고 지고한 체험 그 자체 아닌가?

따라서 저 무한한 **지복** 앞에서는 다섯 감각기관을 통해 얻는 하찮은 즐거움은 완전히 별 볼 일 없는 것이 되지 않겠는가?

1121. 파도치는 바다와 하나로 합쳐진 강이 (다시 강으로) 변해 (바다와) 분리되지 않듯이, **지**知의 형상인 **진아**의 **참된 성품**에 도달한 영혼에게는, 미혹되어 다시 태어나는 일이 없을 것이네.

사두 옴: 진아의 성품 자체가 **지**知(*Jnana*)이고, 탄생은 그릇된 **지**知, 곧 "나는 몸이다"라는 무지에 지나지 않는 것으로서, 미혹—**진아**에 대한 망각—으로 인해 존재하는 것처럼 보일 뿐이므로, 참된 **진아**지를 성취한 영혼은 결코 다시는 태어나지 않을 것이다.

1122. 태어나서 죽고, 죽어서 태어나는 사람들은 (진아에 대한) 망각에 붙매인 마음을 가진 이들이지만, 수승하고 영원한 **지고의 실재**를 깨달아서 마음이 죽은 사람들은 탄생과 죽음이 없는 (저) 드높은 (실재의) 상태에 머무를 뿐일 것이라는 것을 알라.

1123. 존재-의식(*sat-chit*)을 본 사람은 **사다시바**(*Sadasiva*)를 본 사람이고, 두려움을 낳는 이원성의 소멸을 본 사람이며, 순수한 **뚜리야** 상태인 자신의 본래적 상태를 본 사람이고 **위대한** 자이니, 그는 (다시

는) 탄생을 보지 않을 것이네.

1124. 이전에 한 번이라도 근본 매듭[에고]이 풀어졌다면, 우리는 결코 다시는 속박되지 않을 것이네. 자신의 성품인 이것이야말로 신의 상태이고, 이것이야말로 강력한 신의 지위이며, 이것이야말로 넘치는 **평안**이라는 것을 알라.

45. 진인의 위대함

1125. 위대한 실재로서의 하느님(*Mahesan*)을 내면에 가진 사람, 달리 단 하나의 집착도 없는 사람이 걸을 때는, 재앙이 없도록 가호하면서 존재하고 빛나는 저 하느님(*Isan*)이 함께 걷는다는 것을 알라.

사두 옴: 이 연은 다음 두 가지 방식으로 해석될 수 있다.

1) 진인이 걸을 때는, 하느님 자신이 그 진인의 형상으로 걷고 있다는 것을 알라. 2) 진인이 걸을 때는, 하느님 자신이 그의 뒤에서 걸으면서 그의 몸을 위험에서 보호해 준다는 것을 알라.

버전 2)에서 표현된 관념은 스리 바가반이 이따금 언급하신 「꾸룬디라뚜(*Kurundirattu*)」의 한 연에서도 표현된다(데바라자 무달리아르, 『바가반에 대한 회상(*My Recollections of Bhagavan Sri Ramana*)』(원서), 31-32쪽을 보라).13)

1126. 마음(*chittam*)을 소멸하고 **시바** 그 **자신**으로 안주하는 사람[진인]은 모든 개아들 안에 (그들의 **진아**, 곧 "내가 있다"는 무한한 지知로서) 평등하게 거주하고 있다네. 해탈자로서 명료하게 빛나는 그의 스와루빠(*swarupa*)를 명상하면, 내면에서 (진아지의) 참된 빛이 (스푸라나 '나-나'로서) 빛을 발할 것이네.

---

13) *T.* 그 연의 앞부분은 다음과 같다. "비슈누는 진정한 진인이 원하는 모든 것을 머리에 이고 다닐 것이고, 시바는 그의 뒤를 어디든 따라다닐 것이다."

여기서 진인의 '스와루빠'는 그의 육신 형상을 의미한다고 볼 수도 있고, 그의 참된 성품을 의미한다고 볼 수도 있다. 그러나 진인의 참된 성품은 진아, 곧 모두에게 공통되는 우리 자신의 참된 성품이고, 이 연은 특정한(visesha) 진인의 스와루빠를 지칭하므로, 여기서 '스와루빠'라는 단어는 그의 육신 형상을 의미한다고 보는 것이 더 적절하다. 뿐만 아니라, 우리가 본 장의 다른 연들을 보면, 그 연들은 모두 진인의 육신 형상의 위대함과 그 형상과 친교하면 얻을 수 있는 비할 바 없는 이익과 관계된다는 것을 알 수 있다.

스리 바가반은 종종 삿상(sat-sang)[진인과의 친교 혹은 접촉]의 큰 영험을 찬양했고, 단순한 신체적 접촉보다 마음으로 하는 접촉이 더 낫다는 점도 지적하시곤 했다(『나날』, 46-3-9를 보라). 그래서 스리 바가반은 이 연에서, 진인의 형상을 생각하면 진아지의 참된 빛이 내면에서 빛을 발할 것이라고 보증하는 것이다. 또한 그것이, 우리가 단지 아루나찰라의 형상을 생각하기만 해도 해탈을 성취하게 될 거라고 스리 바가반이 확인해 준 이유이기도 하다. 따라서 헌신자들은 이제 스리 바가반의 육신 형상이 세상을 떠났으니 더 이상은 당신과 삿상을 할 수 없다고 두려워할 필요가 없다. 마음을 당신께로 향하는 사람들에게는 당신과의 삿상이 늘 가능하다.

스리 무루가나르: 해탈자의 스와루빠는 모든 개아들 안에 시바의 스와루빠로서 거주한다. 그의 스와루빠에 대한 명상을 닦는 사람들의 심장 속에서 참된 빛이 스스로 빛을 발하는 이유를 드러내기 위하여, "시바 그 자신으로 안주하는 사람"이라 하고, "그는 모든 개아들 안에 평등하게 거주하고 있다"고 하였다.

1127. 결코 소멸하지 않고 항상 백 개의 해처럼 떠오르는 지고한 삶인 참된 지知로 풍부한 그의 시선은, 그 안에서 목욕하는 사람들에게 비할 바 없는 지知를 하사하고 그들을 구원하여 불멸이라는 목표로 이끈다네.

무루가나르는 스리 바가반의 다음 시를 여기에 포함시켜야 한다고 했다. 그것은 원래 『진어화만』의 부록에 제7연으로 나왔던 것이다.

1127a. 사두(*Sadhu*)와의 친교로 내면에서 명료히 일어나는 수단[자기탐구]을 통해 성취되는 상태는 강사(강연 듣기), 경전(경전 공부), 공덕행을 통해서는 얻지 못하니, (그것을 알고) **나아가라.** ―바가반

이 연에서 스리 바가반은 「실재사십송 보유」, 제2연에서 벤바(*venba*) 운의 4행시로 표현했던 관념을 꾸랄벤바(*kural-venba*) 운의 2행시로 표현하고 있다.

1128. **에까라사**(*eka-rasam*)[단 하나의 본질, 곧 비이원적 진아]로서 존재하고 빛나는 **참된 지**知인 시바 향유의 본질(*Siva-bhoga-rasam*)을 즐기는 현자들은, 모하라사(*moha-rasa*)[미혹의 본질]의 신기루인 메마른 공空[개아의 마음]을 신들조차도 열망하는 (지知와 헌신을 산출하는 서늘하고 비옥한) 땅으로 바꿔 놓을 것이네.

1129. 평안으로 심장이 넘쳐나는 진인을 찾아가는 모든 사람들의 마음은 **지복**에 담궈질 것이니, 기쁨에 잠겨 있는 그의 서늘한 얼굴은 벌[헌신자]들이 끌리는 붉은[완전히 만개한] 연꽃 아닌가?

46. 위대한 자의 영광

1130. 위대한 자[진인]에게 성스러운 봉사를 하면 미혹된 개아에게 미혹이 없어지고, 확립된 영구적 은총의 부富가 **심장** 속에서 성취될 것이며, 그는 가장 복 있는 사람으로 살아갈 것이네.

47. 원습이 죽은 자

1131. 언제나 "몸이야말로 나다"라는 느낌의 에고 없이는 동요가 일어나

지 않을 것이므로, 꿈속에서도 마음이 동요하지 않는 사람이란, 에고-마음(ego-mind)인 원습이 죽은 사람이라네.

1132. 네발짐승이나 새 같은 하등동물은 동요된 마음을 가지고 살지만, (지知의) 빛나는 빛을 가진 누군가[진인]는 마음에 어떤 생각도 없이 살기에 (참으로) 사는 사람이라네.

마음이 죽은 묵연한 삶만이 인간이 살기에 적합한 삶이고, 마음이 헤매고 있는 사람의 삶은 새나 짐승의 삶보다 전혀 나을 것이 없다.

1133. 많은 행위(vyvaharas)를 욕망하고 그것을 하는 것처럼 보여도 마음의 원습이 죽은 사람들은 함이 없으니, 그것은 마음이 아주 멀리 가 있는 사람이 (겉으로는) **뿌라나** 이야기를 들으면서 오랜 시간 앉아 있는 것과 같다네.

1134. 조용히 (앉아) 있어도 마음의 원습이 죽지 않았다면, 그런 이들은 실로 행위자로서 일체를 해 온 사람들이네. 마치 (자신의 침상에서 잠들어) 조용히 누워 있는 사람이 꿈속에서 산을 올랐다가 절벽에서 머리부터 거꾸로 떨어지며 고통 받듯이.

스리 무루가나르가 위 두 연에서 표현한 관념들은 「자기탐구」, 제11장에서도 표현되는데, 스리 바가반이 이것을 다음 연에서 요약했다. 이것은 「실재 사십송 보유」에 제30연으로도 포함되었다.

B22. 멀리 가 있는 마음으로 (남이 하는) 이야기를 듣고 있는 사람처럼, 원습이 말소된 (진인의) 마음은 (무슨 일을) 했어도 한 것이 없다네. (반면에) 원습에 젖어 있는 (무지인의) 마음은 (아무것도) 하지 않았어도 (많은 것을) 한 것이네. 여기에[그의 침상에] 움직임 없이 누워 있으면서도 꿈속에서 산에 올랐다가 절벽에서 추락하는 사람처럼.

사두 옴: 어떤 사람은 제3자가 보기에 어떤 이야기를 들으며 앉아 있는 것처럼 보이지만, 만일 마음이 그 이야기에 주의를 기울이지 않고 다른 일을 생각하는 데 몰두해 있다면, 사실 그 이야기를 듣고 있지 않은 것이다. 마찬가지로, 진인은 제3자가 보기에 많은 활동을 하고 있는 것처럼 보일지 모르나, 그는 원습이 소멸되었고 따라서 행위자 의식을 상실했기 때문에 실은 어떤 일도 하고 있지 않은 것이다(또한 제1105연, B21연, 1140연, 1165연을 참조하라).

잠자고 있는 사람의 몸은 한 곳에 조용히 누워 있지만, 그는 꿈에서 자신이 산을 올라갔다가 절벽에서 추락하는 꿈을 꾸면서 고통 받을 수도 있다. 마찬가지로, 무지인의 몸이 오랜 시간 명상이나 삼매에 들어 가만히 앉아 있으면서 모든 활동을 포기한 것처럼 보인다 해도, 행위를 향한 그의 원습은 소멸되지 않았고, 따라서 행위자 의식을 보유하고 있으므로, 그는 사실 온갖 행위(karmas)를 하고 있고, 그 열매를 경험하고 있는 사람이다.

48. 해탈한 자

1135-1136. "행위자 의식이 소멸했다 해도, 행위의 속박(karma-bandha)을 벗어난 해탈자로 불리는 사람들이 다른 상相(vrittis)을 통해 행위를 하고, 몸을 계속 가지고 있으면서 행위의 결과를 경험한다는 것이 타당한가? 우리는 또한 위대한 자들도 배정된 업業[발현업]을 겪으며 고통 받는 것을 본다." 누가 이렇게 묻는다면, (그에 대한 답변은) 그들의 고통은 보는 자의 소견(drishti)에 따른 것일 뿐이라는 것이네. 그들[생전해탈자들]이 고통 받는다고 그 자신들이 말하는지, 어디 말해 보라.

사두 옴: 무지인은 자신을 하나의 몸[별개의 유한한 개인]이라고 생각하므로, 진인을 볼 때도 하나의 몸으로 볼 수밖에 없다. 그러나 진인은 그 자신의

소견상, 자신은 몸이 없고 개인성이 없는 **무한한 진아**라는 것을 안다. 사람들은 그들의 결함 있는 소견(*dosha-drishti*)으로 인해 진인을 '행위자(*karta*)'이자, 발현업으로 배정된 그 행위들의 열매를 경험하는 자(*bhokta*-향유자)'라고 본다. 그러나 진인은 별개의 개인성이 없는 무한하고 불가분한 허공과 같아서, 자신이 어떤 행위를 하고 있다거나 그 행위들의 열매를 즐기거나 겪고 있다고 느끼지 않는다. 그는 쾌락과 고통의 이원자를 초월했기에, 비非행위자(*akarta*)이자 비非경험자(*abhokta*)이다. 그래서 진인에게는 세 가지 업業[누적업·발현업·미래업]의 어느 하나도 털끝만큼도 존재하지 않는다. 여기서 제1144연과 **B23**, 「실재사십송 보유」, 제33연을 참조하라.

스리 바가반은 언젠가 당신 자신의 체험을 드러내며 이렇게 말했다. "라디오는 노래를 하고 말을 하지만, 그것을 열어 보면 그 안에 아무도 없다는 것을 발견할 것입니다. 마찬가지로, 저의 존재는 허공과 같습니다. 이 몸은 라디오처럼 말을 하지만, 그 안에는 행위자가 아무도 없습니다."

1137. 저 **위대한 자**[생전해탈자]들이 초월적 **실재**만을 자신의 형상(*swarupa*)으로 경험할 때, 이 무지한 사람들이 저들[생전해탈자]을 고통 받는 몸의 형상으로 보는 것은 제3자[무지인들]의 소견에 따른 것일 뿐이네.

1138. 행위자 의식을 벗어나 **신**께 봉사하며 사는 해탈한 **위대한 자들**을 찾아가서 사랑으로 그들을 찬양하는 이들에게는 공덕(*punya*)[생전해탈자들이 과거에 한 선행의 과보]이 돌아가고, 그들을 비방하는 이들에게는 죄악(*papam*)[생전해탈자들이 과거에 범한 죄의 과보]이 돌아간다는 것을 알라.

생전해탈자(*jivan-muktas*)의 신체적 삶은 무지인의 그릇된 소견으로 볼 때만 존재하는 하나의 겉모습일 뿐이므로, 그의 몸·말·마음이 하는 모든 행위도 하나의 겉모습에 불과하다. 따라서 그의 소견에서는 그런 행위들이 존재하지 않기에, 그는 그 행위들의 결과에 전혀 영향을 받지 않는다.

1139. "(생전해탈자들이) 행위자 의식을 벗어났다면 어떻게 행위가 이루어질 수 있겠는가? 우리는 (그런) 행위들이 이루어지는 것을 본다"고 반문한다면, (그들은) 내적인 집착이 죽어 있기에 그들의 심장 안에 하느님 자신이 거주하면서 (그 모든 행위를) 한다는 것을 납득하라.

사두 옴: 제1136연의 주석에서 언급했듯이, 스리 바가반은 언젠가 생전해탈자의 몸을, 노래하고 말은 하지만 그 안에 아무도 없는 라디오에 비유했다. 라디오가 노래를 하고 말을 하게 하는 것이 멀리 떨어진 어떤 곳에 있는 방송국이듯이, 진인의 몸 안에서 말을 하고 행위를 하고 있는 행위자는 곧 하느님 자신이다.

1140. 생전해탈자인 위대한 자들의 행위는 '나'와 '내 것'이 전혀 없는 **침묵의 도취** 상태에 있으니, 이는 잠자고 있는 아이들을 일으켜 앉혀 음식을 먹이면 아이들이 (전혀 의식하지 못한 채) 음식을 먹는 것과 같다네.

사두 옴: 그 아이들은 깊은 잠의 지복스러운 상태에 도취되어 있기 때문에, "내가 먹는다"는 행위자 의식이 없고, "이 음식은 맛있다"는 경험자 의식이 없지만, 그런데도 먹는 행위를 한다. 마찬가지로, 진인들은 잠 없는 잠의 상태인 지복스러운 **침묵**의 상태에 도취되어 있기에, 설사 행위를 하는 것처럼 보인다 해도 그들에게는 어떤 행위자 의식이나 경험자 의식도 없다. 아이가 자신이 먹는 것을 전혀 자각하지 못하듯이, 진인은 그의 몸·말·마음이 하는 모든 행위를 전혀 의식하지 못한다. 여기서 제1105, **B21**, 1133, **B22**, 1148, **B24**, 1165연을 참조하라.

1141. 쿨리(coolie-직업적 짐꾼)가 위탁자가 의도한 곳에 자기가 맡은 짐을 지고 가서 내려놓고 몹시 기뻐하듯이, 매우 뛰어난 참된 진인은

이 몸이라는 짐을 내려놓고 즐거워할 것이네.

사두 옴: 쿨리는 자신이 지고 가는 짐에 대해 '나'나 '내 것'이라는 형태의 어떤 집착도 결코 느끼지 않을 것이다. 마찬가지로, 진인은 자기 몸에 대해 "나는 이 몸이다"라는 형태로든 "이 몸은 내 것이다"라는 형태로든, 어떤 집착도 결코 느끼지 않을 것이다. 우리가 음식을 먹고 나면 (음식을 그 위에 놓고 먹었던) 엽반葉盤(leaf-plate)은 버리는 것이 제격이듯이, 몸도 **진아지**를 성취하고 나면 버리는 것이 제격이다. 진인은 몸이 죽는다 해도 아무 손해도 입지 않을 것이고, 어떤 슬픔도 느끼지 않을 것이다. 본 연의 목적은 이 진리를 가르치기 위한 것일 뿐이다. 진인은 죽을 때까지 몸에 속박된다거나, 몸을 원치 않는 하나의 짐으로 느낀다거나, 혹은 몸 안에 살아 있는 것을 괴로워한다는 의미로 받아들여서는 안 된다.

『진어화만—풀어옮김』의 부록 제8연이 여기에 들어온다. 이 연에서 스리 바가반은 이렇게 말한다.

1141a. 진아를 아는 사람은 (다 쓰고 난) 몸 자체를 마치
  음식을 먹고 나서 엽반을 버리듯 버릴 것이네. —바가반

이 2행시에서 스리 바가반은, 시바쁘라까사 스와미갈(Sivaprakasa Swamigal)이 지은 『쁘라부링가릴라(Prabhulingalila)』라는 타밀어 저작의 제12장, 제11연의 4행시에서 표현된 관념을 요약했다. 자세한 내용은 『라마나스라맘에서 보낸 편지』(한국어 초판), 218쪽을 참조하라. 스리 바가반의 육신 생애의 끝 무렵에 헌신자들이 "오 바가반, 이 몸으로 여러 해를 더 사셔야 합니다"라고 간청하면, 당신은 우리가 **진아지**를 성취한 뒤에는 그 몸으로 살아 있어 봐야 더 이상 얻을 이익이 없으므로, 그것은 (적당한 때에) 버리는 것이 제격이라는 것을 그들이 이해하도록 하기 위해 이 연을 언급하시곤 했다.

1142. (바다에) 떨어진 죽기 직전의 작은 동물이 머리를 치켜들도록 깊
  은 바다의 파도가 허용하겠는가? (마찬가지로) 참된 지知의 **침묵**이

라는 온전한 홍수에 직면하여, 비천한 육신의 에고["나는 몸이다"라는 에고]가 일어나는 것이 가능한가?

사두 옴: 생전해탈자는 **진지**(*Jnana*)의 **침묵**이라는 큰 홍수가 솟구치는 것을 체험한다. 그 무한한 **침묵**의 솟구침 안에서는 에고가 다시는 일어날 수 없고, 그래서 **생전해탈자**에게는 어떤 환생[에고의 일어남]도 없을 것이 확실하다.

1143. '나'가 소멸하고 자신의 **스와루빠**[진아]의 위대함을 보유한 (진인의) 마음이, (이 세계라는) 기만적이고 환적인 겉모습에 미혹될 수 있겠는가? 경이롭고 순수한 **뚜리야**의 허공 속에서 이원성이라는 거짓된 겉모습에 대한 지각이 실재할 수 있는가?

1144. 죽고 태어나며 고통 받는 개아가 자신의 **실재**를 잊어버리고 다시 삶을 얻는 (에고의) 일어남을 소멸하려면 (자신의 참된 성품을) 깨닫고 가라앉아 욕망을 끝내야 하니, (그것이 곧) 닦아서 성취하기에 가장 가치 있는 일인 **생전해탈** 체험의 수승殊勝함이라네.

진아에 대한 망각으로 인해 야기되는 "나는 이러이러한 사람이다"라는 에고의 일어남이 곧 개아의 탄생이다. 이 개아가 죽도록 하고, 그렇게 해서 탄생과 죽음의 끝없는 불행이 끝나도록 하기 위하여 개아가 해야 할 가장 가치 있는 일은, 큰 사랑으로 자기 자신에게 주의를 기울이고, 그리하여 그 자신의 **참된 성품**[진아]을 알고, 그럼으로써 자신의 근원으로 가라앉아 **생전해탈**의 체험을 성취하는 것이다.

이 연은 '해야 할 가치가 있는 것' 장章의 제500, 501연과 함께 읽어 볼 수 있을 것이다.

1145. 행위자 의식이 소멸되어 행위자(*karta*)인 그들의 남편이 죽을 때, 그의 세 가지 업業이라는 아내들이 동시에 과부가 되지 않고, 둘은 과부(*amangali*)가 되고 하나는 비非과부(*sumangali*)로 남겠는지,

말해 보라.

사두 옴: 개아는 행위들(*karmas*)을 하는 자(행위자)일 뿐만 아니라 그 행위들의 열매를 경험하는 자이기도 하다. 따라서 진아지에 의해 개아가 소멸할 때는, 세 가지 업業[누적업·발현업·미래업] 모두 존재하지 않게 될 것이다. 왜냐하면 그것들을 행하거나 경험할 사람이 아무도 남아 있지 않기 때문이다. 그래서 일부 경전에서 **진인**에게는 누적업과 미래업은 소멸되고 발현업만 남을 것이라고 할 때, 그런 말은 그냥 형식적으로 하는 말(*upachara*)일 뿐이라고 이해하고, 실제적 진리로 여겨서는 안 된다.

스리 무루가나르가 위 네 연에서 표현한 관념을 스리 바가반이 다음 2행시에서 요약했다. 나중에 이 2행시가 「실재사십송 보유」에 포함되었을 때, 스리 바가반은 거기에 2행을 더 추가했다.

B23. 남편이 죽으면 과부가 되지 않는 아내가 남지 않듯이
　　　행위자가 죽으면 세 가지 업業도 그러함을 알라.

이 연은 「실재사십송 보유」, 제33연의 후반 2행이다. 그 연의 전반 2행에서는 스리 바가반이 이렇게 말한다. "누적업과 미래업은 **진인**에게 붙지 않으나, 발현업은 남(아서 그가 경험하)게 된다고 하는 것은, 남들의 질문에 대해 해 주는 피상적 답변이라네." 여기서 더 자세한 설명은 『스리 라마나의 길』, 제1부 제5장을 참조하라.

1146. 발현업으로 인해 태어난 몸에게 (열매를 안겨주는 데) 저 발현업은 언제나 실패하지 않는다네. (그러나) **생전해탈자**는 발현업 자체를 초월한 자이고, 의식-몸 매듭(*chit-jada granthi*)을 절단함으로써 자신을 (몸에서) 분리해 버렸다네.

스리 무루가나르: 발현업은 **생전해탈자**에게도 어김없이 열매를 안겨줄 것이라는 한정비이원론(*Visishtadvaita*)의 교의가 여기서 논박된다. 어떻게? 생전

해탈자는 의식-몸 매듭을 절단함으로써 몸-의식을 상실했기 때문에, 그의 몸이 하는 활동들은 남들이 보기에만 존재할 뿐이다.

1147. "업業[발현업]의 경험 자체가 몸으로서의 욕망에 의해 존재하는데, 어떤 사람에게 업業[발현업]의 경험이 없다면 (그가 진인이라 하더라도) 그것[그의 몸]이 떨어져 나가지 않겠는가?"라고 묻는다면, 그 거친 몸(조대신)을 지각하는 것은 누구인지 올바르게 말해보라.

그것을 진인 자신이 보는가? 무지인들(*ajnanis*)이 그것을 볼 뿐이지 않은가?

사두 옴: 발현업을 경험하지 않는 진인은 그 자신에게 하나의 몸이 존재한다고 보지 않는다. 우리의 꿈이 끝나자마자 꿈속에서의 몸은 존재하지 않게 되듯이, 진인이 보는 바로는 그가 진지를 성취하자마자 그의 몸은 존재하지 않게 되었다[즉, 그의 발현업 경험은 소멸되었다]. 그래서 무지인들의 시각에서만 진인의 몸이 존재하는 듯이 보이며, 진인의 시각에서는 무지인들 자신이 아예 존재하지 않는다. 따라서 진인의 몸이 아직 살아 있다고 말하는 것은 무의미하다.

『진어화만-풀어옮김』의 **부록** 제9연이 여기에 들어온다. 이 연에서 스리 바가반은 이렇게 말한다.

1147a. "사냥꾼의 손아귀에 잡혔던 비둘기가 놓여나면 (자신이 잡혔던) 그 숲을 떠나 버릴 것이다"라고 하면, (그에 대한 답변은)
사냥꾼이 집으로 돌아가면 그것[비둘기]은 남을 거라는 것이네.
낯설었던 그 숲조차 집이 되고 말 터이므로. ─바가반

어느 날 K.V. 라마짠드란이라는 헌신자가 꾸랄벤바(*kural venba*) 운의 2행시 한 수를 지었는데, 거기서 말하기를 "만약 사냥꾼의 손아귀에 붙잡힌 비둘기가 놓여나면 그것은 그 숲에서도 날아가 버릴 것이네"라고 했다. 이 시는 긍정문처럼 보이기는 하나, 사실 그것은 비유적 형태로 하나의 질문을 의도

한 것이었다. 여기서 '사냥꾼'은 **마야**, '비둘기'는 개아, 비둘기가 '놓여남'은 그 개아의 해탈, 그리고 '숲'은 거친 몸(육신)을 의미한다. 그래서 K.V. 라마짠드란이 암시하고자 한 의미는, "만약 **마야**에 속박된 개아가 해탈하면, 즉시 몸을 떠날 것입니다. 그렇지 않습니까?"라는 것이다.

스리 바가반은 그 2행시를 가져와 그것을 벤바(*venva*) 운의 4행시로 확장하면서 그 질문에 대한 답변을 내놓았다. 당신의 답변이 함축하는 의미는 다음과 같다. "그대가 그렇게 묻는다면 그 답변은, '나'에 주의를 기울이면 (마음에 지나지 않는) **마야**는 존재하지 않음이 발견되어 사라지고, (그렇게 해서 자신의 참된 성품이 **진아**임을 깨달은) 개아는 거친 몸 안에 남아 있을 거라는 것이다. 왜냐하면 앞서 개아가 낯설거나 자신이 아닌 것이라고 여겼던 그 몸조차도 (끊임없는 **진지**의 체험을 통해) **진아**에 다름 아니라는 것을 알게 될 것이기 때문이다."

이 함축된 의미는 타밀어 원문에서 한층 더 분명하게 드러나는데, 스리 바가반이 사용한 '나디 아함(*nadi aham*)'이라는 어구가 "집으로 돌아가면"과 "'나'에 주의를 기울이면"의 두 가지 의미를 갖기 때문이다.

그래서 스리 바가반의 답변의 의미는, 우리가 **생전해탈**을 이루었을 때 몸이 죽어야 한다는 법은 없다는 것이다. 뿐만 아니라, **진아 깨달음**을 얻은 뒤에는 단 하나의 끊임없는 **진아-의식** 외에는 아무것도 존재할 수 없고, 수행 기간 동안 존재했던 "몸이 나다"라는 제한된 지_知마저도 제거될 것이며, "몸도 나다"라는 무한한 지_知를 성취하게 될 것이다. 여기서 「실재사십송」, 제17연도 함께 읽어볼 수 있다.

1148. 술에 취해 앞을 보지 못하는 사람은 자기 몸에 옷이 걸쳐져 있는지 떨어져 내렸는지 모르네. (마찬가지로, 무한한) **허공**인 **빛**의 형상을 아는 **싯다**는 실재하지 않고 지각력이 없는 몸이 연결되어 있는지[살아 있는지] 없어졌는지[죽었는지] 모른다네.

이 연은 스리 바가반이 이따금 인용하던 『바가바땀(Bhagavatam)』(XI-13-36)에 있는 산스크리트 시 한 수를 번역한 것이다. 같은 관념을 스리 바가반은 다음 연에서도 표현한다. 여기서 『바가반과 함께한 나날』, 46-1-9와, 46-1-18부터 46-1-21까지를 참조하라.

B24. 몸은 영구성이 없는 것이니, 그것이 휴식하든 움직이든, 업[발현업]으로 인해 그것이 붙어 있든[살아 있든] 떠났든[죽었든], 마치 술에 취해 앞을 못 보는 사람이 (자신이) 걸친 옷을 모르듯, 진아를 아는 싯다는 몸을 알지 못한다네.

사두 옴: "그것이 휴식하든 움직이든, 그것이 살아 있든 죽었든"이라는 말이 여기서 사용되고 있다고 해서, 진인에게 하나의 몸이 실제로 태어나고, 살아가고, 일하고, 죽는다고 결론지어서는 안 된다. 진인에게는 실제로는 탄생, 활동, 몸의 죽음 같은 것이 없으며, 그런 것들은 그것을 보는 무지인의 그릇된 시각에서만 존재한다는 것을 우리가 이해해야 한다.

1149. (불에 탄) 붉은 비단천이 재가 되어 그 실체를 잃었음에도 겉모습을 잃지 않듯이, 에고라는 결함을 소멸한 뛰어난 **생전해탈자**의 살아 있는 몸의 형상도 그와 같다네.

붉은 비단 천이 불에 타면 그 실체는 재가 되었지만 그 형태와 색깔은 유지된다. 마찬가지로, 에고가 진지의 불 속에서 타 버리고 나면, 진인의 "나는 몸이다"라는 의식은 완전히 소멸되었다 해도 그의 몸은 변함없이 남아 있는 것처럼 보일 것이고, 외관상 살아서 활동을 계속할 것이다.

1150. 저 뱀의 다리는 뱀만이 알 수 있듯이, 다른 진인의 성품을 아는 사람은 **진인뿐**이라네. 진인의 성품은 다른 누구도 그릇되게 알 뿐, 실제 그대로 분명하게 알지 못한다네.

스리 무루가나르: 책 지식만 가지고 있는 사람의 지知는 미혹된 지知이므로,

그는 **실재**를 그릇되게 볼 뿐 있는 그대로 보지 못한다. 그래서 **진인**의 참된 성품을 분명하게 알지 못한다. **생전해탈**에 대해 8,857가지 정의(lakshana)를 베풀고 있는 경전에서도, 진인들은 미친 사람, 귀신에 씐 사람 혹은 아이들 같이 보일 수 있고, 무지인들이 그들을 가늠하기란 불가능하다고 말한다.

1151. 자신을 소멸하고 당당히 빛나는 그것의 형상(tadakara)인 **침묵**의 상태를 성취한 '참된 **지**知의 큰 지복향유자(maha-anandi)'는, 타자(자신과 다른 것)를 일체 알지 못하는 위대함이 있는 **브라만의 체험**(brahmanubhava)을 가졌지만, 그 누구도 그것을 헤아릴 수 없다네.

스리 바가반은 이 연에서 표현된 관념을 당신 자신의 언어로 다음 연에서 다시 표현했는데, 이 역시 「실재사십송」에 제31연으로 들어가 있다.

B25. 자신[에고]을 소멸함으로써 일어난 진아의 지복을 즐기는 자에게, 무엇 하나 할 일이 있겠는가? 그 자신[진아] 외에 어떤 타자도 알지 못하는 자, 그의 상태를 누가 어떻게 헤아릴 수 있겠는가?

49. 진인

1152. 진인의 위대함을 표현하기란 불가능하니, 자기 존재의 성품[혹은, 아름다움]을 그 자신만이 아네. 그는 허공보다 광대하고, 산보다도 확고하네. 몸-의식을 소멸하고 면밀히 탐색하여 (이 진리를) 깨달아 얻으라.

스리 무루가나르: 우리가 "나는 몸이다"라는 느낌(dehatma-buddhi)을 가지고 있는 한, 진인도 하나의 몸을 가지고 있고 우리처럼 속박되어 있는 것처럼 보일 것이다. 그래서 진인의 위대함을 있는 그대로 알기가 불가능하다. 우리가 이 무지를 상실할 때에만, 진인의 끊임없는 상태(akhanda nilai)가 빛을 발할 것이다.

1153. 무無형상으로 머무르며 만물을 빛나게 하는 **스와루빠**[진아]인 **실재의 빛**, 곧 은폐(veiling) 없이 진아로서 스스로 번영하며 빛나는 참된 빛을 본[알고 있는] **무니**(Muni)는 (모든) 천상계를 지배하는 왕이라는 것을 알라.

1154. **스와루빠**인 **진아** 안에서 잠자는 진인의 마음은 (세간에서) 고통 받으며 망가지지 않고, **스와루빠의 무상침묵**無相沈默(nirvikalpa-mauna)의 본연적 **지복**의 바다(nir-atisaya ananda)에 부동으로 자리 잡고 있다네.

즉, 그는 거짓된 3요소(triputis)의 미혹이라는 쓸모없는 것에 걸려서 세간에서 고통 받지 않을 것이다.

1155. (진정한) 생시로서의 **진아**를 놓쳐 버리고, (하나의) 꿈으로서 지각되는 거짓된 환幻의 세계를 생시인 양 소중히 여기는 현자들 다르고, **진아**를 깨달아 명료함을 가진 현자들 다르다네.

사두 옴: ('현자'의) '뿔라반(pulavan)'이라는 단어는 '아는 사람'이라는 뜻이다. 이 연에서 언급된 첫 번째 부류의 현자는 학식 있는 무지인(ajnani), 곧 오관을 통해 지知를 얻었을 뿐인 사람인 반면, 두 번째 부류는 **진아지**를 얻은 참된 **진인**이다. 오관을 통해 얻은 지知는 거짓된 지知이고 **진아지**만이 참된 지知이므로, 이 두 부류의 현자들은 서로 판이하게 다르다.

1156. 아무리 예리하고 예리하게 그것을 살펴보아도, 참된 경전들은 자기 자신을 자기 자신 안에서 면밀히 탐색하라고만 말하네. 사람들이 (자신의) 아름다운 얼굴을 보고 마음에 기쁨을 얻는 것이 거울을 보는 목적 아닌가?

사두 옴: 거울을 보는 목적이 단지 거울에 비친 모습을 보면서 시간을 낭비하거나, 거울의 가치를 평가하기 위한 것은 아니다. 그 목적은 우리 자신의

얼굴의 아름다움을 보는 즐거움을 경험하기 위한 것일 뿐이다. 마찬가지로, 경전을 읽는 목적은 **진아지**의 참된 행복을 체험하기 위한 것일 뿐이다. 따라서 "그대 자신이 저 **브라만이다**"라고 밝히는 경전을 읽자마자, 우리는 그 정보를 적절히 사용하여 "나는 누구인가?"라는 탐구를 통해 우리 자신을 면밀히 탐색하여 알아냄으로써, 우리 자신의 직접체험을 통해 그 말의 진리성을 입증해야 한다. 여기서 **스리 바가반**이 「나는 누구인가?」에서, "모든 경전에서는 **해탈**을 성취하기 위해서는 우리가 마음을 제어해야[즉, 소멸해야] 한다고 말하고 있으므로, 경전의 최종 결론이 마음 제어일 뿐이라는 것을 안 뒤에는 경전을 한없이 읽어 봐야 아무 이익이 없다"고 한 것을 참조하라(제141연을 보라).

진아 알기의 수행에 착수한 뒤에는 경전을 연구해 봐야 아무 쓸데없다. 경전은 우리를 **자기탐구**의 길로 향하게 하는 데 유용할 뿐, 우리가 수행, 곧 일여내관—如內觀(*nididhyasana*)[14]을 하는 동안은 더 이상 우리에게 쓸모가 없다. 이것이 바로 **스리 바가반**이 「나는 누구인가?」에서 "라마가 자신이 라마임을 알기 위해 거울이 필요한가? … 언젠가는 자신이 배운 모든 것을 잊어버려야 할 것이다"(『라마나 마하르쉬 저작 전집』, 52-3쪽)라고 말한 의미이다.

1157. 알려지는 것(인식 대상으로서의 현상계)은 곧 **자기**임을 드러내는 참된 **지**知-경전(*jnana-sastras*)이라는 거울에 다가가는 사람들 가운데 다수는 경전과 큰 주석서들을 보(는 데 그치)지만, 소수는 (내면을) 탐색하여 자신의 성품을 앎으로써 그들 자신을 구원한다네.

1158. 참된 **지자**知者(*mey-jnani*) 다르고, 참된 **지**知-경전을 아는 자(*vijnani*) 다르다고 말해야 할 것이네. 무지의 속박을 없애려고 하는 사람들에게는, 학자들을 떠나서 **지고아 안주자**(*atma-para-nishtar*)들과 친

---

14) *T.* 진아를 깨닫기 전의 자기탐구 수행은 보통 '성찰'로 불린다. 그러나 '성찰'은 '청문' 단계에서 흡수한 진리를 분별하고 이해하는 과정도 포함하는 반면, '일여내관'은 일념으로 자기를 주시[자각]하는 것이며, 깨닫기 전의 진보한 단계에서도 닦을 수 있다.

교하는 것이 직접적인 길이네.

스리 무루가나르: 당신[스리 바가반]이 이 말씀을 하시는 것은, 우리가 **진아**로서 안주하는 사람들과 친교하지 않으면 체험적 지知(*anubhava-jnana*)를 성취할 수 없기 때문이다. 경전지經典知(*vijnana*)만으로 얻을 수 있는 이익은 세상 사람들의 칭찬과 숭배뿐이다.

1159. 은총의 힘으로 일체를 지지하는 **실재**를 깨달은 진인의 말씀들은, 어둠의 지배하에 오랫동안 미혹되어 있던 영혼들에게 늘 구원의 지지물이 될 거라는 것을 알라.

사두 옴: 제1158연에서 우리가 학자들을 떠나 진아로서 안주하는 사람들과 친교해야 한다고 한 이유가 이 연에서 설명된다. 경전 학자들이 해 주는 모든 강의와 설명에서보다, (비록 그가 배우지 못했다 해도) 지고의 **실재**를 알고 있는 **진인**이 하는 말 한 마디에, 다른 개아들의 무지의 어둠을 몰아내는 더 큰 권위의 힘[진아의 빛의 힘]이 있다. 그래서 여기서는, 우리가 경전 학자들보다 진인에게 사랑으로 다가가야 한다고 가르친다.

50. 진인들의 행위

1160. 행위 없음만을 지知라고 판정한다면, 나병으로 인한 행위 없음도 지知라는 것이 되네! 행위에 대한 좋고 싫음을 포기하고, 마음속에 일체의 책임[행위자 의식]이 없는 드높은 상태야말로 지知의 상태라네.

사두 옴: "내가 행위를 해야 한다"는 형태로든, "내가 행위를 그만두어야 한다"는 형태로든, 행위자 의식의 일어남이 없이 머무르는 것이 참된 지知의 상태이다. 스리 바가반은, 무욕업無欲業(*nishkamya karma*)[그 열매에 대한 욕망이 없는 행위]을 한다는 것은 진실로 자신이 하는 행위에서 어떤 행위자 의식도

없는 상태에 안주하는 것을 의미할 뿐이라고 말씀하시곤 했다.

1161. 생각이 없는 아름다움으로서의 진아(tanmaya) 안에 살고 있는 사람들에게는 생각해야 할 것이 없다네. 고수해야 할 것은 **침묵**의 체험을 보는 것뿐이니, (왜냐하면) 그 지고한 상태에서는 자기 자신 외에 성취해야 할 것이 아무것도 없기 때문이네.

1162. '**있음**'["내가 있다"]만이 그들의 참된 성품이라고 알면서, 무념으로 존재하는 장엄한 상태를 깨달은 사람들은, 설사 많은 활동을 한다 해도 행위자로서 미혹되지 않을 사람이며 무無행위자(akartas)임을 알라.

1163. 다르마(dharma)의 길에서 성숙되어 초월적인 **참된 성품**[진아] 안에 안주하는 위대한 **생전해탈자**인 존재들이, 외적인 삶에서 권계勸戒(niyama)의 길을 포기하는 것도 (그 길을) 준수하는 것만큼이나 아름다움이 있다네.

모든 다르마 중 최고는 스와다르마(swadharma-자기 자신의 다르마)이고, 스와다르마의 진정한 의미는 **진아안주**이므로, **생전해탈자들**[진아안주에서 완성을 성취한 사람들]은 늘 가장 참되고 가장 높은 다르마를 준수하고 있다. 따라서 설사 그들이 다른 모든 다르마를 포기한다 해도 아무 잘못이 없다. 그들이 그것을 포기하는 것은 그것을 준수하는 것만큼이나 아름답기 때문이다.

　무지인들이 보기에는, 어떤 **생전해탈자들**은 다르마 경전에 제시되어 있는 모든 다르마와 행위를 하고 있는 것처럼 보이고, 또 어떤 **생전해탈자들**은 마치 그런 다르마를 준수하지 않고 미친 사람, 어린이 혹은 바보처럼 행동하는 것으로 보일지 모른다. 그러나 그들이 그렇게 행동하는 것조차도, 그들이 모든 다르마와 행위를 제대로 준수하는 것만큼이나 아름답다.

1164. 몸이 없고 나뉠 수 없는 대大해탈인이 몸 가진 자처럼 돌아다니는

것은, 자기 소유물로서의 세계를 (세 걸음으로) 가늠한 **비슈누**처럼, **지고한 허공**의 길을 발걸음으로 가늠하는 것과 같음을 알라.

생전해탈자는 자신이 유한한 몸이 아니라는 것을 깨달았으므로, 그는 몸이 없이, 나뉠 수 없고 무한한 진아로서 빛난다. 그러나 무지인들이 보기에는 그가 하나의 몸을 가졌고, 땅 위를 걸어 다니는 것으로 보인다. 그 몸의 형상으로 걸어 다니는 것으로 보이는 것은 실로 형상 없는 진아의 허공일 뿐이기에, 그것은 주 **비슈누**가 광대한 형상을 취하여 세 걸음으로 온 세계를 걸음으로써 그 세계들을 자신의 영역으로 주장한 것만큼이나 경이롭다.

1165. 연장(*karuvi*)과 도구(*karana*)들의 집합체를 '행위를 하는 자'로 배제하고, 행위자로서의 그것들과 전혀 접촉하지 않는 진인은 (설사 외관상으로) 행위를 한다 해도 행위한 바가 없는 자라네.

사두 옴: '연장(*karuvi*)'이라는 단어는 다섯 감각기관(*jnanendriyas*), 즉 눈·귀·코·혀·피부와 다섯 행위기관(*karmendriyas*), 즉 입·다리·손·항문·생식기를 뜻하고, '도구(*karana*)'라는 단어는 네 가지 내적기관(*antahkaranas*), 즉 마음·지성·찌땀(*chittam*)·에고를 뜻한다. 모든 행위를 하고 있는 것은 이 연장과 도구들뿐임을 알고, 그 어느 것도 '나'가 아님을 아는 **진인**은 그것들을 배제하고 그것들과 털끝만큼도 접촉함이 없이 머무른다. 그래서 남들이 보기에는 그가 행위를 하고 있는 것처럼 보일지 모르지만, 그는 어떤 행위자 의식도 없이 (진아로서) 항상 머무르고 있다. 여기서 제1105연, **B21**, 1133연, **B22**, 1140연을 참조하라.

1166. (발현업으로 인해) 무엇이 다가오든 마음으로 만족해하고, 모든 이원자들[상대물의 쌍들]을 극복했으며, 시기심이 사라졌고, 평안한 상태를 성취하여 성공과 실패 속에서도 평등한 그들[진인들]은, (외관상) 행위를 해도 그에 속박되지 않을 것이네.

스리 무루가나르의 위 4행시는 『바가바드 기타』, 제4장 제22연을 달리 표현한 것이다. 같은 관념을 스리 바가반은 『바가바드 기타 요지(Bhagavad Gita Saram)』, 제40연과 다음의 2행시로 표현했다.

B26. 무엇을 얻든 행복이 있고, 시기심이 없어졌고, 이원자를 내버렸고, (성패에) 평등한 그는 행위를 해도 속박되지 않는다는 것을 알라.

51. 진아로서 안주하는 사람들의 성품

1167. 외적인 표지로 진인을 평가하는 사람들은 (그에게서) 아무것도 발견하지 못하고 돌아올 것이네. 바깥을 가늠하는 시각으로만 가늠해서는 알 수 없는 (진인의) 내적인 빛을 그들은 지각하지 못할 것이네.

사두 옴: 어떤 사람들은 공덕(*punya*)을 얻기 위해(복을 짓기 위해) 진인을 친견한다. 그러나 마음이 성숙되지 못한 까닭에 진인의 외적인 모습만 보는데, 그 겉모습은 진인은 이러이러해야 한다는 그들의 환상적 선입관념과 부합하지 않기 때문에, 그들은 실망하고 돌아간다. 뿐만 아니라 그런 미성숙한 사람들이 때로는 진인을 비웃기도 한다. 그렇게 그를 찬양하기는커녕 비방하는 그들은 마치 목욕을 하고 싶었으나 진흙을 뒤집어쓰고 돌아오는 사람처럼, 한 무더기의 죄업(*papas*)을 짓고 돌아온다(제1138연을 보라).

스리 바가반의 삶 속에서도 당신을 비웃고 당신의 흠을 잡곤 하던 사람들이 있었다. 예를 들어 어떤 사람들은 **바가반**이 초기에 당신의 몸을 아예 잊고 맨 흙바닥에 눕거나 앉아서 어떻게 살았는지 모르는 채, 나중에 당신이 외관상 정상적인 활동의 삶을 살면서 안락한 소파에 앉아 있는 것을 보고 이렇게 말하곤 했다. "이게 뭐야! 그는 부드러운 쿠션이 받치고 있는 소파에 앉아 있어. 그는 우리와 같이 밥을 먹고 행동해. 그런데도 리쉬야? 이런 것이 **진지야**?" 따라서 본 연은 진인의 외적인 모습을 가지고 그를 판단하려 드는 그런 무지한 사람들에 대한 하나의 경고라고 할 수 있다.

1168. 싯디만으로 가늠하면 **생전해탈자**의 위대함을 잘못 알게 되네. 해탈자들은 싯디가 있든 없든 빛나니, 싯디를 우러르는 사람들은 (생전해탈자의 위대함을) 알 수 없다는 것을 알라.

사두 옴: 노벨상 수상자를 아버지로 둔 여섯 살짜리 아이가 구구단 외는 것이 힘들어 아버지에게 구구단을 욀 줄 아느냐고 물었다. 아버지가 그것을 정확히 외자 아이는 깜짝 놀라서 자랑스럽게 외쳤다. "야, 우리 아빠 최고야! 그래서 노벨상 받았어! 정말 상을 받으실 만하다고!" 어떤 사람이 싯디를 행하는 것을 사람들이 보았을 때만 그를 **진인**이라고 인정하는 세상 사람들은, 구구단을 욀 줄 안다는 것만 가지고 자기 아버지의 노벨상을 인정하는 이 아이보다 나을 것이 없다.

1169. (인간의 이해력을 넘어) 저 너머에 존재하면서 빛나는 **진인**의 위대함을 대수롭지 않게 여기면서, 자신들의 아주 어쭙잖고, 하찮고, 미혹된 마음으로 (그에게) 많은 싯디가 있다고 상상하는 바보들이 널린 곳이 세상이라네.

바보들은 자신이 **진인**에게서 수많은 싯디를 본다고 상상할 때, 자신이 **진인**을 찬미하고 있다고 생각한다. 그러나 사실 그들은 그를 대수롭지 않게 여기는 것일 뿐이다. 왜냐하면 그들이 보는 싯디는 마음의 상상에 지나지 않기 때문이다. 반면에 **진인**의 참된 위대함은 마음을 넘어서 있다.

1170. **진인**(tanmayar)인 완전한 자에게 (그가 행하는 것처럼 보이는) 싯디 때문에 위대함을 부여하는 것은, 집안에 들어오는 한 가닥 밝은 햇살 속의 작은 미진微塵(티끌 알갱이)들이 아름답다는 것만으로 온전히 빛나는 해의 위대함을 찬미하는 것과 같음을 알라.

1171. 몸과 세계 안에서의 삶이 부단히 지속되는 동안 몸과 세계를 **의식**으로 깨달은 사람은, 마치 자신이 몸과 세계에 속박되어 있는 듯

이 남들을 현혹할 것이네. (그러니) 해탈자가 누구인지 겉모습만으로 누가 알겠는가?

사두 옴: 스리 바가반은 「실재사십송」, 제31연에서 "… (진아로서 안주하는) 그는 진아 외의 어떤 것도 알지 못하는데, 그의 상태가 어떤 것인지 누가 어떻게 헤아릴 수 있겠는가?"라고 말한다.

52. 침묵의 위대함

1172. 순수하고 참된 지知의 영광을 하사하는, (소리나 빛의 형태로) 일어남이 있는 모든 글자(*ezhuttu*)들의 근원인 한 글자라는 것은, 심장 안에서 저절로 늘 빛나는 그것이라네! 누가 그것을 쓸 수 있으리오?

사두 옴: 1937년 9월 30일, 소마순다람 스와미라는 헌신자가 스리 바가반께 자신의 공책에 "한 글자"를 써 달라고 청했다. 스리 바가반은 자비롭게도 2행시(*kural venba*) 한 수를 써 주었는데, 거기서 이렇게 말했다. "한 글자라는 것은 **심장 안에서 저절로**[혹은, 진아로서] **늘 빛나는 그것이라네! 누가 그것을 쓸 수 있으리오?**" 나중에 스리 바가반이 그 한 글자의 성품을 설명하실 때, 스리 무루가나르가 당신의 설명을 위의 연으로 기록하면서, 스리 바가반의 2행시를 마지막 두 행(진한 글씨 부분)으로 포함시켰다. 나중에 스리 바가반은 그 2행시를 산스크리트어와 텔루구어로 번역했다. 그 산스크리트어 버전에서 당신은 이렇게 말했다. "한 글자가 **심장 안에서 저절로 끊임없이 빛난다네! 그것을 어떻게 쓸 수 있으리오?**" 마지막으로, 1940년 9월 21일, 스리 바가반은 당신의 2행시 서두에 2행을 덧붙여 그것을 벤바(*venba*)[4행시]로 바꾸었는데, 거기서 그 시를 짓게 된 이유를 다음과 같이 말하고 있다.

1172a. 글자(*aksharam*)라(고 불릴 가치가 있)는 그것이 한 글자(*ezhuttu*)라

네. 그대는 이 책에 그 한 글자(*aksharam*)를 써 달라고 (나에게) 청했네. 불멸(*aksharam*)인 그 한 글자는 심장 안에서 저절로 늘 빛나는 그것이라네! 누가 그것을 쓸 수 있으리오? ─바가반

사두 옴: 여기서 스리 바가반이 세 번 사용한 '악샤람(*aksharam*)'이라는 단어는 '글자'라는 뜻과 '불멸인 것'의 뜻을 함께 가지고 있고, 그래서 첫 번째 문장은 이런 의미일 수도 있다. "불멸인 것(*aksharam*)이 한 글자라네."

본 연에서 언급된 한 글자는 **진아** 그 자체이다. 그 진아의 진정한 형상은 **침묵**(*mauna*)일 뿐인데, 그것이 **진지**(*Jnana*)의 올바른 정의이다. 진아-의식인 '나-나'는 빛과 소리를 초월하여 빛난다. 그것은 단순한 **스푸라나**(*sphurana*)로서 소리가 없으므로, 그것은 **소리를 초월**하고, 따라서 그것은 언어를 초월한다. 뿐만 아니라, 진아는 거칠고 미세한 모든 종류의 빛들을 넘어서 있는, 스스로 빛나는 순수한 **의식**(*prajna*)이므로, 그것은 **빛을 초월**한다. 따라서 그것은 쓰여진 한 글자의 형상을 가질 수 없다. 왜냐하면 눈에 보이는 모든 형상은 빛의 범위 안에 들어오기 때문이다.

지고한 실재, 곧 진아인 그 참된 의식의 최초의 표현은 스푸라나 '나'이다. **쁘라나바**(*Pranava*) '**옴**(*Om*)'은 그 실재의 소리 형상일 뿐이며, 그것은 나중에 실재의 2차적 표현으로서 일어난다. 그러나 '옴' 소리의 실체로서 빛나는 것은 진아, 곧 '나'일 뿐이므로, 스리 바가반은 「아루나찰라 문자혼인화만」, 제13연에서 "옴의 실체이시고, 견줄 자도 능가할 자도 없는 당신, 누가 당신을 이해할 수 있을까요, 오 **아루나찰라**?"라고 노래했다. 그리고 당신은 '옴'보다도 먼저인 **실재의 본래적 이름**은, 소리와 빛 둘 다를 초월하는, 의식인 '나'일 뿐이라고 말하곤 했다. 여기서 본 저작의 제712, 713연을 참조하라.

따라서 으뜸가는 실재인 진아는 **하나**(*eka*)이며, 그것 외에는 아무것도 존재하지 않으므로, 스리 바가반은 누가 그것을 쓸 수 있으며, 어떻게, 어디에 그것을 쓸 수 있느냐고 반문하는 것이다. 그래서 그 헌신자가 자기 공책에 '한 글자'를 써 달라고 당신에게 청하기는 했지만, 스리 바가반은 **심장** 안에

서 저절로 빛나는 전 세계는 어떤 식으로도 헤아리거나, 말하거나, 쓸 수 없으며, 우리가 할 수 있는 것은 그것이 되고, **심장** 속에서 그것을 있는 그대로 아는 것뿐이라고 가르친 것이다.

1173. 위대한 명료함을 가졌고 진리인, 모든 언어의 근원인 신성한 언어(가 무엇인지)를 묻는다면, 그 언어는 반얀나무 아래 앉으신 **지**知의 화신(*jnana-swarupa*)이신 **하느님**(*Namvan*)[스리 다끄쉬나무르띠]이 가르친 **침묵**(*mauna*)일 뿐인 저 언어라네.

『진어화만-풀어옮김』의 부록에 있는 제10연을 여기에 포함시켜야 한다(제1027연의 주석을 보라). 이 연에서 스리 바가반은 다음과 같이 말한다.

1173a. **침묵**은 내면에서 솟구치는, 단 하나의[단일하고, 비이원적이고, 비할 바 없는] 언어인 은총의 형상일 뿐이네. —바가반

한 헌신자가 언젠가 스리 바가반에 대해 "침묵이 신령스러운 설법인 곳"이라는 제목의 글 한 편을 지었다. 이것을 본 스리 바가반이 **침묵**의 정의를 내리면서 위의 1행짜리 시를 지었다. 『마하르쉬의 복음』, 제1권 제2장에서는 당신이 "**침묵**은 끊임없는 웅변입니다. … 그것은 '언어'의 영속적인 흐름입니다"라고 말한다(『마하르쉬의 복된 가르침』, 30-31쪽).

1174. 수많은 설법으로도 드러날 수 없는 위대함으로 충만한 저 **브라만**이, 성취하기 힘든 스승의 **침묵**에 의해서만 드러나므로, 저 **침묵**이라는 설법이야말로 최상의 설법임을 알라.

1175. 굉장히 실재하는 듯이 보이는 찰나물(*kshanika*)[세계]에는 "나는 몸이다"라는 느낌(*alaya-vijnana*)이 그 기반이라네. "나는 몸이다"라는 느낌의 불멸의 토대는, **침묵**이라는 태고의 **실재**라네.

사두 옴: 스리 무루가나르가 설명하기를, 세계는 한 찰나에(*kshanika*) 나타나고 한 찰나에 사라지므로, 이 연에서 사용된 '*kshanika*'라는 단어는 세계를

의미한다고 했다. 또한 'alaya-vijnana'는 몸의 죽음까지 몸 안에서 지속되는 '몸-의식', 즉 "나는 몸이다(dehatma-buddhi)"라는 느낌을 그 형상으로 가진 마음이라고 설명했다.

세계와 몸이 그 위에서 나타나는 기반은 마음, 곧 "나는 몸이다"라는 의식이며, 마음이 그 위에서 나타나는 기반은 **진아**, 곧 순수한 의식인 **침묵**이다. 따라서 불멸의 **침묵**이야말로 모든 종류의 지知의 기반이다.

1176. (일어나고) 가라앉는 지성(mati)의 추론 능력으로 (실재가) "있다", "없다", "형상이다", "무형상이다" 또는 "하나다", "둘이다"라고 논쟁하지 말라. 항상 어김없는 체험인 **존재-의식-지복**(sat-chit-ananda)의 **침묵**이야말로 진정한 종교(mata)라네.

사두 옴: 일어나고 가라앉는 성품을 가진 하찮고 찰나적인 지성의 예리함만 가지고 영원한 **지고의 실재**의 존재 여부와 본질을 논쟁하는 것은 참된 종교가 아니다. 그런 모든 논쟁이 그 안에서 포기되는, 항상 존재하는 **침묵**의 체험이야말로 참된 종교이다. 여기서 「실재사십송」, 제34연과 본 저작의 제989~993연, 1235연을 참조하라.

1177. 카스트(jati)와 종교의 미혹된 관행을 아무리 많이 준수해도 차별상 느낌(bheda-mati)은 조금도 제거되지 않을 것이네. (경전에서) 찬양되는 초월적인 원초적 종교(adi-mata)인 **침묵**이라는 은총의 삶이 심장 속에 확립되어 지知(bodha)가 일어나지 않을 때에는.

사두 옴: 높고 낮음 같은 차별상에 의해 야기되는 불평등의 상태는 **침묵**, 곧 **진아안주**의 상태에서만 영구적으로 완전히 제거될 수 있고, 종교적·카스트적 관행 속에서 이루어지는 아무리 많은 개혁으로도 전혀 제거될 수 없다.

1178. 큰 바다로 흘러서 합쳐지는 많은 강들처럼[즉, 모두 물의 성품을 가졌듯이], 풍요로운 **찌다난다 시바**(chit-ananda Siva)[의식-지복인 시바]라는

대양을 목표로 흐르는 모든 종교는 **시바**의 성품(Siva-*mayam*)을 가졌고, 따라서 (종교들의 궁극 목표에) 차별상이 있을 곳이 없다네.

1179. '(다양한 종교들의) 교의에서 차별상을 발견하는 나는 누구인가?'라는 교의[방법]에 집중하면서 내면으로 뛰어들면, 항존하는 진아만 남고 '나'는 없어져 소멸하니, 그 **침묵** 속에 하나라도 차별상의 느낌이 남겠는가?

1180. "단 하나의 차별상 느낌도 그 **침묵** 속에 남지 않는다면, 그 반대의 느낌[무차별상 느낌]만 남을 수 있는가?"라고 묻는다면, (그 답변은) 차별상의 느낌이 사라지는 것이야말로 참된 **지자**知者(진인)들이 찬미하는 무차별상 느낌이라는 것이네.

진인들이 무차별상 체험을 이야기할 때, 그들이 말하고자 하는 것은 차별상에 대한 경험이 없다는 것뿐이다. 왜냐하면 **침묵**의 상태에서는 경험할 어떤 차별상도 존재하지 않기 때문이다. 그러나 많은 사람들은 경전에서 '무차별상 느낌(*abheda-buddhi*)'이라는 용어를 읽고 나면, 진인은 모든 차별상을 알지만 그 차별상들 속에서 무차별을 경험한다고 잘못 상상한다. 이런 그릇된 관념이 논박되는 제931, 932연을 참조하라.

1181. 거친[혹은, 결함 있는] 질문과 답변들은 이원성의 언어에서는 (외관상) 실재하지만, (제대로) 알고 보면 **침묵**이라는 비이원성의 완전한 언어 안에서는 아무리 찾아도 그 질문과 답변들이 없다네.

위 4행시는 『빤짜다시(*Panchadasi*)』, 2-39에 있는 한 연을 각색한 것이다. 같은 관념을 스리 바가반은 다음 2행시로도 표현했다.

B27. 이 이원성(*dvaita*)의 언어 안에서만 질문과 답변들이 있고,
비이원성에서는 그런 것들이 없다네.

1182. 어디가, 일단 그들이 그곳에 도달해 안주하면 두 사람[스승과 제자]

의 마음이 하나가 되는 곳인가? 잘 살펴보면, 그곳[무념의 침묵 상태]에 도달해 안주함이란, 완전함에 이르는 명민한 질문(과 답변)을 즐기는 그들 간에서 중단 없이 오고가는 참된 대화라네.

사두 옴: 스승과 제자 간 문답 형태의 대화의 목표는 제자가 완전한 **실재**의 상태에 이를 수 있게 해 주기 위한 것이다. 그러나 질문과 답변들은 이원성의 영역 안에서만 존재할 수 있기 때문에, 그것은 결코 우리를 비이원적인 완전함의 상태로 데려다줄 수 없다. 따라서 스승과 제자 간의 참되고 완전한 '대화'란, 양인의 마음이 합일되어 하나가 되는 **침묵**의 상태에 도달하여 거기에 안주하는 것일 뿐이다.

제자가 '질문'하여 스승에게서 배울 수 있는 완전한 방식은 **침묵** 속에 안주하는 것이다. 왜냐하면 진정한 **참스승**(Sadguru)은 비이원적 **침묵**의 언어를 통해 늘 '답변'하고, 가르치고 있기 때문이다. 만일 제자가 무념의 **침묵** 상태에 안주하지 않는다면, 스승이 **침묵**의 언어를 통해 가르치는 **지**知의 가르침(Jnana-upadesa)을 올바르게 이해할 수 없다. 그 **침묵**의 상태에서만 **브라만**이 참으로 드러날 것이다. 스리 바가반은 이렇게 말한다. "**침묵**은 늘 끊임없는 웅변입니다. 그것은 가장 완전한 언어입니다. 그것은 **은총**의 영속적인 흐름입니다. 말이 그 **침묵**의 언어를 방해합니다. 말로 하는 강설은 결코 **침묵**만큼 웅변적일 수 없습니다."(『마하르쉬의 복음』, 제1권 제2장 참조. 이 인용문은 해당 부분을 조금 달리 표현한 것이다.)

53. 순수한 침묵

1183. 차별상(현상계)에 대한 미혹되고 무가치한 지知를 제거함으로써 현전現前하는 **침묵**의 상태(mauna-padam)야말로, 행복의 상태로서 성취될 필요가 있는 따빠스[자기주시]를 통해 심장 안에서 탐구되고 얻어지는 **스와루빠**[진아]라는 것을 알라.

사두 옴: 탐구(vichara)를 통해서 성취할 수 있는 열매인 진아는, "나는 몸이다"라는 그릇된 지知가 없는 **침묵**일 뿐이다.

1184. 삿된 에고-마음의 일어남인 거짓된 상상이 사라진 텅 빈 공간으로서 빛나는 것이야말로, 무한한 **참된 지**知의 체험으로서 성취되는 단 하나의 비이원적 **침묵-체험**(advaita mauna-anubhuti)의 방식이라네.

사두 옴: **침묵**이란, 하나의 거짓된 상상에 불과한 에고, 곧 마음이 소멸된 상태일 뿐이다.

1185. 순수한 마음을 통해서 빛나는 **스와루빠**[진아]의 **침묵**이야말로 해탈의 문임이 드러나므로, 그들이 (자신에게) 맞는 어떤 길로 나아가더라도, 그 문만이 최종적 피난처라네.

사두 옴: 우리가 어떤 길로 해탈의 상태를 향해 나아가든, 결국은 **침묵의 문**—에고 없음(무아無我) 혹은 마음 없음(무심無心)의 문—을 통해서만 그 상태에 들어갈 수 있다. 스리 바가반은 이렇게 말하곤 했다. "우리가 어떤 길로 해탈이라는 읍에 접근하든, 그 읍에 들어가기 위해서는 통행료를 내야 한다. 그 통행료는 우리의 에고, 곧 마음의 소멸이다."

1186. 비이원의 완전한 실재인 진아의 **참된 성품**(atma-swarupa)을 오롯이 (집중된) 마음으로 끊임없이 내관하는 것(자기주시)이야말로 순수한 지고의 **침묵**이라네. 반면에 둔한 마음의 게으름은 결함 있는 망상에 지나지 않는다는 것을 알라.

사두 옴: 마음의 게으름 혹은 나태함은 참된 **침묵**이 아니다. 자기주시야말로 참된, 순수한 **침묵**이다.

1187. 일어나지 않는 완전한 말[즉, 에고의 일어남이 없는 자기주시에 의한 숭배]인 아름다운 **지고의 말**(para vak)로써 주 시바의 두 발을 찬양하고

숭배함 없이 숭배하는, 힘 빠짐이 없는 내적 **침묵**이야말로 본래적이고 참된 숭배라는 것을 알라.

1188. **시바** 안에 있음이야말로 자신의 실체임을 안 사람들만이 완전한 행복인 **침묵**의 상태에 잠겨 있는 사람들이네. **시바**에게 낯선 것들 안의 '나'라는 느낌(*aham-buddhi*)을 제거하고[몸 같은 부가물들과의 동일시를 포기하고], 행위함이 없이 **시바**에 안주하라.

1189. "나라는 거짓 1인칭은 누구인가?"라고 탐구하여, '나'가 없는 **자기**[진아]인 **하느님**(*Isan*)이라는 참된 원리(*mey-tattva*)에 자기가 죽으면서 합일된 **침묵** 상태의 위대함이야말로, **자기순복**(*saranagati*)이라는 다르마(덕행, 임무)의 성품이라네.

참된 **자기순복**(self-surrender)의 수행은 우리가 "나는 누구인가?"의 탐구를 통해 (내면으로) 가라앉고, 그럼으로써 **진아**에, 곧 "나는 이것이다"라는 최초의 생각인 에고가 조금도 일어남이 없는 **침묵** 상태에 합일되어 안주하는 것이다. 또한 제482연을 참조하라.

스리 무루가나르: 이 연의 관념, 즉 **자기탐구**의 목표인 **침묵**이야말로 완전한 **자기순복**의 진리라는 관념은, 위대한 비슈누파 성자 남말와르(Nammazhwar)의 다음 시에서도 표현된다. "저는 저 자신을 모른 채, (마치 몸이 '나'이고, 이 소유물들이 '내 것'인 양) '나'와 '내 것'으로서 살았습니다. 오, 천신들이 숭배하는 천상 존재들의 **주님**이시여, 제가 곧 **당신**이고, 저의 소유물들은 당신의 것입니다."

1190. 전생업[발현업]에 맞게 **하느님**이 개아에게 그것[발현업]이 소진될 때까지 행위하게 한다네. 발현업으로 인해 (안 될 일은) 애를 써도 실패할 것이요, (될 일은) 막으려 해도 그것[발현업]이 열매를 맺을 것이니, (발현업에 관해서는) **침묵**하는 것이 최선이라네.

사두 옴: 이 연은 1898년에, 스리 바가반의 어머니가 당신에게 마두라이로 돌아오라고 애원할 때 그녀에게 해 준 것과 같은 가르침을 표현하고 있다. 즉, "각자의 운명에 따라, 모든 곳에 계신 **주재자**(Ordainer)가 그들에게 행위를 하게 합니다. 결코 일어나지 않을 일은 아무리 노력해도 일어나지 않을 것이고, 일어나게 되어 있는 일은 아무리 막으려고 해도 일어날 것입니다. 이것은 확실합니다. 따라서 침묵하고 있는 것이 최선입니다."라는 것이었다. 이 연과 다음 연은 제150, 151연과 함께 읽어볼 수 있다.

1191. 모든 것을 할 능력이 있는 **지고자**의 명에 반해 누가 무엇을 하기란 불가능하네. (따라서) 삿되고, 결함 있고, 교묘한 마음의 근심들을 포기하고, (신의) 두 발아래 침묵하고 있는 것이 최선이라네.

1192. 요동하는 마음이라는 물에서 반사되는 움직임인 에고를 끝내는 방법을 찾자면, (참된) 상태에서 자신을 미끄러지게 하는 그것[동요하는 마음]에는 주의를 기울이지 않고 **자기**만 스스로 내관하며 침묵하고 있는 것이 그 방법이라네.

사두 옴: 헤매는 마음을 영구적으로 고요하게 만드는 유일한 방법은 우리가 말없이 자기 자신[1인칭인 '나']에게 주의를 기울이는 것이지, 2인칭과 3인칭에 속하는, 항상 변하는 생각들의 다발에 불과한 그 헤매는 마음에 주의를 기울이는 것이 아니다. 그러나 우리는 오늘날 많은 **구루** 지망생들이 구도자들에게 "마음의 생각들을 계속 지켜보라"고, 마치 그것이 참된 수행법인 양 조언하고 있다는 말을 듣지 않는가? 마음의 모든 생각들은 가치 없는 2인칭, 3인칭에 지나지 않으므로, 그런 생각들에 주의를 기울이는 것은, 참된 체험을 갖지 못한 베단타 학도들이나 권장할 쓸모없는 방법이다. 마음을 영구히 가라앉히는[소멸하는] 데는 그런 방법이 아무 소용없다는 것을 드러내기 위해, 스리 바가반은 이 연에서 "그[올바른] 방법은 우리가 자기 자신에게만 주의를 기울이면서 말없이 있는 것이지, (2인칭, 3인칭 대상들의 다발인)

그 헤매는 마음에 주의를 기울이는 것이 아니다"라고 말한다. 더 자세한 설명을 보려면, 『스리 라마나의 길』, 제1부 제7장을 참조하라.

스리 바가반은 「가르침의 핵심」, 제17연에서 만일 우리가 마음의 형상을 빈틈없이 면밀히 살펴보면, 마음 같은 것은 전혀 없다는 것을 발견할 거라고 말한다. 어떤 사람들은 이 가르침을 잘못 해석하여, 그것은 우리가 마음에, 곧 2인칭과 3인칭 대상에 속하는 생각에 주의를 기울이거나 그것을 지켜보아야 한다는 의미라고 말한다. 그러나 스리 바가반이 우리에게 마음을 면밀히 살펴보라고 권할 때 그 의미는 늘, 우리가 2인칭이나 3인칭에 속하는 생각들에 주의를 기울여서는 안 되고, 1인칭인 에고, 곧 '나'라는 뿌리생각에 주의를 기울이고 그것을 면밀히 살펴보아야 한다는 것이다. 우리가 이와 같이 '나'라는 생각에 주의를 기울이면 그것이 자동적으로 가라앉아 사라지는 반면, 다른 생각들에 주의를 기울이면 그 생각들은 몇 배로 늘어나고 힘이 커질 것이다. 따라서 본 연에서 스리 바가반은, 만일 우리가 헤매는 마음의 생각들에 주의를 기울이면, 어떤 2인칭이나 3인칭도 알려지지 않는 우리의 본래적 진아안주 상태에서 미끄러질 것임을 드러낸다.

1193. '나'가 없이 존재하는 **진지삼매**眞知三昧(*mey-jnana-samadhi*)만이 **침묵 따빠스**(*mauna-tapas*)라고, 성숙된 **지**知를 가진 사람들은 말하네. 결함 있는 생각['나는 몸이다'라는 생각]이 없는 **침묵**이 일어나게 하기 위해서는 **심장** 속에서 **진아**를 꽉 붙드는 것이 그 수단이라네.

1194. 다른 것들을 욕망하고 중시하면서 바깥으로 나가지 않고, 내적인 자기 자신의 참된 상태를 알면서 **심장** 속에 안주함으로써, '나'라는 느낌이 상실될 때 빛을 발하는 순수한 **침묵**이야말로, **진지**의 한계(완성)라네.

진지의 상태는 어떤 한계(더 이상 나갈 수 없는 지점, 즉 완결점)도 없고, 모든 정의를 넘어선 것이다. 만일 진지에 대해 어떤 한계나 정의를 제시해야 한다면,

그것은 에고가 소멸된 뒤에 빛나면서 남아 있는 순수한 **침묵**일 뿐이다.

1195. 꿈꾸는 자가 본 (꿈속의) 활동들이 생시인이 보기에는 우습게 되어 소멸하듯이, 자기 안에서 펼쳐지는 상상인 개아의 활동들은 **진아 지** 안에서 환幻이 되므로, (속박과 해탈을 포함한 그의 활동) 모두가 실재하지 않는다네.

1196. 순수한 **은총의 여신**(샥띠)이 진아의 참된 성품을 드러내 주면, (무지의) 어두운 방 안에 있던 사람이 **실재의 충만함**[혹은, 아름다움]인 **시바의 지**知(Siva-bodha)[신의 지知, 곧 존재-의식] 속에 가라앉아 (진아안주로서) 떠오르는 **침묵**에 합일할 것이네.

1197. 버리기 어려운 생각의 장난들(sankalpa-jalas)을 모두 버림으로써 에고가 **심장**에 도달할 때 내면에서 빛나는, 완전한 **스와루빠**의 형상에 대한 **지**知인 **침묵**이야말로 빼어난 **지고의 말**이라는 것을 알라.

사두 옴: 이 연은 스리 바가반이 B12, 제706, 715연에서 사용했던 '지고의 말(para vak)'이라는 단어의 참된 의미를 드러낸다.

1198. 피리가[즉, 피리 소리가] 감미롭다, 류트(lute)가[류트 소리가] 감미롭다, 재잘대는 자기 자식들의 혀짤배기소리가 아주 감미롭다고 말하는 사람들은, 헤매는 마음이 가라앉아 **지고의 말**인 하느님의 은총의 언어[침묵]를 주의 깊게 들어보지 못한 사람들이네.

사두 옴: 참스승의 은총의 언어는—헤매는 마음이 가라앉아 **심장** 속에서 소멸될 때 거기서 빛을 발하는 **지고의 말**, 곧 **침묵**은—불멸의 완전한 **지복**을 하사하므로, 그것은 이 세상에서 가장 감미로운 소리보다 더 감미롭다.

진인 띠루발루바르(Sage Tiruvalluvar)가 『띠루꾸랄』을 지은 것은 온갖 부류의 사람들에게 그들 자신의 성숙 정도에 따라 조언을 해주기 위해서였기 때문에, (재가자의 삶을 다루는 부분에서, 자식을 갖는 것에 관한 장에 있는)

그 제66연에서 그는 이렇게 말했다. "자기 자식들의 혀짤배기소리를 들어본 적 없는 사람들만이, 피리가 감미롭다거나 류트가 감미롭다고 말할 것이다." 그러나 띠루발루바르가 그렇게 말했다고 해서, 자기 자식들의 혀짤배기소리를 듣는 것이 모든 경험 중 가장 감미롭다고 결코 단정해서는 안 된다. 아이들의 혀짤배기소리를 듣는 것은 일시적 즐거움을 줄 뿐이기에, **스리 바가반**은 이 연에서 최고의 수행을 하는 구도자들을 상대로, **심장** 안에서 늘 빛나고 있는 **참스승**의 지고한 **침묵**의 감미로움이 혀짤배기소리 하는 우리 아이들의 소리가 감미로운 것보다 더 위대하고, 더 실재한다고 말하고 있다.

그러나 독자들은 이 연에서, 띠루발루바르가 "헤매는 마음이 가라앉을 때 (빛을 발하는) **지고의 말씀**인 **하느님의 은총**의 언어를 주의 깊게 들어본 적이 없는 사람들 중의 하나"라고 단정해서는 안 된다. 띠루발루바르 자신이 어떤 자식도 가졌던 적이 없기 때문에, 그는 단지 세속적 쾌락을 추구하는 재가자들을 위해 그 시를 지었을 뿐이라는 것을 알아야 한다.

1199. 내면에서 일어나는 생각들(*sankalpas*)의 소음이 가라앉지 않으면, 형언하기 어려운 **침묵**의 상태가 드러나지 않을 것이네. 내면으로 상相(*vrittis*-생각)들이 가라앉은 사람들은 큰 전쟁터에서도 강력하고 완전한 **침묵**을[침묵의 상태를] 떠나지 않을 것이네.

사두 옴: 부드럽고 멜로디가 좋은 음악의 감미로운 소리가 시장통의 소란함이나 바다의 파도가 노호하는 것과 같이 큰 소음이 있는 곳에서는 들리지 않듯이, **심장** 속 깊은 곳에서 항상 진행되고 있는 **참스승**의 감미로운 **침묵**의 가르침(*mouna-upadesa*)도, 보통 사람들은 그들의 마음속에서 쉴 새 없이 일어나는 무수한 생각들의 소음 때문에 듣지 못한다. 반면에 모든 생각을 소멸하여 마음을 절멸한 진인은, 그의 **침묵**의 힘 때문에 (바깥에서 나는) 전쟁터의 큰 소음조차도 모르는 채로 있을 것이다. 무지인은 생각들의 소란함에만 주의를 기울이기 때문에, 내면에서 항상 빛나는 **침묵**을 알아차리지 못한다.

반면에 진인은 내면의 **침묵**에만 주의를 기울이기 때문에, 바깥에서 진행되는 가장 큰 소음조차도 알지 못한다.

1200. 결함이자 오물인 몸-에고["나는 몸이다"라는 관념]가 가라앉아 **심장**에 도달할 때의 **침묵**이라는 궁극적 진리를 모르는 사람, 지知의 자기탐구(*jnana swa-araivu*)를 하지 않는 사람들이 지키는 '소리의 침묵'(묵언)이, (한갓) 마음의 노력(*chitta-vyapara*) 아닌지 말해 보라.

사두 옴: 마음의 진정한 **침묵** 상태인 **자기탐구**나 **자기주시**를 하지 않고, 소리만의 침묵을 지키는 사람들의 노력은 쓸모가 없다.

1201. 비천하고 환적이며 미혹된 감각대상들에 대한 욕망의 광기가 완전히 소멸되었을 때, 자신의 근원에서 익사한 에고 의식 없이 빛을 발하는 **참된** 지知인 **진아**의 삶이야말로 마음을 즐겁게 하는 것이라네.

1202. 순수한 **침묵** 안에서 밝게 타오르며 빛나는 **진아**의 늘 새로운 감로甘露를 체험함으로써 가슴이 기쁨으로 벅차오르는 사람들은, 마음의 미혹을 통해 야기되는, 미친 즐거움을 조금 안겨주는 하찮은 감각대상들을 경험하면서 세간에서 망가지지 않을 것이네.

1203. 모든 베다와 아가마의 목표(*siddhanta*)로서 **진인들**이 아주 분명하게 알고 있는 참된 **실재**이자, 모든 다르마 가르침(*dharma-upadesas*)이 권장하는 참된 행위들(*sat-acharas*)(의 목표인 것)은 **침묵**이라는 **지고하고 수승**殊勝한 평안의 상태라네.

사두 옴: 베다, 아가마(*Agamas*), 다르마 경전(*dharma-sastras*), 기타 경전들 모두가 가르치는 궁극 목표는 완전한 **침묵**의 상태(*pari-purna-mauna*)일 뿐인데, 그것은 심멸心滅(*mano-nasa*)에 지나지 않는다. 「나는 누구인가?」에서 스리 바가반이, 모든 경전은 결국 '해탈을 얻기 위해서는 마음을 제어해야 한다'고

결론 짓는다고 말한 것을 참조하라(『라마나 마하르쉬 저작 전집』, 52쪽).

1204. 다르마를 위시한 모든 것[인간 삶의 네 가지 목표]을 완전히 포기하는 것이 (네 번째 목표인) 해탈의 성품인 **수승한 평안**의 광휘라네. 다른 것들에 대한 생각을 완전히 포기하고, **시밤**(Sivam)인 지고한 진아(para-swarupa)의 지知인 **침묵**만을 잘 간직하라.

사두 옴: 인간 삶의 참된 목표는 해탈이라는 평화로운 상태인데, 그것은 우리가 다른 세 가지 목표, 즉 다르마(dharma)·재산(artha)·쾌락(kama)에 대한 욕망을 완전히 포기할 때만 성취될 수 있다. 따라서 우리는 그 세 가지 목표에 대한 생각조차도 포기하고, 지고한 진아지의 상태인 **침묵**에 확고히 안주해야 하며, 그것만이 해탈이다. 여기서 본 저작의 제8연을 참조하라.

54. 지고의 헌신

1205. 결함과 결핍을 (신께) 하소연할 조금의 여지도 **심장** 속에 없는 **수승한 평안**(upa-shanta)이야말로, 자기 자신을 전적으로 **시바의 두 발**에 내맡기고 **진아**(tanmaya)의 성품이 되었을 때의 빼어나고 수승한 헌신의 성품이라네.

사두 옴: 만일 우리가 신에게 자신을 완전히 내맡겼다면, 해탈을 얻게 해 달라고 기도하는 것조차도 불가능할 것이다. 여기서 「아루나찰라 아홉 보주화만(Sri Arunachala Navamani-malai)」의 제7연을 참조하라.

1206. 신의 은총의 표적이 되어 **지복**의 충만함인 **실재**로서 존재하고 빛나는 **심장** 안에, 무지인 몸-에고의 표지標識인 마음의 하찮은 결핍이 있을 수 있겠는가?

1207. 다른 생각들이 **심장** 속에 있는 한에서만 우리 자신의 생각이 자양분을 주며 쏟아내는 신에 대한 생각들이 있을 수 있다네. 다른

(모든) 생각이 죽음으로써 (신에 대한) 그 생각조차 죽는 것이야말로, (신에 대한) 참된 생각인 '생각하지 않은 생각'이라네.

사두 옴: 우리의 마음속에 다른 생각들이 있는 한, 신에 대해서 생각하거나 명상할 수 있다. 그러나 신에 대한 참된 생각 혹은 명상, 곧 "생각하지 않은 생각(unthought thought)"은 최초의 생각인 "나는 이 몸이다"를 포함한 모든 생각이 자기순복을 통해서 죽어 버린 상태일 뿐이다.

에고 혹은 생각하는 자, 곧 최초의 생각인 "나는 몸이다"가 일어난 뒤에야 세계와 신에 대한 다른 생각들이 일어날 수 있다. 이런 생각들이 일어난 뒤에, 우리는 신이 우리 자신과 다르다고 느끼고 그를 생각의 한 대상으로 삼아 명상할 수 있다. 그러나 **자기순복**을 통해서 에고, 곧 뿌리생각인 '나'가 죽으면, 세계에 대한 모든 생각이 사라질 뿐 아니라 다른 생각들과 같은 정도의 실재성(*sama-satya*)을 가지고 있는 신에 대한 생각도 사라질 것이다. 세계·영혼·신에 대한 모든 생각이 없는, 그리고 우리가 생각 없는 지고한 실재로서 빛나는 이 상태야말로, 참된 명상 혹은 **브라만** 명상이다.

1208. "다가오는 생각이 하나도 없는 '고요히 있음'을 '생각'[또는 '명상']이라고 하는 것은 왜인가?"라고 묻는다면, 그것은 항상 잊을 수 없는 **실재로 충만한 의식의 빛남** 때문이라네.

사두 옴: 생각하기와 잊어버리기는 하나의 이원자(*dyad*), 곧 상대물의 쌍이다. '고요히 있음'의 상태ㅡ자기주시 혹은 **진아안주**의 상태ㅡ에서는, 결코 잊어버릴 수 없는 **실재의 의식**["내가 있다"]이 빛나므로, 그 상태를 때로는 '생각' 혹은 '명상'의 상태라고도 지칭한다. 즉, 그 무념의 상태에서는 **실재**가 잊히지 않으므로, 그것을 느슨하게 **실재**를 '생각하는' 혹은 **실재**에 대해 '명상하는' 상태라고 묘사하는 것이다. 스리 바가반이 「나는 누구인가?」와 본 저작의 제482연에서 자기주시의 상태를 **'진아에 대한 생각**(*Atma-chintanai*-진아내관)'이라고 묘사한 것은 이런 의미에서일 뿐이다.

1209. (무지의 어둠이라는) 독毒이 차오르는 미혹된 마음이 소멸되고 허공처럼 **심장**이 열릴 때 넘쳐 오르는 (진지의) 빛을 통해서 분명히 드러나는 지고의 **평안**이 성취되는 곳에서 내적으로 용솟음치는 사랑이야말로, 시밤으로 안주하는 **참된 헌신**(mey-bhakti)이라네.

1210. 진아만을 최상의 피난처로 늘 의지하며 살아가는 복 있는 사람들만이 그들 자신의 **실재**를 성취할 것이네. 다른 사람들에게는, 저 끝없이 자애로운 **지고한 거주처**(paran-dhama)인 해탈이 어떤 수단으로도 성취될 수 없다네.

1211. 하느님 권속(tadiyars)이란, 진아에만 모든 방식으로 종속되어 있는 참된 헌신자들이네. 드높이 솟아 있는 지고의 거주처는, 끊임없는 사랑이 있는 그들만 온전히 성취할 것임을 알라.

55. 진지의 성취

1212. 싯디(siddhis)가 많고 다양하다고 하나, 그 많고 다양한 싯디들 중 **진지**(Jnana)만이 으뜸이라네. 다른 싯디를 성취한 사람들은 **진지**를 욕망하지만, 진지를 얻은 뛰어난 사람들은 다른 것을 욕망하지 않을 것이니, (진지만을) 열망하라.

1213. 진아의 참된 성품을 성취한 사람(atma-swarupa siddha)은 그 하나로 다른 싯디들을 모두 포함하여 얻은 것이네. 허공 속의 저 모든 우주처럼, 현현되거나 현현되지 않은 그 모두[모든 싯디]가 **진아지**를 성취한 사람 안에 있게 될 것이네.

1214. 깊이 잠수하여 근원에 도달하면, 마음에서 비천함의 느낌["나는 하찮은 개아다"라는 느낌]이 소멸하고, 지知의 큰 주재권主宰權을 얻어 천왕天王[인드라]조차도 그 사람 발아래 절하는 삶을 살게 될 것이네.

56. 브라만

1215. 참된 전체적 원리에 다름 아닌 큰 의식의 힘(*maha-chit-sakti*)인 **마야**가 세 원리를 장난감 삼아, 오호라, 매일 게임을 벌이는 기반이자 무대는 저 지복스럽고 말없는 **참된 원리**(브라만)일 뿐이라네!

사두 옴: 이 연에서 우리는, 마야가 브라만과 별개로는 어떤 독자적 실재성도 갖지 않는다는 것을 이해해야 한다. 세계·영혼·신이라는 세 원리는, 마야가 그것을 가지고 창조·유지·파괴라는 환幻의 게임(*maya-lila*)을 벌이는 장난감이다. 그러나 마야가 그 세 가지를 가지고 벌이는 게임은 진아 혹은 브라만, 곧 완전한 실재를 그 게임의 기반으로 가지고 있지 않으면 일어날 수 없을 것이다. 샥띠파派(*Saktas*)는 마야가 유희하는 기반으로서 진아가 항상 남아 있다는 진리를 비유적으로 묘사하여, 여신 깔리(Kali)가 주 시바의 누워 있는 몸 위에서 춤춘다고 말한다. 여기서 우리가 이해해야 할 것은, 세계·영혼·신과 그들의 창조·유지·파괴는, 모두 그 자신은 아무 실재성이 없는 마야의 실재하지 않는 유희라는 것이다. 『스리 라마나의 길』, 제2부 제1장은 본 연에 나오는 가르침을 가지고 시작한다.

1216. 스크린 상의 움직이는 많은 화면들을 본다면 그 바탕인 움직이지 않는 스크린은 전혀 보지 않는 것이고, 움직이지 않는 스크린 하나만 보는 사람들은 스크린 상의 여러 가지 것들을 보지 않는 것이니, 이것이 영화의 성품이라네.

영화의 스크린에 화면들이 영사될 때, 그 화면들은 사실상 그 스크린을 숨긴다. 마찬가지로, 이름과 형상들—세계·영혼·신—이라는 화면이 보일 때, 그 화면들은 사실상 그 토대인 진아 혹은 브라만을 숨긴다. 화면들이 보이지 않을 때만 스크린이 있는 그대로 보이듯이, 진아도 세계·영혼·신이 보이지 않을 때만 있는 그대로 보인다. 그래서 만일 세계·영혼·신이 보인다면 진아는 보이지 않고, 진아가 보인다면 세계·영혼·신은 보이지 않을 것이다. 또한 같은 진리가 표현되고 있는 제46, 876, 877연을 참조하라.

1217. 영화관에서, 움직이지 않는 스크린 없이는 움직이는 어떤 화면도 있을 수 없네. 면밀히 살펴보면, 스크린 위에서 움직이는 화면들은 저 움직이지 않는 스크린과 전혀 다르다네.

1218. 움직이지 않는 바탕인 스크린만이 **브라만**이고, 움직이지 않는 그 스크린 위의 움직이는 화면들인 영혼·이스와라(Iswara-신)·세계, 곧 보이는 모든 것들은 환幻이라는 것을 알라.

위 세 연은 세계·영혼·신이 보일 수 있는 것은 브라만이 보이지 않을 때 뿐이고, 브라만 없이는 어떤 세계·영혼·신도 보일 수 없다는 것과, 이처럼 브라만은 그것들이 그 위에서 나타나는 실재 혹은 토대이기는 하나, 브라만은 그것들과 다르다는 것을 드러낸다. 그래서 이 연은 여기서 추론하여, "보이는 모든 것[즉, 세계·영혼·신]은 하나의 환幻이다"라고 결론짓는다. 여기서 제160연과 제1047, 1049연과 비교해 보라.

1219. 움직이는 화면인 개아(jiva) 혼자서, 자기처럼 움직이는 화면인 영혼들과 함께 움직이는 화면인 세계를, 화면인 세계 안에서 생각하고 열망할 뿐 아니라, 화면인 이스와라도[화면인 세계와 영혼들을 창조하고, 유지하고, 파괴하는 신도] 생각하고 열망한다네.

사두 옴: 세계·영혼·신은 움직이는 화면일 뿐, 토대인 스크린일 수 없다. 움직이는 화면들 중 하나인 영혼 곧 인간은, 움직이는 화면들 중 다른 두 가지인 세계와 신을 보고, 그들에 대한 좋아함이나 싫어함을 가지면서 고통 받는다. 즉, 많은 사람들은 세계의 대상들을 보고 욕망하며, 그것을 얻으려는 열망을 가지고 고통 받는 반면, 어떤 사람들은 신을 보고 신을 성취하려는 열망을 가지고 고통 받는다. 첫 번째 부류의 사람들을 세속적인 사람들이라 하고, 두 번째 부류의 사람들을 신의 헌신자들이라고 한다. 그러나 이 연에서는 사람들이 겪는 두 부류의 열망과 고통 모두 **마야의 유희의 일부**이

므로, 그것들은 전혀 아무 의미가 없고, 둘 다 **진아** 혹은 **브라만**, 곧 **마야**가 이렇게 유희하는 토대인 **지고의 실재**를 알지 못하는 무지에서 나오는 실재하지 않는 사건들에 불과하다고 가르친다.

1220. 움직이지 않는 바탕, 곧 스크린(브라만)인 자기 자신을 움직이는 화면[개아]이라고 생각하며 괴로움을 겪는 마음의 상相(*chitta-vritti*)이 (자기주시를 통해 심장 속에) 가라앉아 조복調伏되고 **침묵의 상태에 확고히 안주하는 것**이, (개아에게) 올바른 길이라네.

사두 옴: 이 연에서 말한 마음의 상相(*chitta-vritti*)은 영혼 혹은 에고, 곧 '나'라는 생각이다. 그 '나'의 진정한 성품은 부동의 토대인 **진아**일 뿐이지만, 그 '나'는 스크린 위의 움직이는 화면들 중 하나인 한 몸과 자신을 그릇되게 동일시하고, 그리하여 다른 화면인 세계와 신을 보고, 그것을 욕망한다.

앞 연에서는 신을 보고 성취하기를 열망하는 헌신자의 고귀한 노력조차도 결함이 있는 것임이 발견되었다. 그렇지 않은가? 그렇다면 그 고귀한 영혼에게 그가 마땅히 해야 할 일이 무엇인지를 가르쳐주는 것이 필요하지 않겠는가? 그래서 **스리 바가반**은 이 연에서, 그 영혼이 해야 할 최상의 가장 고귀한 일은, 세계·영혼·신이라는 움직이는 화면들이 그 위에서 나타나는 부동의 토대인 **진아**를 알고 **진아**로 머무름으로써, **침묵의 상태에 확고히 안주하는 것**이라고 가르친다. (제1216연에서 말했듯이) 스크린을 보는 사람은 화면들을 볼 수 없으므로, 그와 같이 우리가 자신의 진정한 성품을 알 때는 세계·영혼·신이라는 화면들을 보지 않게 될 것이고, 따라서 화면들을 정신없이 쫓아다니는 망상이 없는 지고한 **평안**을 성취하게 될 것이다.

57. 해탈의 본질

1221. "속박되어 있는 나는 누구인가?"라고 (탐구하여) 자신을 보는 마음 안에서 그 속박에 대한 생각이 완전히 제거되어 속박에서 벗

어난다는 생각마저 끝이 날 때, **심장** 안에 남아 있는 우리 자신의 **참된 성품**에 대한 **지**知야말로, 해탈의 본질이라네.

마음이 "속박되어 있는 나는 누구인가?"라고 물어서 자신의 **참된 성품**을 볼 때는, 자신이 실은 결코 속박되어 있지 않았다는 것을 깨닫게 될 것이다. 속박이라는 생각이 이렇게 해서 완전히 소멸되므로, 그 반대의 해탈이라는 생각도 사라질 것이다. 왜냐하면 속박과 해탈은 하나의 이원자, 곧 상대물의 쌍이고, 그 각각은 상대물이 있어야 의미가 있기 때문이다. 이 연은 **스리 바가반**이 「나는 누구인가?」에서 "'속박되어 있는 나는 누구인가?'라고 탐구하여 자기 자신의 진정한 성품을 아는 것이야말로 **해탈**이다"(『라마나 마하르쉬 저작 전집』, 52쪽)라고 했을 때 표현한 관념을 달리 표현해 설명하고 있다.

1222. (속박과 해탈에 대한 생각이 사라지고) 남아 있는 것으로서 빛나는, 의식으로 충만한 **평안**인 그것이야말로 **사다시밤**(*Sada-sivam*)[영원한 실재]이라네. 항존하는 **지고자**인 그것[사다시밤]일 뿐인, '나'라는 에고가 없는 **침묵**이야말로 해탈의 최종 상태라네.

사두 옴: 여기서 「실재사십송 보유」, 제40연을 읽고 이해해야 한다.

1223. 일체가 나타나는 토대인 **의식**으로서의 **자기**를 스스로 탐구함으로써 증진되는 **고요함** 속에서, 느슨함(자기 망각)이 커져서 그 (고요한) 상태를 벗어남이 없이, 일체를 포기하는 것이야말로 **해탈**이라네.

1224. 대상지知(*suttarivu*)가 완전히 소멸되지 않으면, 감각기관에 의해 형성되고 영혼의 눈을 가리는 세계에 대한 집착이 끊어질 수 없네. **안주**(*nishta*), 곧 **진아**의 상태에 머무르는 것으로써 그 지知를 소멸하는 것이야말로, 자기가 즐기는 해탈의 본질이라네.

1225. 웃음의 여지를 주는[진인들이 비웃는] 탄생이라는 속박의 어머니로서 존재하는 적敵인 집착을 죽이는 길을 알고, 저 집착의 소멸을 성

취하여 공空으로서만 있음(irutthal)이야말로 **해탈**이라네.

사두 옴: "적敵인 집착을 죽이는 길"은 (앞 연에서 보았듯이) 대상지知를 포기하고 **진아** 안에 머무르는 것, 바꾸어 말해서, **진아**에만 주의를 기울이고 어떤 2인칭이나 3인칭 대상에도 주의를 기울이지 않는 것이다.

1226. "단순히 존재["내가 있다"]로서만 빛나는 순수한 **진아**의 **명료함**15)으로서 사는 상태야말로 **지고한 지**知(para-jnana)의 빛인 해탈의 상태다"라는 것이, 베다의 정점인 참된 진인들의 판정이라네.

58. 지고의 진리

1227. 생성[창조]도 없고 그 반대인 파괴도 없고, 속박된 자도 없고 수행을 하는 자도 전혀 없으며, 위대함[해탈]을 몹시 열망하는 사람 그 자신이 없고, 해탈을 성취한 그 누구도 없다네. 이야말로 **지고의 진리**(paramartha)라는 것을 알라!

사두 옴: 이 연은 스리 바가반이 종종 인용하시던 『암리따빈두 우파니샤드(Amritabindu Upanishad)』[제10연], 『아뜨마 우파니샤드(Atma Upanishad)』[제30연], 『만두꺄 까리까(Mandukya Karikas)』[2.32], 그리고 『분별정보』[제574연]에 나오는 다음 산스크리트 시구를 각색한 것이다. "해체도 없고 탄생도 없고, 속박된 자도 없고, 지혜를 열망하는 자도 없고, 해탈을 추구하는 자도 없으며, 해탈한 자도 없다. 이것이 **절대적 진리**다(Na nirodho na cha utpattir na baddho na cha sadhakah, Na mumukshur na vai mukta iti esha paramarthata)." 스리 무루가나르가 지은 이 4행시를 보신 스리 바가반은 같은 관념을 다음의 2행시로 표현하였다.

---

15) *T.* 진아의 '**명료함**(*telivu*)'이란, 명료한 이해 혹은 명징한 **지혜**를 뜻하며, 그것은 안팎을 투명하게 비추는 하나의 눈, 곧 순수한 의식이다. 239쪽의 각주 참조.

B28. 생성[창조]도, 파괴도, 속박도, (속박에서) 벗어나려는 욕망도, (해탈을 위한) 노력도, (해탈을) 성취한 자도 없다네. 이것이 **지고의 진리**라는 것을 알라!

사두 옴: 창조, 파괴, 속박, 속박을 단절하려는 욕망, 해탈을 추구하는 자와 해탈을 성취한 자, 모두 마음의 견지에서 존재할 뿐이다. 그래서 그것들은 모두 마음이 그것을 아는 것과 같은 정도의 실재성(sama-satya)을 가지고 있다. 그러나 스리 바가반이 「가르침의 핵심」, 제17연에서 밝히듯이, 마음의 형상을 빈틈없이 면밀히 탐색하면 마음 같은 것은 전혀 없다는 것이 발견될 것이다. 따라서 이렇게 하여 마음이 존재하지 않는다는 것이 발견되면, 창조·파괴·속박·해탈 등 거짓된 겉모습 전체가 아예 존재하지 않게 될 것이다. 그래서 **진아**를 알았고 마음이 존재하지 않음을 깨달은 **진인**이 체험하는 **절대적 진리**는 불생론不生論(ajata)—어떤 창조, 탄생 혹은 생성도 전혀 없었고, (지금도) 없고, (앞으로도) 결코 없을 거라는 **진리**—뿐이다.

신의 다섯 가지 작용(panchakrityas), 즉 창조·유지·파괴·은폐·은총은 모두 세계·영혼·신과 관련되는 것일 뿐인데, 그것은 (제12—15연에서 드러난 것과 같이) **마야**의 장난감들에 불과하다. 따라서 이 다섯 가지 작용의 범위 안에서 무엇이 실재하는 것처럼 보이든, 그것은 **절대적 진리**일 수 없다. 속박·해탈·수행자·수행·성취 등은 세계·영혼·신과 관련되므로, 모두 실재하지 않는다. 다시 말해서 세계·영혼·신은 **마야**의 장난감이고, 그것들에 속하는 모든 지知는 실재하지 않는다. (「실재사십송」, 제13연의 "다수성에 대한 지知는 무지이며, 그것은 실재하지 않는다"를 보라.) 그렇다면, **마야**를 초월하여 빛나는 **지**知이고, 다수성에 대한 지知가 아니라 단일성에 대한 **지**知인 것만이 지고의 **절대적 진리**(paramartha)일 수 있다. 그 지고한 진리의 정확한 성품은, 저 단일하고 일체를 초월하는 **실재**로서 확고히 안주하는 **진인**들만이 알 수 있다. 그들의 체험만이 **절대적 진리**라고 할 수 있다.

여기서 우리는 본 저작의 제100연에서, 스리 바가반이 당신을 찾아온 사람들 각자의 성숙도에 맞추어 서로 다른 다양한 교의들을 가르치지는 했으나, 당신 자신의 체험은 불생론不生論일 뿐임을 드러냈다는 것을 기억해야 한다. 스리 바가반은 당신 자신의 체험이 **우파니샤드**를 베풀었던 고대의 리쉬들의 체험이기도 했다는 것을 보여주기 위해, 위 산스크리트 시구를 종종 인용하시곤 했고, 본 연은 그것을 번역한 것이다.

'마야'라는 단어의 문자적 의미는 '마-야(*ma-ya*)'['없는 것']이다. 왜냐하면 진아지가 밝아오면 마야의 활동(*vritti*), 즉 앞에서 말한 유희는 아예 존재하지 않음이 발견될 것이기 때문이다. 밧줄을 있는 그대로 보는 순간, (밧줄 상에서 보이던) 존재하지 않는 뱀은 늘 존재하는 밧줄에 합일되어 그것과 하나가 되듯이, 진아를 있는 그대로 알게 되는 순간, 존재하지 않는 마야도 '늘 존재하고 스스로 빛나는' 진아에 합일되어 진아와 하나가 될 것이다. 따라서 비록 마야가 브라만 곧 진아에 다름 아니고, 그것이 브라만처럼 시작이 없는 것이라고 말해지기는 하지만, 그것에는 끝이 있다. 왜냐하면 진아지의 명료한 빛 속에서는 마야가 존재하지 않는다는 것이 발견되기 때문이다. 그래서 이처럼 마야가 존재하지 않음이 발견되는 그 상태에서도 빛나면서 머물러 있는 우리[진아]만이, 지고의 **절대적 진리**(*paramartha*)인 것이다.

그래서 스리 바가반은 '지고한 진리의 빛(*paramartha dipam*)'으로도 알려져 있는 본 저작 『진어화만』의 최종 결론으로서, 시작이나 끝이 없이 늘 빛나고, 어떤 변화도 없으며, "내가 있다"는 형상의 비이원적 존재-의식-지복인 진아만이 **지고의 진리**(*paramartha*)이고, 그 밖의 모든 것은 마야의 유희일 뿐이며, 따라서 아예 실재하지 않고 존재성이 없다는 것을 밝힌다.

그러나 마야의 지배하에 있는 사람들은 이 **절대적 진리**를 이해할 수 없고, 에고의 결함에 의해 미혹된다. 그래서 이 **지고의 진리**를 도외시한 채, 몸을 불멸로 만들고, 지구를 천상화하고, 천상계로 가고, 싯디(*siddhis*)를 성취하는 것 등과 같은 다양한 많은 목표들을 상상하고, 그런 목표들이 **지고의 진리**라고 믿는다. 그리고 요가나 종교의 이름으로 그런 다양한 목표들을 성취하는 다양한 길들을 만들어내고, 자신들의 목표와 방법들에 대해 두꺼운 책들을 쓰며, 그런 것들에 대한 정교한 논쟁 속에 말려든다. 그러나 그런 모든 노력은 부질없다. 왜냐하면 그런 것들은 실재하지 않는 **마야**의 유희의 범위 안에서만 가능하기 때문이다. 여기서 스리 바가반이 「실재사십송」, 제34연에서, 내면에 합일되어 **실재**를 있는 그대로 알지 않고 **실재**의 성품에 대해 논쟁하는 것은 **마야**에서 나온 무지일 뿐이라고 말하는 것을 참조하라.

1228. 존재하는 것을 존재하지 않는 (듯이 보이는) 것으로 만들고, 존재하지 않는 것을 존재하는 (듯이 보이는) 것으로 만드는 것은 비실재[무지](의 희미한 빛) 속에서만 가능하고, 명료한 **진리**(의 빛) 속에서는 불가능하므로, 실재인 **진리** 속에서는 일체가 **의식**(chit)이라네.

밧줄은 희미한 빛 속에서만 뱀으로 보일 수 있고, 완전한 어둠이나 명료한 빛 속에서는 그렇지 않다. 마찬가지로, 항상 존재하는 **진아** 곧 **브라만**은 무지의 희미한 빛[마음-빛] 속에서만, 존재하지 않는 이름과 형상[세계·영혼·신]들로 보일 수 있고, 잠의 완전한 어둠이나 **진아지**의 명료한 빛 속에서는 그렇지 않다. 따라서 '존재하는 것'[진아, 브라만]은 진리의 명료한 빛 속에서는 '존재하지 않는 것'[많은 이름과 형상들]으로 보일 수 없으므로, 그 명료한 빛 속에서는, 무지의 상태에서 존재하는 것처럼 보이던 그 무엇도 **의식**에 지나지 않고, 참으로 존재하는 것은 **의식**뿐이라는 것을 깨닫게 될 것이다. 즉, 밧줄이 존재하지 않는 뱀으로 보일 때나, 있는 그대로 밧줄로 보일 때나 밧줄만 항상 존재하듯이, 의식이 저 존재하지 않는 이름과 형상들로 보일 때나, 있는 그대로 의식으로 빛날 때나, 의식만이 항상 존재한다.

1229. 벼의 겨가 벗겨지면 쌀이 되듯이, 집착의 속박이 들러붙는 영혼(개아)의 속박이 제거되면 신이라고 하는, 영혼과 신에 대한 모든 이야기는 저 **의식**의 형상인 **진아** 속의 결함 있는 마음의 상상이라는 것을 분명히 알아라.

경전에서 처음에는 "벼의 겨가 벗겨지면 쌀이 되듯이, 집착의 속박이 제거되면 영혼(*jivatma*)도 신(*paramatma*)이 될 것이다"라고 말하기는 하나, 지고의 진리는 어떤 영혼·신·속박·해탈도 전혀 없고, 그런 것들은 모두 '단 하나의 항상 존재하는 실재'인 진아 위에 덧씌워진 마음의 상상에 불과하다는 것이다.

59. 완전한 실재

1230. 그 무엇을 존재하는 것이라고 (그대가) 마음으로 생각하든, 그 무엇도 실제로는 존재하지 않는 것이네. 그대가 '존재한다'거나 '존재하지 않는다'고 마음속에 가질 수 없는[생각할 수 없는] 그것[진아]만이 '존재하는 것(*ulladu*)'이라네.

사두 옴: 마음 그 자체가 실재하지 않고(unreal) 존재하지 않는 개체이므로, 마음이 그것을 실재하거나 존재한다고 아는 모든 것은 사실 실재하지 않고 존재하지 않는다. 그래서 만약 진아가 '마음으로 알 수 있는 어떤 것'이라면, 그것도 실재하지 않을 것이다. 그렇지 않은가? 그러나 진아는 마음으로 알 수 없는 것이라고 진인들이 선언하므로, 진아만이 참으로 존재하고 실재하는 것이다.

1231. 온갖 지知들이 한데 모이면서 일어나는 차별상과 결함들을 그 자체 안에서 삼켜 버리는, 광대하게 편재하는 초월적 지고자의 위대함을, 상상(*kalpanas*)[마음]으로 재단하는 것이 가능한지 말해 보라.

1232. (어떤 것에 대해서) '있다'거나 '없다'고 생각함이 없이 고요히 있음(*summa irutthal*)으로써, 심장 안의 '나'라고 하는, 형상도 이름이 비워진 **진아**(*tanmaya*)로서 늘 빛나는 저 **의식**(*chinmaya*)이야말로 완전한 **실재**임을 알라.

1233. 여섯 가지 시작 없는 것이라고 말해지는 교의敎義들 중에서, 끝이 없는 것은 저 **비이원론**뿐이고, 차별상이 있는 다른 다섯 가지 교의는 끝이 있다는 것을, 그대는 명심하고 분명하게 알라.

사두 옴: 이 연에서 말하는 여섯 가지 원리는 '여섯 견해(shad-darsanas)', 곧 인도철학의 여섯 정통학파인 가우따마(Gautama)의 **니야야**(Nyaya) 학파, 까나다(Kanada)의 **바이셰시카**(Vaiseshika) 학파, 카필라(Kapila)의 **상키야**(Sankhya) 학파, 빠딴잘리(Patanjali)의 **요가**(Yoga) 학파, 자이미니(Jaimini)의 **뿌르와 미맘사**(Purva Mimamsa) 학파, 그리고 비야사(Vyasa)의 **베단타**(Vedanta) 학파이다. 이 연에서 '비이원론(Advaita)'으로 지칭하는 원리는 베단타의 교의이며, 그것의 최종 결론은 마야를 초월하는 비이원적 **진아** 혹은 **브라만**이야말로 항상 존재하는 **실재**이고, 그것은 시작도 끝도 없다는 것이다. 반면에 다른 다섯 학파의 결론은 모두 **마야**의 유희 범위 내에 있는 것과 관계된다. 따라서 마야가 시작도 없고 끝도 없다고 말해지듯이 이 다섯 철학파도 시작이 없지만, 끝은 있다고 말해진다. 왜냐하면 우리가 진리[진아]를 깨달았을 때, 그래서 **마야**가 끝났을 때는 이 학파들이 남아 있을 수 없기 때문이다. 비이원론 외의 모든 교의들은 이처럼 **진아**지가 밝아올 때 무효가 되므로, 비이원론만이 시작도 끝도 없이 항상 존재하며 빛나는 **진리**이다.

1234. 실재한다고 말해지는 것은 알고 보면 단 **하나**이니, 저 전체적이고 완전한 **실재**야말로, 미세한 지성으로 부드럽게 **심장** 속에 들어가서 (그것을) 안 참된 **진인**들이 갖가지로 묘사한 그것이라네.

힌두교의 6가지 교의를 밝힌 **진인**들과, 세계의 다양한 종교들의 길을 닦은 진인들이 모두 완전한 비이원적 **실재**를 깨닫기는 했으나, 그들은 자신을 찾아온 사람들의 마음의 성숙도에 따라 그것을 다양한 방식으로 묘사했다. 그러나 성숙한 구도자들은, 진인들이 **실재**를 이처럼 다양하게 묘사하기는 했지만 실은 그것이 단 **하나**이고 비이원적이라는 것을 이해해야 한다.

1235. 신행되는 종교들이 얼마나 많고 많은가! 그 중에서 으뜸인 비이원성(advaita)의 진리는 다양한 종교들의 씨앗인 파멸적이고 사악한 에고가 비워져 사라지게 하는, 지知로 충만한 침묵의 실재라네.

제989~993연, 1176~1179연과, 1242연을 참조하라.

1236. 시작과 끝을 겪지 않고, 변화와 원인, 비교(의 대상)조차도 없고, 마야 속에서 행진하는 개아-의식(jiva-bodha)에게는 알려지지 않는, 완전한 실재를 아는 사람들만이 (해탈의) 영광을 성취할 것이네.

60. 생각의 초월

1237. 기만적인 3요소가 사라진 뒤에 걸림 없는 진아(tanmaya)로서의 진인들의 심장 속에서 빛날 때 아니면, 상상적이고, 실재하지 않고, 이원적이고, 하찮은 감각대상처럼 (그것을) 마음으로 생각하는 사람들은 비이원성의 찬연함을 성취할 수 없다네.

1238. 생각이 없는 존재-의식을 통해서 생각의 근원에 안주하는, 생각이 없는 무無근심의 대장부가 아니면, 생각하는 마음을 가진 사람들은 이해할 수 없는 것이, 참된 지知의 성품으로 충만한 생각 없는 시밤(Sivam)이라네.

1239. 비이원성의[비이원성 체험의] 탁월함에 대해 강렬한 매혹을 가진 (고도로 성숙된 구도자인) 그대들이여! 마음의 드높은 평안(upa-shanti)을 성취하여 실재라는 바탕(vastu)의 상태에 안주하는 사람들만이 비이원성(의 체험)을 얻는다네. 참된 상태에 직접 안주하지 않는 퇴보자들에게 무슨 이익이 있겠는지 말해 보라.

우리가 성취할 수 있는 유일하게 참된 이익은 비이원성의 체험인데, 자기탐구를 통해서 마음의 완전한 **평안**, 즉 **실재**인 진아에 안주하는 상태를 추구하고 성취하는 성숙된 구도자들만이 그것을 얻을 수 있고, **자기탐구**라는 직접적인 길을 따르고 그렇게 해서 진아안주의 상태를 얻을 욕망조차도 없는 미성숙한 사람들은 그것을 얻지 못한다.

61. 체험을 들려줌

1240. 스승님[스리 라마나]의 말씀(에 따른 성취)의 체험을 말해본다면, "집착의 숲으로 보이던 모든 것은 **참된 지**知인 **침묵**(mey-jnana-mauna)의 형언할 수 없는 허공(무변제)에 지나지 않고, 하찮은 모든 지知는 하나의 꿈이다"라는 것이네.

사두 옴: 이 장에서 스리 무루가나르는 자신의 **참스승**인 스리 라마나의 은총에 의해 자신이 성취한 진지의 체험을 묘사한다.

1241. 알았네, 알았네, 초월적인 존재-의식으로 충만한 지고한 진리의 상태를! (자신을 진아 아닌) 다른 것으로 착각한 데 따른 속박·해탈 등을 실제로는 털끝만큼도 얻음이 없다는 것을!

사두 옴: 지고한 진리의 상태를 알 때, 우리는 실은 자신을 진아 아닌 것으로 착각한 적이 없었다는 것과, 결과적으로 우리는 속박된 적이 없고, 해탈 같은 그런 어떤 것도 결코 성취한 적이 없다는 것을 깨닫는다.

스리 무루가나르: "속박과 해탈이 없는 지고한 지복을 성취한 후 이 상태에 안주하는 것"이라는 (「가르침의 핵심」, 제29연에 나오는) 스리 바가반의 말씀이 있다. 당신은 또한 (「실재사십송」, 제37연에서) "수행하는 동안은 이원성, 성취한 뒤에는 단일성이 있다는 주장도 맞지 않네 ···."라고 말했다. 만약 지고한 진리의 상태를 있는 그대로 알게 되면, 거기서는 해탈이라는 느낌조차도 존재하지 않는다는 것을 알아야 한다. 속박은 결코 존재하지 않으므로,

진아의 성품은 "나는 해탈자다"라는 앎조차도 아예 없는 것이다.

1242. 우리가 어느 종교를 바라보고, (그 종교들이 설하는) 어떤 교의를 들어 보든, (그 종교들의) 모든 교의는 차별상 없이 빛나는 단 하나의 목표를 분명하게 선언하고 있음을 알 수 있다네.

스리 무루가나르는 그의 **진지**의 체험 속에서, 다양한 종교들이 서로 다른 목표들을 선언하고 있는 듯이 보여도, 그 모든 외관상 서로 다른 목표들은 실은 단 하나, 즉 **진아지**의 상태이며, 그것은 차별상 없이 빛난다는 것을 깨달았다. 그러나 종교들 간의 이런 참된 조화성과 단일성은 **침묵**의 상태에서만 통할 수 있고, "모든 종교들은 하나다"라는 지적 사고만으로는 통할 수 없다. 왜냐하면 지성이 존재하는 한, 그것은 한 종교와 다른 종교 간의 차별상을 보지 않을 수 없기 때문이다. 여기서 제**989~993**연, **1176~1179**연, **1235**연을 참조하라.

스리 무루가나르: 사실은 (종교들 간의) 조화성은 **침묵** 속에서만 존재할 수 있고, (단지) 지성의 미묘함이 있다고 해서 존재할 수는 없다. **침묵**의 체험(mauna-anubhava)을 얻고 난 뒤에는 모든 종교와 교의들이 그들 간에 어떤 차별상도 없이 **진아-성취**라는 목표를 가지고 있다는 것을 손바닥 안의 과일처럼 분명하게 알게 될 것이다.

1243. 오류 없는 베다의 참된 진리로서 빛나는, **의식**(chinmaya)인 **완전한 실재**(Purna) 안으로 들어가서 안주할 때에는, 세 가지 시간[과거·현재·미래], 세 장소[1인칭·2인칭·3인칭], 3요소['아는 자'·'아는 행위'·'알려지는 것']라고 하는 것들을 볼 수 없다네.

"세 장소"의 의미에 대한 설명을 보려면 제447연의 주석을 참조하라.

1244. (위에서) 선언한 이 미묘한 진리들은, 으뜸가는 참된 진인으로 내 앞에 나타나시어 가르쳐 주신, 지知의 스승이신 나의 주님 라마나

(Jnana-Ramana-Guru-Nathan)께서 즐거이 하사하신 **침묵의 설시**說示 (mauna-vyakhyana)라네.

스리 무루가나르: 위 연들의[즉, 본 저작 전체의] 미묘한 진리는 **진지**의 체험 속에서만 이해될 수 있었기에, **지**知-**스승**(Jnana-Guru)께서 나에게 하사하신 것은 **침묵** 체험의 정수精髓(mauna-anubhava-sara)일 뿐이었다. "내 앞에 나타나시어"라는 말은, **지**知-**스승**이 항상 내면에 (진아로서) 존재하기는 하나, 당신이 우리처럼 인간의 육신으로 **마야**의 유희 속에 나타나시어 나를 당신 자신 것으로 만드셨다는 의미이다. (스리 바가반의 가르침에 대한 이해의) 명료함은 **침묵**을 통해서만 강화되므로, "**침묵의 설시**"라고 하였다.

1245. 내가 가진 견지에서는 나 외에 그대가 없고, 그대가 가진 견지에서는 그대 외에 나가 없으며, **진아**가 가진 견지에서는 **진아** 외에 다른 것들이 없으니, 생각해 보면 저 모두[나·너·우리·남들]가 나[진아]일 뿐이네.

1246. (나는) 소유물이 아니고 소유자도 아니며, 노예[헌신자]가 아니고 주인[하느님]도 아니네. (나에게는) 의무적인(무엇을 의무로서 해야 한다는) 행위자 의식이 없고 경험자 의식도 없다네. 나는 행위자가 아니라네. 그렇게 알라.

1247. 마야에 속박된 양 한탄하던 나의 대상지知 앞에, 여기서 스승님[스리 라마나]으로 출현하시어, (나를) 주인처럼 지배하며 찬연히 빛나시는 나의 완전한 **진아**께, 가장 가치 있는 경배를 바치네.

1248. 시밤이신 지고한 **라마나**의 의식의 힘(chit-shakti)에 복종하는 것이 아니라면, 어떤 혹독한 궁핍이 닥쳐와도 이 공空한 세계의 환력幻力(Maya-shakti)에는 결코 굴하지 않을 사람이 무루간(Murugan)[스리 무루가나르]임을 알라.

스리 바가반의 외적인 삶에서 우리는, 당신이 이 연에서 표현하는 진리를 얼마나 완벽하게 실천하며 사셨는지 분명하게 알 수 있다. 스리 무루가나르는 자신이 스리 바가반을 찾아온 날부터 자신의 몸을 버리는 날까지, 말할 수 없이 무수한 불행과 고난을 겪었음에도 불구하고, 그를 에워싼 세간적 마야의 강력한 위협과 유혹들에 결코 조금도 동요되거나 굴하지 않았다.

62. 평등성의 상태

1249. 으뜸 다르마인 지知의 진아안주(*jnana-atma-nishta*)에 머무르고 있는 이들에게는, 카스트·계보·종교(와 관련하여 지켜야 할 규범)이 조금도 없다네. 낯선 몸이라는 비실재물에 (있는 것) 말고는, **실재인 진아**의 견지에서는 구분이 전혀 없다네.

사두 옴: 이 마무리 장의 다섯 연은 모두 스리 바가반의 실제 말씀을 기록하고 있다.

 진아안주는 그 자체 으뜸 다르마[임무]이고 모든 다르마들의 근원이므로, 그리고 다양한 카스트·계보·종교들에 따라 권장되는 다양한 다른 다르마들은 몸에만 존재하고 진아에는 존재하지 않으므로, 진아로서 안주하는 사람들은 다른 어떤 다르마도 행할 필요가 없다.

1250. 지각하는 모든 것에 진아가 단 하나의 물건으로 존재한다는 평등함을 보는 시각[見]이야말로, 평등일미平等一味(*samarasa*)로 충만한 참된 지知를 성취한 사두(진인)들이 명료히 선언하는 평등견平等見이라는 것을 알라.

 사람들은 '평등견平等見(*sama-darsana*)'과 '평등소견平等所見(*sama-drishti*)'이라는 단어를 일반적으로 '모든 사람, 모든 동물, 모든 사물을 평등하게 보는 것'이라는 의미로 여긴다. 그러나 이 연에서 스리 바가반은, '평등견'과 '평등소견'

의 참된 의미는 그 자신의 진아가 전체 세계라는 겉모습 이면의 유일한 실재임을 아는 진인의 체험일 뿐임을 밝힌다. 우리가 다수성과 다양성을 아는 한, 분명히 불평등이 남을 것이다. 완전한 비이원적 단일성의 상태, 곧 진아만이 존재한다는 것을 아는 상태에서만 참된 평등성을 체험할 수 있다.

1251. 에고가 소멸한 부동의 **진아체험**(*atma-anubhuti*)으로 빛나는 드높은 **평안**으로 흘러넘치는 사람은, 칭찬에도 마음이 즐거워하지 않고 비난에도 결코 언짢아하지 않는다네.

「실재사십송 보유」 제38연을 참조하라.

1252. (사막의) 작열하는 햇볕에 (신기루의) 맑은 물이 빛나듯이, 미현현의 공空 자체에서 출현하는 매혹적인 세계에서, 발현업에 따른 번영의 삶을 실제라고 잘못 상상하지 않는 참된 **지자**知者(*mey-jnani*)에게는, 고난의 삶[가난이나 불행]조차도 큰 기쁨일 것이네.

1253. 이기적 욕망을 벗어버린 신성한 **큰 성자**(*mahamuni*)들이 자신의 성품 자체로써(자연스럽게) 하는 따빠스들은 일체가 아름다운 길상吉祥 요가(*subha-yogas*)이며, 이 오래된 세계의 (모든) 사람들에게 이로운 수승殊勝한 요가(*upa-yogas*)라는 것을 알라.

스리 바가반은 「가르침의 핵심」, 제30연에서 "에고가 소멸한 뒤에 살아남는 것을 아는 것이야말로 수승한 따빠스라네 …."라고 했으므로, 우리는 진인들이 늘 그들의 성품 자체상 가장 완전한 따빠스(*tapas*)를 하고 있다고 이해해야 한다. 스리 바가반이 본 저작의 제303연에서 "진인 한 사람이 지구상에 존재하는 것만으로도 세상의 모든 죄를 없애기에 충분하다"고 말하는 것과, 『바가반과 함께한 나날』, 1946-3-9에서 당신이 "진인 한 사람이 세상에 존재하면, 그의 감화력이 세상의 모든 사람들에게 이익을 줄 것"이라고 말하는 것을 참조하라.

찬사

1254. 아루나기리(Arunagiri)께 영광을!
 라마나 스승님(Ramana Guru)께 영광을!
 한 말씀[스리 라마나의 가르침]으로 살아가는 헌신자들께 영광을!
 스승님 형상(Gurumurti) 말씀(Vachaka)의 유익한 꽃목걸이(Kovai)인,
 이 위없는 진리의 빛(Paramartha Deepam)의 결실에 영광을!

 스리 라마나께 몸을 던져 절합니다!
 (Sri Ramanarpanamastu)

영역자 소개

편집 · 주석 · 영역자 ● 스리 사두 옴(Sri Sadhu Om, 1922-1985)
바가반의 제자. 타밀나두 주 탄조르(Tanjore) 출신으로, 1946년에 처음 띠루반나말라이로 바가반을 찾아갔고, 이듬해 직장을 그만두고 바가반 곁으로 가서 그의 제자가 되었다. 1950년 바가반의 열반 후 탄조르로 돌아갔다가, 1955년 띠루반나말라이로 이주하여 30년간 조용히 바가반의 가르침을 실천했다. 스리 무루가나르와 친밀히 교류했던 그는, 무루가나르의 《진어화만》 제2판(1971)을 편집하여 출간했고, 무루가나르가 몸을 벗기 전 그에게 맡긴 방대한 원고를 9권으로 편집하여 《스리 라마나 냐나 보담(Sri Ramana Jnana Bodham)》이라는 제목으로 1978년(제1권)부터 1996년(제9권)까지 18년에 걸쳐 출간되게 하였다. 그의 저작으로는 《진어화만-풀어옮김》, 《스리 라마나의 길》(I, II), 《사다나이 사람(Sadanai Saram)》, 《스리 라마나 사하스람(Sri Ramana Sahasram)》 등이 있다. 마이클 제임스와 함께 본서 《진어화만》을 영어로 옮겼고, 1985년 아루나찰라에서 평화롭게 열반에 들었다.

주석 · 영역자 ● 마이클 제임스(Michael James).
바가반의 영국인 헌신자. 1976년 바가반의 가르침을 처음 접하고 곧 아루나찰라로 갔고, 얼마 후 스리 사두 옴을 알게 되어 그의 곁에 머무르면서 바가반의 가르침에 대해 많은 공부를 했다. 바가반의 모든 타밀어 저작을 공부했고, 사두 옴과 함께 《진어화만》을 영어로 옮겼다. 또한 사두 옴이 주석한 《스리 아루나찰라 다섯 찬가(Sri Arunachala Stuti Panchakam)》와 《스리 라마노빠데사 눈말라이(Sri Ramanopadesa Noonmalai)》를 영어판으로 출간했다. 지금은 영국에 거주하면서 바가반의 가르침, 특히 바가반의 저작들에 관해 세계 각지의 구도자들과 문답을 주고받으며, 영적 안내자의 역할을 하고 있다. 저서로는 《*Happiness and the Art of Being*》이 있다.

옮긴이의 말

신의 관념과 종교들은 아마도 자연력에 대한 두려움과 경외에서 시작되었을 것이다. 그런 종교적 관심은 많은 신들에 대한 제의祭儀와 숭배 방식을 낳았고, 내적으로는 인간의 자기 존재에 대한 깊은 성찰과 철학적 사유를 거쳐, 갖가지 명상 수행과 **깨달음** 체험으로 이어졌다. 그리고 **깨달음**의 경지와 그에 이르는 길을 설하는 여러 스승들이 출현하여 다양하고 폭넓은 가르침을 주었다. 사람들은 글을 배우고, 가정을 꾸리고, 힘들게 노동하는 가운데서도 스승들의 가르침에 귀를 기울이고 그것을 실천하여, 스스로 **깨달음**의 길로 나아갔다. 그들 중 뛰어난 이들은 **깨달음**을 얻어 다시 스승이 되었고, 가르침은 갈수록 더 풍성해졌다.

2천 5백 년 전, **붓다**는 무아無我와 열반涅槃의 가르침으로 수많은 아라한을 배출하여 인류의 종교에 일대 혁신을 가져왔다. 그의 가르침은 인도를 넘어 세계로 퍼져나갔고, 각지에서 무수한 **깨달음**의 꽃을 피워냈다. 대략 8세기경 인도에서는 불교와 나란히 비이원적 베단타의 새로운 흐름이 형성되었는데, 점차 불교를 대체하면서 인도의 뛰어난 영적 전통으로 자리 잡았다. 그 전통 속에서 20세기에는 **라마나 마하르쉬**를 위시한 인도의 위대한 스승들이 수행과 **깨달음**에 관한 거의 완결적 가르침을 선보였다. 그들은 무아無我보다 더 적극적 개념인 **진아**眞我를 궁극의 **실재**이자 **해탈**의 본질로 제시하고, 그것이 우리의 **참된 성품**이며 행복의 근원이라고 선언했다. 그 가르침의 한 '완결편'이 여기에 있다.

수행과 깨달음에 관한 인도의 유구한 전통은 수많은 행법과 종교적 관념들을 낳았는데, 여기에는 신체적 정화淨化, 신에 대한 숭배와 헌신, 조식調息(호흡 수련)과 요가, 만트라 염송(japa), 환영幻影과 싯디에 대한 추구, "내가 그것이다" 같은 관상觀想을 하는 '지知의 길' 등 다양한 행법과, 이를 이론적으로 체계화한 학파들이 두루 망라된다. 그러나 이런 체계와 행법들 대부분은 개아個我·세계·신이라는 3요소가 서로 별개라는 이원론적 인식을 전제로 하고 있어, 단 하나인 **궁극의 실재**에 도달하는 데는 어떤 근본적 한계가 있었다. 본서에서 스리 라마나는 이런 전통적 '길'들을 확고한 **비이원론**의 관점에서 간결하게 정리하고, 우리가 내면의 **존재-의식**인 **진아**를 탐구하여 **깨달음**을 얻는 더없이 단순하고 직접적인 길을 단호히 제시한다. 이 책은 인도의 방대한 경전과 주석서들의 정수를 한 권에 집약한 결론이라 할 만큼 간명직절簡明直截할 뿐 아니라, **실재·진아·의식·지복** 등과 같은 몇 가지 개념만으로도 이 공부의 모든 핵심을 남김없이 설명하고 연결 짓는 놀라운 완결성과 심오함을 보여준다.

자기 존재에 대한 우리의 '궁극적 관심'은 탄생과 죽음, 그리고 세계 속의 삶에서 경험하는 '괴로움'이라는 문제에서 출발하지만, 그 최종적 해답은 아득히 멀리 있다고 생각되는 신에게서 결코 찾을 수 없다. 사실 '구원'을 약속하는 전능한 인격신의 종교들은 철저히 이원적 개념 틀을 고수하면서 자기 바깥에서 신을 찾는다. 유일신 관념의 종교에서 큰 깨달음을 얻은 **참스승**을 찾기 어려운 것은 이 때문이다. 다른 한편, **열반**을 이야기하면서도 이 현상계를 넘어선 **궁극의 실재**, 곧 **지고의 진아**를 아예 부정하는 협소한 '무아無我' 개념에 집착하는 일부 불교 전통의 담론도 정답과는 거리가 있다. 이 점과 관련해서 스리 바가반은 본서의 제**924**연에서 "마음이 소멸했을 때도 어떤 **실재**가 존재한다"고 분명하게 선언하여, 무아의 실체는 어떤 공空이 아니라 진아임을 밝히고 있다.

스리 바가반이 제시하는 진아의 진리는 과연 어떤 것인가? 그가 가르친 비이원적 베단타의 '가환론假幻論'에서는 이 현상계가 "공허한 이름과 형상들의 겉모습"이며, 우리의 "마음이 두뇌와 오관을 통과할 때 심장으로부터 투사되는 것"이다. 즉, 세계는 하나의 환幻이다. 바가반에 따르면 "마음이 지각하는 모든 것은 이미 심장 속에 있었고, 모든 지각은 과거의 원습들이 바깥으로 투사되어 재생되는 것"일 뿐이다(제84연). 만물의 근원인 이 심장은 하느님의 거주처이자 "지고의 허공이며 진리의 빛"이다. 따라서 감각대상의 세계를 떠나 마음을 제어하고 고요히 하여 "심장 속으로 가라앉는 것이 지혜"이다(제191연). 바깥의 대상들로 향하던 우리의 "마음이 자신의 성품에 주의를 기울이기 시작하면 다른 모든 대상이 사라진다." 이것이 우리가 자신의 진아를 체험하는 가장 확실한 방법이며, 스리 라마나가 가르친 자기탐구의 길이다. 즉, 우리가 "나는 누구인가?" 하면서 "자신의 중심으로 뚫고 들어가는 주의 깊고 예리한 의식으로 탐구하면"(제385연), '나'라는 거짓된 1인칭이 죽고 "참된 1인칭인 진아"가 찬연하게 빛난다. 이와 같이 자기탐구를 통해 에고가 사멸한 이 상태가 바로 '무아'인데, 그것은 일부 불교도들의 믿음과는 달리 진아라는 실재의 찬연함이다. 진아는 우리 자신의 불변하는 참된 성품이기에, 진아를 부정하는 어떤 종교적 교의도 일종의 자기부정이며, 진리와 동떨어진 그릇된 견해이다. 사실 이 진아는 불가해한 어떤 신비가 아니라 "내가 있다"는 우리의 존재-의식으로서 늘 우리와 함께한다. 이 존재-의식이 곧 심장이며, 늘 심장 속에 거주하는 진인들, 곧 참스승의 실체이기도 하다. 자기탐구의 주된 수단도 "내가 있다"는 존재-의식을 부단히 붙드는 자기자각 혹은 자기주시일 뿐이다. 즉, 이 길에서는 목표와 수단이 동일하다. 그래서 스리 바가반은 제612연에서 "무엇이 눈앞에서 나타나고 사라지든, 그 무엇에도 미혹되지 말고, 진아를 부단히 자각하라"고 말한다.

스리 바가반의 이런 가르침들은 『라마나 마하르쉬 저작 전집』에 수록된 「실재사십송」, 「가르침의 핵심」, 「나는 누구인가」 등과도 긴밀히 연결되는데, 실제로 「나는 누구인가」에 나온 내용을 다시 풀어서 노래한 연들도 있다. 그러나 이 『진어화만』은 폭넓은 주제 범위와 그 주제를 다루는 깊이와 다양성, 그리고 주제들 간의 긴밀한 연관성으로 인해 바가반의 다른 어떤 저작과도 차별화되는 독보적 가치를 지니고 있다. 특히 사두 옴과 마이클 제임스의 영역본은 자세하고 친절한 주석들이 있어 우리의 이해에 큰 도움을 준다. 사두 옴의 주석들은 1980년에 간행된 그의 『진어화만-풀어옮김』에 있는 주석과 대동소이한데, 본서에서는 마이클 제임스가 그 주석들을 자유롭게 발췌 영역하면서, 자신이 적어 둔 사두 옴의 구두 설명으로 대체하거나 한데 통합하는 방식으로 구성한 듯하다. 그래서 『풀어옮김』에 있는 주석을 가져오지 않은 것도 있고, 그 책의 것보다 분량이 많은 것도 있다. 무루가나르의 주석으로 표시된 것은 사두 옴이 『풀어옮김』에서 "무루가나르 주석"이라고 밝히며 자신의 주석을 대신하게 한 것들이고, 표시가 없는 것은 마이클 제임스의 주석이다.

이 한국어판은 주석을 제외한 본문 연들의 번역에서 영어판과 차이가 있다. 마이클 제임스 자신이 영어판의 앞부분 번역은 만족스럽지 않다고 밝히고 있기에, 옮긴이가 타밀어 원문과 하나하나 대조하여 그의 번역문을 타밀어와 우리말 어순에 맞게 재배열하면서 필요한 수정을 했기 때문이다. 타밀어는 우리말과 어순이 비슷해서 우리말 번역이 영어보다 원문에 더 가깝다. 그래서 이 한국어판은 원문과의 상응도가 꽤 높은 번역이 되었다고 자신한다. 영어판의 '부록'에 있는 6개 연(114a, 224a, 492a, 592a, 603a, 603b)은 타밀어판(제3판)과 같이 본문 속으로 편입했다.

2023년 4월 1일 옮긴이 씀